Einführung in die
Berufspädagogik

Andreas Schelten

Einführung in die Berufspädagogik

Dritte, vollständig neu
bearbeitete Auflage

 Franz Steiner Verlag 2004

Bibliografische Information der Deutschen Bibliothek
Die Deutsche Bibliothek verzeichnet diese Publikation
in der Deutschen Nationalbibliografie; detaillierte
bibliografische Daten sind im Internet über
<http://dnb.ddb.de> abrufbar.

ISBN 3-515-08440-1

ISO 9706

INHALT

VORWORT ZUR ZWEITEN AUFLAGE

Die zweite Auflage der „Einführung in die Berufspädagogik" ist um eine Ergänzung erweitert worden. Die Ergänzung geht auf aktuelle Entwicklungen in der Berufspädagogik seit 1990 ein. Das Literaturverzeichnis der Ergänzung umfasst eine Auswahl neuerer Beiträge, die für die Berufspädagogik in den letzten drei Jahren besonders bedeutsam sind Für die technische Seite der Manuskripterstellung sei besonders Frau Esther Korelus und für die Neuerstellung der meisten Übersichten Frau Barbara Schaupp gedankt

Aus drucktechnischen Gründen kann hier das Vorwort aus dem Jahre 1990 zur ersten Auflage nicht mehr wiedergegeben werden. So sei aus dem Vorwort der ersten Auflage herausgestellt, dass sich die vorliegende Einführung allgemein an Berufspädagogen sowie insbesondere an Studierende für das Höhere Lehramt an beruflichen Schulen am Lehrstuhl für Pädagogik der Technischen Universität München richtet. Diese Studierenden folgen einem Studienplan nach welchem berufskundliche Kenntnisse sowie Kenntnisse aus einer berufspädagogischen Institutionen- und Rechtslehre vorausgesetzt werden können. Neben arbeitswissenschaftlichen werden diese Kenntnisse am Lehrstuhl für Ergonomie der Technischen Universität München erworben. So kann es unter Voraussetzung letzterer Inhalte in der vorliegenden Einführung mehr darum gehen, pädagogische Bezuge beruflicher Bildungsvorgänge herauszuarbeiten

Es sei darauf verwiesen, dass neben der „Einführung in die Berufspädagogik" im gleichen Verlag vom Verfasser die „Grundlagen der Arbeitspädagogik" erschienen sind (Schelten 1991). Beide Schriften sind zusammenzusehen.

München, im Oktober 1993   Andreas Schelten

VORWORT ZUR DRITTEN AUFLAGE

Nach einer auflagenstarken zweiten Auflage der „Einführung in die Berufs-pädagogik" erscheint zehn Jahre später die dritte Auflage. Hierzu war eine völlige Neubearbeitung erforderlich. Die Kapitelstruktur ist im Wesentlichen erhalten geblieben. Die Ausführungen innerhalb der Kapitel sind aber zum Teil erheblich verändert worden.

Die völlige Neubearbeitung erstreckte sich neben der Forschungs- und Lehrtätigkeit des Verfassers weit über ein dreiviertel Jahr. Einige wenige sta-tistische Spezialangaben sind in diesem Zeitraum ermittelt worden und bezie-hen sich auf den Zeitpunkt ihrer Erhebung. An dieser Stelle gilt mein be-sonderer Dank Frau Stefanie Klein, die mich redaktionell und konzeptionell unterstützt hat, und Frau Jutta Köhler. Beide haben bei der umfassenden Neu-bearbeitung des Manuskriptes sehr geholfen. Ohne ihre Hilfe wäre die im Nachhinein zügige Neuerstellung nicht möglich gewesen.

Neben der „Einführung in die Berufspädagogik" sind im gleichen Verlag vom Verfasser die „Grundlagen der Arbeitspädagogik" und die „Begriffe und Konzepte der berufspädagogischen Fachsprache" erschienen (Schelten 1995, 2000). Alle drei Schriften sind zusammen zu sehen. In einem weiteren Bezug zur Berufs- und Arbeitspädagogik steht im gleichen Verlag vom Verfasser die Schrift über „Testbeurteilung und Testerstellung" (Schelten 1997).

München, im August 2003   Andreas Schelten

A. BEGRIFF UND GEGENSTAND – PÄDAGOGIK, BERUFS- UND WIRTSCHAFTSPÄDAGOGIK, ARBEITSPÄDAGOGIK

A.1 PÄDAGOGIK

Geschichtlich gesehen ist die Pädagogik eine Disziplin, die aus der Philosophie erwachsen ist. So lehrte Immanuel Kant (1724–1804) in Königsberg Philosophie und hielt daneben auch Vorlesungen über Pädagogik. Zur Philosophie zählte damals auch noch das, was wir heute unter Psychologie und Soziologie verstehen. Psychologie und Soziologie begannen sich schon im vorletzten Jahrhundert als eigenständige Disziplinen von der Philosophie zu lösen. Die Pädagogik dürfte sich neben diesen zwei Disziplinen erst als letzte eigenständige Disziplin zu Beginn des 20. Jahrhunderts von der Philosophie gelöst haben. Dies mag auch erklären, dass die Pädagogik noch im Vergleich zur Psychologie und Soziologie eine stärkere Verhaftung in der Philosophie aufweist.

In dem Wort Pädagogik sind zwei Wortstämme enthalten: Zum einen steht in diesem Wort griechisch pais = Kind, Knabe sowie griechisch ago = ich führe, leite, ziehe. Zusammengefasst ergibt sich daraus wörtlich genommen der „Kinder- bzw. Knabenführer". Der Pädagoge war im alten Griechenland ursprünglich derjenige, der die Kinder bzw. Knaben zur Schule führte oder begleitete. Später wurde im Laufe der Zeit im Zuge einer Bedeutungsumwandlung der in der Schule tätige Erzieher selbst als Pädagoge bezeichnet. Aus den Wortstämmen pais und ago erklärt sich die Trennung des Wortes Päd/ago/gik. Die neue Rechtschreibung lässt die Silbentrennung Pä/da/go/gik zu.

Pädagogik ist nun in einem weitesten Sinne eine Verbindung von der Wissenschaft und Praxis der Erziehung. Mit anderen Worten: Pädagogik hat eine Verankerung in der Erziehungswissenschaft und in der Erziehungspraxis (Übersicht 1).

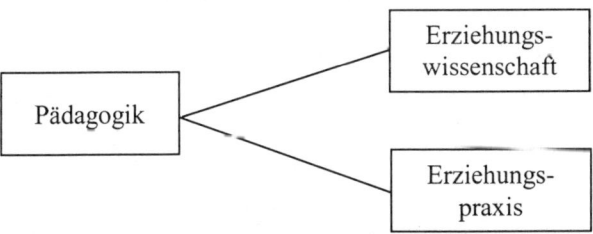

Übersicht 1: Pädagogik als Verbindung von Wissenschaft und Praxis der Erziehung

Entsprechend Übersicht 1 ergibt sich, dass ein Pädagoge als Wissenschaftler in der Erziehungswissenschaft bzw. als Erzieher in der Erziehungspraxis stehen kann (Übersicht 2). Erziehungswissenschaftler ist z. B. der Angehörige einer entsprechenden Hochschul- bzw. Forschungsinstitution. Erzieher ist z. B. der Lehrer an beruflichen Schulen, der Ausbilder, der Jugendleiter in einem Erziehungsheim, der Kindergärtner, das Elternpaar.

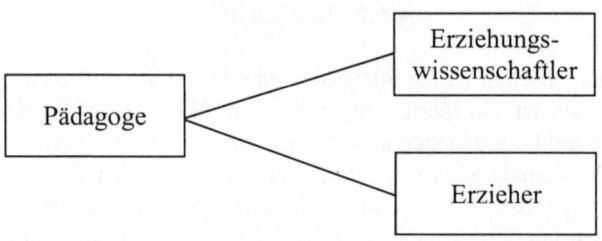

Übersicht 2: Pädagoge als Erziehungswissenschaftler bzw. Erzieher

Entsprechend Übersicht 1 und 2 ist nun z. B. die Lehrerbildung in der Regel zweiphasig angelegt. In der ersten Phase erfolgt im Studium an der Universität das Vertrautmachen mit der Erziehungswissenschaft und den Fachwissenschaften der studierten Unterrichtsfächer. In der zweiten Phase, im Studienreferendariat, steht die angehende Lehrkraft in der angeleiteten Erziehungspraxis. Eine Reformbestrebung in der Lehrerbildung ist die einphasige Lehrerbildung, in der Studium und Referendariat zusammengelegt werden: Wissenschaft und Praxis der Erziehung werden dann in der Lehrerbildung verzahnt. Diese Bestrebung hat sich bisher jedoch nicht durchsetzen können. Wohl aber geht es immer wieder darum, schulpraktische Phasen stärker in die universitäre Lehrerbildung zu integrieren. Hier bietet sich die Chance, theoretische Sichtweisen an Praxis zu brechen und zu reflektieren wie umgekehrt Praxisgestaltung an der Theoriediskussion kritisch zu prüfen.

Bevor nun im Folgenden näher auf die Erziehungswissenschaft eingegangen wird, soll kurz die Erziehungspraxis umrissen werden. Zur Erziehungspraxis zählen die Erziehungslehre und der Erziehungsvollzug (Übersicht 3).

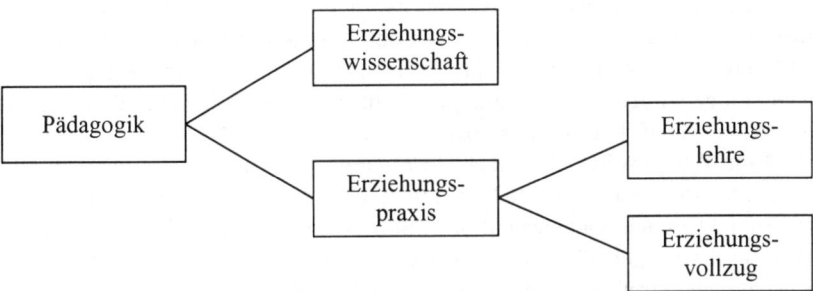

Übersicht 3: Pädagogik als Verbindung von Wissenschaft und Praxis der Erziehung zusammen mit Aspekten der Erziehungspraxis.

In der Erziehungslehre werden die Ziele und Erfahrungen der Erziehung systematisch geordnet und dargestellt. Hierzu gehören die Lehrbücher der Erziehung. Diese können sich z. B. mit Anleitungen zur Planung, Durchführung und Auswertung von Unterricht befassen. Die Lehrbücher versuchen z. B. Rat zu geben bei Problemen in der Familienerziehung, etwa unter dem Titel „Was tue ich als Erzieher, wenn …?" Ein gutes Beispiel für die Erziehungslehre sind die vielfältigen Lehrbücher, die für die Kurse „Ausbildung der Ausbilder" seit Anfang der siebziger Jahre des letzten Jahrhunderts geschrieben worden sind. So lauten etwa die Titel solcher Werke „Technik der Unterweisung" (Grüner 1973), allgemein „Der Ausbilder im Unternehmen" (Paulik 1988, Neuauflage 1991) oder verdichtet „Kompaktwissen AEVO" (Hartmann, Jacobs, Preuße 2001). Mit der Abkürzung AEVO ist dabei die Ausbildereignungsverordnung gemeint. Schriften auf der Ebene der Erziehungslehre können abstrahiert auch einfach gehaltene Erfahrungswerte wiedergeben. Es kommt jedoch auf ihre Verwirklichung in der Erziehungspraxis an. Ein Beispiel für solche Erfahrungswerte gibt im Zusammenhang mit den Lernvoraussetzungen der Schüler im System Unterricht der Positiv- und Negativkatalog der Lernmotivation auf S. 269 des vorliegenden Buches an.

Es ist oftmals sehr schwer zu entscheiden, wo der Übergang von der Erziehungslehre als Teil der Erziehungspraxis zur Erziehungswissenschaft einsetzt. Liegt die Erziehungswissenschaft vor, sobald abgesicherte Erziehungserfahrungen in einem Lehrbuch der Erziehung mitgeteilt werden? Eindeutige Antworten wird es hier nicht geben. Sie dürften stark von dem Begriff einer Erziehungswissenschaft abhängen.

Der Erziehungsvollzug zeigt sich im Handeln gegenüber dem formwerdenden Menschen. Er ist für die Berufsausbildung in Schule und Betrieb anzutreffen. Z. B. werden Berufskompetenzen in der Berufsschule und im Betrieb unter jeweils unterschiedlicher Akzentuierung vermittelt (vgl. Kap. C.2 Bildungsauftrag der Berufsschule).

Erziehungswissenschaft als erster Zweig der Pädagogik (Übersicht 1) erforscht den Zusammenhang zwischen den Voraussetzungen, den Prozessen und den Ergebnissen der Erziehung. Bevor auf die Erziehungswissenschaft näher eingegangen werden kann, gilt es im Folgenden allgemein den Begriff der Wissenschaft kurz zu umreißen.

Eine Wissenschaft (Übersicht 4) zeichnet sich dadurch aus, dass sie ihr Erkenntnisinteresse auf einen bestimmten Gegenstand bzw. auf ein bestimmtes Subjekt richtet. Gegenstand bzw. Subjekt werden einer der betreffenden Wissenschaft eigenständigen Fragestellung unterworfen. Die Fragestellung wird mit der betreffenden Wissenschaft eigenständigen Methoden untersucht.

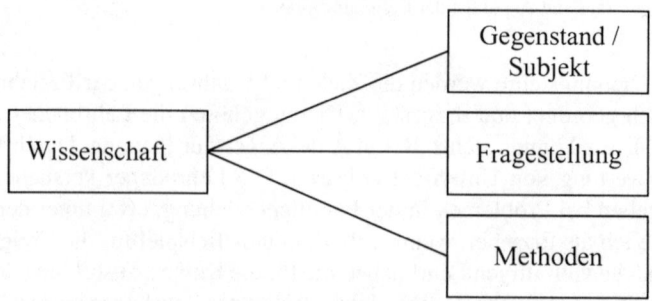

Übersicht 4:   Bestimmungsgrößen einer Wissenschaft

Entsprechend dieser Bestimmung einer Wissenschaft richtet die Erziehungswissenschaft als eine Humanwissenschaft ihr Erkenntnisinteresse auf den Menschen (Übersicht 5). Die Fragestellung, mit der sie an den Menschen herantritt, ist die nach seiner Erziehung oder Formung. Die Methoden, derer sich die Erziehungswissenschaft bedient, sind geisteswissenschaftlich und / oder erfahrungswissenschaftlich. Eine Verbindung beider Vorgehensweisen stellen die qualitativen Forschungsmethoden dar.

Vereinfacht ausgedrückt geht es beim geisteswissenschaftlichen Vorgehen um ein Deuten, Verstehen von Erziehungsvorgängen. Über Erziehung wird nachgedacht. Beim erfahrungswissenschaftlichen Vorgehen wird im Zuge von Erziehungsvorgängen „gemessen". Hier geht es um ein genaues Erfassen.

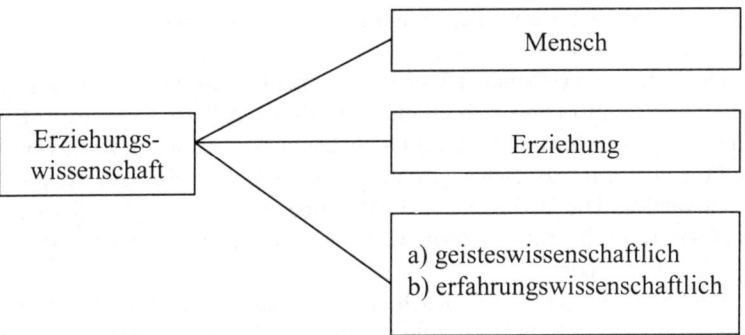

zu a): Phänomenologie, Hermeneutik, Dialektik
zu b): Befragung, Beobachtung, Experiment, Test, Inhaltsanalyse
Verbindung von a) und b): Qualitative Forschungsmethoden

Übersicht 5: Bestimmungsgrößen einer Erziehungswissenschaft (entsprechend Übersicht 4)

Zur geisteswissenschaftlichen Methodik zählen die Phänomenologie, die Hermeneutik und die Dialektik (vgl. Danner 1989, Neuauflage 1998). Die Phänomenologie sucht eine unvoreingenommene, beschreibende Wesenserfassung von Erziehungsvorgängen. Mit anderen Worten, es geht um eine Reduktion auf das WAS durch die Abhebung des betreffenden Gegenstandes von seinem Umfeld: Das hinter den Erscheinungen Stehende soll in Rede gestellt werden. Eine Erscheinung kann z. B. darin bestehen, dass Kinder und Jugendliche einem übersteigerten Medienkonsum ausgesetzt sind. Hinter dieser Erscheinung steht ein Schrumpfen von Handlungs- und sozialen Erfahrungsmöglichkeiten. Der Übergang zur Hermeneutik ist nahe. Die Hermeneutik zielt auf eine sinnverstehende Deutung pädagogischer Schriften und pädagogischer Wirklichkeit ab. Bei der Dialektik geht es um ein Abwägen von Gegenpositionen. Es handelt sich um ein konstruktives Streitgespräch, wobei die gegensätzlichen Pole um eine Lösung bemüht sind. „Führen oder Wachsenlassen" ist z. B. ein grundlegendes erzieherisches Problem, das Litt dialektisch angeht (Litt 1929).
    Zur erfahrungswissenschaftlichen Methodik zählt die Befragung, die Beobachtung, das Experiment, der Test, die Inhaltsanalyse. Dem naturwissenschaftlichen Denken entsprungen, zielt das erfahrungswissenschaftliche Vorgehen darauf ab, reproduzierbare Ergebnisse in Untersuchungen zu gewinnen. Soweit dies in einem humanwissenschaftlichen Untersuchungsfeld möglich ist, gilt: Versuchsbedingungen werden soweit kontrolliert und beschrieben, dass es möglich wird, die gleiche Untersuchung an anderer Stelle mit vergleichbaren Personen durchzuführen und zu gleichen Ergebnissen zu gelangen. Grundgedanke ist beim erfahrungswissenschaftlichen Vorgehen die Nachprüfbarkeit des Untersuchungsvorgehens herzustellen. Ein unter diesen

Bedingungen gewonnenes Ergebnis gilt solange als gesichert, wie es nicht widerlegt werden kann.

Die Befragung (Übersicht 5) ist bewusst geplant. Sie erfolgt anhand eines Fragebogens und richtet sich an einen bestimmten Personenkreis, z. B. an Lehrer eines Schulfaches. Mittels mündlicher oder schriftlicher Beantwortung von Fragen sollen z. B. Beweggründe des Handelns, Urteile oder Meinungen erfasst werden. Die Befragungsmethoden richten sich besonders danach, ob mündlich oder schriftlich erhoben wird, sowie nach dem Grad der Standardisierung der Befragung.

Beobachtung, z. B. die Beobachtung der Interaktion zwischen Lehrer und Schüler im Unterricht, ist stets eine gerichtete, selektiv-aufmerksame Art des Wahrnehmens. Beobachtungsverfahren zeichnen sich dadurch aus, dass die selektive Zuwendung zum Beobachtungsfeld, sowie die selektive Wahrnehmung und Erinnerung, die einer Beobachtung unterliegen, weitgehend durch Standardisierung gelenkt und kontrolliert werden. Die Standardisierung bedient sich als Gerüst eines mit expliziten Zuordnungsregeln versehenen Kategorienschemas, das die Aufzeichnung des zu beobachtenden Verhaltens zu dem Zeitpunkt gestattet, in dem es sich tatsächlich ereignet.

Unter einem Experiment kann im Anschluss an Atteslander (1985, Neuauflage 2000) verstanden werden, dass eine Beobachtung bzw. eine Messung wiederholt unter kontrollierten Bedingungen durchgeführt wird. Eine Einflussgröße, bzw. mehrere Einflussgrößen werden dabei so verändert, dass ein behaupteter Verursachungszusammenhang (die Hypothese) in unterschiedlichen pädagogischen Situationen überprüft werden kann.

Tests sind für die Pädagogik im Anschluss an Ingenkamp (1985, Neuauflage 1997) Verfahren mittels derer Verhalten und Leistungen im Rahmen von Lernprozessen objektiv, zuverlässig und gültig gemessen werden. Lehrer oder Erzieher werten die Testergebnisse aus und suchen daraus Schlussfolgerungen für ihr weiteres pädagogisches Vorgehen zu ziehen. Bedeutsame Tests für die Pädagogik sind Schulleistungstests, Entwicklungs- und Einschulungstests, Intelligenz- und Eignungstests, Konzentrations- und Aufmerksamkeitstests.

Bei der Inhaltsanalyse sollen Schlussfolgerungen über den Inhalt einer Kommunikation gezogen werden. Der Untersuchungsgegenstand ist dokumentiertes Verhalten, vor allem sprachlicher Aussagen, die schriftlich, auf Tonband und / oder im Videofilm festgehalten werden. So können z. B. von Unterrichtsstunden Videoaufnahmen und transskribierte Tonbandprotokolle, sog. Unterrichts-protokolle vorliegen. Das Ergebnis einer Inhaltsanalyse stellt im allgemeinen eine statistische Zusammenfassung von Bestandteilen des dokumentierten Verhaltens unter Kategorien dar. Eine Inhaltsanalyse muss objektiv und systematisch erfolgen. Objektiv heißt, dass alle verwendeten Verfahrensregeln und benutzten Zuordnungsvorschriften von Textbestandteilen zu Kategorien explizit formuliert und nachprüfbar niedergelegt sein müssen. Systematisch erfordert, dass die einmal aufgestellten Verfahrensregeln und Zuordnungsvorschriften konsequent auf das ganze Analysematerial angewendet werden. Für ein Beispiel einer Untersuchung nach der Methode der Inhaltsanalyse aus der Unterrichtsforschung siehe Schelten (1976, 1977).

Ein Forschungsprozess kann von geisteswissenschaftlichen Betrachtungen ausgehen, die zu plausiblen Forschungsannahmen (Hypothesen) führen. Diese werden dann in einem erfahrungswissenschaftlichen Vorgehen überprüft. Die erfahrungswissenschaftlichen Methoden werden auch als quantitative Methoden bezeichnet, da es letztlich darum geht, Rohwerte zu erlangen, die statistisch verrechnet werden können.

Eine Überwindung der Trennung von geisteswissenschaftlicher und erfahrungswissenschaftlicher Erkenntnisgewinnung streben die qualitativen Forschungsmethoden an, die eine stärkere Verbindung beider suchen. Bei der qualitativen Forschungsmethodik geht es um ein Wiederaufnehmen geisteswissenschaftlicher Sinnauslegung unter bewusster Berücksichtigung strenger Maßstäbe der erfahrungswissenschaftlichen Methodik.

Für ein Beispiel qualitativer Forschungsmethodik können Wirkungsuntersuchungen zu einem handlungsorientierten Unterricht in der beruflichen Bildung herangezogen werden, bei denen es um eine ganzheitliche Erfassung von Lernphänomenen geht. So legt z. B. Riedl (1998, S. 102 ff.) für eine Verlaufsuntersuchung einer handlungsorientierten Unterrichtskonzeption Rohdaten zugrunde, die in Schülerunterlagen, Arbeitsdokumentationen, Tests, Videoaufzeichnungen von Unterrichtssituationen und handschriftlichen Begleitprotokollen bestehen. Diese Rohdaten werden im Zuge einer Datentransformation bzw. Datenaufbereitung in ein tabellarisches Verlaufsprotokoll umgesetzt. Das Verlaufsprotokoll führt zur Datenauswertung, in dem als Ergebnisteile eine Verlaufsbeschreibung des Unterrichts, eine inhalts- und ablauforientierte Unterrichtsanalyse und letztlich eine kriterienorientierte Lernprozessanalyse erstellt wird. Aus den Rohdaten entstehen so in sukzessiven Reduktionsschritten Informationsverdichtungen, die Antworten auf Lernwirkungen in einem handlungsorientierten Unterricht geben.

Für die empirische Sozialforschung, sei sie qualitativ und / oder quantitativ ausgerichtet, liegen eine Reihe von Methodenlehrbüchern vor. Im Folgenden seien einige ohne Anspruch auf Vollständigkeit genannt. Die Reihenfolge ist ohne Belang: Atteslander (2000), Bortz, Döring (2002), Lamnek (1995), Mayring (1996, 2002), Roth (1999).

Da hier Pädagogik als Verbindung der Wissenschaft und Praxis der Erziehung aufgefasst wird, gilt es im Folgenden nach einer Zusammenfassung den Erziehungsbegriff zu umreißen.

Zusammenfassung

Pädagogik ist in einem weitesten Sinne eine Verbindung von der Wissenschaft und Praxis der Erziehung. Zur Erziehungspraxis zählen die Erziehungslehre und der Erziehungsvollzug. Erziehungswissenschaft erforscht den Zusammenhang zwischen den Voraussetzungen, den Prozessen und den Ergebnissen der Erziehung. Die Erziehungswissenschaft richtet ihr Erkenntnisinteresse auf den Menschen. Die Fragestellung, mit der sie an den Menschen herantritt, ist die nach seiner Erziehung. Die Methoden, derer sich die Erziehungswissenschaft bedient, sind geisteswissenschaftlich und / oder erfahrungswissenschaftlich. Eine Verbindung beider Vorgehensweisen stellen die qualitativen Forschungsmethoden dar.

Zu den geisteswissenschaftlichen Methoden der Erziehungswissenschaft zählen Phänomenologie, Hermeneutik und Dialektik. Die Phänomenologie sucht das hinter den Erscheinungen Stehende in Rede zu stellen. Die Hermeneutik zielt auf eine sinnverstehende Deutung pädagogischer Schriften und pädagogischer Wirklichkeit ab. Bei der Dialektik geht es um ein Abwägen von Gegenpositionen.

Zu den erfahrungswissenschaftlichen Methoden, die auch als quantitative Methoden bezeichnet werden, zählen Befragung, Beobachtung, Experiment, Test, Inhaltsanalyse. Die Befragung erfolgt bewusst geplant anhand eines Fragebogens und richtet sich an einen bestimmten Personenkreis. Die Beobachtung ist eine gerichtete, selektiv-aufmerksame Art des Wahrnehmens mittels eines Beobachtungsbogens. Bei einem Experiment werden Messungen bei variierenden Einflussgrößen wiederholt und unter kontrollierten Bedingungen durchgeführt. Tests sind für die Pädagogik Verfahren, mittels derer Verhalten und Leistungen im Rahmen von Lernprozessen objektiv, zuverlässig und gültig gemessen werden. Bei der Inhaltsanalyse werden objektiv und systematisch Schlussfolgerungen über den Inhalt dokumentierten Verhaltens, besonders sprachlicher Aussagen, gezogen.

Bei der qualitativen Forschungsmethodik geht es um ein Wiederaufnehmen geisteswissenschaftlicher Sinnauslegung unter stärkerer Berücksichtigung strenger Maßstäbe der erfahrungswissenschaftlichen Methodik.

Wichtige Begriffe und Konzepte

Pädagogik
– Erziehungswissenschaft
– Erziehungspraxis
– Erziehungslehre
– Erziehungsvollzug
Phänomenologie, Hermeneutik, Dialektik
Befragung, Beobachtung, Experiment, Test, Inhaltsanalyse
Qualitative Forschungsmethodik

Studienliteratur (Auswahlliteratur)

Die im vorangegangenen Kapitel zitierte Literatur ist hier nicht vollständig in der Studienliteratur wiedergegeben. Das Gleiche gilt für alle folgenden Kapitel. Alle zitierten Schriften sind im Literaturverzeichnis (S. 273 ff.) aufgeführt.

Atteslander, P.: Methoden der empirischen Sozialforschung, 9. völlig neu bearb. u. erw. Aufl., Berlin: de Gruyter 2000

Danner, H.: Methoden geisteswissenschaftlicher Pädagogik: Einführung in Hermeneutik, Phänomenologie und Dialektik, 4. überarb. Aufl., München: E. Reinhardt 1998 (Uni-Taschenbücher 947)

Gudjons, H.: Pädagogisches Grundwissen: Überblick – Kompendium – Studienbuch, 7. völlig neu bearb. u. aktual. Aufl., Bad Heilbrunn / Obb.: Kinkhardt 2001
    Kap. 2: Richtungen der Erziehungswissenschaft
    Kap. 3: Methoden der Erziehungswissenschaft

Kron, F. W.: Grundwissen Pädagogik, 6. überarb. Aufl., München: E. Reinhardt 2001
    Kap. 1.0: Erste Begegnungen mit dem Fach

A.2 ERZIEHUNG UND BILDUNG

Erziehung

Über *Erziehung* liegen vielfältige Definitionen vor. Aus der Vielzahl von Definitionen sei im Folgenden eine herausgegriffen und den Ausführungen vorangestellt. Es handelt sich um eine Definition des Erziehungsphilosophen
Brezinka, der sich in der zweiten Hälfte des 20. Jahrhunderts u. a. mit einer
Begrifflichkeit in der Erziehungswissenschaft besonders befasst hat:

> „Unter Erziehung werden Handlungen verstanden, durch die Menschen versuchen, das
> Gefüge der psychischen Dispositionen anderer Menschen in irgendeiner Hinsicht dauer-
> haft zu verbessern oder seine als wertvoll beurteilten Bestandteile zu erhalten oder die
> Entstehung von Dispositionen, die als schlecht bewertet werden, zu verhüten."
>
> (Brezinka 1981, S. 95, Neuauflage 1990)

Demnach vollzieht sich Erziehung über (1) Handlungen, die bewusst, motiv-
verursacht, absichtlich und zweckgebunden geschehen. Statt von Handlungen kann auch von Erziehungseinwirkungen oder Erziehungsmitteln gesprochen werden. Sie erfolgen direkt oder indirekt. Direkte Handlungen können
ohne Anspruch auf Vollständigkeit und Systematik in beliebiger Reihenfolge
z. B. sein: Gespräch, Belehrung, Beratung, Ermahnung, Anweisung, Lob,
Tadel, Hinweis, Bekräftigung, Sanktion, Appell, Gewöhnung, Übung. Indi-
rekte Handlungen können dem gegenüber z. B. sein: Vorbild geben, bzw. Modell sein, Aufgaben stellen, an denen der zu Erziehende wächst, förderliche
Lernumgebungen schaffen, Arbeit, Spiel, Wetteifer, Feier. Generell dürften
bei den direkten Handlungen das Führen und bei den indirekten das Wachsenlassen im Vordergrund stehen.

Erziehung ist ferner (2) ein Versuch, mit den Handlungen auch die Erzie-
hungsabsichten zu erreichen. Ob letztere erreicht werden, ist für den Erziehungsbegriff nach Brezinka nicht bedeutsam.

Mit der Erziehung soll (3) auf die psychischen Dispositionen des zu Erziehenden eingewirkt werden. Dispositionen sind das Gefüge, welches das
Verhalten des zu Erziehenden steuert. Die anzusprechenden psychischen Dispositionen sind in den folgenden Lernzielbereichen enthalten: Kognitiv (Verstandesbereich), affektiv (Werte-, Verantwortungsbereich), psychomotorisch
(Bewegungsbereich), sozial (Gesellschaftsbereich). Eine ganzheitliche Erziehung kann sich in der integrierten Ansprache aller vier Lernzielbereiche vollziehen.

Im Vordergrund steht (4) die Förderung der psychischen Dispositionen
durch deren Verbesserung. Gelingt dies nicht, so soll doch zumindest ein Erhalt positiver Dispositionen angestrebt werden. Lässt sich auch dieses nicht
erreichen, soll letztlich die Entstehung negativer Dispositionen verhütet werden. Zusammengefasst: Verbesserung, Erhalt oder Verhütung psychischer
Dispositionen werden angestrebt.

In einer Kurzfassung lautet diese Definition:

„Als Erziehung werden Handlungen bezeichnet, durch die Menschen versuchen, die Persönlichkeit anderer Menschen in irgendeiner Hinsicht zu fördern."
(Brezinka 1981, S. 95, Neuauflage 1990)

Der Erziehungsbegriff von Brezinka ist eher wertfrei und neutral. Besonders die Erziehungsziele werden in der Definition nicht genannt. Es wird ferner von einer Überlegenheit des Erziehers ausgegangen. Dieser nimmt für den zu Erziehenden in Anspruch, für ihn zu wissen, was wertvoll ist. Übersicht 6 fasst die Erziehungsdefinition von Brezinka in einer Grafik veranschaulicht zusammen.

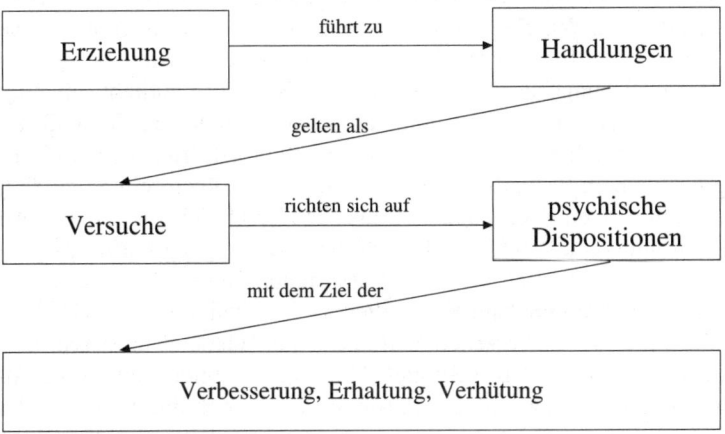

Übersicht 6: Merkreihe im Erziehungsbegriff von Brezinka, vgl. auch Gudjons (2001, S. 189)

Aus Sicht des Verfassers lassen sich im Gefolge der Auffassung von Brezinka und anderer Definitionen für den Erziehungsbegriff folgende Punkte zusammentragen:

1. Das Ziel der Erziehung ist das verbesserte Verhalten und Handeln des zu Erziehenden. Allgemein gilt: Der zu Erziehende soll gefördert werden, sein Verhalten und Handeln unter den Geist zu stellen und damit zunehmend Eigenverantwortung zu entwickeln.
2. Das Ziel der Erziehung wird vom Erzieher gesteckt. Es ist dem zu Erziehenden fremdgesetzt.
3. Erziehung ist Einwirkung auf die Entwicklung des Menschen.
4. Erziehung ist Entwicklungshilfe, Lernhilfe oder auch Lebenshilfe. Die Hilfe verfolgt das Ziel, sich mit der Zeit selbst überflüssig zu machen.

Mit diesen Punkten ist Erziehung kurzgefasst eine Einwirkung auf den zu Erziehenden, die sich als Hilfe mit dem Ziel des verbesserten Verhaltens und Handelns zu einem vom Erzieher gesetzten Ziel versteht.

Worin nun das verbesserte Verhalten und Handeln besteht, ist eine Wertfrage. Sie kann sich von Pädagoge zu Pädagoge sehr unterscheiden. Wichtig dürfte sein, dass ein Erzieher dem zu Erziehenden das Erziehungsziel und die Erziehungseinwirkungen offen legt. Verbirgt ein Pädagoge das Erziehungsziel und arbeitet er mit verdeckten Einwirkungen, läuft er Gefahr, zum Manipulator zu werden. Erziehung sollte nicht Manipulation sein, denn damit wird versucht, jemanden zu beeinflussen, ohne dass dieser Methode und Ziel der Beeinflussung kennt. Manipulationen (Handhabungen, Verfügbarmachungen, Machenschaften) können insbesondere Maßnahmen sein, um eine Person zum Instrument einer Weltanschauung (Ideologie) zu machen, die mit dem Anspruch alleiniger Wahrheit auftritt. Dabei wird unter Verhinderung von Selbstbestimmung und Freiheit auf den zu Erziehenden eingewirkt.

Der Erziehungsbegriff sei an einem Beispiel verdeutlicht. Im Zuge der rechnergestützten Facharbeit und sich schnell wandelnder Technik kommt bereits in den achtziger Jahren des 20. Jahrhunderts zunehmend die Forderung nach einem Facharbeiter auf, der auch berufsübergreifend befähigt ist. Dazu zählt u. a. eine selbständige Denk- und Lernbefähigung. In den Ausbildungsordnungen ab 1987 drückt sich diese Befähigung darin aus, dass die beruflichen Fertigkeiten und Kenntnisse unter Einbeziehung selbständigen Planens, Durchführens und Kontrollierens zu vermitteln sind (vgl. 1. oben). Damit ist ein Ziel verbesserten Verhaltens und Handelns umrissen. Das Ziel ist dem Auszubildenden, vermittelt über den Ausbilder, durch die Ausbildungsordnung gesetzt (vgl. 2.). Ausbilder im Betrieb und Lehrer in der Berufsschule müssen (3.) Einwirkungen finden, mit denen der Auszubildende bzw. Schüler auf dieses Ziel hin zu fördern ist. Insbesondere müssen Unterweisungs- bzw. Unterrichtskonzepte entwickelt werden, die einem Auszubildenden, z. B. in einem Ausbildungsberuf Industriemechaniker oder Koch, zur selbständigen Denk- und Lernbefähigung verhelfen. Zu Anfang der Ausbildung werden die Konzepte mit engen Vorgaben, zu Ende der Ausbildung mit weiten Vorgaben arbeiten müssen. Erst dann können sie (4.) als Entwicklungshilfen angesehen werden, die sich zunehmend selbst im Erziehungsprozess überflüssig machen. Weniger kritisch dürfte an diesem Beispiel sein, dass das Erziehungsziel selbständige Denk- und Lernbefähigung dem Auszubildenden fremd gesteckt vorgegeben wird (2.). Selbstständige Denk- und Lernbefähigung ist ein hohes formales Erziehungsziel, an dem der zu Erziehende selbst ein Interesse haben dürfte. Kritisch ist, inwieweit Betrieb und Schule auch in der Lage sind, dieses Ziel zu erreichen und in der Berufsabschlussprüfung sachgerecht abzuprüfen. Die Zielvorstellung einer selbständigen Denk- und Lernbefähigung ist heute in die der Förderung von Berufskompetenz eingegangen. Letztere hat sich wiederum aus dem Konzept der Schlüsselqualifikationen entwickelt (siehe Kap. C.3).

Im Rahmen des Erziehungsbegriffes gilt es weiter zwischen intentionaler und funktionaler Erziehung zu unterscheiden. Intentionale Erziehung meint die beabsichtigte, bewusst vollzogene, zielgerichtete Erziehung. Funktionale Erziehung bezieht sich auf eine unbewusste Erziehung, die aus einer Aufgabenverrichtung heraus geschieht. Im Kleinkind- und Kindesalter dürfte die intentionale Erziehung in Form der Belehrung noch großes Gewicht gegenüber der funktionalen Erziehung haben. Im Jugendalter nimmt innerhalb der Familienerziehung die intentionale Erziehung an Bedeutung ab. Der Einfluss der funktionalen Erziehung wird sehr groß. Erziehungsprobleme z. B. können sich daraus ergeben, dass Jugendliche in funktionalen Erziehungsbereichen (z. B. Cliquen) stehen, die für die Eltern nicht mehr zu kontrollieren sind und ihren intentionalen Erziehungsbemühungen entgegen laufen können.

In der Berufsausbildung erfolgt eine intentionale Erziehung vornehmlich im berufsschulischen Unterricht. Diese Form der Erziehung setzt sich im Betrieb fort, soweit die Ausbildung in der Lehrwerkstatt und in Unterrichtsräumen stattfindet. Die eigentliche funktionale Berufserziehung erfolgt im Lernen am Arbeitsplatz nach Auftragslage. Bei kleineren Ausbildungsbetrieben, besonders im Handwerk, besteht die Gefahr, dass mehr allein funktional gelernt wird. Das intentionale Lernen, welches in der Regel mit Systematik einhergeht, kommt dabei zu kurz. Umgekehrt kann bei großen Betrieben die Gefahr bestehen, dass die Ausbildung als Störfaktor vom Arbeitsplatz in der Produktion in die Lehrwerkstatt und in die Unterrichtsräume des Bildungszentrums des Betriebes verlagert wird. Damit wird das intentionale Lernen überbetont und das funktionale Lernen vernachlässigt. Unter Wiederentdeckung des Lernens im Prozess der Arbeit bzw. allgemein eines Erfahrungslernens in der Arbeitstätigkeit versuchen große Betriebe eine Überbetonung des intentionalen Lernens zugunsten funktionalen Lernens abzubauen. Eine ganzheitliche Erziehung wird auf ein ausgewogenes Verhältnis zwischen intentionaler und funktionaler Erziehung setzen.

Einen Gegenbegriff von Erziehung stellt die Verwahrlosung dar, bei der weder intentional noch funktional etwas in Richtung auf die Verbesserung des Menschen geschieht. Ebenso erfolgt keine Erhaltung der als positiv gesehenen psychischen Dispositionen der Menschen bzw. eine Verhütung von negativen Dispositionen (vgl. den eingangs angeführten Erziehungsbegriff).

Übersicht 7 versinnbildlicht abschließend einen Grundgedanken des Erziehungsbegriffes. In der Lebensspanne vom Säugling bis zum Adoleszenten soll eine zunehmende Autonomie beim zu Erziehenden aufgebaut werden. Dabei mag hier der Adoleszent mit einem Jungerwachsenen im Alter von 18 bis 21 Jahren gleichgesetzt werden. Gegenläufig zur zunehmenden Autonomie muss der erzieherische Einfluss bis zum Adoleszenten zurückgenommen werden, um die angestrebte Autonomie zu erreichen. Die in Übersicht 7 dargestellte Zeitspanne gilt nur beispielhaft. Erziehung kann auch über die Zeit des Adoleszenten hinausgehen und im gesamten Erwachsenenleben stattfinden. Wichtig ist bei jeder Zeitspanne nur, dass gegenläufig zum abnehmenden Erziehungseinfluss die Autonomie zum Ende der Spanne zunimmt.

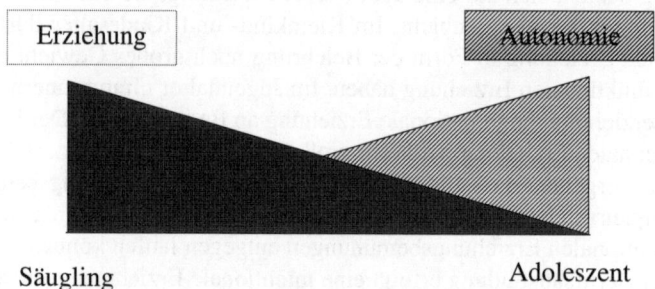

Übersicht 7: Abnehmender Erziehungseinfluss und wachsende Autonomie auf dem Weg zum Adoleszenten, beispielhafte Zeitspanne

Nach den Ausführungen zum Erziehungsbegriff soll im Folgenden auf Aufgaben der Erziehung im Zuge der Menschheitserziehung eingegangen werden. Dies soll im Umriss an drei Vertretern einer Pädagogik geschehen: Zum einen zu den Aufgaben einer Erziehung aus der Geschichte der Pädagogik nach Immanuel Kant, zum zweiten zu den Erziehungszielen der Schule nach dem Reformpädagogen Peter Petersen, zum dritten aus einer aktuelleren Einführungsschrift in die wissenschaftliche Pädagogik von Alfred K. Treml. Einführungsschriften in die allgemeine Pädagogik sowie pädagogische Programme entstehen von Zeit zu Zeit. Sie werden aktuell innerhalb eines Zeitgeistes geschrieben. Kant und Petersen werden herangezogen, um deutlich zu machen, dass Aussagen aus der Geschichte der Pädagogik auch für heute gelten können. Die Welt der Rationalität in der Kant steht, lenkt uns auch heute noch. Ebenso können reformpädagogische Vorstellungen zeitlos sein. Die Einführung von Treml wird herangezogen, um eine Aufgabenbestimmung der Erziehung aus der Moderne jener von Kant entgegenzusetzen.

Immanuel Kant (1724-1804) steht in der Zeit der Aufklärung. Nach Kant geht es bei der Aufklärung um den Aufbruch des Menschen aus seiner selbst verschuldeten Unmündigkeit. Der Mensch muss sich von überkommenen Abhängigkeiten aus Mystik, Religion und Obrigkeit befreien. So ist die Zeit der Aufklärung von der großen Bedeutung der Erziehung überzeugt. Eine optimistische Auffassung von Erziehung wird vertreten: „Der Mensch kann nur Mensch werden durch Erziehung. Er ist nichts, als was die Erziehung aus ihm macht." (Kant 1984, S. 29) Die Aufgaben der Erziehung bestehen nach Kant nun darin, den Menschen zu disziplinieren, kultivieren, zivilisieren und moralisieren (Übersicht 8).

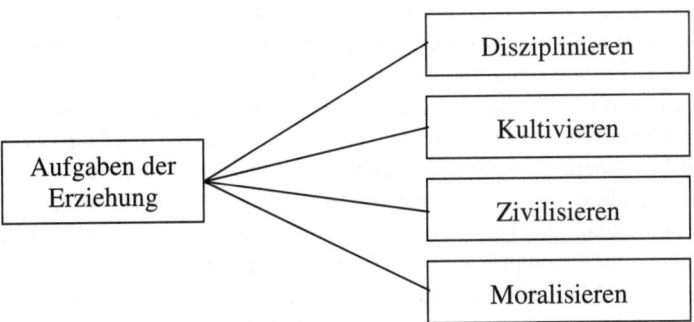

Übersicht 8: Aufgaben der Erziehung nach Kant (1984, S. 35 ff.)

Bei dem Disziplinieren geht es darum, die Wildheit des Menschen zu bezähmen. Eine Selbstbeherrschung ist anzulegen.

Kultivieren heißt, den Menschen zu belehren, ihn geschickt zu machen, sein individuelles Können zu bilden. Hierunter fallen die Vermittlung der Kulturtechniken (Rechnen, Lesen, Schreiben) sowie eine berufliche Bildung. Beim Kultivieren geht es mehr um die Individuation, wie man heute sagen würde.

Man ist versucht, unter Zivilisieren mehr die Sozialisation heutiger Begriffssprache zu sehen. Jedoch hat Zivilisieren hier einen etwas anderen Klang. Es geht darum, den Menschen so zu lenken, dass er sich in der Gesellschaft zurechtfinden kann. Eine Ausbildung „ziviler" Sitten und Umgangsformen ist angestrebt. Das Ziel ist eine gesellige Kultur.

Der Mensch ist zu moralisieren, damit er sich in freier Entscheidung für das Gute entschließen kann. Dahinter steht als ein Ziel der kategorische Imperativ von Kant. Sinngemäß lautet dieser: Handle so, dass die Maxime Deines Wollens jederzeit zur Grundlage einer allgemeinen Gesetzgebung werden kann.

Erziehung erfolgt in einem hohen Ausmaß auf den Stufen des Disziplinierens, Kultivierens und Zivilisierens. Die höchste Form ist die Stufe des Moralisierens. Bemerkenswert ist hier die vor über zweihundert Jahren getroffene Aussage Kants: „Wir leben im Zeitpunkt der Disziplinierung, Kultivierung und Zivilisierung, aber noch lange nicht im Zeitpunkt der Moralisierung." (Kant 1984, S. 37). Dieser Satz dürfte auch heute noch Berechtigung haben.

Hinter den Erziehungsaufgaben nach Kant steht die Auseinandersetzung zwischen Leib (= Bedürfnis-, Triebbefriedigung) und Geist (vgl. Treml 1987, S. 100 ff.). Je mehr der Mensch sich als vernunftbegabtes Wesen versteht, desto ferner wird ihm sein Leib. Letzterer muss nun einem pädagogischen Programm unterzogen werden. Eine Menschwerdung zeichnet sich durch Pädagogik aus, d. h. ohne pädagogische Behandlung bleibt der Mensch ein Tier.

Der natürliche tierische Teil des Menschen, sein Leib, muss vom geistigen Teil bezähmt und umgangsfähig gemacht werden. Es offenbart sich eine Dualität, die in Freiwerdung und Bezähmung besteht. Auf der einen Seite muss der Geist vom Leib befreit werden, wenn der Mensch sich als vernunftbegabtes Wesen versteht. Auf der anderen Seite muss der Geist den Leib bezähmen, d. h. insbesondere disziplinieren sowie kultivieren und zivilisieren.

Einer anderen Zielvorstellung von Erziehung folgt die Reformpädagogik. Zur reformpädagogischen Bewegung Ende des 19. und im ersten Drittel des 20. Jahrhunderts zählen Vertreter wie Kerschensteiner (1854–1932), Gaudig (1860–1923), Montessori (1870–1952), Petersen (1884–1952). Sie wendeten sich gegen die erstarrten Formen der zu dieser Zeit nach ihrer Auffassung vorherrschenden Pauk- und Buchschule, die als „Belehrungskäfig" angesehen wird. Die Konzepte der Reformpädagogen verfolgen eine ganzheitliche Bildung in selbstorganisiertem und arbeits- sowie lebensgemeinschaftlichem Lernen. Dabei geht die Reformpädagogik von der optimistischen Menschenbildannahme aus, dass der Mensch eine schöpferische Kraft hat und diese für Erziehung nur freigelegt, nicht aber erst durch Erziehung geschaffen werden muss. Unter den o. g. Reformpädagogen sei hier nur Petersen angeführt, der für seine Universitätsversuchsschule in Jena 1927 das Erziehungsziel der Schule im Sinne einer Charakterbildung auffasst:

> „Wie die Zukunft politisch und wirtschaftlich gestaltet sein wird, das wissen wir nicht und weiß keiner der heute Lebenden, wie es auch niemand zuvor gewusst hat. Die Zukunft wird von Nöten, Interessen, Kämpfen, neuen wirtschaftlichen, politischen, sozialen Bedingungen bestimmt sein, die wir nicht kennen, höchstens einige ahnen können, aber eines wissen wir alle: Alle diese Nöte usw. können nur behoben werden, wenn jene Zeiten über Männer und Frauen verfügen mit Initiative, fähig und bereit, die Last auf sich zu nehmen und sie zu tragen, freundlich, liebenswürdig, rücksichtsvoll, hilfsbereit und willig, sich selber ganz und gar an ihre Aufgabe hinzugeben, Opfer zu bringen, wahrhaft zu sein, treu, schlichten Herzens, ehrlich, selbstlos, und darunter einige wenige, die bereit sind, mehr zu tun als die andern für diese andern, ohne davon Aufhebens zu machen. Dienstbereit alle, aber alle nach Maßgabe des Pfundes, das sie zu verwalten bestimmt und darum in ihr Leben entlassen worden sind."
>
> (Petersen 1972, S. 12, Neuauflage 2001)

Die von Petersen genannten Erziehungsziele finden sich zum Teil in dem modernen und für die berufliche Bildung bedeutsamen Konzept der Schlüsselqualifikationen wieder (siehe Kap. C.3). Nachdenkenswert ist die Auffassung von Petersen, dass es auch darauf ankommt jene zu erreichen, die mehr für andere tun. Die Welt mag immer nur von wenigen vorangebracht werden. Diese sollen sich in den Dienst der anderen stellen, ohne dafür auf Herausstellung aus zu sein. Kritisch kann in dem oben angeführten Zitat der letzte Satz gesehen werden, der von einer Vorherbestimmung oder einem inneren Bauplan des Menschen ausgehen kann. Letzteren hätte Pädagogik danach nur in seinen Möglichkeiten aber auch Grenzen zur Entfaltung zu bringen.

Über die Aufgaben der Erziehung wird in jeder Generation nachgedacht. An dieser Stelle soll keine Geschichte der Pädagogik geschrieben werden, zu der es u. a. gehört, aus zeitgeschichtlichen Wenden heraus die jeweiligen Aufgaben der Erziehung herauszuarbeiten. Nur punktuell sollten aus der Geschichte der Pädagogik Überlegungen über Aufgaben der Erziehung angerissen werden. Im Folgenden wird eine Idee der Erziehung aus einer Einführungsschrift in die wissenschaftliche Pädagogik der achtziger Jahre des 20. Jahrhunderts von Alfred K. Treml im Umriss vorgestellt. Es soll deutlich werden, dass es verschiedene Zugänge zur Beschreibung von Erziehungsaufgaben gibt.

Die Aufgaben der Erziehung lassen sich auch aus evolutionstheoretischer Sicht bestimmen. So untersucht Treml (1987) u. a., welchen Beitrag die Pädagogik zum Überleben in archaischen Gesellschaften, in Hochkulturen und in der Moderne liefert. Die Moderne wird dabei mit den letzten 400 bis 200 Jahren angesetzt; Hochkulturen seit ca. 5000 Jahren und archaische Gesellschaften seit ca. 2 bis 1,8 Millionen Jahren. In allen Gesellschaften ist es nach Treml Aufgabe der Erziehung, für die Fähigkeit zu sorgen, mentale Informationsprozesse bei Menschen auszulösen, um ontogenetische (individualgeschichtliche) Lernprozesse an phylogenetische (gattungsgeschichtliche) anzuschließen. Ziel ist dabei die Sicherung des Überlebens und die Ausgestaltung einer Vorstellung des guten Lebens (Übersicht 9).

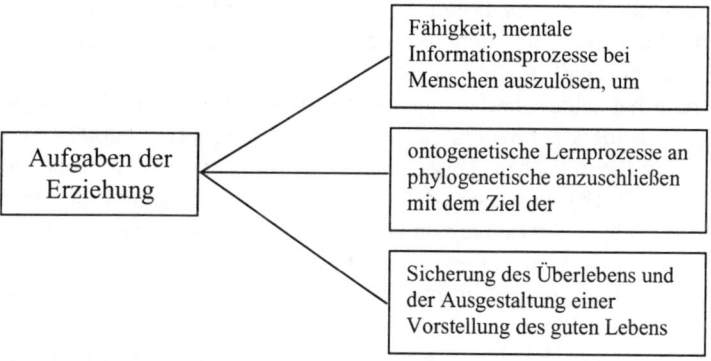

Übersicht 9:   Aufgabe der Erziehung nach Treml (1987)

Die Ontogenese bezieht sich auf die Entwicklung des Einzelwesens, die Phylogenese auf die der Stammesgeschichte. Aufgabe der Erziehung in allen Gesellschaften ist es, den Wissens- und Erfahrungsschatz von vorhergehenden Generationen an nachfolgende in organisierten Lernprozessen weiterzugeben, also ontogenetische Lernprozesse an phylogenetische Lernprozesse anzuschließen. Mit anderen Worten kann dies vereinfacht heißen: Der Einzelne wird an die Kultur angeschlossen, z. B. der Auszubildende im Tischlerhandwerk an die Berufskultur des Tischlerhandwerks oder der Auszubildende im Hotelfach an die Berufskultur im Gastgewerbe. Dabei wird die Erziehung stark zum Erhalt der Gesellschaft eingesetzt. Sie kann aber auch verändernd im Sinne einer Vorstellung des guten Lebens wirken.

Wenn die Aufgaben der Erziehung, wie bei Treml, aus evolutionstheoretischer Sicht bestimmt werden, gestaltet sich eine Einführungsschrift in die wissenschaftliche Pädagogik als eine Welterklärung. Die einzelnen Gesellschaften müssen detailliert umrissen werden, bevor der Beitrag der Erziehung zum Erhalt und etwa zur Weiterentwicklung der betreffenden Gesellschaft bestimmt werden kann. So lässt sich z. B. die Moderne durch ein neuzeitliches Natur- und Menschenbild sowie durch eine neuzeitliche Wissenschaft und Technik kennzeichnen. Hinzu tritt das Dominantwerden einer funktionalen Differenzierung als ein wesentliches Organisationsprinzip moderner Gesellschaft. An letzterem sei an einem Beispiel deutlich gemacht, in welcher Funktion die Erziehung hier stehen kann (vgl. Treml 1987, S. 115 ff.).

Funktionale Differenzierung in einer modernen Gesellschaft bedeutet Arbeitsteilung und Koordination der arbeitsteilig erzeugten Leistungen in einem sich selbst steuernden System. Die Erziehung liefert einen Beitrag, um funktionale Differenzierung zu erreichen.

Über formale schulische Leistungen (unterschiedliche Zeugnisse und Schulabschlüsse) wird eine schichtenspezifische Zuordnung gesellschaftlicher Positionen vorgenommen. Die Schule erzeugt auf der Basis einer scheinbaren Gleichheit des Zuganges mittels der Schulpflicht in systematischer Form Ungleichheit des Abganges. Damit wird die gesteuerte Entwicklung von Einzelwesen (Ontogenese) angeschlossen an den Differenzierungsprozess der modernen Gesellschaft (Phylogenese).

Treml hat seine Überlegungen fortgeführt und u. a. eine Theorie allgemeiner Pädagogik auf evolutionärer Basis dargestellt (Treml 2000). Vergleichend zum theoretischen Ansatz von Treml sei hier auch auf Scheunpflug (2001, S. 156 ff.) verwiesen, die in ihren Untersuchungen zu den biologischen Grundlagen des Lernens unter anderem einer evolutionären Unterrichts- und Schultheorie nachgeht und sich auf Treml bezieht.

Mit dem hier vorgenommenen, nur kurzen und ausgewählten Einblick in eine systematische Umschreibung einer allgemeinen Pädagogik, sollen die Erörterungen zum Erziehungsbegriff beschlossen werden. Es gilt im Folgenden auf den verwandten Begriff der Bildung einzugehen.

Bildung

In der deutschen Sprache gibt es neben dem Begriff der Erziehung noch den Begriff der Bildung. In der englischen Sprache ist allein der Begriff education vertreten, der alles das mit einschließt, was man in der deutschen Sprache unter Bildung verstehen kann. Der Begriff Bildung ist nicht eindeutig bestimmt. Im Folgenden sollen allein einige Kennzeichen genannt werden, ohne den Anspruch zu erheben, damit den Bildungsbegriff umfassend beschrieben zu haben.

Vom Wort her meint Bildung, einem Material eine gewollte Form zu geben, so dass Bildung vereinfacht mit dem Wort Formung übersetzt werden kann. Diese Formung kann man als Formwerdung ansehen, wenn es mehr um einen selbstgestalteten, von innen heraus kommenden Prozess geht. Wird die Formung als Formgebung aufgefasst, kann damit mehr ein von außen an den zu bildenden Menschen herangetragener Prozess gesehen werden. Bildung verweist stark auf die Aneignung und Verarbeitung geistiger Inhalte. Besonders betont ist der Verstandes- und Werthaltungsbereich. Allgemein bezeichnet Bildung zweierlei: Zum einen ist damit der Vorgang, zum anderen aber auch das Ergebnis eines Erziehungsprozesses gemeint.

Das neuhumanistische Bildungsideal, von dem wir auch heute noch stark geprägt sein dürften, zielt mehr auf Selbstentfaltung und Selbstgestaltung ab. Bildung kann so als eine innere Formwerdung verstanden werden. Auf dieses Verständnis von Bildung bezieht sich die Definition des Deutschen Ausschusses für das Erziehungs- und Bildungswesen 1960:

> „Gebildet .... wird jeder, der in der ständigen Bemühung lebt, sich selbst, die Gesellschaft und die Welt zu verstehen und diesem Verständnis gemäß zu handeln."
>
> (zitiert nach Grüner, Georg 1977, S. 29, Neuauflage 1980)

Ebenso geht Hartmut von Hentig davon aus, dass jegliche Bildung letztlich die Förderung der Selbständigkeit zum Ziel hat. In dem Sinne eines Bilden als sich bilden heißt es bei ihm:

> „Bildung ... beginnt erst dort, wo man sie selber in die Hand nimmt. Davor liegen Bemühungen der anderen, die dies ermöglichen."
>
> (v. Hentig, 1999, S. 149, Neuauflage 2002)

Der zweite Satz in diesem Zitat weist auf die eigentliche Bildungsaufgabe hin, der sich Pädagogen z. B. für eine berufliche Bildung an beruflichen Schulen und Betrieben zu stellen haben.

Bildung hat im deutschen Sprachgebrauch den Klang des Höherwertigen gegenüber der Erziehung. So wird z. B. von *Lehrerbildung* und nicht von Lehrererziehung, von Berufsbildung und weniger von Berufserziehung oder von Hochschulbildung und nicht von Hochschulerziehung gesprochen. Der Grund hierfür mag sein, dass man mit dem Bildungsbegriff – besonders im akademischen Lernbereich – mehr auf die Absicht der Selbsterfahrung der Lernenden in dem betreffenden Erziehungsprozess abzielen möchte. Das Wort Erziehung könnte mehr auf eine von außen aufgesetzte „erzwungene" Formung verweisen, obgleich dies formal auch im hier vertretenen Erziehungsbegriff nicht enthalten ist. So wird weiterhin neben einem Begriff der Berufsbildung auch der Begriff der Berufserziehung verwandt werden (vgl. Kap. A.4).

Hilfreich ist es, beim Bildungsbegriff zwischen formaler und materialer Bildung zu unterscheiden. Die formale Bildung kann dabei noch nach funktionaler und methodischer Bildung unterschieden werden (Übersicht 10).

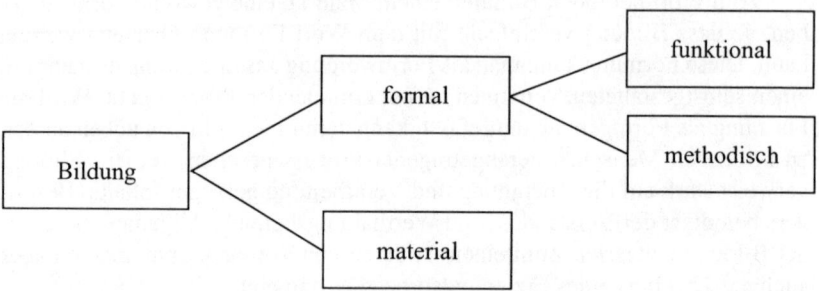

Übersicht 10: Bildung als Einheit formaler und materialer Bildung

Bei der formalen Bildung geht es um die Entwicklung von Fähigkeiten und Einsichten. Hier ist der Bezugspunkt das Subjekt. Funktional zielt dies besonders auf eine Schulung der geistigen Kräfte ab. Z. B. soll das Denken, Urteilen, Wollen und Werten erworben werden. Methodisch geht es um die Förderung geistiger Arbeitstechniken, z. B. um das Sammeln, Ordnen und Auswerten von Informationen oder um das Beobachten.

Bei der materialen Bildung liegt die Betonung auf der Inhaltsvermittlung im Lernprozess. Der Bezugspunkt ist das Objekt. Hier wird gefragt, welche Inhalte eines Faches so bedeutsam sind, dass Schüler oder Kursteilnehmer sie lernen bzw. erfahren müssen. „Bildung ist auch Ansammlung von Lernstoff" wie es sehr vereinfachend ausgedrückt werden kann. Denn es gilt: Wissen und Erkenntnis, inhaltlich vermittelt, bietet erst die Grundlage für sachbezogenes Handeln und Urteilen. Wer z. B. Lehrkraft an beruflichen Schulen wird, studiert gerade auch inhaltlich die Wissenschaften ihrer Unterrichtsfächer, z. B. Bautechnik und Mathematik sowie im Begleitstudium die Erziehungswissenschaften.

Eine Zielvorstellung von Bildung besteht darin, den Menschen immer material und formal zu fördern. Auf eine Kurzformel gebracht kann dies im Anschluss an von Hentig (1999, S. 55, Neuauflage 2001) heißen: Die Sachen klären (material) und die Menschen stärken (formal).

Die materialen Bildungsinhalte unterliegen einem zeitlichen Wandel. Die formale Bildung ist eher Zeit unabhängig. In der Berufsbildung gewinnt heute die formale Bildung immer mehr an Bedeutung. Im Zuge eines schnellen technisch-produktiven Wandels unter rascher Veränderung des Wissens ändern sich die inhaltlichen Bildungsanforderungen in kurzer Zeit. So muss eine formale Bildung im Rahmen einer Berufsausbildung stärker betont werden. Mit einer hohen formalen Bildung kann eher selbsttätig lernend rasch wechselnden inhaltlichen Anforderungen begegnet werden.

Im Zuge eines schnelleren Wandels kommt es besonders in der beruflichen Bildung darauf an, jene Bildungsgegenstände zu identifizieren, die material wie auch formal bilden. Hier gewinnt die kategoriale Bildung von Klafki (1985, Neuauflage 1996, vgl. auch Jank, Meyer 2002) wieder an Bedeutung. Die kategoriale Bildung sucht die Mitte zwischen materialer und formaler Bildung. Es soll die materiale (objektbezogene) Seite dialektisch mit der formalen (subjektbezogenen) Seite verschränkt werden. Dabei geht es um eine doppelseitige Erschließung (Übersicht 11): Um ein Aufgehen allgemeiner Fähigkeiten und Einsichten auf der Seite des Subjekts (formal) und ein Sichtbarmachen von allgemeinen Inhalten auf der objektiven Seite (material).

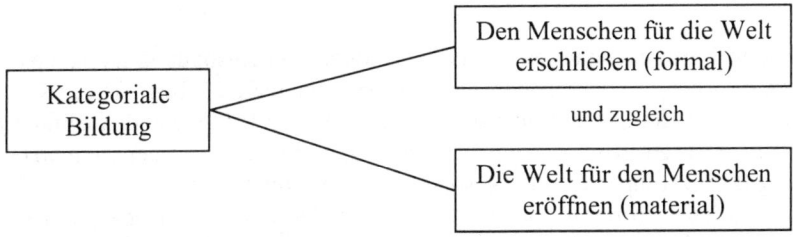

Übersicht 11: Kategoriale Bildung als vermittelnde Größe zwischen formaler und materialer Bildung

Das bildungstheoretische Modell der Didaktik von Klafki (1985, Neuauflage 1996, vgl. auch Jank, Meyer 2002) ermöglicht nun für eine Unterrichtsthematik eine kategoriale Bildung zu ermitteln, z. B. für eine Thematik aus einem Lernfeld bei zahnmedizinischen Fachangestellten im dritten Ausbildungsjahr über Prophylaxemaßnahmen planen und durchführen. Letztlich geht es darum, den Bildungsgehalt eines Bildungsinhaltes zu erschließen, in dem das Bildungswirksame in einem Bildungsinhalt bestimmt wird. Erst das Bildungswirksame ist das Kriterium, ob und wie ein Bildungsinhalt für einen Lehrprozess ausgewählt und eingesetzt wird.

Man kann nun den Begriff der Bildung mit dem der Erziehung gleichsetzen. Wenn vorhin von den Aufgaben der Erziehung gesprochen wurde, umschrieb dies eben auch die Aufgaben der Bildung. Im weiteren Verlauf der Erörterungen in den nächsten Kapiteln wird auch immer der Bildungsbegriff mitzudenken sein, wenn von Erziehung und besonders von Berufserziehung gesprochen wird.

In Abhebung zur Bildung meint Ausbildung mehr eine sehr zweckgebundene Bildung für einen bestimmten Beruf bzw. allgemein die Vorbereitung für einen bestimmten Tätigkeitsbereich. Bei Ausbildung geht es um eine sehr straff organisierte Form von Bildung (Übersicht 12).

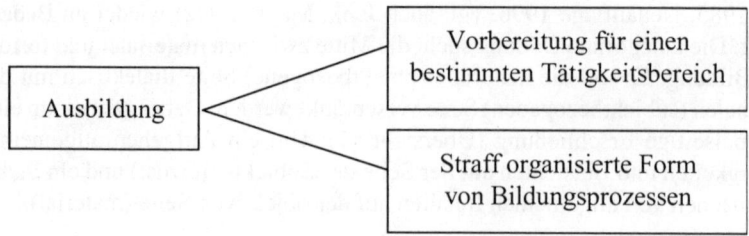

Übersicht 12: Kennzeichen von Ausbildung

In dem Zusammenhang der Begriffe Bildung und Ausbildung ist anzumerken, dass heute in der Berufspädagogik mehr und mehr die Begriffe der Kompetenz und Kompetenzförderung an die Stelle von Bildung und Ausbildung treten. Auf den Kompetenzbegriff wird in Verbindung mit der Zielvorstellung Berufskompetenz noch gesondert eingegangen werden.

Nach der Erörterung des Erziehungsbegriffes im Zusammenhang mit ausgewählten Theorien über die Aufgaben der Erziehung und umrisshaften Kennzeichnungen zu den Begriffen Bildung und Ausbildung soll es im Folgenden nach einer Zusammenfassung darum gehen, die Disziplinen der Pädagogik aufzuzeigen. Damit soll deutlich werden, wie sich die Berufspädagogik in das Gesamtgefüge einer Pädagogik einpasst.

Zusammenfassung

Erziehung ist eine Einwirkung auf den zu Erziehenden, die sich als Hilfe mit dem Ziel des verbesserten Verhaltens und Handelns zu einem vom Erzieher gesetzten Ziel versteht. Intentionale Erziehung meint die beabsichtigte, bewusst vollzogene, zielgerichtete Erziehung. Funktionale Erziehung bezieht sich auf eine unbewusste Erziehung, die aus einer Aufgabenverrichtung heraus geschieht.

Nach Kant bestehen die Aufgaben der Erziehung darin, den Menschen zu disziplinieren, kultivieren, zivilisieren und moralisieren. Für Petersen ist Erziehung Charakterbildung mit dem Ziel freier Menschen, unter denen einige wenige bereit sind, mehr für- und als andere zu tun. Nach Treml ist es Aufgabe der Erziehung, mentale Informationsprozesse bei Menschen auszulösen, um ontogenetische Lernprozesse an phylogenetische anzuschließen. Ziel ist dabei die Sicherung des Überlebens und die Ausgestaltung einer Vorstellung des guten Lebens.

Bildung, vom Wort her Formung, sei es Formwerdung oder Formgebung, bezeichnet zum einen den Vorgang, zum anderen das Ergebnis eines Erziehungsprozesses. Es ist zwischen formaler und materialer Bildung zu unterscheiden. Der Bildungsbegriff setzt stark auf den Aspekt der Selbstgestaltung.

Die kategoriale Bildung stellt eine vermittelnde Größe zwischen materialer und formaler Bildung dar und strebt eine doppelseitige Erschließung der Menschen an. Ausbildung meint die Vorbereitung für einen bestimmten Tätigkeitsbereich (z. B. den eines Berufes) in Form von straff organisierten Bildungsprozessen.

Wichtige Begriffe und Konzepte

Erziehung

Intentionale Erziehung

Funktionale Erziehung

Verwahrlosung

Ziele bzw. Aufgaben der Erziehung

Bildung

Formale Bildung

Materiale Bildung

Kategoriale Bildung

Ausbildung

Studienliteratur (Auswahlliteratur)

Brezinka, W.: Grundbegriffe der Erziehungswissenschaft: Analyse, Kritik, Vorschläge, 5. verb. Auflage, München: E. Reinhardt 1990 (Uni-Taschenbücher, 332)
Kap. B: Erziehung
Gudjons, H.: Pädagogisches Grundwissen: Überblick – Kompendium – Studienbuch, 7. völlig neu bearb. u. aktualisierte Aufl., Bad Heilbrunn / Obb.: Klinkhardt 2001
Kap. 7: Erziehung und Bildung
Kauder, P., Fischer, W.: Immanuel Kant über Pädagogik – Sieben Studien, Baltmannsweiler: Schneider Verlag Hohengehren 1999
Petersen, P.: Der kleine Jena-Plan, 62. neu durchgesehene Aufl., Weinheim: Beltz 2001
Tenorth, H.-E.: Geschichte der Erziehung: Einführung in die Grundzüge ihrer neuzeitlichen Entwicklung, 3. völlig überarb. u. erw. Aufl., München: Juventa 2000
Kap. V: Krise der Moderne – Formierungsprozesse und Destruktion der Erziehung, 1890-1945
Kap. VI: Bildung und Erziehung in 2 deutschen Staaten, 1945–1990

Treml, A. K.: Allgemeine Pädagogik: Grundlagen, Handlungsfelder und Perspektiven der Erziehung, Stuttgart: Kohlhammer 2000
Kap. 1: Funktion und Form der Erziehung
Kap. 3: Grundbegriffe von Erziehung
Kap. 10: Pädagogische Herausforderungen am Beginn des 3. Jahrtausends

A.3 DISZIPLINEN DER PÄDAGOGIK

Eine einheitliche Unterteilung in Disziplinen besteht für die Pädagogik nicht. Wenn hier sechs Hauptrichtungen in Übersicht 13 angeführt werden, ist dies ein vereinfachender Ordnungsversuch des Verfassers. Es wird im weiteren Verlauf darzustellen sein, unter welche Hauptdisziplinen die nicht in Übersicht 14 genannten Einzeldisziplinen einzuordnen sind.

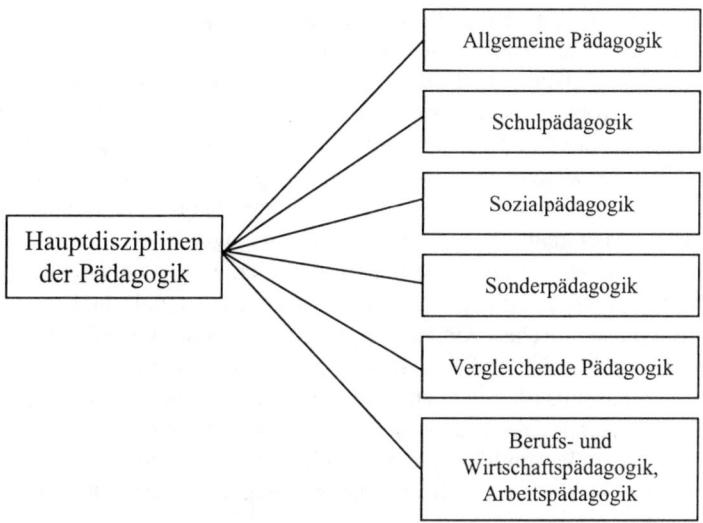

Übersicht 13: Hauptdisziplinen der Pädagogik

Folgt man Übersicht 13, so zählen zur Pädagogik: Die Allgemeine Pädagogik, die Schulpädagogik, die Sozialpädagogik, die Sonderpädagogik, die Vergleichende Pädagogik sowie die Berufs- und Wirtschaftspädagogik zusammen mit der Arbeitspädagogik. Im Folgenden sollen diese Hauptdisziplinen kurz im Anschluss an Grüner, Georg (1977, S. 16 ff., Neuauflage 1980) in ihren wesentlichen Zügen umrissen werden.

Wesentlicher Gegenstand der Allgemeinen Pädagogik ist die Systematisierung erziehungswissenschaftlicher Grundbegriffe. Die Normen und Ziele, die für Erziehung gelten sollen, gilt es zu bestimmen. Es geht um eine allgemeine Theorie der Erziehung und Bildung. Für jede Zeit neu müssen die grundlegenden „W-Fragen" der Pädagogik beantwortet werden, z. B.: Was ist Erziehung? Warum und wozu soll erzogen werden? Wer soll erziehen, und wo soll Erziehung stattfinden? Neu ist heute z. B. das e-Learning (electronic-Learning). Es bezieht sich auf alle Formen eines computergestützten Lernens, welches mit entsprechenden Programmen und dem Datenaustausch über Datennetze stattfindet. Aktuell ist z. B. auch heute noch der Zwang zum Ausgleich zwischen Ökonomie und Ökologie, verbunden mit einer Forderung u. a. auch nach einer Umwelterziehung. Im Zuge beider Strömungen müssen die o. g. „W-Fragen" der Allgemeinen Pädagogik grundsätzlich neu beantwortet werden. Sofern die Beantwortung dieser Fragen in der Schule stattfindet, greift damit die Allgemeine Pädagogik in die Disziplin der Schulpädagogik ein.

Die Schulpädagogik befasst sich mit der Theorie und Praxis der Schule, insbesondere mit der Schulorganisation, dem Schulleben, der Schulqualität und Schulentwicklung sowie der Lehrplantheorie und Lehrplanentwicklung. Daneben steht die Theorie und Praxis des Unterrichts, z. B. der Unterrichtskonzepte, der Qualitätskriterien von Unterricht, der Unterrichtstechnologie und der Mediendidaktik, der Unterrichtslehre in Planung, Durchführung, Auswertung und Kontrolle von Unterricht. Soweit nun die Erziehung in Schule und Elternhaus der Unterstützung bedarf, greift die Sozialpädagogik ein.

Es können erzieherische sowie soziale Mängel und Gefährdungen auftreten, denen im herkömmlichen Erziehungsbereich (Familie und Schule) nicht begegnet werden kann. Aufgabe der Sozialpädagogik ist es, hier verhütend und beseitigend zu wirken. Insbesondere sind hier, neben den regulären Kindergärten, helfende, vorbeugende und ergänzende pädagogische Einrichtungen der außerschulischen Kinder-, Jugend- und Erwachsenenbildung angesprochen. Die Jugend- und Familienfürsorge, Erziehungsberatung, Jugendpflege, Jugendsozialarbeit wie auch der Jugendstrafvollzug zählen zur Sozialpädagogik. Kurzgefasst kann es heißen: Anwendungsbereich der Sozialpädagogik ist die außerfamiliäre und außerschulische Erziehung. Sie kann sich an besonders gefährdete Personen richten, denen mit Sozialarbeit geholfen werden soll.

Soweit nun Kinder, Jugendliche oder auch Erwachsene behindert und / oder gestört sind, bedürfen sie eigenständiger pädagogischer Maßnahmen und Einrichtungen. Damit ist die Sonderpädagogik angesprochen.

Vereinfacht übersetzt bezieht sich die *Sonderpädagogik* auf die Pädagogik der Förderschule. Allgemeiner formuliert befasst sich die Sonderpädagogik mit der Theorie und Praxis der erzieherischen Maßnahmen und Einrichtungen für Kinder, Jugendliche und Erwachsene, deren Leben durch Behinderungen und / oder Verhaltensstörungen beeinträchtigt ist. Eine Feingliederung der Sonderpädagogik gibt Übersicht 14 wieder. An dieser Übersicht soll zugleich beispielhaft deutlich werden, dass die einzelnen Hauptdisziplinen der Pädagogik wie Allgemeine Pädagogik, Schulpädagogik usw. noch weiter unterteilt werden können, worauf hier verzichtet wird.

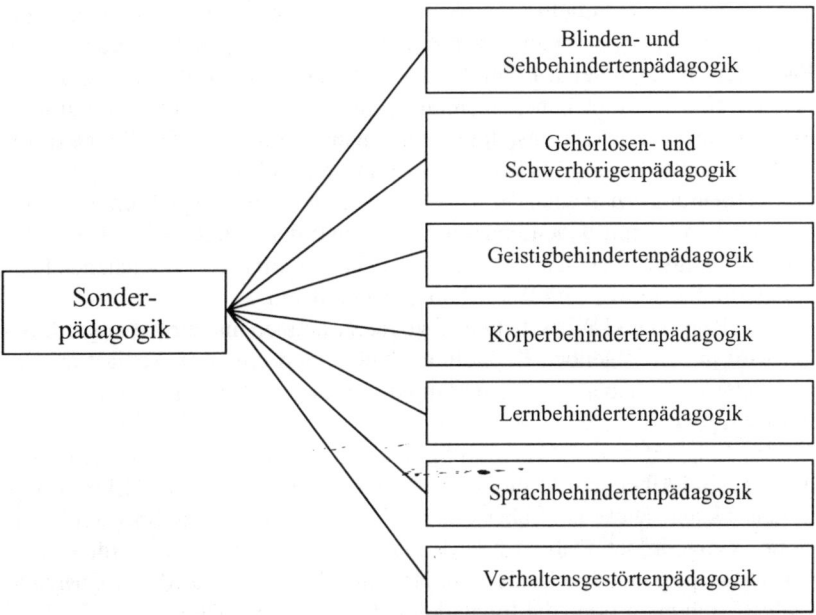

Übersicht 14: Eine mögliche Unterteilung der Sonderpädagogik.

Entsprechend der Behinderungsarten ergeben sich die Schulen für Behinderte. Dies sind (vgl. Übersicht 14) Schulen (1) für Blinde, (2) für Sehbehinderte, (3) für Gehörlose, (4) für Schwerhörige, (5) zur individuellen Lebensbewältigung, (6) für Körperbehinderte, (7) zur individuellen Lernförderung, (8) zur individuellen Sprachförderung und (9) zur Erziehungshilfe. Schulen für Behinderte werden von Schülern besucht, die in ihrer Entwicklung oder in ihrem Lernen so beeinträchtigt sind, dass sie dem Unterricht in den allgemeinbildenden Schulen auch mit sonderpädagogischen Fördermaßnahmen nicht folgen können.

Die berufliche Rehabilitation ist eine weitere Unterdisziplin, die noch zur Sonderpädagogik genannt werden könnte. Erstere greift aber auch sehr stark in die Berufs- und Wirtschaftspädagogik ein, so dass die berufliche Rehabilitation später dort aufgeführt wird.

Die *Vergleichende Pädagogik* untersucht Erziehungsmaßnahmen und Erziehungsinstitutionen in anderen Ländern. Das Ziel ist dabei, bestimmte Erziehungsprobleme in diesen Ländern mit denen im eigenen Land zu vergleichen. Der Vergleich kann sich auf mehrere Länder bzw. auch auf ein anderes Land beziehen. Im Zuge des freizügigen europäischen Marktes, auch im Bildungswesen, erhält die Vergleichende Pädagogik heute aktuelles Gewicht. Die Bildungssysteme anderer europäischer Länder müssen untersucht und auf ihre Vergleichbarkeit zu Abschlüssen im eigenen Bildungswesen untersucht werden. Internationale Schulleistungsvergleiche wie PISA (Programme for International Student Assessment) weisen auf die Bedeutung der Vergleichenden Pädagogik hin. Länder wie Finnland oder Kanada, die im PISA-Test besonders gut abgeschnitten haben, werden aus deutscher Sicht auf ihre Schulorganisation und Unterrichtsgestaltung untersucht. Daraus werden Schlüsse für die Qualitätssteigerung des Bildungssystems in Deutschland gezogen. Besondere Bedeutung erhält auch der Vergleich von Berufsbildungsabschlüssen des eigenen Landes mit denen anderer Länder und den damit verbundenen Berufsausübungsrechten in anderen Ländern. Hier greift die Vergleichende Pädagogik in die Berufs- und Wirtschaftspädagogik ein.

Die Berufs- und Wirtschaftspädagogik zusammen mit der Arbeitspädagogik wird in den folgenden Kapiteln noch detailliert umrissen, so dass an dieser Stelle nicht näher auf diese Hauptdisziplin der Pädagogik eingegangen wird.

Im Folgenden sind Einzeldisziplinen zu nennen, die bisher noch nicht genannt sind. Übersicht 15 gibt in Anmerkungen zu Übersicht 13 Einzeldisziplinen wieder. Diese sind über einen Pfeil einer Hauptdisziplin nach Übersicht 13 zugeordnet. Dabei ist der Einfachheit halber versucht worden, einer Einzeldisziplin nicht mehr als zwei Hauptdisziplinen zuzuordnen. Übersicht 15 lässt sich nicht ohne die folgenden Erläuterungen verstehen. Die Reihenfolge der einzelnen Disziplinen ist ohne Bedeutung.

Insbesondere die Lehrerbildung, soweit sie erziehungswissenschaftlich in einem Studium an der Universität heute noch mit einem breiten Stundenanteil vertreten ist, befasst sich mit der *Geschichte der Pädagogik*, auch Historische Pädagogik genannt. Diese Disziplin soll hier der Allgemeinen Pädagogik zugeordnet werden.

Eine Aufgabe der Geschichte der Pädagogik ist es, die heute geltenden pädagogischen Maßnahmen und Institutionen aus ihrem Entstehen her begreifbar zu machen. Insbesondere gilt es, angehenden Erziehern deutlich zu machen, welche Erziehungsideen und Umsetzungsmaßnahmen von Erziehung in früheren Zeitepochen von der Antike bis zur Gegenwart gültig waren. Daraus kann deutlich werden, dass manches, was in und für Erziehung früher gedacht worden ist, auch heute noch gültig sein kann: Grundlegend neu ist in der Pädagogik wenig. So ist z. B. die Forderung nach einer Erziehung zum selbstbestimmten Handeln und Verhalten für eine moderne Berufsbildung nicht neu. Ein grundlegendes Altes muss nur immer wieder neu unter veränderten Zeitanforderungen eingelöst werden.

Die *Erwachsenenpädagogik*, auch Andragogik genannt, befasst sich mit den Maßnahmen und Einrichtungen der Erwachsenenbildung. Ihre eigentliche Erziehungsinstitution ist die Volkshochschule. Angesprochen sind bei der Erwachsenenpädagogik die Sozialpädagogik und die Allgemeine Pädagogik. Erwachsenenbildung findet aber heute auch stark in betrieblichen, überbetrieblichen und außerbetrieblichen Schulungsstätten in Form einer beruflichen Fortbildung sowie beruflichen Umschulung statt. Zugleich finden verstärkt

Kurse der beruflichen Fortbildung in Veranstaltungen der Volkshochschule statt. Damit greift die Erwachsenenpädagogik stark in die Berufs- und Wirtschaftspädagogik ein.

• Geschichte der Pädagogik (Historische Pädagogik)	⇒ Allgemeine Pädagogik
• Erwachsenenpädagogik (Andragogik)	⇒ Sozialpädagogik und Allgemeine Pädagogik
• Altenpädagogik (Geragogik)	⇒ Sozialpädagogik
• Didaktik und Methodik	⇒ Schulpädagogik
• Pädagogische Psychologie	⇒ Schul- und Sonderpädagogik
• Pädagogische Soziologie	⇒ Schulpädagogik und Allgemeine Pädagogik
• Pädagogische Anthropologie	⇒ Allgemeine Pädagogik

Übersicht 15: Einzeldisziplinen der Pädagogik in Zuordnung zu Hauptdisziplinen nach Übersicht 13, kein Anspruch auf Vollständigkeit, vgl. Erläuterungen im Text, Reihenfolge ohne Bedeutung.

Die *Altenpädagogik,* auch Geragogik genannt, befasst sich mit Problemen älterer Menschen, die aus dem aktiven Berufsleben ausscheiden bzw. ausgeschieden sind. Bei einer heute verlängerten Phase des Altseins ist die Frage nach der Lebenserfüllung und Lebensgestaltung der Gegenstand der Altenpädagogik, welche aufgrund der demographischen Entwicklung (v. a. in Europa) an Bedeutung gewinnen wird. Sie wird hier einer Sozialpädagogik zugeordnet.

Die *Didaktik und Methodik* ist ein oft genannter Gegenstandsbereich der Pädagogik. Beides soll hier der Schulpädagogik, insbesondere der Theorie und Praxis des Unterrichts zugeordnet werden. Auf die Begriffe Didaktik und Methodik wird noch gesondert unter dem Kapitel C. „Didaktik beruflichen Lernens" eingegangen werden. Dabei wird ein weiter Didaktikbegriff vertreten, der Methodik einschließt. Auch eine Begriffsfassung der Didaktiken der Unterrichtsfächer, d. h. der Fachdidaktiken, erfolgt in Kap. C.

Die *Pädagogische Psychologie ist* eine Disziplin, die am Schnittpunkt zwischen der Pädagogik und Psychologie steht. Wenn Psychologie vereinfacht als Wissenschaft vom menschlichen Verhalten und Erleben aufgefasst wird, dann sucht die Pädagogische Psychologie das menschliche Verhalten und Erleben in Erziehungsvorgängen zu untersuchen. Insbesondere sucht die Pädagogische Psychologie lernpsychologische Erkenntnisse auf den Bereich des schulischen Lernens und Lehrens zu übertragen. Gegenstand ist hier die Psychologie des Unterrichts: Es gilt, das Lernen beim Menschen zu erklären, psychische Merkmale Lernender zu erfassen und besonders Hilfen bei Lernschwierigkeiten, Lernbehinderungen und / oder Lernverhaltensstörungen zu geben. Die Pädagogische Psychologie wird hier der Schulpädagogik und Sonderpädagogik zugeordnet.

Die *Pädagogische Soziologie* steht am Schnittpunkt zwischen Pädagogik und Soziologie. Während die Psychologie den Menschen mehr als ein Individualwesen sieht, befasst sich die Soziologie mehr mit dem Menschen als einem Sozialwesen. Fasst man die Soziologie vereinfacht als eine Wissenschaft von der Gesellschaft auf, so beschäftigt sich die Pädagogische Soziologie mit der Erziehung als einem gesellschaftlichen (sozialen) Tatbestand. Insbesondere geht es hier um die Klärung der Abhängigkeit der Erziehungsziele, -inhalte, -maßnahmen und -institutionen von der gesellschaftlichen Situation. So kann z. B. aus soziologischer Sicht die Rolle von Lehrer und Schüler im Unterricht, die Rolle einer bestimmten Bildungsinstitution, z. B. von Berufsschule und Gymnasium, in der Gesellschaft oder allgemeiner noch das Erziehungsverhältnis der Generationen zueinander bestimmt werden. Die Pädagogische Soziologie wird hier einer Schulpädagogik und Allgemeinen Pädagogik zugeordnet.

Als letzte Einzeldisziplin sei hier die *Pädagogische Anthropologie* genannt. Die Anthropologie (anthropos = Mensch, logis = Wort, Lehre) befasst sich mit der Naturgeschichte des Menschen. Am Schnittpunkt zur Pädagogik sucht die Pädagogische Anthropologie Erziehungsfragen aus der entwicklungsgeschichtlichen (evolutionstheoretischen) Betrachtung des Menschen zu klären. So lassen sich etwa die Aufgaben einer Erziehung aus einer Evolutionstheorie des Menschen bestimmen. Hierauf wurde im Vorhergehenden unter A.2 kurz bei den Aufgaben der Erziehung nach Treml eingegangen. Die Pädagogische Anthropologie sucht die Frage nach der Erziehungsbedürftigkeit und -fähigkeit des Menschen zu beantworten. Ein biologischer Ansatz geht davon aus, dass der Mensch als physiologische Frühgeburt ein Mängelwesen ist, das der erzieherischen Pflege bedarf. Ein philosophischer Ansatz verweist auf den Menschen als Geistwesen, das Ausformung durch Erziehung bedarf.

Wenn sich heute die Biowissenschaften zu einer Leitdisziplin entwickeln, mag die pädagogische Anthropologie eine neue Wertigkeit erfahren (vgl. Scheunpflug 2001). Eine naturwissenschaftlich-biologisch orientierte Theoriebildung kann z. B. zu einer evolutionären Erkenntnistheorie führen, die unser Denken über die Entwicklungsgeschichte des Menschen im Pleistozän (Steinzeit), erklärt. Im Erdzeitalter des Pleistozäns ist der Mensch in seiner heutigen Ausstattung genetisch entstanden. Mit anderen Worten: Mit einem

Denkapparat aus der Steinzeit bewältigt der Mensch die Anforderungen der Moderne.

Neben den hier aufgeführten Einzeldisziplinen mag es noch eine Reihe von Spezialisierungsversuchen geben. Diese dürften aber noch nicht den Charakter einer Einzeldisziplin erhalten haben und werden hier nicht weiter ausgeführt. Solche Spezialisierungsversuche können ohne Anspruch auf Vollständigkeit in alphabetischer Reihenfolge sein: Ausländerpädagogik zusammen mit einer Interkulturellen Pädagogik, Freizeitpädagogik, Friedenspädagogik, Medienpädagogik, Museumspädagogik, Umweltpädagogik, Verkehrspädagogik, Vorschulpädagogik.

Im Anschluss an die Kurzkennzeichnung der Einzeldisziplinen der Pädagogik soll noch einmal allgemein mit einigen abschließenden Anmerkungen zur Pädagogik zurückgekehrt werden (im Anschluss an Flitner, 1987, S. 167 ff).

Die Pädagogik ist, wie die Medizin, eine Humanwissenschaft. Sie ist damit eine Wissenschaft vom richtigen Handeln gegenüber dem Menschen. Von der wissenschaftlichen Medizin erwartet man z. B., dass sie zuverlässige und gültige Hilfen für die Diagnose und Therapie von Erkrankungen gibt. Ebenso kann man von der wissenschaftlichen Pädagogik erwarten, dass sie erhebliche Hilfen gibt, tradierte Erziehungsmaßnahmen und Erziehungsinstitutionen zu verbessern. Zugleich soll sie wesentlich die Heranbildung besonders der beruflichen Erzieher, z. B. der Lehrer, beeinflussen. Unbenommen ist, dass dies ohne Erziehungswissenschaft nicht möglich ist. Die Einlösung krankt jedoch daran, dass es der Erziehungswissenschaft, von wenigen Ausnahmen abgesehen, nirgends gelungen ist, das Praxisfeld der Erziehung in ihre Stätten der Theoriebildung und Forschung an der Universität institutionalisiert einzugliedern. Universitätsversuchsschulen, an denen erziehungspraktisch gelehrt und erziehungswissenschaftlich geforscht wird, sind sehr selten. Dagegen ist es der wissenschaftlichen Medizin gelungen, das medizinpraktische Arbeitsfeld in Form von Universitätskrankenhäusern an den Stätten der Theoriebildung und Forschung, nämlich an den Universitäten, zu institutionalisieren. Die wissenschaftliche Pädagogik muss ihr Forschungsfeld Erziehungspraxis künstlich einfangen und in ihre Theorie- und Forschungsstätte hereinholen, z. B. über Videoaufnahmen von Unterricht. So kann man von einer Isolation der wissenschaftlichen Pädagogik sprechen; für die Berufs- und Wirtschaftspädagogik vgl. dazu Grüner (1987).

Die Isolation gilt es zumindest für die wissenschaftliche Erzieherbildung im Ansatz aufzubrechen. So sind für die Lehrerbildung, hier z. B. an beruflichen Schulen, schulpädagogische, fachdidaktische und studienbegleitende Praktika in den studierten Unterrichtsfächern während des Studiums unerlässlich.

Im Folgenden soll es nun nach einer Zusammenfassung darum gehen, unter den Hauptdisziplinen der Pädagogik die Berufs- und Wirtschaftspädagogik zusammen mit der Arbeitspädagogik näher zu umreißen. Dabei soll die Berufs- und Wirtschaftspädagogik zusammengefasst dargestellt werden.

Auf die Arbeitspädagogik wird im Anschluss daran gesondert eingegangen werden.

Zusammenfassung

Zu den Hauptdisziplinen der Pädagogik zählen die Allgemeine Pädagogik, die Schulpädagogik, die Sozialpädagogik, die Sonderpädagogik, die Vergleichende Pädagogik sowie die Berufs- und Wirtschaftspädagogik zusammen mit der Arbeitspädagogik.

Gegenstand der Allgemeinen Pädagogik ist die Systematisierung erziehungswissenschaftlicher Grundbegriffe unter Entwicklung einer allgemeinen Theorie der Erziehung und Bildung. Die Schulpädagogik befasst sich mit der Theorie und Praxis der Schule sowie des Unterrichts. Mit der Sozialpädagogik werden besonders vorbeugende und ergänzende pädagogische Maßnahmen und Einrichtungen der außerschulischen Kinder-, Jugend- und Erwachsenenbildung angesprochen. Die Sonderpädagogik befasst sich mit der Theorie und Praxis der erzieherischen Maßnahmen und Einrichtungen für Kinder, Jugendliche und Erwachsene, deren Leben durch Behinderungen und / oder Verhaltensstörungen beeinträchtigt ist. Die Vergleichende Pädagogik untersucht Erziehungsmaßnahmen und Erziehungsinstitutionen in anderen Ländern mit dem Ziel, bestimmte Erziehungsprobleme in diesen Ländern mit denen im eigenen Land zu vergleichen. Die Berufs- und Wirtschaftspädagogik sowie die Arbeitspädagogik werden in den folgenden Kapiteln umschrieben.

Einzeldisziplinen, die den o. g. Hauptdisziplinen zugeordnet werden können, sind die Geschichte der Pädagogik (Historische Pädagogik), die Erwachsenenpädagogik (Andragogik), die Altenpädagogik (Geragogik), die Didaktik und Methodik, die Pädagogische Psychologie, die Pädagogische Soziologie sowie die Pädagogische Anthropologie. Daneben gibt es noch eine Reihe von Spezialisierungsversuchen von A Ausländerpädagogik bis zu V Vorschulpädagogik, die noch nicht den Charakter einer Einzeldisziplin erhalten haben.

Wichtige Begriffe und Konzepte

Hauptdisziplinen der Pädagogik

Einzeldisziplinen der Pädagogik

Spezialisierungsversuche der Pädagogik

Studienliteratur (Auswahlliteratur)

Dietrich, Th.: Zeit- und Grundfragen der Pädagogik: Eine Einführung in päd-
agogisches Denken, 8. erw. u. überarb. Aufl., Bad Heilbrunn: Klinkhardt
1998
Schlussüberlegungen: Ist die Pädagogik / Erziehungswissenschaft eine
Geisteswissenschaft oder ist sie eine empirische Wissenschaft? – Vom
Selbstverständnis der Pädagogik / Erziehungswissenschaft, von ihren Teil-
disziplinen und Forschungsmethoden – ein Problem aus dem Bereich der
„Wissenschaftstheorie"
Gliederung der Deutschen Gesellschaft für Erziehungswissenschaft in Sek-
tionen / Kommissionen (Disziplinen) siehe unter www.dgfe.de
Gudjons, H.: Pädagogisches Grundwissen: Überblick – Kompendium – Stu-
dienbuch, 7. völlig neu bearb. u. aktualisierte Aufl., Bad Heilbrunn: Klink-
hardt 2001
Kap. 1: Gliederung der Erziehungswissenschaft
Kron, F. W.: Grundwissen Pädagogik, 6. überarb. Aufl., München: E. Rein-
hardt 2001
Kap. 1: Erste Begegnungen mit dem Fach

A.4 BERUFS- UND WIRTSCHAFTSPÄDAGOGIK

Die Berufs- und Wirtschaftspädagogik ist eng mit der Geschichte der Berufsschule und ihrer Lehrerbildung verbunden. Vorläufer der heutigen Berufsschule ist die allgemeine Fortbildungsschule im 19. Jahrhundert. Diese hat sich spätestens zu Beginn des 20. Jahrhunderts zu einer fachlichen Fortbildungsschule gewandelt: Zu dem allgemeinbildenden Unterricht der allgemeinen Fortbildungsschule trat zunehmend ein berufsbildender Unterricht in den betreffenden Berufsfeldern. Mit wachsendem berufsbildendem Unterrichtsanteil wurde dann die fachliche Fortbildungsschule seit etwa 1920 als Berufsschule bezeichnet. Diese wurde immer mehr ausgebaut und führte dazu, eine eigenständige Lehrerbildung für diesen Schultyp einzuführen. Im Zuge einer eigenständigen Berufsschullehrerbildung bürgerte sich dann auch der Begriff einer Berufs- und Wirtschaftspädagogik ein. So wird der Begriff Berufspädagogik seit etwa 1928 in Verbindung mit der „Gewerbelehrerausbildung" und der Begriff Wirtschaftspädagogik seit etwa 1930 in Verbindung mit der „Diplom-Handelslehrer-Ausbildung" gebräuchlich. Über das Feld der Berufsschule hinaus hat sich die Lehrerbildung in der Berufs- und Wirtschaftspädagogik heute auf das gesamte berufliche Schulwesen ausgeweitet. Dieses umfasst neben der Berufsschule besonders auch Fachschulen wie etwa die Technikerschulen sowie Fachoberschulen und Berufsoberschulen.

Historisch gesehen ist somit die Berufs- und Wirtschaftspädagogik in der Lehrerbildung verwurzelt. Auch heute hat sie darin eine zentrale Aufgabe. Allerdings ist sie über diese engere Aufgabe hinausgewachsen. Die Wirtschaftspädagogik hat schon immer ihre Aufgabe darin gesehen, pädagogisches Personal wissenschaftlich zu bilden, das in Schule und Betrieb beruflich zum Einsatz kommt. Im Betrieb werden dabei pädagogische Handlungsfelder bis zur integrierten Organisations- und Personalentwicklung wahrgenommen. Hier steht der Studiengang Diplom-Handelslehrer im Vordergrund. Dieses pädagogische Diplom bietet jenseits des öffentlichen Dienstes größere Beschäftigungsfelder. Ähnliches verfolgt auch heute die Berufspädagogik mit der Zielrichtung zum Diplom-Berufspädagogen, der für berufliche Bildungsmaßnahmen in Schule und Betrieb wissenschaftliche Erkenntnisse und Methoden an der Universität erwirbt.

Unabhängig von der Lehrerbildung ist die Berufs- und Wirtschaftspädagogik in die Hauptfachstudiengänge der Erziehungswissenschaft eingebunden. Im Rahmen von Studiengängen zum Diplompädagogen oder zum Magister (M. A.) der Erziehungswissenschaft vertritt sie hier die Vertiefungsrichtung berufliche Bildung.

So wie nun die Pädagogik hier als Wissenschaft und Praxis der Erziehung bestimmt worden ist, lässt sich die Berufs- und Wirtschaftspädagogik als Wissenschaft und Praxis der Berufserziehung umschreiben. Der Zusammenhang von Beruf und Lernen wird hier besonders betont.

Der Begriff Beruf kann unterschiedlich festgelegt werden. Bekannt ist eine formale Berufsdefinition von Max Weber (1864–1920) aus der verstehenden Soziologie, wonach „Beruf jene Spezifizierung, Spezialisierung und Kombination von Leistungen einer Person heißen soll, welche für diese die Grundlage für eine kontinuierliche Versorgungs- und Erwerbschance ist" (zitiert nach Dauenhauer 1997, S. 33, Neuauflage 2002).

Aus berufspädagogischer Sicht gilt es mehr eine inhaltliche Qualität im Berufsbegriff zu betonen und von der Berufskompetenz auszugehen. Danach gilt: Beruf bezeichnet auf Erwerb gerichtete Arbeitsverrichtungen, die in einer typischen Kombination solcher Verrichtungen zusammengehen und besondere Berufskompetenz (Fach- und Methodenkompetenz, Personalkompetenz, Sozialkompetenz) erfordern, die einen in der Regel mehrjährigen Ausbildungsgang, z. B. Ausbildungsberuf, voraussetzen.

Auf die Zielvorstellung Berufskompetenz wird näher unter Kap. C.3 eingegangen. Kurz sei an dieser Stelle angeführt, dass Kompetenzen Zuständigkeiten zur Bewältigung von Berufsarbeit umschreiben. Methodenkompetenz zielt auf das Entwickeln von Lösungswegen ab, Personalkompetenz betont Selbständigkeit und Selbstvertrauen, Sozialkompetenz beschreibt gruppenorientiertes Verhalten in Arbeitsgemeinschaften.

Berufe unterliegen heute einem schnelleren technisch-produktiven und ökonomischen Wandel, so dass der Berufsbegriff, z. B. als Lebensberuf, in Frage gestellt und als überholt kritisiert wird. Erwerbsarbeit, so die Argumentation, hat heute eine hohe Flexibilität erhalten. Festschreibungen in Form von Berufen scheinen demzufolge nicht mehr sinnvoll. Sie führen zu starren, statischen Systemen und behindern Konkurrenzfähigkeit. – Dennoch bleibt der Beruf als ein lebensbestimmender Faktor erhalten, über den eine Identitätsfindung des Menschen erfolgt und sein Einkommen gesichert wird. Mag der Begriff Beruf heute umstritten sein, so gibt es aber bisher noch keinen angemessenen anderen Begriff. Eine umfassende Beruflichkeit mit offenen Gestaltungselementen wird auch heute noch als tragfähig angesehen. Von einem Ende des Berufs kann nicht gesprochen werden. Auch die Berufsbezeichnungen, die als wichtige gesellschaftliche und individuelle Orientierungspunkte von Bedeutung sind, können offener, dynamischer und weiter werden.

In Folge des o. g. Berufsbegriffes aus berufspädagogischer Sicht ergibt sich für die nichtakademische berufliche Bildung das deutsche Berufskonzept (Übersicht 16).

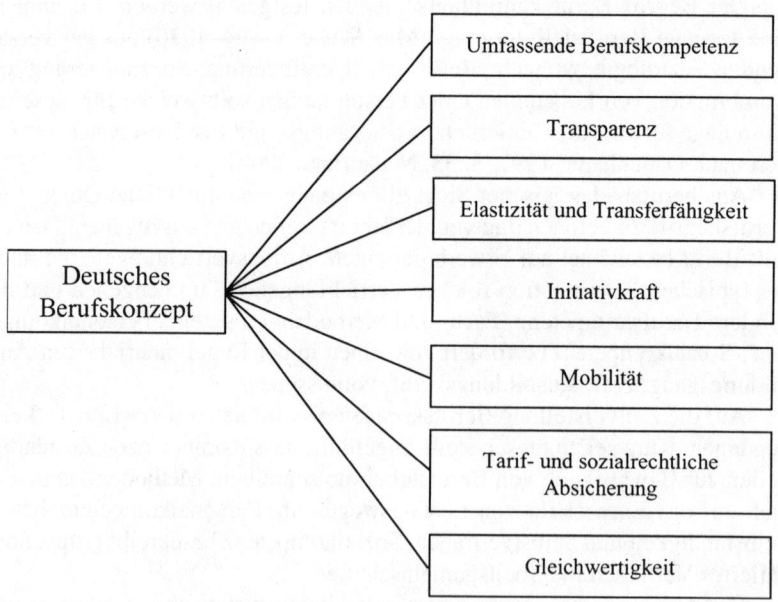

Übersicht 16: Kennzeichen des deutschen Berufskonzeptes

Das deutsche Berufskonzept im Rahmen des dualen Systems der Berufsausbildung geht davon aus, dass (1) eine umfassende Berufskompetenz in einem mehrjährigen, zeitlich zusammenhängenden Bildungsgang vermittelt wird (Ausbildungsberuf). Es soll die Fähigkeit entwickelt werden, berufliche Tätigkeiten selbständig planen, durchführen und kontrollieren zu können. Teilqualifikationen (Module), die relativ frei aneinander gereiht werden, entsprechen nicht dem Berufskonzept (näher zur Berufskompetenz Kap. C.3). Das deutsche Berufskonzept setzt ferner (vgl. Kloas 1998, S. 200) auf (2) Transparenz, d. h. bestimmte Mindeststandards an Berufskompetenz sollen eingehalten und garantiert werden. (3) Elastizität und Transferfähigkeit steht für eine breite Ausbildung, durch die es möglich ist viele Berufstätigkeiten auszuüben und das Berufskönnen auf neue Situationen übertragbar wird. Das Berufskonzept soll (4) zur Initiativkraft beitragen, indem es eine Kompetenz zur lebensbegleitenden Fortbildung sowie zur Bewältigung beruflicher Veränderung schafft. Darüber hinaus sichert das Berufskonzept (5) Mobilität, indem es bundesweit anerkannte Berufsabschlüsse zugrunde legt. Eine (6) tarif- und sozialrechtliche Absicherung des deutschen Berufsausbildungsabschlusses ermöglicht eine soziale Sicherheit. Eine (7) Gleichwertigkeit besteht darin, dass das deutsche Berufsausbildungssystem in Anspruch nimmt, infolge seiner komplexen Struktur und seiner Qualität allgemeinbildenden Abschlüssen gleichgestellt zu sein.

Die Berufs- und Wirtschaftspädagogik hat einen erziehungswissenschaftlichen, und einen erziehungspraktischen Zweig (Übersicht 17).

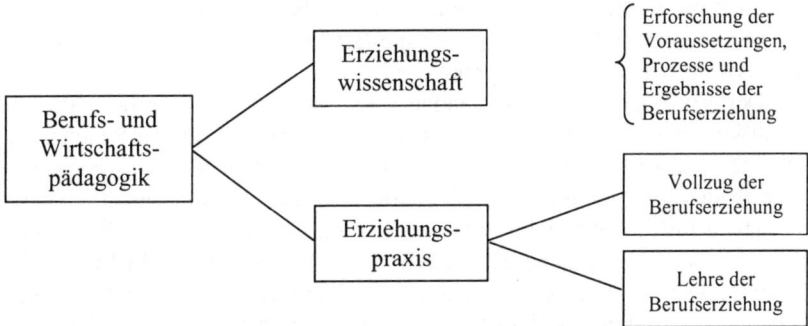

Übersicht 17: Berufs- und Wirtschaftspädagogik als Verbindung von Wissenschaft und Praxis der Berufserziehung

Erziehungswissenschaftlich geht es um die Erforschung der Voraussetzungen, Prozesse und Ergebnisse der Berufserziehung. Der Erforschung geht eine Theoriebildung über Berufserziehung voraus. Die berufs- und wirtschaftspädagogische Forschung richtet sich dabei auf die Stätten, in denen Berufserziehung stattfindet. Dies sind die Lernorte Betrieb mit seinen überbetrieblichen Ausbildungsstätten, berufliche Schulen sowie außerbetriebliche oder außerschulische Bildungseinrichtungen, in denen Berufserziehung stattfindet. Zu letzteren zählen z. B. Berufsbildungswerke, Stiftungen beruflicher Bildung oder Volkshochschulen.

Die Forschungsmethodik der Berufs- und Wirtschaftspädagogik folgt der gesamten Bandbreite erziehungswissenschaftlicher Forschungsmethoden von geisteswissenschaftlicher bis zu erfahrungswissenschaftlicher Forschung. Bei letzterer rücken zunehmend auch in der Berufs- und Wirtschaftspädagogik qualitative empirische Methoden in den Vordergrund. Dies bedeutet, dass in der Berufs- und Wirtschaftspädagogik die Spannbreite geisteswissenschaftlicher Forschung in Phänomenologie, Hermeneutik und / oder Dialektik, bis hin zur quantitativen und heute auch qualitativen empirischen Sozialforschung vertreten ist. Damit bedient sich die Berufs- und Wirtschaftspädagogik des bestehenden forschungsmethodischen Repertoires einer Erziehungswissenschaft und unterscheidet sich nicht von einer anderen Disziplin innerhalb der Pädagogik. Ihre Besonderheit liegt darin, dass sie dieses Repertoire auf das berufsbildende Handlungsfeld umsetzt, für das sie fachinhaltliches Wissen und Verstehen in Theorie und Praxis besitzt (sei es z. B. in der Elektrotechnik oder in der Wirtschaft und Verwaltung). Mit anderen Worten: Die Stärke ihres forschungsmethodischen Vorgehens liegt in der integrierten Nutzung geistes- und / oder empirisch sozialwissenschaftlicher Methodik zusammen mit einer berufsfachdisziplinären Ausrichtung. Diese Ausrichtung kommt für die Berufspädagogik entweder aus einer Ingenieur-, Natur- oder Humanwissenschaft (Medizin) oder für die Wirtschaftspädagogik aus der Wirtschaftswissenschaft mit fließenden Übergängen (z. B. Wirtschaftsingenieurwesen).

Erziehungspraktisch befasst sich die Berufs- und Wirtschaftspädagogik mit dem Vollzug und mit der Lehre der Berufserziehung.

Der Vollzug der Berufserziehung weist eine organisatorische und eine inhaltliche Seite auf. Von der Organisation her sind berufliche Schulen zu errichten und zu führen. Ausbildungsgänge in Betrieben oder außerbetrieblichen Bildungseinrichtungen sind einzurichten und zu führen. Inhaltlich sind Vorgaben für die beruflichen Schulen in Form von Rahmenlehrplänen und für betriebliche oder außerbetriebliche Bildungsmaßnahmen in Form von Ausbildungsordnungen zu entwickeln. Die Vorgaben müssen von dem Lehrpersonal auf konkrete Bildungsmaßnahmen umgesetzt werden. So setzt z. B. ein eigentlicher Vollzug der Berufserziehung ein, wenn eine Lehrkraft an beruflichen Schulen z.B. das Lerngebiet „Regionale in- und ausländische Gerichte" aus den Unterrichtsfächern Fachtheorie und Fachpraxis der 12. Klasse des Ausbildungsberufes zum Koch (Berufsfeld Ernährung und Hauswirtschaft) auf eine 10-, bzw. 15stündige Unterrichtsplanung umsetzt und schließlich den Unterricht danach durchführt. In Fachtheorie erwerben die Schüler Kenntnisse über regionale, nationale und internationale Gerichte und Essgewohnheiten. Sie lernen am Beispiel regionaler Gerichte Preiskalkulationen durchzuführen. Diese Kenntnisse werden im Fachpraxisunterricht angewandt, indem die Schüler die jeweiligen Gerichte vorbereiten, zubereiten und gastgerecht präsentieren. Mit diesem Lehrplan wird ein fächerverbindender, im Idealfall ein fächerübergreifender Unterricht angestrebt, der, wenn möglich, handlungsorientiert vermittelt werden sollte (vgl. Bayrische Lehrpläne des Staatsinstituts für Schulpädagogik und Bildungsforschung unter www.isb. bayern.de/bf/isbl, Rubrik berufliche Schulen).

Die Lehre der Berufserziehung besagt, dass die Ziele und Erfahrungen der Berufserziehung systematisch geordnet und dargestellt werden. Schriften, die eine Anleitung zur Planung, Durchführung und Kontrolle beruflichen Unterrichts zusammen mit zahlreichen Unterrichtsbeispielen (wie etwa Lehberger, Lorf, Pyzalla 2001) geben, zählen z. B. zu einer Berufserziehungslehre. Hierzu rechnen z. B. auch die eingangs bereits unter A.1 erwähnten Schriften für Kurse „Ausbildung der Ausbilder" im Betrieb.

Wenn in Übersicht 17 der erziehungswissenschaftliche und erziehungspraktische Zweig einer Berufs- und Wirtschaftspädagogik betont werden, so geschieht dies aus analytischen Ordnungsgründen. Weder kann die Wissenschaft ohne die Praxis auskommen, noch kann die Praxis ohne die Wissenschaft effektiv arbeiten. Eine wissenschaftliche Berufs- und Wirtschaftspädagogik ohne Praxis ist praxisfern und unrealistisch, eine praktische Berufs- und Wirtschaftspädagogik ohne die wissenschaftliche Berufs- und Wirtschaftspädagogik macht praxisblind und ist unflexibel. Berufs- und Wirtschaftspädagogik ist als Verbindung der Wissenschaft und der Praxis der Berufserziehung anzusehen.

So wird z. B. ein Lehrbuch der Berufserziehung, ausgerichtet auf die Erziehungspraxis, immer auch durch die Erziehungswissenschaft theoriegeleitet sein und sich auf Forschungsergebnisse stützen. Ein Bundesinstitut für Berufsbildung in Bonn, das etwa Ausbildungsmittel oder Ausbildungsmethoden für die Berufsbildungspraxis entwickelt, kann nur erziehungswissenschaftlich theoriegeleitet arbeiten und sich auf Forschungsergebnisse stützen. Letztere werden selbst erbracht oder in Auftragsforschung ermittelt.

Eine Aufteilung nach Berufs- bzw. Wirtschaftspädagogik lässt sich nach Bereichen der Berufserziehung vornehmen (Übersicht 18).

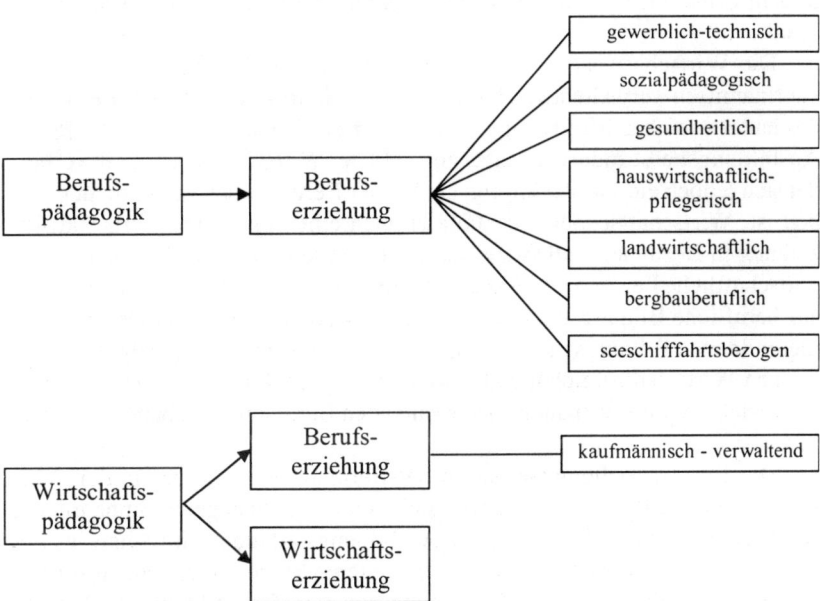

Übersicht 18: Abgrenzung einer Berufs- bzw. Wirtschaftspädagogik nach Bereichen der Berufserziehung, horizontal eingeteilt

Die Berufspädagogik befasst sich traditionellen Begriffen folgend mit der Berufserziehung in der gewerblich-technischen, sozialpädagogischen, gesundheitlichen, hauswirtschaftlich-pflegerischen, landwirtschaftlichen, bergbauberuflichen und seeschifffahrtsbezogenen Berufsbildung. Folgt man den Berufsfeldern, nach denen Ausbildungsberufe heute eingeteilt werden können, zählen zu den Bereichen der Berufspädagogik die Berufsfelder: II. Metalltechnik bis XIII. Agrarwirtschaft. (Das Berufsfeld I. Wirtschaft und Verwaltung rechnet zur Wirtschaftspädagogik s. u.). Im Einzelnen zählen zur Berufspädagogik: Berufsfeld II: Metalltechnik (z. B. der Ausbildungsberuf Industrieme-chaniker), Berufsfeld III: Elektrotechnik (z. B. Serviceelektroniker mit der Fachrichtung Energie- und Gebäudetechnik), Berufsfeld IV: Bautechnik (z. B. Maurer), Berufsfeld V: Holztechnik (z. B. Schreiner), Berufsfeld VI: Textiltechnik und Bekleidung (z. B. Textilmechaniker, Herrenschneider). Berufsfeld VII: Chemie, Physik, Biologie (z. B. Chemielaborant), Berufsfeld VIII: Drucktechnik (z. B. Drucker), Berufsfeld IX: Farbtechnik und Raumgestaltung (z. B. Maler, Schauwerbegestalter), Berufsfeld X: Gesundheit (z. B. zahnmedizinische Fachangestellte), Berufsfeld XI: Körperpflege (z. B. Friseur), Berufsfeld XII: Ernährung und Hauswirtschaft (z. B. Koch, Hauswirtschafterin), Berufsfeld XIII: Agrarwirtschaft (z. B. Gärtner). Neue Berufsbilder bilden Schnittmengen aus herkömmlichen Berufsfeldern, wie z. B. das Berufsfeld Informationstechnik aus Elektrotechnik, Informatik und Betriebswirtschaft.

Die Wirtschaftspädagogik befasst sich mit der Berufserziehung in der kaufmännisch-verwaltenden Berufsbildung. Die Bezeichnung des Berufsfeldes lautet wie oben bereits angeführt: I. Wirtschaft und Verwaltung (z. B. der Ausbildungsberuf Industriekaufmann). Mit der Wirtschaftspädagogik verbindet sich jedoch ein zweiter Zweig, der bei der Berufspädagogik so nicht gegeben ist. Wirtschaftspädagogik umfasst auch eine allgemeine Wirtschaftserziehung in Bezug auf volkswirtschaftliche, betriebswirtschaftliche und hauswirtschaftliche Lernprozesse. Diese allgemeine Wirtschaftserziehung ist nicht auf berufliche Bildungsgänge allein bezogen, sondern auch gerade für allgemeinbildende Bildungsgänge gedacht. Allerdings dürfte der Zweig der allgemeinen Wirtschaftserziehung als zweitrangig gegenüber dem Zweig der Berufserziehung im kaufmännisch verwaltenden Berufsbildungsbereich angesehen werden.

Die Berufserziehung, sei sie in der Berufspädagogik oder in der Wirtschaftspädagogik verankert, befasst sich nun in einem engeren Sinne mit der Berufsausbildung nach anerkannten Ausbildungsordnungen im Sinne des Berufsbildungsgesetzes (BBiG). In einem weiteren Sinne zählen jedoch zur Berufserziehung die vorberufliche Bildung, die Berufsausbildung, die berufliche Fortbildung sowie die berufliche Umschulung (Übersicht 19). Während in Übersicht 18 die Bereiche der Berufserziehung horizontal nach Berufsgruppen eingeteilt sind, geht es in Übersicht 19 um eine vertikale Bereichseinteilung nach einem zeitlichen Ablauf durch eine Berufserziehung.

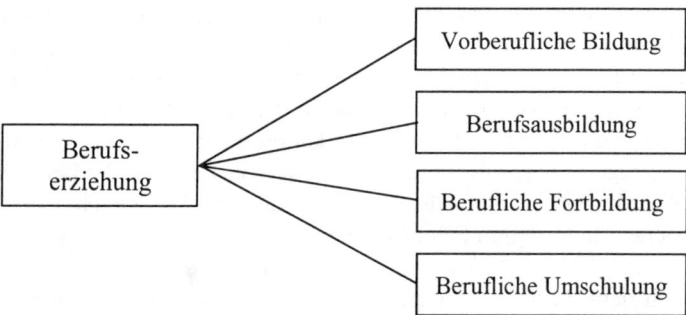

Übersicht 19: Bereiche der Berufserziehung, vertikal eingeteilt, unabhängig nach der Einteilung von Übersicht 18

Die vorberufliche Bildung bezieht sich zum einen auf den Arbeitslehre- bzw. Technikunterricht in den allgemeinbildenden Schulen, vor allem in der Haupt- und Realschule. Verbunden mit Betriebspraktika ist das besondere Anliegen dieser vorberuflichen Bildung, die Berufs- und Arbeitswelt dem allgemeinbildenden Unterricht zu erschließen sowie die Berufswahl der Schüler zu objektivieren, zu fördern und zu stützen. Die vorberufliche Bildung ist zum anderen im beruflichen Bildungswesen vertreten: In einem Berufsvorbereitungsjahr, anzutreffen im beruflichen Schulwesen oder in einem Förderungslehrgang, angesiedelt etwa bei einem Berufsförderungszentrum oder einem Berufsbildungswerk, geht es um die Förderung der Berufsausbildungsreife. Damit verbunden ist die Unterstützung bei der Berufswahl.

Mit der Berufsausbildung ist insbesondere die Ausbildung nach anerkannten Ausbildungsberufen gemeint (§ 25, BBiG). Die Ausbildung wird in der Regel nach Verlassen der allgemeinbildenden Schule aufgenommen und in einem Betrieb sowie berufsausbildungsbegleitend in einer Berufsschule vorgenommen. Die Ausbildung dauert in der Regel drei bis dreieinhalb Jahre. Die Lernenden, Auszubildende genannt, sind heute schon zum großen Teil bei Eintritt in die Berufsausbildung Jungerwachsene (zur Berufsausbildung näher siehe Kap. B. Ausgewählte Grundlagen und Grundfragen der Berufspädagogik).

Die berufliche Fortbildung setzt nach einer beruflichen Erstausbildung ein. Dabei kann unter beruflicher Erstausbildung eine Ausbildung, wie oben beschrieben, verstanden werden. Bei der beruflichen Fortbildung geht es darum, die einmal erworbenen beruflichen Qualifikationen zu erhalten, zu erweitern, dem technischen Wandel anzupassen oder beruflich aufzusteigen. Die berufliche Fortbildung gewinnt heute aufgrund eines raschen Wandels im Zuge einer informations- und kommunikationstechnischen Gesellschaft besonders an Bedeutung. Hierauf und auf den verwandten Begriff Weiterbildung wird noch gesondert im Kap. B. Ausgewählte Grundlagen und Grundfragen der Berufspädagogik eingegangen werden.

Die berufliche Umschulung richtet sich an Erwachsene, die bereits mehr-
jährig berufstätig gewesen sind und zu einer anderen beruflichen Tätigkeit
befähigt werden sollen. Die Umschulung erfolgt in der Regel für einen anerkannten Ausbildungsberuf. Gründe für die Umschulung können z. B. darin
liegen, dass die bisherige Berufsqualifikation nicht mehr auf dem Arbeitsmarkt gefragt ist oder körperliche und / oder geistig-seelische Beeinträchti-
gungen vorliegen, die eine Ausübung des erlernten Berufs nicht mehr möglich machen. In letzterem Fall ist die berufliche Rehabilitation mit angesprochen.

Nach dem Berufsbildungsgesetz (§ 1,1) umfasst die Berufsbildung die
Bereiche Berufsausbildung, berufliche Fortbildung und berufliche Umschulung. Dies ist ein verengender Begriff. Für die Berufs- und Wirtschaftspädagogik zählt die vorberufliche Bildung mit zur Berufserziehung.

Im weiteren Verlauf der Betrachtungen soll der Blick auf die Berufspädagogik gelenkt werden. Die Fragen einer kaufmännisch-verwaltenden Berufserziehung als engerer Gegenstand einer Wirtschaftspädagogik werden ausgeklammert. So wie sich Disziplinen einer Pädagogik ausmachen lassen, können nun auch für die Berufspädagogik Disziplinen bestimmt werden. So zählen zu einer Berufspädagogik die Allgemeine Berufspädagogik, die Schulpädagogik beruflicher Schulen, die Betriebs- bzw. Arbeitspädagogik, die Didaktiken beruflicher Fachrichtungen, die Vergleichende Berufspädagogik, die
Berufliche Rehabilitation sowie die Berufsbildung Entwicklungs- und Schwellenländer (Übersicht 20).

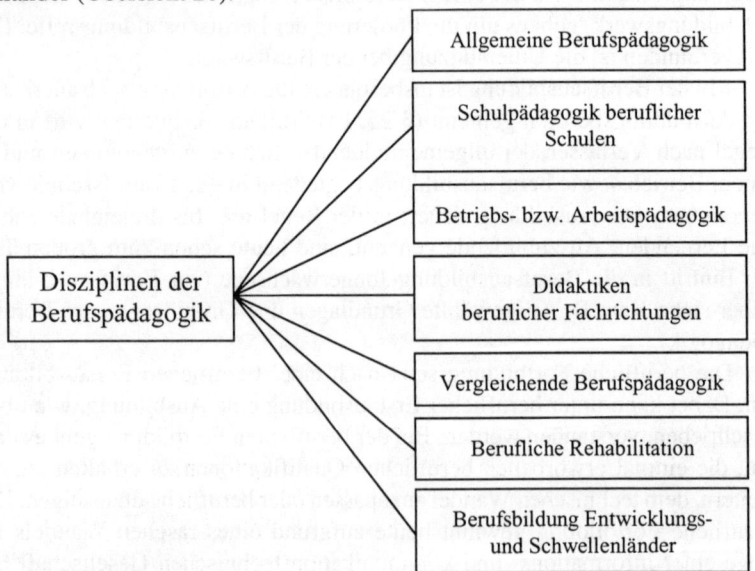

Übersicht 20: Disziplinen der Berufspädagogik (ohne Anspruch auf System und Vollständigkeit)

Bedeutende Züge einer *Allgemeinen Berufspädagogik* sind eine Berufsbildungstheorie zusammen mit einer historischen Berufspädagogik. Eine Grundproblematik ist das Spannungsverhältnis des pädagogisch Gewollten gegenüber dem ökonomisch-technisch Machbaren und Durchsetzbaren. Wesentliche Aufgabe der *Allgemeinen Berufspädagogik* ist die Bestimmung der Normen und Ziele, die für Berufserziehung gelten sollen. Für jede Zeit neu müssen die „W-Fragen" der Berufspädagogik beantwortet werden, z. B.: Was ist Berufsbildung? Warum und wozu soll beruflich gebildet werden? Wer soll beruflich bilden und wo soll berufliche Bildung stattfinden? Gerade die letzte Frage stellt sich heute in der Berufsbildung besonders. Die zunehmende Bedeutung der beruflichen Fortbildung erfordert eine Bestimmung, wer die berufliche Fortbildung durchführt, wo sie stattfindet und zu welchen Qualitätsstandards sie durchzuführen ist.

Eine Berufsausbildung erfolgt am Lernort Schule und Betrieb. Die Pädagogik des Lernortes Schule macht demzufolge eine Disziplin Berufsschulpädagogik aus. Hier wird jedoch von der Disziplin *Schulpädagogik beruflicher Schulen* gesprochen (Übersicht 20). Darunter wird die Pädagogik der gesamten beruflichen Schulen verstanden und nicht allein die der berufsausbildungsbegleitenden Teilzeitberufsschule.

Die Pädagogik des Lernortes Betrieb macht eine weitere eigene Disziplin aus. Vom Wort des Lernortes Betrieb her bietet sich der Begriff der *Betriebspädagogik* an. Ebenso gilt der im Folgenden verwendete Begriff Arbeitspädagogik für die Pädagogik des Lernortes Betrieb. Der Begriff Arbeitspädagogik wird im folgenden Kapitel noch eigenständig abgehandelt werden. Welcher Begriff, Arbeitspädagogik oder Betriebspädagogik, verwendet wird, dürfte mehr eine Frage der Herkunft desjenigen sein, der den Begriff verwendet. Mit der Herkunft verbindet sich auch der Zugang zu den pädagogischen Fragestellungen im Lernort Betrieb: Von Betriebspädagogik spricht eher der Wirtschaftspädagoge, der aus einem wirtschaftswissenschaftlichen Studium mit betriebswirtschaftlichen Studieninhalten kommt. Ebenso sprechen Wirtschaftswissenschaftler naturgemäß eher von Betriebspädagogik, wenn sie es mit pädagogischen Fragestellungen im Betrieb zu tun haben. Der Berufspädagoge, der aus einem natur- und ingenieurwissenschaftlichen Studium kommt, dürfte eher dazu neigen, von Arbeitspädagogik zu sprechen. Ebenso sprechen Arbeitswissenschaftler, die in der Regel aus der Ingenieurwissenschaft kommen, eher von Arbeitspädagogik, wenn sie sich mit pädagogischen Fragestellungen im Betrieb befassen. Eine Zuweisung der Betriebspädagogik mehr zu pädagogischen Bezügen von Führungsfragen im Betrieb und eine Zuordnung der Arbeitspädagogik mehr zu Anlernaufgaben außerhalb einer anerkannten Berufsausbildung, wird hier nicht vertreten (vgl. A.5).

Die einzelnen Berufsfelder wie Wirtschaft und Verwaltung, Metalltechnik, Elektrotechnik usw. weisen ihre eigenen Besonderheiten in Organisation und Durchführung der beruflichen Bildung auf. Zwischen einer Berufsausbildung in der industriellen Metalltechnik, z. B. zum Industriemechaniker mit der Fachrichtung Produktionstechnik und der im Nahrungsmittelhandwerk, z. B. zum Bäcker, bestehen große Unterschiede nach Organisation, Inhalt und Systematik der Ausbildung. Diese Unterschiede fuhren zu *eigenständigen Didaktiken beruflicher Fachrichtungen* als für sich stehende Disziplinen der Berufspädagogik: z. B. Fachdidaktik Metalltechnik, Fachdidaktik Elektrotechnik, Fachdidaktik Gesundheit und Pflege usw. Deren Aufgabe ist vornehmlich die Ermittlung und Vermittlung der Bildungsinhalte des betreffenden Berufsfeldes nach erziehungswissenschaftlichen und erziehungspraktischen Gesichtspunkten. Neben dem Lernen in beruflichen Schulen stehen die Fachdidaktiken beruflicher Fachrichtungen vor der Herausforderung, dass Lernen im Betrieb im ökonomischen Modell (Stichworte: lernende Organisation, Wissensmanagement) ein zentraler Wirtschafts- und Standortfaktor ist.

Eine weitere Disziplin der Berufspädagogik ist die *Vergleichende Berufspädagogik*. Letztere untersucht Berufsbildungsmaßnahmen und Berufsbildungsinstitutionen in anderen Ländern. Das Ziel ist dabei, bestimmte Ausbildungsprobleme, z. B. das der beruflichen Grundbildung, in einem anderen Land oder in mehreren anderen Ländern mit denen im eigenen Land zu vergleichen. Das Ziel kann dabei sein, Rückschlüsse für den Stand der Entwicklung der Berufsbildung im eigenen Land zu erhalten. Eine Vergleichende Berufspädagogik kann aber gerade auch aus der Sicht des Auslandes erfolgen, indem das deutsche Berufsausbildungssystem z. B. von England oder Frankreich aus auf seine Bedeutung für das eigene Berufsausbildungssystem untersucht wird.

Die *Berufliche Rehabilitation* als weitere Disziplin der Berufspädagogik steht am Schnittpunkt zwischen der Berufs- und Sonderpädagogik. Hier ist die Berufliche Rehabilitation der Berufspädagogik zugeordnet worden. Erstere befasst sich mit der beruflichen Wiedereingliederung von Erwerbspersonen, die körperliche und / oder geistig-seelische Schädigungen erlitten haben und den bisherigen Beruf nicht mehr oder nicht mehr in gleicher Form ausüben können. In der Beruflichen Rehabilitation sind die bisherigen Berufsqualifikationen wieder anzulegen, oder es ist für einen ganz neuen Beruf zu qualifizieren.

Eine letzte Disziplin der Berufspädagogik, die hier genannt werden soll, ist die der *Berufsbildung Entwicklungs- und Schwellenländer*. Experten des deutschen Berufsbildungswesens befassen sich in Entwicklungs- und Schwellenländern mit dem Aufbau eines Berufsbildungswesens. Dabei kann es darum gehen, Elemente oder ganze Teile des deutschen Berufsbildungswesens auf die Besonderheiten des betreffenden Entwicklungs- bzw. Schwellenlandes organisatorisch und inhaltlich zu übertragen bzw. anzupassen. Dazu zählt dann auch wesentlich die Bildung des Berufsbildungspersonals in den betreffenden Ländern, die vor Ort oder in Deutschland durchgeführt werden kann. Länder, in denen deutsche Berufsbildungsexperten tätig sind, sind z. B. Saudi Arabien oder China.

Wenn hier sieben Disziplinen genannt worden sind, ist das ein Ordnungsversuch aus Sicht des Verfassers. Es gibt keine einheitlichen Unterteilungen der Berufspädagogik nach Disziplinen. Unter den hier genannten Disziplinen sind die Allgemeine Berufspädagogik, die Schulpädagogik beruflicher Schulen, die Betriebs- bzw. Arbeitspädagogik und die Didaktiken beruflicher Fachrichtungen die Hauptdisziplinen. Die Vergleichende Berufspädagogik, die Berufliche Rehabilitation und die Berufsbildung Entwicklungs- und Schwellenländer sind Nebendisziplinen.

Unabhängig von den Disziplinen, die mehr nach Anwendungsgebieten berufspädagogischen Forschens und Handelns bestimmt sind, lassen sich Gegen-standsbereiche (Inhaltsbereiche) einer Berufspädagogik ausmachen (Übersicht 21). Diese sind disziplinübergreifend anzusehen. Sie finden sich in je unterschiedlicher inhaltlicher Ausprägung in allen Disziplinen der Berufspädagogik wieder. So wird z. B. die Schulpädagogik beruflicher Schulen von den Grundlagen und Grundfragen der Berufspädagogik, von einer allgemeinen Didaktik des beruflichen Lernens und von den psychosozialen Problembereichen der beruflichen Erziehung bestimmt. Neben einem eigenen Schulrecht wird die Schulpädagogik beruflicher Schulen stark vom Berufsbildungsrecht beeinflusst.

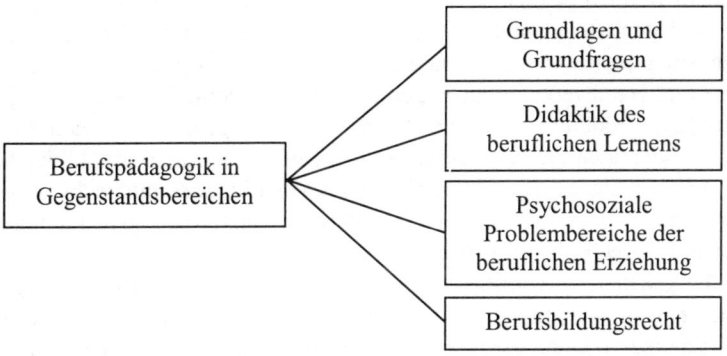

Übersicht 21: Gegenstandsbereiche (Inhaltsbereiche) der Berufspädagogik

Im Folgenden sollen Themen genannt werden, die den in Übersicht 21 genannten Bereichen zugeordnet werden können. Es wird nicht in Anspruch genommen, mit den aufgeführten Themen die einzelnen Bereiche vollständig umschrieben zu haben.

So zählen zu den *Grundlagen und Grundfragen* der Berufspädagogik u. a. die folgenden Themen: Vorberufliche Bildung, berufliche Grund- und Fachbildung, berufliche Weiterbildung (Fortbildung, Umschulung, Einarbeitung), duales System der Berufsausbildung, Berufsbildungssysteme anderer Länder, berufliches Schulwesen, Geschichte der beruflichen Schulen und ihrer Lehrerbildung, betriebliche Aus- und Weiterbildung, Ausbildungsordnungskonzepte, Lernorte, Inhalte und Prüfungswesen der beruflichen Bildung, Politik und Reform der beruflichen Bildung (Berufsbildungspolitik).

Eine *Didaktik des beruflichen Lernens* bestimmt sich u. a. über folgende Themen: Analyse, Planung, Durchführung und Auswertung beruflichen Unterrichts, Lehrplan und Ausbildungsordnung, Unterrichtsforschung und beruflicher Unterricht, Berufsbildungstheorie, historische Bezüge beruflicher Didaktik, Bildungsauftrag beruflicher Schulen, Handlungsorientierter Unterricht, Methoden beruflichen Unterrichts, Lernkulturen im Wandel (z. B. Multimedia und Telekommunikation).

Bei dem *Bereich der psychosozialen Problembereiche der beruflichen Erziehung* geht es um folgende Themenstellung: Psychologische und soziologische Kennzeichnung des Adoleszenten und Erwachsenen in der beruflichen Bildung unter besonderer Berücksichtigung seiner physiologischen, kognitiven, affektiven, psychomotorischen und sozialen Entwicklung; dabei werden einzelne psychosoziale Themen mit berufspädagogischem Bezug berücksichtigt: u. a. Randgruppen in der beruflichen Bildung, z. B. Ausländer, Adoleszenten ohne Ausbildungsvertrag, arbeitslose Adoleszenten; Lern- und Verhaltensbeeinträchtigte in der beruflichen Bildung; Lernverhaltensweisen und Lernschwierigkeiten Erwachsener in der beruflichen Weiterbildung.

Zum Bereich *Berufsbildungsrecht* zählen primär die einschlägigen Gesetze und Verordnungen der Berufsbildung. So sind folgende Themen im engeren Sinne zu nennen: Allgemeine rechtliche Grundlagen, Berufsbildungsgesetz und Handwerksordnung, Berufsbildungsförderungsgesetz; Ausbildereignungsverordnungen und Anrechnungsverordnungen. Hinzu treten folgende Rechtsbereiche im weiteren Sinne, die Einfluss auf die Berufsbildung haben: Arbeitsrecht, Sozialrecht, Arbeitsschutz- und Jugendschutzrecht, Arbeitsvertragsrecht, Arbeitsförderungs- und Ausbildungsförderungsrecht, Jugendarbeitsschutzrecht, Unfallschutzrecht.

Die genannten Rechtsbestimmungen, insbesondere die oben im engeren Sinne angesprochenen, sind das Ergebnis berufsbildungspolitischer Auseinandersetzungen. Ohne die berufsbildungspolitischen Gründe, die hinter diesen Rechtsbestimmungen stehen, werden letztere nicht verständlich. So kann im Rahmen einer Berufspädagogik das Berufsbildungsrecht immer nur zusammen mit einer Berufsbildungspolitik aus den Grundlagen und Grundfragen der Berufspädagogik gesehen werden.

Im vorliegenden Lehr- und Studienbuch Berufspädagogik wird im weiteren Verlauf (Kap. B und C) ausgewählt auf die Grundlagen und Grundfragen sowie auf die Didaktik des beruflichen Lernens eingegangen werden (vgl. Übersicht 21). Die Bereiche der Psychosozialen Problembereiche der beruflichen Erziehung sowie des Berufsbildungsrechts werden in eigenen Kapiteln nicht angesprochen.

Wenn hier in Übersicht 20 und Übersicht 21 Disziplinen und Gegenstandsbereiche einer Berufspädagogik ausgewiesen worden sind, so ist das ein Ordnungsversuch. Mit diesem Ordnungsversuch sollen allein Aspekte eines gemeinsamen Anliegens, nämlich das der beruflichen Bildung, besonders herausgestellt werden. Die Disziplinen bzw. Gegenstandsbereiche überschneiden sich. Eine Disziplin oder ein Gegenstandsbereich lässt sich nicht losgelöst von einer bzw. einem anderen betrachten.

Mit diesen Erörterungen soll der begriffliche Umriss der Berufspädagogik abgeschlossen werden. Im Folgenden wird nach einer Zusammenfassung die Arbeitspädagogik begrifflich umschrieben.

Zusammenfassung

Die Berufs- und Wirtschaftspädagogik bezieht sich auf die Wissenschaft und Praxis der Berufserziehung. Beruf bezeichnet dabei auf Erwerb gerichtete Arbeitsverrichtungen in einer typischen Kombination. Diese erfordern besondere Berufskompetenz (Fach- und Methodenkompetenz, Personalkompetenz, Sozialkompetenz), welche in der Regel in einem mehrjährigen Ausbildungsgang gefördert wird. In Folge dieses Berufsbegriffes ergibt sich das deutsche Berufskonzept.

Erziehungswissenschaftlich geht es bei der Berufs- und Wirtschaftspädagogik um die Erforschung der Voraussetzungen, Prozesse und Ergebnisse der Berufserziehung. Die Stärke des forschungsmethodischen Vorgehens der Berufs- und Wirtschaftspädagogik liegt in der integrierten Nutzung geistes- und / oder empirisch sozialwissenschaftlicher Methodik zusammen mit einer berufsfachdisziplinären Ausrichtung. Erziehungspraktisch befasst sich die Berufs- und Wirtschaftspädagogik mit dem Vollzug und mit der Lehre der Berufserziehung.

Die Berufspädagogik bezieht sich traditioneller Begrifflichkeit folgend auf die Berufserziehung in der gewerblich-technischen, sozialpädagogischen, gesundheitlichen, hauswirtschaftlich-pflegerischen, landwirtschaftlichen, bergbauberuflichen und seeschifffahrtsbezogenen Berufsbildung. Die Wirtschaftspädagogik befasst sich mit der Berufserziehung in der kaufmännisch-verwaltenden Berufsbildung.

Zur Berufserziehung, sei sie in der Berufspädagogik oder in der Wirtschaftspädagogik verankert, zählt in einem weiteren Sinne, die vorberufliche Bildung, die Berufsausbildung, die berufliche Fortbildung sowie die berufliche Umschulung.

Zu den Disziplinen der Berufspädagogik rechnen die Allgemeine Berufspädagogik, die Schulpädagogik beruflicher Schulen, die Betriebs- bzw. Arbeitspädagogik, die Vergleichende Berufspädagogik, die Didaktiken beruflicher Fachrichtungen, die Berufliche Rehabilitation sowie die Berufsbildung Entwicklungs- und Schwellenländer.

Die Gegenstandsbereiche (Inhaltsbereiche) der Berufspädagogik sind disziplinübergreifend und finden sich in unterschiedlicher inhaltlicher Ausprä-

gung in allen Disziplinen der Berufspädagogik wieder. Zu den Gegenstands-
bereichen der Berufspädagogik gehören die Grundlagen und Grundfragen, die
Didaktik des beruflichen Lernens, die Psychosozialen Problembereiche der
beruflichen Erziehung und das Berufsbildungsrecht.

Wichtige Begriffe und Konzepte

Berufs- und Wirtschaftspädagogik als Verbindung von Wissenschaft und Praxis der Berufserziehung

Beruf

Deutsches Berufskonzept

Berufs- und Wirtschaftspädagogik nach Bereichen der Berufserziehung

Disziplinen der Berufspädagogik

Gegenstandsbereiche (Inhaltsbereiche) der Berufspädagogik

Studienliteratur (Auswahlliteratur)

Arnold, R.: Berufsbildung: Annäherungen an eine evolutionäre Berufspäd-
    agogik, Baltmannsweiler: Schneider-Verlag Hohengehren 1994
    Kap. 2: Grundbegriffe, Fragestellungen und Standortbestimmung der Be-
    rufspädagogik
Dostal, W.: Der Berufsbegriff in der Berufsforschung des IAB (Institut für
    Arbeitsmarkt- und Berufsforschung der Bundesanstalt für Arbeit), in: G.
    Kleinhenz (Hrsg.): IAB-Kompendium Arbeitsmarkt- und Berufsfor-
    schung, Nürnberg: Bundesanstalt für Arbeit 2002 (Beiträge zur Arbeits-
    markt- und Berufsforschung, Bd. 250), S. 463 – 474
Rebmann, K., Tenfelde, W., Uhe, E.: Berufs- und Wirtschaftspädagogik: Eine
    Einführung in Strukturbegriffe, 2. überarb. Aufl., Wiesbaden: Gabler 2003
    Kap.: Beruf, Wirtschaft, Pädagogik (BWP)
Huisinga, R., Lisop, J.: Wirtschaftspädagogik: Ein interdisziplinär orientier-
    tes Lehrbuch, München: Vahlen 1999
    Kap. 4: Die Wirtschaftspädagogik im Spektrum der Wissenschaften
Sektion Berufs- und Wirtschaftspädagogik (BWP) der Deutschen Gesellschaft
    für Erziehungswissenschaft (DGfE) siehe unter www.dgfe.de
Sloane, P. F. E., Twardy, M., Buschfeld, D.: Einführung in die Wirtschafts-
    pädagogik, Paderborn: Schöningh 1998
    Kap. A.1: Wirtschaftspädagogen in der Praxis – Tätigkeitsfelder für Wirt-
    schaftspädagogen
    Kap. A.2: Wirtschaftspädagogik als Wissenschaft – Einordnung der Wis-
    senschaftsdisziplin

A.5 ARBEITSPÄDAGOGIK

Im Folgenden wird ein kurzer Abriss über den Begriff der Arbeitspädagogik gegeben. Für nähere Ausführungen siehe Schelten (1995, 2000). Die Arbeitspädagogik verbindet sich in erster Linie mit dem Namen Johannes Riedel (1889-1971, vgl. Riedel u .a. 1967). Insbesondere Bunk (1926-1998) hat sich nach Riedel noch grundsätzlich mit arbeitspädagogischen Fragestellungen befasst (u. a. REFA 1991, 1988, 1972).

Arbeitspädagogik als Wissenschaft und Praxis der Arbeitserziehung befasst sich mit dem Zusammenhang von Arbeiten und Lernen (vgl. Übersicht 22).

Erziehungswissenschaftlich geht es bei der Arbeitspädagogik um die Erforschung der Voraussetzungen, Prozesse und Ergebnisse aktuellen Arbeitslernens.

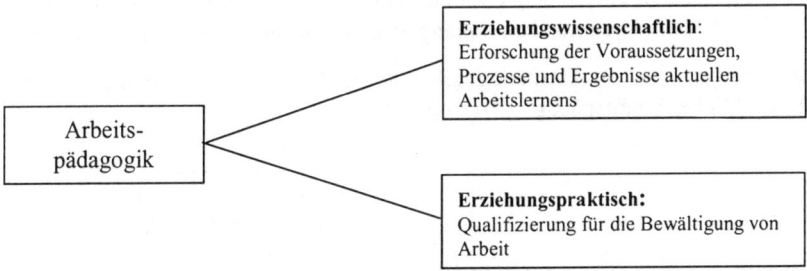

Übersicht 22: Arbeitspädagogik als Verbindung von Wissenschaft und Praxis der Arbeitserziehung

Erziehungspraktisch befasst sich die Arbeitspädagogik mit Qualifizierung, die für die Bewältigung von Arbeit erforderlich wird. Unter den Qualifizierungsmaßnahmen seien beispielhaft zwei genannt: Unterweisung und Anlernen.

Die Unterweisung ist der Vorgang und die damit verbundenen fördernden Maßnahmen für den Erwerb einer Arbeitstätigkeit. Der Beherrscher einer Arbeitstätigkeit vermittelt methodisch einem Anfänger die zur Ausübung einer Tätigkeit nötigen Kenntnisse, Verrichtungen und Haltungen. Mit anderen Worten, angesprochen sind bei einer Unterweisung der kognitive, psychomotorische und affektive Verhaltensbereich. Die Herstellung einer Backware oder die Montage eines Adaptersteckers und dessen Verdrahtung nach Belegplan kann ein Beispiel für eine Unterweisung bei einer Arbeitstätigkeit auf der Ebene der sensumotorischen Regulation sein.

Das Anlernen bezieht sich in der Regel auf den Prozess des Erwerbs einer Arbeitstätigkeit außerhalb einer anerkannten Berufsausbildung. Mit dem Begriff Anlernen wird auf einen kurzfristigen Ausbildungsverlauf – im Gegensatz zu dem langfristigen in der Berufsausbildung – verwiesen. Innerhalb eines Anlernvorganges werden Unterweisungen erforderlich. Beispiel: Anlernung der Bedienung einer Fräsmaschine.

Der Begriff von Arbeit, der hier einer Arbeitspädagogik zugrunde liegt, ist handlungsregulatorisch ausgerichtet. Danach wird Arbeiten als Handeln aufgefasst. Wesentliche Kennzeichen der Handlungsregulation sind, ohne diese näher zu erläutern, siehe dazu Schelten (1995, 2000):

- Handeln ist bewusst, motiv- und zielgerichtet.
- Vollständiges Handeln besteht aus den Schritten selbständiges Planen, Durchführen und Kontrollieren.
- Handlungsregulation äußert sich in der Bildung von Zielen und untergliederten Teilzielen.
- Die Ziele stehen in einer hierarchischen Ordnung zueinander und werden zeitlich nacheinander (sequentiell) abgearbeitet.

Handeln lernen bezeichnet die Entwicklung bzw. Formwerdung einer differenzierten hierarchisch-sequentiellen Handlungsregulation. Handeln lehren heißt, Lernende systematisch entlang einer Handlungsregulation zu führen.

Richtungen einer Arbeitspädagogik sind die Arbeitsschulpädagogik und die Betriebliche Arbeitspädagogik (Übersicht 23).

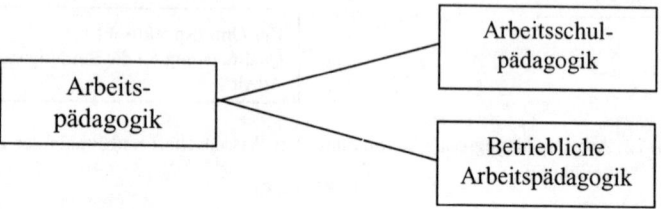

Übersicht 23: Richtungen der Arbeitspädagogik

Die Arbeitsschulpädagogik, die sich insbesondere mit den Namen Kerschensteiner (1854-1932), Gaudig (1860–1923) und Scheibner (1877–1961) verbindet, gehört zur reformpädagogischen Bewegung zu Anfang dieses Jahrhunderts (vgl. u. a. Kerschensteiner 1969, Gaudig 1922, Scheibner, 1962). Diese Bewegung wendete sich gegen die erstarrten Formen des damaligen Schulunterrichts. Innerhalb dieser Bewegung sah die Arbeitsschulpädagogik in der Einbindung der handwerklichen Arbeit in den Schulunterricht einen besonderen Bildungswert. Das eigene, selbstgesteuerte praktische Tun der Schüler erbrachte dabei gerade auch eine strenge auf den Schulunterricht beziehbare Geistesarbeit, wie Kerschensteiner an seinem bekannt gewordenen Beispiel des Baues eines „Starenhauses" belegen konnte (Kerschensteiner 1969, S. 29 ff).

Die Arbeitsschulpädagogik ist allgemein auf eine Jugenderziehung ausgerichtet. Das praktische Tun in ihr erfolgt nicht im Fremdauftrag wie in der betrieblichen Arbeitspädagogik und ist damit nur indirekt auf Erwerbsarbeit bezogen. Das Arbeiten im Rahmen einer Arbeitsschulpädagogik kann nur in einem weitesten Sinne vorbereitend auf die spätere Arbeitswelt wirken. Im Projektlernen wird zu jeder Zeit wieder neu der Arbeitsschulgedanke in der Schulpädagogik aufgegriffen (näher zur Auseinandersetzung mit einer Arbeitsschulpädagogik s. Dörschel 1972, S. 43 ff.).

Die Arbeitsschulpädagogik soll hier aus einer Arbeitspädagogik ausgeklammert und einer Schulpädagogik zugeordnet werden. Damit wird – auch im Folgenden – Arbeitspädagogik mit betrieblicher Arbeitspädagogik gleichgesetzt, worin sich auch heute das allgemeine Verständnis von Arbeitspädagogik ausdrücken dürfte.

Bei der betrieblichen Arbeitspädagogik sind zwei Gegenstandsbereiche zu unterscheiden (Übersicht 24).

Die betriebliche Arbeitspädagogik befasst sich in einem engeren Sinne traditionell mit der arbeitsbezogenen Qualifizierung, soweit sie außerhalb einer anerkannten Berufsausbildung im gesamten Arbeitsleben erforderlich wird. Mit diesem Aspekt im engeren Sinne verbindet sich die betriebliche Arbeitspädagogik immer zuerst. Allerdings erfolgt auch im berufspraktischen Teil einer anerkannten Berufsausbildung eine arbeitsbezogene Qualifizierung, z. B. in Form von Unterweisungen. Von dorther kann auch dieser Bereich in einem weiteren Sinne zum Gegenstand einer betrieblichen Arbeitspädagogik gerechnet werden.

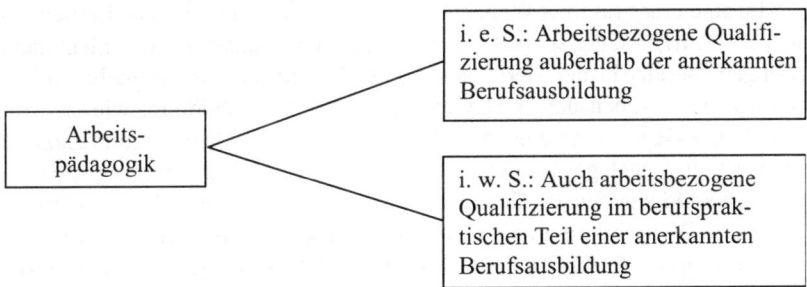

Übersicht 24: Gegenstandsbereiche der betrieblichen Arbeitspädagogik

Soweit die betriebliche Arbeitsorganisation durch eine hohe Arbeitsteilung gekennzeichnet ist (Stichwort „tayloristische Arbeitsorganisation"), verbleibt einer Arbeitspädagogik als Gegenstand allein das Anlernen Ungelernter für verhältnismäßig einfache Arbeitstätigkeiten. Aus diesem eingeschränkten Gegenstand heraus dürfte auch wohl die nur zögernde Beschäftigung der Erziehungswissenschaft mit arbeitspädagogischen Fragestellungen herrühren. Arbeitspädagogische Probleme wurden als wenig pädagogisch angesehen. Daran haben auch die vielfältigen Studien von Johannes Riedel (1889-1971) wenig geändert, wenn er den Bildungswert von Arbeit, allerdings ganzheitlich-handwerklicher Arbeit, nachweist (vgl. Riedel u. a. 1967, 1962, 1940).

Arbeitspädagogische Probleme wachsen allerdings heute im Zuge der Rücknahme der tayloristischen Arbeitsorganisation bei modernen Arbeitskonzepten. Es können mehr ganzheitliche Arbeitstätigkeiten entstehen, die zu erhöhten Qualifikationsanforderungen führen. Zugleich können im Verlauf eines ökonomischen und technisch-produktiven Wandels zunehmend komplexere Arbeiten entstehen (z. B. mit höherem Regulationsaufwand auf der Ebene der Teilzielplanung und Koordination mehrerer Handlungsbereiche), die mit hohen Qualifikationsanforderungen verbunden sind. Diese Arbeiten können zudem noch einem raschen Wandel mit beschleunigter Veränderungsrate des Wissens ausgesetzt sein, was zu einem steten Qualifizierungsprozess führt. Es wird auf lernende Unternehmen gesetzt, deren Organisation zwischen Mitarbeitern, Gruppen und Gesamtsystem kontinuierliche Veränderungs- und Wissensprozesse ermöglicht. Flache Hierarchien, Dezentralisierung, gruppen- und bereichsübergreifende Projektarbeit, team- und prozessorientiertes Arbeiten, flexible Automatisierung sind die Kennzeichen einer solchen Organisation, die kontinuierlich arbeitspädagogische Prozesse erfordert.

Es kommt, arbeitspädagogisch gesehen, zu einer Wiederentdeckung der Rolle des Menschen innerhalb ganzheitlicher Arbeitsprozesse. Dabei werden humane Befähigungen des Menschen einverlangt, wie z. B. Selbständigkeit, Selbstvertrauen, Verantwortung, Teamfähigkeit und Problemlösefähigkeit. Diese humanen Befähigungen dienen dem Menschen selbst. Sie werden zugleich aber auch zur Rationalisierung von Arbeit eingesetzt.

Infolge eines raschen Wandels wird das arbeitsplatzbezogene Lernen zunehmen. Aufgrund des schnell voranschreitenden Wandels kann es nicht mehr gelingen, bereits in der Berufsausbildung hinreichend vorwegnehmend zu qualifizieren. Neben der „pädagogisierten" Berufsausbildung, wie sie vornehmlicher Gegenstand einer Berufspädagogik ist, tritt heute und in Zukunft verstärkt eine „pädagogisierte" arbeitsplatzbezogene Qualifizierung nach der Berufsausbildung. Sie ist Gegenstand einer Arbeitspädagogik und wird als berufliche Weiterbildung gerade für die Mitarbeiterbasis zu denken sein.

Ein weiterer, besonderer Anspruch an Arbeitspädagogik erwächst aus der Überlegung, dass Qualifizierung zugleich so erfolgen muss, dass eine selbständige Denk- und Lernbefähigung gefördert wird. Nur so kann der Mitarbeiter in Stand gesetzt werden, den heutigen sowie weiterhin den schnell auf ihn zukommenden Anforderungen, auch selbsttätig entgegen treten zu können. Aus allem wird deutlich: Die Arbeitspädagogik unterzieht sich einer Gestaltwandlung und nimmt an Gewicht zu.

Arbeitspädagogik ist durch eine Reihe von Bezugswissenschaften, von der Erziehungswissenschaft bis zur Ingenieurwissenschaft, gekennzeichnet (s. das System der Arbeitspädagogik in Übersicht 25). Mit anderen Worten, die Erklärung des Zusammenhangs von Arbeiten und Lernen muss aus den verschiedensten Wissenschaftsrichtungen heraus erfolgen. Damit ist Arbeitspädagogik interdisziplinär angelegt. Die Ergebnisse und damit die Gegenstandsbereiche der Arbeitspädagogik sind (s. Übersicht 25) die „Theorie des Arbei-

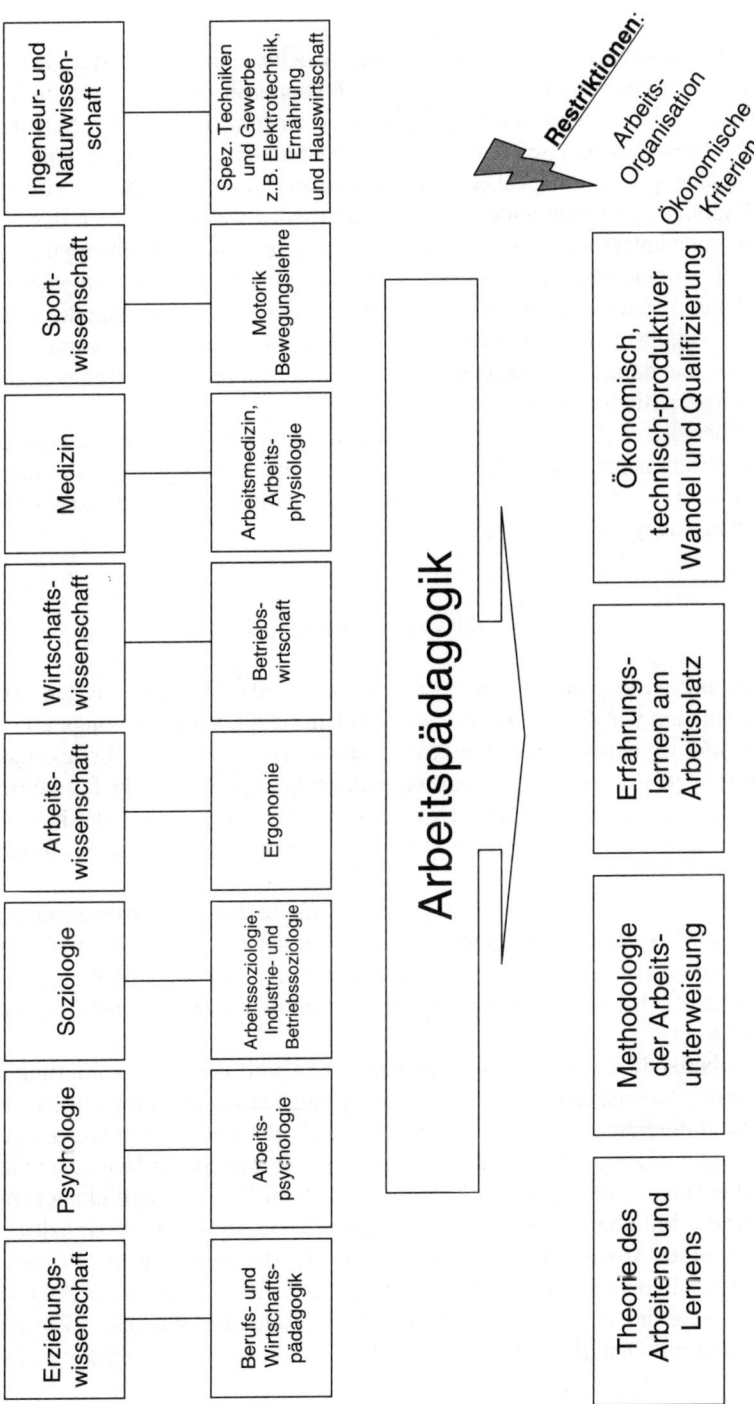

Übersicht 25: Das System der Arbeitspädagogik nach Bezugswissenschaften und Inhaltsbereichen

tens und Lernens", die „Methodologie der Arbeitsunterweisung" das „Erfahrungslernen am Arbeitsplatz" und der „Ökonomisch, technisch-produktive Wandel und Qualifizierung" (näher zu den einzelnen Bereichen Schelten 1995). Diese Ergebnisse werden Restriktionen unterworfen, denen eine Arbeitspädagogik unterliegt. Dies sind zum einen die arbeitsorganisatorischen Bedingungen und zum anderen die ökonomischen Kriterien, denen das Arbeitslernen unterzogen wird. Die Restriktionen, die aus der Arbeitsorganisation einer Arbeitspädagogik erwachsen, sind oben bereits angerissen worden. Moderne Arbeitskonzepte setzen auf eine Milderung bzw. Rücknahme dieser Einschränkungen. Die Restriktionen, die aus den ökonomischen Kriterien herrühren, sind darin zu sehen, dass jedes Arbeitslernen immer auch dem Diktat der wirtschaftlichen Effizienz unterliegt.

Nach diesen Ausführungen zur Arbeitspädagogik soll im Folgenden nach einer Zusammenfassung näher auf die Berufspädagogik eingegangen werden. Dazu werden ausgewählte Aspekte aus den Grundlagen und Grundfragen der Berufspädagogik erörtert.

Zusammenfassung

Erziehungswissenschaftlich befasst sich die Arbeitspädagogik mit dem Zusammenhang von Arbeiten und Lernen, indem sie die Voraussetzungen, Prozesse und Ergebnisse aktuellen Arbeitslernens zu klären sucht. Erziehungspraktisch geht es bei der Arbeitspädagogik um Qualifizierung, die für die Bewältigung von Arbeit erforderlich wird. Der Begriff von Arbeit, der hier für eine Arbeitspädagogik vertreten wird, ist handlungsregulatorisch ausgerichtet.

Richtungen einer Arbeitspädagogik sind die betriebliche Arbeitspädagogik und die Arbeitsschulpädagogik. Die Arbeitsschulpädagogik wird hier aus einer Arbeitspädagogik ausgeklammert und einer Schulpädagogik zugeordnet. Damit wird hier Arbeitspädagogik mit betrieblicher Arbeitspädagogik gleichgesetzt.

Arbeitspädagogik gewinnt aufgrund der Qualifikationsanforderungen moderner Arbeitskonzepte an Bedeutung. Infolge eines raschen Wandels tritt verstärkt die Forderung nach einer pädagogisch getragenen arbeitsplatzbezogenen Qualifizierung nach der Berufsausbildung auf. Sie ist besonders Gegenstand einer Arbeitspädagogik und wird als berufliche Weiterbildung gerade für die Mitarbeiterbasis zu denken sein. Gegenstandsbereiche (Inhaltsbereiche) einer Arbeitspädagogik sind die Theorie des Arbeitens und Lernens, die Methodologie der Arbeitsunterweisung, das Erfahrungslernen am Arbeitsplatz sowie der ökonomische und technisch-produktive Wandel in Zusammenhang mit Qualifizierung.

Wichtige Begriffe und Konzepte

Arbeitspädagogik
– erziehungswissenschaftlich
– erziehungspraktisch
– Arbeitsschulpädagogik
– Betriebliche Arbeitspädagogik

Unterweisung

Anlernen

Arbeit

Bedeutung der Arbeitspädagogik aufgrund moderner Arbeitskonzepte

Gegenstandsbereiche (Inhaltsbereiche) der Arbeitspädagogik

Studienliteratur (Auswahlliteratur)

Dedering, H.: Pädagogik der Arbeitswelt: Weinheim: Deutscher Studienverlag 1998
    Kap. A: Entwicklung und Stand arbeitspädagogischer Theoriebildung
REFA-Verband für Arbeitsstudien und Betriebsorganisation: Methodenlehre der Betriebsorganisation: Arbeitspädagogik, 3. Aufl., München: Hanser 1991 (Autor G. P. Bunk)
    Kap. 1 Arbeitspädagogik als System
Riedel, J.: Einführung in die Arbeitspädagogik, Braunschweig: Westermann, 1967
    Kap. 1: Einleitung
    Kap. 2 Grundlegung
Schelten, A.: Grundlagen der Arbeitspädagogik, 3. neu bearb. u. erw. Aufl., Stuttgart: Steiner 1995
    Kap. A.: Begriff, Aktualität und System der Arbeitspädagogik

B. AUSGEWÄHLTE GRUNDLAGEN UND GRUNDFRAGEN DER BERUFSPÄDAGOGIK

In Kapitel A.4 sind in Übersicht 21 die Gegenstandsbereiche (Inhaltsbereiche) der Berufspädagogik genannt worden. Aus dem Bereich Grundlagen und Grundfragen der Berufspädagogik sollen im Folgenden ausgewählte Aspekte umrissen werden. Begonnen wird mit dem dualen System der Berufsausbildung, wie es in Deutschland anzutreffen ist (B.1). Ausgehend von diesem System wird der Blick auf Berufsausbildungssysteme anderer Länder gerichtet (B.2). Dadurch erhöht sich das Verständnis für das in Deutschland praktizierte Berufsbildungssystem. Einen wesentlichen Schwerpunkt bilden innerhalb des dualen Systems die Ausbildungsordnungskonzepte (B. 3). Immer mehr Bedeutung gewinnt die berufliche Weiterbildung, die in ihren Grundzügen vorgestellt wird (B.4). Die Weiterbildung ist im Zusammenhang mit einer Politik und Reform der beruflichen Bildung zu sehen (B.5). Letztere soll im Überblick vorgestellt werden.

B.1 DAS DUALE SYSTEM DER BERUFSAUSBILDUNG

Das duale System der Berufsausbildung bezeichnet das Zusammenwirken zweier institutionell und rechtlich getrennter Bildungsträger (Betrieb und Berufsschule) im Rahmen einer anerkannten Berufsausbildung, ohne dass eine weisungsgebende Steuerungseinheit über beiden steht. Der Begriff anerkannte Berufsausbildung meint, dass die berufliche Erstausbildung nach den Bestimmungen des Berufsbildungsgesetzes (BBiG) erfolgt. Mit anderen Worten heißt duales System auch: Zwei Lernorte, nämlich Betrieb und Berufsschule, kooperieren unter dem gemeinsamen Ziel der beruflichen Kompetenzförderung von Auszubildenden. Insofern kann das duale System treffender als ein kooperatives System bezeichnet werden. Hier wird die überlieferte Bezeichnung duales System beibehalten. Der Begriff duales System der Berufsausbildung stammt vom Deutschen Ausschuss für das Erziehungs- und Bildungswesen 1964 und geht insbesondere in diesem Ausschuss auf den Berufspädagogen Abel (1908-1965, TH Darmstadt) zurück (vgl. Grüner 1984, S. 19).

Kennzeichen des dualen Systems der Berufsausbildung

Übersicht 1 (die Nummerierung der Übersichten beginnt in diesem Hauptkapitel B neu) gibt vereinfacht die Kennzeichen des dualen Systems der Berufsausbildung wieder. Im Folgenden geht es allein darum, die Kennzeichen des dualen Systems herauszustellen. Auf die Vor- und Nachteile dieses Ausbildungssystems aus pädagogischer Sicht wird noch gesondert eingegangen werden.

Kennzeichen (vereinfacht)

	Lernort Betrieb	Lernort Schule
1	*Ausbildung* • Arbeitsplatz • Lehrwerkstatt • Innerbetrieblicher Unterricht	*Ausbildung* • Unterricht(sraum) • Demonstrationsraum / Labor / Berufsschulwerkstatt • Integrierter Fachunterrichtsraum (IFU) bzw. kombinierte Fachunterrichtsräume
2	*„Berufspraktische Ausbildung"*	*„Berufstheoretische Ausbildung"* Fortführung des allgemeinbildenden Unterrichts
3	*Ausbildungsordnung* bundeshoheitlich	*Lehrplan* landeshoheitlich
4	*Rechtsaufsicht* bundeshoheitlich: „Zuständige Stelle" (BBiG)	*Rechtsaufsicht* landeshoheitlich (für Bayern: BayEUG)
5	*Bestimmt die Ausbildungsabschlussprüfung*	

Übersicht 1: Vereinfachte und ausgewählte Kennzeichen des dualen Systems der Berufsausbildung, bei 2: Konvergenz der Bildungsinhalte und Bildungsformen zwischen Betrieb und Berufsschule
Abkürzungen: BBiG Berufsbildungsgesetz, Bay EUG Bayerisches Gesetz über das Erziehungs- und Unterrichtswesen

(1) Im dualen System wird ein pädagogisches Zusammenwirken der Lernorte Betrieb und Schule gesucht. Im Betrieb erfolgt die Ausbildung an den Lernorten Arbeitsplatz, Lehrwerkstatt und innerbetrieblicher Unterricht. In der Berufsschule wird die Ausbildung im Unterricht, d. h. in Unterrichtsräumen, vorgenommen. Hinzu tritt ein Lernen im Demonstrationsraum, Labor und / oder Berufsschulwerkstatt. Einen handlungsorientierten Unterricht (vgl. Kap. C.4) begünstigt ein Integrierter Fachunterrichtsraum (IFU), der Theorie- und

Arbeitsraum für Schüler an experimentellen Einrichtungen, Geräten oder Maschinen verbindet. In Berufsfeldern, bei denen mit größeren Geräten und / oder Materialien gearbeitet wird, können zwei getrennte aber nahe zueinander liegende Räume für die Praxis- und Theoriearbeit als kombinierte Fachunterrichtsräume erforderlich sein (siehe näher unter Schelten 2000, S. 88 ff).

Für ein duales System der Berufsausbildung gilt, dass es hierbei um eine vielfältige Kooperation verschiedener Lernorte geht. Die Lernorte zwischen Betrieb und Berufsschule sowie auch innerhalb dieser Einrichtungen erfordern gegenseitige Kooperation.

(2) Sehr vereinfacht ausgedrückt erfolgen die berufspraktische Ausbildung im Betrieb und die berufstheoretische in der Berufsschule. Diese Kennzeichnung ist in Übersicht 1 in Anführungszeichen gesetzt. Dahinter steht die alte Auffassung, im Betrieb werde das „Was" und „Wie" und in der Schule das „Warum" und „Wozu" erworben. In dem Maße wie, besonders durch die Informations- und Kommunikationstechnik, die Berufsqualifikationen eines Ausbildungsberufes, z. B. die eines Mechanikers oder Elektronikers, stärker theoretisch geladen sind, können Fertigkeiten und Kenntnisse zunehmend nur mit einer theoretischen Durchdringung vermittelt werden. Umgekehrt bedarf eine komplexer werdende Theorie in der Berufsschule der unmittelbaren handlungsmäßigen Umsetzung, um vermittelbar zu bleiben. Berufspraktische Ausbildung im Betrieb und berufstheoretische in der Berufsschule überlappen sich. Mit anderen Worten: Bildungsinhalte und Bildungsformen zwischen Betrieb und Berufsschule konvergieren. Komplexe Aufgaben können heute im Betrieb nicht ohne theoretische Vermittlung gelöst werden, wie umgekehrt komplexe Theorie in der Berufsschule nicht ohne Praxis vermittelt werden kann. Je größer die Konvergenz der Bildungsinhalte und Bildungsformen zwischen Betrieb und Berufsschule ist, desto dringender stellt sich die Frage nach dem besonderen Bildungsauftrag von Betrieb und Berufsschule (näher siehe Kap. C.2).

Zum Bildungsauftrag der Berufsschule zählt neben der berufstheoretischen Ausbildung wesentlich noch die Fortführung des allgemeinbildenden Unterrichts (näher siehe Kap. C.2). So ist im berufsschulischen Unterricht zwischen dem berufsbezogenen und nicht berufsbezogenen, sprich allgemeinbildenden, Unterricht zu unterscheiden.

(3) Vorgabe für die Ausbildung im Betrieb ist die Ausbildungsordnung. Diese wird bundeshoheitlich geregelt. Das heißt, die Ausbildungsordnung eines Ausbildungsberufes gilt für die Betriebe aller Bundesländer einheitlich. Dem steht für den Lernort Berufsschule ein landeshoheitlicher Lehrplan des betreffenden Ausbildungsberufes gegenüber. Das heißt, jedes Bundesland kann für einen bestimmten Ausbildungsberuf nach einem eigenen Lehrplan verfahren. Ausbildungsordnungen werden allerdings auf der Ebene der Kultusministerkonferenz mit parallel entwickelten Rahmenlehrplänen abgestimmt. Ein auf Ebene der Kultusministerkonferenz entstandener Rahmenlehrplan hat Empfehlungscharakter für die Entwicklung eines eigenen Lehr-

plans auf Länderebene. Ein Bundesland kann allerdings den Rahmenlehrplan eines Ausbildungsberufes auf Ebene der Kultusministerkonferenz ohne Änderungen zum Lehrplan des Landes übernehmen. Letzteres geschieht häufig im Zuge eines rascheren ökonomischen, technischen und sozialen Wandels, bei dem in immer kürzeren Zeiten neue oder modernisierte bzw. erweiterte Ausbildungsordnungen zusammen mit entsprechenden Rahmenlehrplänen auf Ebene der Kultusministerkonferenz entstehen.

(4) Die Rechtsaufsicht für die Berufsausbildung für den Lernort Betrieb ist vom Staat nach dem Berufsbildungsgesetz der „zuständigen Stelle" unterstellt. Dies sind z. B. die Industrie- und Handelskammern oder die Handwerkskammern. Die Rechtsaufsicht für den schulischen Teil der Berufsausbildung liegt beim betreffenden Bundesland in der Verantwortung beispielsweise eines Kultusministeriums und den nachgeordneten Dienststellen. Für Bayern ist dies landeshoheitlich im folgenden Gesetz geregelt: Bayerisches Gesetz über das Erziehungs- und Unterrichtswesen (BayEUG).

(5) Die Berufsausbildungsabschlussprüfungen werden nach dem Berufsbildungsgesetz durchgeführt. Die Prüfungen liegen damit nach Inhalt und Durchführung auf der Seite des Betriebes, d. h. bei der zuständigen Stelle für die Berufsausbildung, z. B. bei der Kammer. Hier bestimmen die Sozialpartner (Arbeitgeber und Arbeitnehmer) zu zwei Drittel im Prüfungsausschuss. Der Vertreter der Berufsschule bestimmt zu einem Drittel in diesem Ausschuss. Liegt die Prüfung in der Hand des Betriebes, muss dies nicht ausschließen, dass die Berufsschule inhaltlich und von der Durchführung her an der Berufsausbildungsabschlussprüfung beteiligt ist. Letzteres kann z. B. besonders für Abschlussprüfungen im Handwerk gelten.

Übersicht 2 versinnbildlicht die Struktur des dualen Systems der Berufsausbildung. Unter den didaktischen Grundlagen auf Seiten des Lernortes Betrieb sind in dieser Übersicht an Stelle des Begriffes Ausbildungsordnung die drei wesentlichen Bestandteile der Ausbildungsordnung aufgeführt, nämlich Ausbildungsberufsbild, -rahmenplan und Prüfungsanforderungen. Aus der Übersicht 2 wird deutlich, dass die Jungerwachsenen in einer Berufsausbildung einen zweifachen Status haben: Zum einen sind sie Auszubildende, zum anderen Berufsschüler.

Bevor auf, die Probleme des dualen Systems der Berufsausbildung eingegangen wird, sollen einige Zahlen zu dieser Berufsausbildung bundesweit vorangestellt werden. Damit kann auch exemplarisch ein Einblick in Bildungsökonomie gegeben werden.

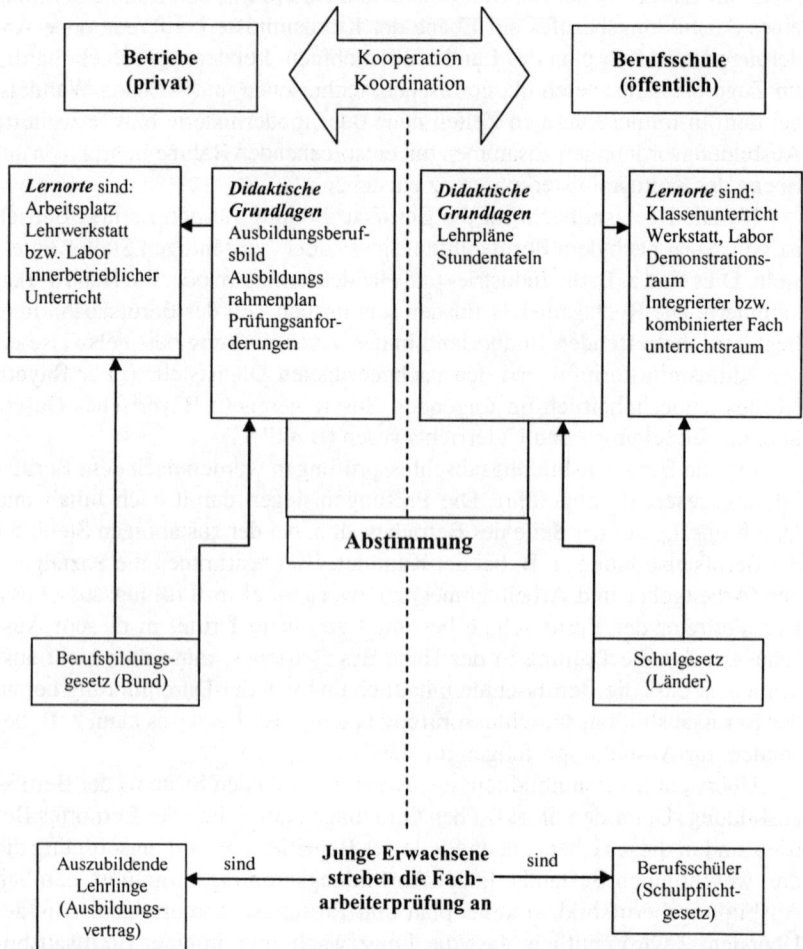

Übersicht 2:   Struktur des dualen Systems der Berufsausbildung nach Münch (1994, S. 37), modifiziert

Statistische Angaben zum dualen System der Berufsausbildung

Die Gesamtzahl der Auszubildenden bundesweit betrug 2001: 1.684.669 Auszubildende. Übersicht 3 zeigt die Ausbildungsplatzbilanz seit 1992, jeweils zum 30. September eines jeden Jahres. Die Ausbildungsplatzbilanz gibt an, ob zum Stichtag 30. September des Vorjahres ein Angebotsüberhang bzw. ein Nachfrageüberhang an Ausbildungsplätzen bestand. Das Angebot an Ausbildungsplätzen für das erste Ausbildungsjahr ergibt sich aus der Addition der Spalten Neue Ausbildungsverträge und Offene Plätze. Die Nachfrage setzt sich aus den Spalten Neue Ausbildungsverträge und Noch nicht Vermittelte zusammen. Aus dem Quotienten Angebot geteilt durch Nachfrage multipliziert mit 100 ergibt sich die Angebots-Nachfrage-Relation. Diese Relation ist für 2002 nicht ganz ausgewogen. Es ergibt sich ein geringer Unterhang von 0,9 %. Aus der Spalte Angebots- und Nachfrage-Relation ist zu ersehen, dass es bereits Mitte / Ende der Neunziger Jahre Ausbildungsjahre mit leichtem Unterhang gegeben hat. Erst bei 12,5 % Überhang spricht man von einem ausreichenden Angebot an Ausbildungsplätzen, das über alle Ausbildungsberufe gesehen eine hinreichende Wahl für die Bewerber ermöglicht. Dies ist allein Anfang der neunziger Jahre des letzten Jahrhunderts für die alten Bundesländer in Zeiten guter konjunktureller Lage gelungen.

Zur Ausbildungsplatzbilanz müssen einschränkend zwei Punkte angeführt werden.

(1) Die Bilanz ist eine bundesweite Statistik. Sie verdeckt die Unterschiede zwischen den Bundesländern. In strukturschwachen Bundesländern liegen die Angebots-Nachfrage-Relationen 2002 deutlich unter 100. Innerhalb eines Bundeslandes gibt es regionale Schwankungen. Detailliertere Aussagen, gerade auch zu einzelnen Berufen, macht hier der jährlich erscheinende Berufsbildungsbericht, der vom Bundesministerium für Bildung und Forschung herausgegeben wird.

(2) Es handelt sich bei der Ausbildungsplatzbilanz um die „amtliche" Berufsausbildungsstatistik wie sie vom Hauptausschuss des Bundesinstituts für Berufsbildung und vom Bundeskabinett verabschiedet wird. Durch eine andere Zusammenstellung verfügbarer statistischer Daten, z. B. Berücksichtigung eines Bedarfs aus früheren Jahren, kann man zu einer anderen Ausbildungsplatzbilanz gelangen (siehe dazu die Sondervoten der Arbeitnehmer in den jeweiligen Berufsbildungsberichten).

Übersicht 4 gibt die Gesamtzahl der Auszubildenden im Zeitraum von 1997 bis 2001, getrennt nach Geschlechtern, wieder. Die Gesamtzahl schwankt aufgrund konjunktureller wie auch demographischer Entwicklungen. Die Betrachtung der Gesamtzahl der Auszubildenden bis 1997, wie sie aus früheren Berufsbildungsberichten ersichtlich ist und hier nicht mehr wiedergegeben ist, macht deutlich: Im Zuge der demographischen Entwicklung hatte das duale System der Berufsausbildung immer auch Zeitperioden zu bewältigen, in denen mehr Auszubildende ausgebildet werden mussten. Folgendes gilt unabhängig davon, ob nun hinreichend Ausbildungsplätze zur Verfügung gestellt worden sind und diese Plätze auch alle qualitativ zufriedenstellend waren bzw. sind: Das duale System der Berufsausbildung hat immer auch ein quantitatives Problem der Berufsausbildung bewältigt.

	Neue Ausbildungs verträge	Offene Plätze	Noch nicht Vermittelte	Angebot	Nachfrage	Angebots-Nachfrage-Relation	Überhang	Verträge	Angebot	Nachfrage
Insgesamt										
1992	595.215	126.610	12.975	721.825	608.190	118,7	113.635			
1993	570.120	85.737	17.759	655.857	587.879	111,6	67.978	- 4,2	- 9,1	- 3,3
1994	568.082	54.152	18.970	622.234	587.052	106,0	35.182	- 0,4	- 5,1	- 0,1
1995	572.774	44.214	24.962	616.988	597.736	103,2	19.252	0,8	- 0,8	1,8
1996	574.327	34.947	38.458	609.274	612.785	99,4	- 3.511	0,3	- 1,3	2,5
1997	587.517	25.864	47.421	613.381	634.938	96,6	- 21.557	2,3	0,7	3,6
1998	612.529	23.404	35.675	635.933	648.204	98,1	- 12.271	4,3	3,7	2,1
1999	631.015	23.439	29.365	654.454	660.380	99,1	- 5.926	3,0	2,9	1,9
2000	621.693	25.690	23.642	647.383	645.335	100,3	2.048	- 1,5	- 1,1	- 2,3
2001	613.852	24.535	20.462	638.387	634.314	100,6	4.073	- 1,3	- 1,4	- 1,7
2002	572.227	18.005	23.383	590.232	595.610	99.1	-5.378	- 6.8	- 7,6	- 6.2
Alte Länder										
1992	484.954	122.953	10.948	607.907	495.902	122,6	112.005			
1993	456.959	83.307	13.905	540.266	470.864	114,7	69.402	- 5,8	- 11,1	- 5,0
1994	435.388	52.462	16.902	487.850	452.290	107,9	35.560	- 4,7	- 9,7	- 3,9
1995	436.082	42.889	18.821	478.971	454.903	105,3	24.068	0,2	- 1,8	0,6
1996	434.648	33.642	23.896	468.290	458.544	102,1	9.746	- 0,3	- 2,2	0,8
1997	448.323	25.112	30.793	473.435	479.116	98,8	- 5.681	3,1	1,1	4,5
1998	468.732	22.775	22.297	491.507	491.029	100,1	478	4,6	3,8	2,5
1999	482.213	22.657	18.517	504.870	500.730	100,8	4.140	2,9	2,7	2,0
2000	483.082	24.760	14.214	507.842	497.296	102,1	10.546	0,2	0,6	- 0,7
2001	480.141	23.618	11.962	503.759	492.103	102,4	11.656	- 0,6	- 0,8	- 1,0
2002	447.441	17.123	13.180	464.564	460.621	100.9	3943	- 6,8	- 7,8	- 6,4
Neue Länder und Berlin										
1992	110.261	3.657	2.027	113.918	112.288	101,5	1.630			
1993	113.161	2.430	3.854	115.591	117.015	98,8	- 1.424	2,6	1,5	4,2
1994	132.694	1.690	2.068	134.384	134.762	99,7	- 378	17,3	16,3	15,2
1995	136.692	1.325	6.141	138.017	142.833	96,6	- 4.816	3,0	2,7	6,0
1996	139.679	1.305	14.562	140.984	154.241	91,4	- 13.257	2,2	2,1	8,0
1997	139.194	752	16.628	139.946	155.822	89,8	- 15.876	- 0,3	- 0,7	1,0
1998	143.797	629	13.378	144.426	157.175	91,9	- 12.749	3,3	3,2	0,9
1999	148.802	782	10.848	149.584	159.650	93,7	- 10.066	3,5	3,6	1,6
2000	138.611	930	9.428	139.541	148.039	94,3	- 8.498	- 6,8	- 6,7	- 7,3
2001	133.711	917	8.500	134.628	142.211	94,7	- 7.583	- 3,5	- 3,5	- 3,9
2002	124.786	882	10.203	124.668	134.989	93,1	- 9.321	- 6,9	- 6,9	- 5,3

Übersicht 3: Ausbildungsplatzbilanz (Bundesministerium für Bildung und Forschung, 2003, S. 3, zu neueren Zahlen siehe den jährlich erscheinenden Berufsbildungsbericht)

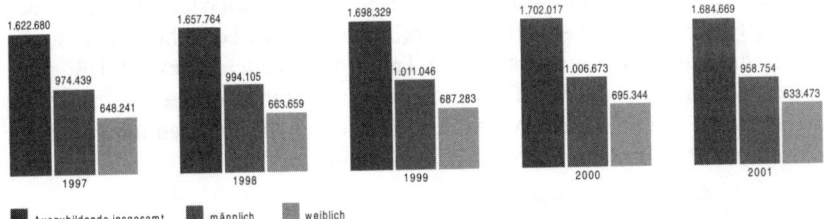

Übersicht 4   Gesamtzahl der Auszubildenden 1997–2001 (Bundesministerium für Bildung und Forschung, 2003, S. 101, modifiziert, zu neueren Zahlen siehe den jährlich erscheinenden Berufsbildungsbericht)

Übersicht 5 gibt die Zahl der Auszubildenden nach Ausbildungsbereichen wieder. Danach werden im Bereich Industrie und Handel die meisten Auszubildenden ausgebildet. Nach strukturellen Schwierigkeiten in der Industrie Mitte der neunziger Jahre des letzten Jahrhunderts ist im Bereich Industrie und Handel die Ausbildungszahl wieder ansteigend. Entsprechend dazu sind die Zahlen im Handwerk wieder leicht rückläufig.

Übersicht 6 gibt bundesweit das Durchschnittsalter der Auszubildenden und ihre schulische Vorbildung wieder. Daran wird deutlich, dass heute das Durchschnittsalter der Auszubildenden gestiegen ist. Früher lag das Durchschnittsalter bei 16,6 Jahren. In den letzten Jahren liegt es konstant bei 19,0 Jahren. Dies dürfte seinen Grund z. B. in der verlängerten Allgemeinbildung vor Eintritt in die Berufsausbildung haben. Wir haben es auch z. B. mit Altnachfragern nach einer Berufsausbildung zu tun. Aber auch das Nachfrageverhalten nach einer Berufsausbildung hat sich geändert, indem vermehrt Studienberechtigte in eine Berufsausbildung eintreten. Konsequenz aus allem ist, dass besonders die Berufsschule zu einer Jungerwachsenenschule wird und nicht mehr eine Schule vornehmlich der Jugendlichenbildung ist. Dies bedeutet didaktisch, dass mehr erwachsenengerechtere Unterrichtsmethoden im berufsschulischen Unterricht gefragt sind. Dies sind Methoden, die betont den Anwendungsbezug berufstheoretischer Inhalte in ganzheitlichen Lernvollzügen in den Vordergrund rücken (zum ganzheitlichen Lernen siehe später unter Kapitel C. Didaktik beruflichen Lernens). Im psychosozialen Lernbereich kann dies z. B. heißen, dass Berufsschüler heute stärker als früher mit dem Ablösungsprozess vom Elternhaus befasst sind. Der Auszug aus dem Elternhaus ist mit dem Erwachsensein auf der einen Seite gerechtfertigt, wird aber auf der anderen Seite durch eine Ausbildungszeit, die weit in das Alter der Zwanzigjährigen hineinreichen kann, ökonomisch erschwert.

Die schulische Vorbildung der Auszubildenden liegt heute bundesweit bei 60 % mit Schülern, die einen mittleren Bildungsabschluss oder eine Hochschul- / Fachhochschulreife besitzen. Der Anteil der Auszubildenden mit Hochschul- / Fachhochschulreife führt verstärkt zu Überlegungen, wie diese Auszubildenden in der Berufsschule gesondert gefördert werden, z. B. in eigenen Klassen oder in eigens ausgewiesenem Wahlunterricht in Form eines Plusprogrammes. Zur schulischen Vorbildung nach Übersicht 6 bleibt anzumerken: Hier geht es darum, einen Trend darzustellen. Dies schließt nicht aus, dass in einzelnen Berufsfeldern bzw. Ausbildungsberufen, besonders im Handwerk, die schulische Vorbildung stärker zu Abschlüssen unterhalb des mittleren Bildungsabschlusses tendieren kann.

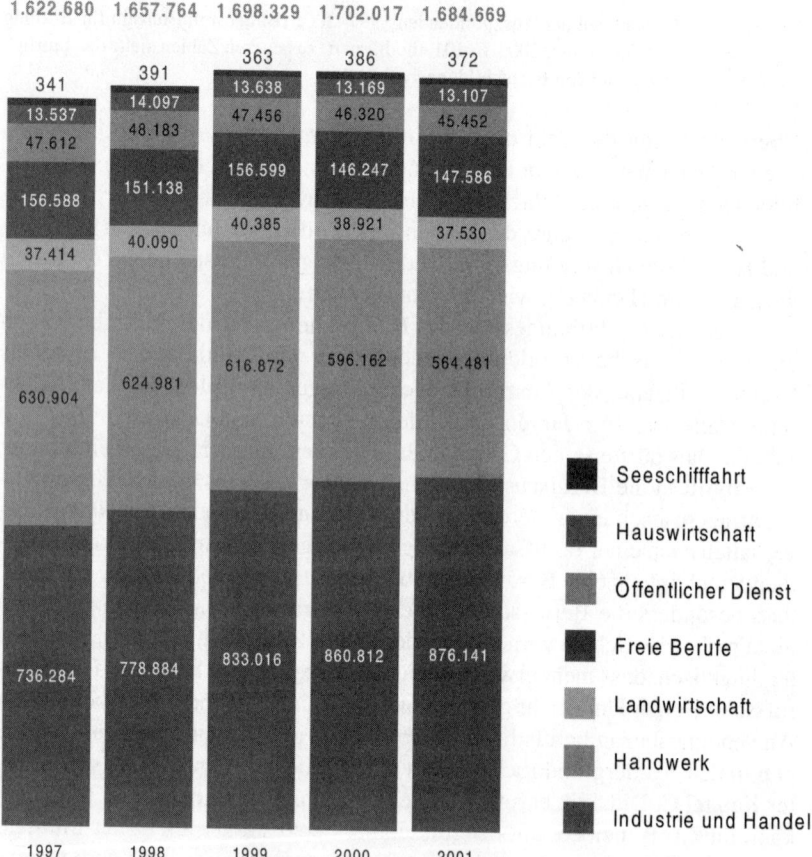

Übersicht 5: Auszubildende nach Ausbildungsbereichen (Bundesministerium für Bildung und Forschung, 2003, S. 102, modifiziert, zu neueren Zahlen siehe den jährlich erscheinenden Berufsbildungsbericht)

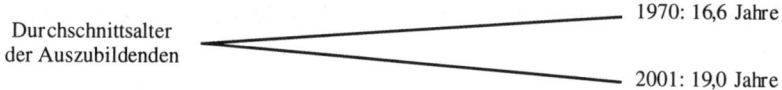

Durchschnittsalter
der Auszubildenden

1970: 16,6 Jahre

2001: 19,0 Jahre

Schulische Vorbildung der Auszubildenden mit
neu abgeschlossenem Ausbildungsvertrag bundesweit 2001:

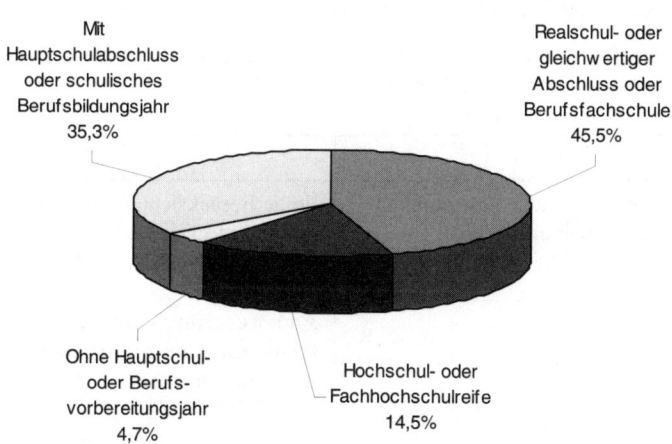

Mit
Hauptschulabschluss
oder schulisches
Berufsbildungsjahr
35,3%

Realschul- oder
gleichwertiger
Abschluss oder
Berufsfachschule
45,5%

Ohne Hauptschul-
oder Berufs-
vorbereitungsjahr
4,7%

Hochschul- oder
Fachhochschulreife
14,5%

Übersicht 6:   Durchschnittsalter und schulische Vorbildung der Auszubildenden (Bundesministerium für Bildung und Forschung, 2003, S. 85, 81, modifiziert, zu neueren Zahlen siehe den jährlich erscheinenden Berufsbildungsbericht)

Die hier ausgewählten statistischen Angaben beziehen sich auf den Berufsbildungsbericht 2003. Aktualisierungen dieser Zahlen sind aus dem in jedem
Jahr erscheinenden Berufsbildungsbericht der Bundesregierung zu entnehmen.
Im Folgenden soll es darum gehen, qualitativ abschätzend Vor- und Nachteile
des dualen Systems herauszustellen.

Vor- und Nachteile bzw. Probleme des dualen Systems der Berufsausbildung

(1) Zu den Nachteilen bzw. Problemen des dualen Systems ist zum einen zu
rechnen, dass in Rezessionszeiten sowie bei starken Nachfragejahrgängen kein
ausreichendes Angebot an Ausbildungsplätzen besteht (vgl. Übersicht 7). Bei
wirtschaftlich rückläufiger Entwicklung besteht die Gefahr, dass Betriebe an

der Berufsausbildung sparen und weniger Ausbildungsplätze zur Verfügung stellen.

Nachteile / Probleme des dualen Systems der Berufsausbildung	Vorteile des dualen Systems der Berufsausbildung gegenüber der Alternative einer vollschulischen Berufsausbildung
(1)	(1)
Kein ausreichendes Angebot an Ausbildungsplätzen in Rezessionszeiten sowie bei starken Nachfragejahrgängen Zu Teilen: Unzureichende Abstimmung zwischen Berufsausbildungs- und Beschäftigungssystem	Einbindung der Berufsausbildung in die Praxis „Ernstcharakter" der Ausbildung
(2)	(2)
Schwierige inhaltliche Abstimmung zwischen Betrieb und Schule	Frühe Berücksichtigung ökonomischer und technisch-produktiver Änderungen durch den Betrieb Anpassungsdruck auf die Berufsschule aufgrund der Erfordernisse der Berufssituation
(3)	(3)
Unterschiedliche Ausbildungsqualität besonders auf betrieblicher Seite Lösung: Überbetriebliche Ausbildungsstätte	Frühe Eingliederung des Adoleszenten in die Erwachsenenwelt
(4)	
Mögliche Ausübung ausbildungsfremder Arbeiten durch den Auszubildenden	

Übersicht 7: Qualitative Abschätzung des dualen Systems der Berufsausbildung, ohne Anspruch auf Vollständigkeit

Die Geburtenrate kann uneinheitlich verlaufen und zu zahlenmäßig schwankenden Nachfragejahrgängen auf dem Ausbildungsstellenmarkt führen. Diesen sich ändernden Nachfragezahlen muss eine sich selbst steuernde ausbildende Wirtschaft mit einem hinreichenden Angebot an Ausbildungsplätzen gerecht werden. Dies gelingt nur bedingt, wie ein Blick auf die bereits vorgestellte Übersicht 3 zeigt. Eine Überdeckung von 12,5 % Ausbildungsplätzen für eine hinreichende Ausbildungsplatzwahl ist bisher nur in wenigen Jahren erreicht worden. In einer Reihe von Jahren (Mitte / Ende der 90er Jahre des letzten Jahrhunderts) sowie für das Jahr 2002 war eher eine leichte Unterdekkung zu verzeichnen. Dies kann auch daher rühren, dass jeweils ein „Geburtenberg" auf den Ausbildungsstellenmarkt traf.

Treffen beide Faktoren, nämlich wirtschaftliche Rezession und starke Nachfragejahrgänge zusammen, kann die ausreichende Bereitstellung von Ausbildungsplätzen durch die ausbildende Wirtschaft zum Problem werden.

Generell gilt, dass bei dem dualen System der Berufsausbildung der Übergang von der Ausbildung in den Beruf („zweite Schwelle") – im Vergleich mit Systemen anderer Länder (vgl. Kap. B.2) – aufgrund des arbeitsintegrierten Lernens erleichtert ist.

Zum Teil kann aber auch im dualen System eine unzureichende Abstimmung zwischen Berufsausbildungs- und Beschäftigungssystem bestehen. Die im Wirtschaftsbereich Handwerk ausgebildeten Fachkräfte wechseln zu Teilen in andere Wirtschaftsbereiche (vor allem in die Industrie) über. Je nach Betriebsgrößenklasse und Branche kann die Ausbildungsquote überdurchschnittlich sein, so dass Auszubildende verstärkt einem Beschäftigungsrisiko ausgesetzt sind. Eine Ausbildungsquote bezieht sich auf die Zahl der Auszubildenden bezogen auf die Zahl der Beschäftigten in dem betreffenden Segment. Eine relativ hohe Quote liegt z. B. für das Jahr 2001 im Baugewerbe vor (vgl. Bundesministerium für Bildung und Forschung, 2003, S. 322). In Bezug auf eine Verbleibsquote nach erlernten Berufen gilt, ohne auf die vielschichtigen Gründe einzugehen: Insgesamt verbleiben 53 % der Ausbildungsabsolventen im erlernten bzw. in einem verwandten Beruf (gleiche Berufsgruppe). Diese Quote schwankt je nach Berufsfeld von 42 bis 65 %. 36 % der Ausbildungsabsolventen haben nach eigener Einschätzung einmal oder mehrmals den Beruf gewechselt. 29 % der Ausbildungsabsolventen geben an, „sehr viel bzw. ziemlich" von den Kenntnissen und Fertigkeiten, die sie in der Ausbildung erworben haben, bei ihrer beruflichen Tätigkeit außerhalb des erlernten bzw. eines verwandten Berufes (andere Berufsgruppe) verwerten zu können (vgl. Biersak, Parmentier 2001). Solche Zahlen können immer nur Hinweise geben. Sie sind aktuell immer wieder neu zu überprüfen.

Unabhängig von statistischen Indikatoren gilt für die zu Teilen unzureichende Abstimmung zwischen Berufsausbildungs- und Beschäftigungssystem im dualen Ausbildungswesen z. B. auch: Erst in der zweiten Hälfte der neunziger Jahre des letzten Jahrhunderts sind im dualen System neue Berufe der Informations- und Kommunikationstechnik geschaffen worden. Hier hat das Berufsbildungssystem relativ spät auf Anforderungen des Beschäftigungssystems reagiert. Daraus kann allgemein gefolgert werden, dass der Ausbildungsmarkt im dualen System nicht immer die Ausbildungsnachfrage deckt.

(2) Ein weiteres Problem im dualen System der Berufsausbildung kann sich daraus ergeben, dass zwischen Betrieb und Schule eine mangelnde inhaltliche Abstimmung stattfindet. Das Abstimmungsproblem ergibt sich schon

aus der Anlage des dualen Systems. Die zwei Lernorte Betrieb und Schule sind administrativ und rechtlich völlig voneinander getrennt. Eine gemeinsame, weisungsgebende Steuerungseinheit gibt es nicht. Die Betriebe und die Schule sind zwei eigene Organisationen, die für sich alleine existieren können. Das gemeinsame Anliegen ist die Berufsausbildung junger Erwachsener, die als Auszubildende im Betrieb bzw. als Schüler in der Berufsschule auftreten. Zwischen der Ausbildungsordnung und dem Rahmenlehrplan auf Kultusministerkonferenzebene und dem betreffenden Lehrplan auf Landesebene lässt sich dem Papier nach eine inhaltliche Abstimmung herstellen. Das Problem liegt vor Ort. In einer Berufsschulklasse können die Auszubildenden unterschiedlichen Betrieben entstammen. Wird in diesen Betrieben verstärkt nach Auftragslage ausgebildet, bringen die Auszubildenden einen unterschiedlichen berufspraktischen Kenntnisstand mit. Der berufstheoretische Unterricht wird für die einen zum inhaltlichen Vorlauf, für die anderen zum Gleichlauf, für die dritten wiederum zum Nachlauf. Der inhaltliche Ausbildungsstand in Bezug auf ein Thema kann sich darüber hinaus von Betrieb zu Betrieb bei den Auszubildenden sehr unterscheiden. Während einige Auszubildende sich vertieft mit bestimmten berufspraktischen Aufgabenstellungen befasst haben, haben andere diese Aufgaben nur berührt. Einige mögen diese Aufgaben in ihrem Betrieb gar nicht vorfinden. Hinzu treten regionalspezifische Wirtschaftsbedingungen, die dazu führen können, dass Auszubildende z. B. allein bestimmte Gerätetypen im Betrieb kennen lernen, von den Lehrkräften aber in der Berufsschule eine geräteübergreifende berufstheoretische Bildung favorisiert wird.

(3) Ein anderes Problem des dualen Systems der Berufsausbildung klang schon unter den o. g. Ausführungen an. Es ist das Problem der unterschiedlichen Qualität der Berufsausbildung auf betrieblicher Seite. In einem Großbetrieb findet eine systematische Ausbildung neben dem Lernen am Arbeitsplatz zu weiten Teilen auch in einem Bildungszentrum statt. In einem Kleinbetrieb des Handwerks erfolgt mehr allein eine Ausbildung aus funktionalen Lernbezügen heraus. Der intentionale, systematische Lernanteil kann hier sehr verkürzt ausfallen. Tritt hinzu, dass nach Auftragslage des Betriebes ausgebildet wird und der Betrieb zugleich auf bestimmte Tätigkeiten spezialisiert ist, besteht die Gefahr, dass die Ausbildungsordnung nicht hinreichend erfüllt wird.

Vereinfacht kann für das duale System der Berufsausbildung gesagt werden: Ausbildung ist nicht gleich Ausbildung. Damit ist gemeint, dass erhebliche qualitative Unterschiede in der Berufsausbildung bestehen können. Diese Unterschiede laufen von Ausbildungsberuf zu Ausbildungsberuf und können gerade auch innerhalb eines Ausbildungsberufes je nach Art des Ausbildungsbetriebes bestehen. Qualitative Unterschiede bestehen aber auch zwischen Berufsschulen, insbesondere nach der Ausstattung und der Versorgung mit hauptamtlichen Lehrern. Die bedeutsamen qualitativen Unterschiede dürften aber auf der Seite der Ausbildungsbetriebe liegen.

Eine Antwort auf die unterschiedliche Ausbildungsqualität der Ausbildungsbetriebe ist die Einrichtung überbetrieblicher Ausbildungsstätten für Klein- und Mittelbetriebe unter Teilfinanzierung durch den Staat. In diesen Ausbildungsstätten sollen die berufspraktischen Kompetenzen vermittelt werden, die in den Ausbildungsbetrieben nicht erworben werden. Damit besteht ein dritter Lernort neben Betrieb und Berufsschule. Das duale System hat sich zu einem trialen System entwickelt. Das Problem der Abstimmung, inhaltlich wie auch organisatorisch, ist größer geworden.

(4) Ein letztes hier genanntes Problem des dualen Systems der Berufsausbildung besteht in der möglichen Ausübung ausbildungsfremder Arbeiten durch den Auszubildenden. Dies kann mit anderen Worten heißen, dass der Auszubildende verstärkt als Arbeitskraft im Betrieb eingesetzt wird und dabei weniger eine Ausbildung erfährt. Damit ist ein Argument ausgesprochen, das besonders in Zeiten der Berufsbildungsreform zu Ende der sechziger und zu Anfang der siebziger Jahre des letzten Jahrhunderts angeführt wurde. In dieser Zeit geriet das duale System erheblich unter Kritik. Eines der immer wiederkehrenden Argumente war insbesondere der mögliche Missbrauch der Auszubildenden als „reine" Arbeitskraft. Inwieweit dies auch heute noch so steht, wie damals zu Teilen gesehen wurde, kann verallgemeinernd nicht festgestellt werden. Zwei Punkte sollen hier angeführt werden:

(a) Auszubildende werden eher in Kleinbetrieben als Arbeitskräfte eingesetzt. Je größer die Ausbildungsbetriebe sind, desto größer werden die Anteile der systematischen Ausbildung in schulähnlichen Einrichtungen wie Ausbildungswerkstätten und Unterrichtsräumen in Bildungszentren der Betriebe.

(b) Das Arbeiten zu erlernen, soweit es sich um keine ausbildungsfremden Tätigkeiten handelt, ist Gegenstand der Berufsausbildung. Zu jeder Berufsausübung zählen eintönige, wiederkehrende und auch kräftezehrende Tätigkeiten, die in der Berufsausbildung erfahren werden müssen. Auch das Durchhalten eines achtstündigen und unter Umständen auch noch längeren Arbeitstages muss erlernt werden. Das Argument des möglichen Missbrauchs des Auszubildenden als Arbeitskraft gewinnt erst dann an Bedeutung, wenn im Zuge der Arbeitsausführung die Ausbildungsbelange zu kurz kommen. Mit dem Argument des möglichen Missbrauchs des Auszubildenden als „reine" Arbeitskraft muss recht vorsichtig umgegangen werden. Dieses mögliche Problem stellt sich von Ausbildungsberuf zu Ausbildungsberuf und von Ausbildungsbetrieb zu Ausbildungsbetrieb unterschiedlich.

Nach der Darstellung der Nachteile bzw. Probleme des dualen Systems der Berufsausbildung soll es im Folgenden um die Vorteile dieses Systems gehen (vgl. Übersicht 7). Den vielfältigen Problemen stehen drei gewichtige Vorteile gegenüber. Letztere sind immer gegen die Alternative, namlich einer allein vollschulischen Berufsausbildung, zu sehen.

(1) Zum einen ist vorteilhaft zu sehen, dass im dualen System der Berufsausbildung das Lernen in die Berufspraxis eingebunden ist. Man sagt auch, eine Berufsausbildung erfolgt mit „Ernstcharakter". Berufspraktische Kom-

petenzen können auch in der Werkstatt einer Schule erworben werden. Der anwendungsbezogene Einsatz dieser Kompetenzen lässt sich aber in einer Schule nur nachahmen, nicht aber wirklichkeitsgetreu gestalten. Im Folgenden seien einige Beispiele in Bezug auf Schulwerkstätten angegeben. Es wird vereinfacht und überzeichnet, um das angesprochene Argument des Einbindens des Lernens in die Berufspraxis als Vorteil des dualen Systems besonders herauszustellen: In einer Schulküche können schulmäßig von angehenden Köchen Gerichte erstellt werden. Erst aber in einem Ausflugsrestaurant lernt der angehende Koch, z. B. bei plötzlich vorfahrenden Bussen mit Ausflugsgästen, die Arbeitswirklichkeit kennen, hier u. a. das Arbeiten unter Zeitdruck. Die erstellten Gerichte werden von den Gästen angenommen bzw. nicht angenommen. Das heißt, die Gerichte werden in einer treffenderen Weise als in der Schule beurteilt. In Schulwerkstätten können von Auszubildenden im Elektrohandwerk an Demonstrationswänden ganze Hausinstallationen nachgebildet werden. Die Vielfalt der unterschiedlichen Anforderungen auf Baustellen, z. B. im Altbau, lässt sich aber schwerlich in der Werkstatt nachstellen. Darüber hinaus kann der Auszubildende im Elektrohandwerk in der Schulwerkstatt noch angehalten sein, seine fertige Hausinstallation an der Demonstrationswand wieder für den nachfolgenden Jahrgang abzubauen. Die Sinnhaftigkeit von Arbeit geht verloren.

(2) Im Zusammenhang mit dem Vorteil der Einbindung der Berufsausbildung in die Berufspraxis kann auch davon gesprochen werden, dass ökonomische und technisch-produktive Änderungen in einem Betrieb früh berücksichtigt werden und schnell Eingang in die Berufsausbildung finden. Ein Betrieb muss, um überleben zu können, marktgerecht produzieren. Dies erfordert, dem Wandel rasch zu folgen. Letzterer wiederum muss relativ zügig Eingang in die Berufsausbildung finden. Ein staatlich-vollschulisches Berufsausbildungssystem würde schwerfälliger auf ökonomische und technisch-produktive Änderungen reagieren als ein Betrieb, bei dem ein größerer Zwang zur Änderung besteht.

Der Änderungszwang im Betrieb führt zu einem Anpassungsdruck auf die Berufsschule, den Erfordernissen der Berufssituation zu folgen. Auszubildende, die im Betriebsvollzug lernen, erwarten von der Berufsschule einen aktuellen begleitenden Unterricht. Mit einer allgemeinbildenden Schule nicht vergleichbar, ist die Berufsschule durch das duale System der Berufsausbildung stetig angehalten, den Anforderungen des Beschäftigungssystems zu entsprechen.

(3) Ein drittes Argument für das duale System der Berufsausbildung besteht darin, dass Adoleszenten früh in die Erwachsenenwelt eingegliedert werden. Dies ist ein erzieherisches Argument. Der junge Erwachsene, der im betrieblichen Teil der Berufsausbildung auch an einem Arbeitsplatz in einer Arbeitsgruppe mit Nichtlehrlingen steht, erfährt durch seine Arbeit in Ernstsituationen etwas über den Wert der eigenen Person. Er ist nicht mehr nur Schüler, der allein betrachtend und aufnehmend am Leben teilnimmt, sondern je-

mand, der bereits gestaltend und mitverantwortend am Leben beteiligt ist. Seine Tätigkeit wird, wenn auch zu Teilen gering, vergütet. Zugleich macht er Bekanntschaft mit verschiedensten Vertretern einer Erwachsenenwelt, wie sie in seiner Arbeitsgruppe vorkommen. Er erfährt Menschen unterschiedlichen Alters, unterschiedlicher Herkunft und Qualifikation, die ihm so aus Familie und Schule als eingeschränktem Erfahrungsraum nicht bekannt sind. Würde die Berufsausbildung allein in Vollzeitschulen stattfinden, wären die Vertreter der Erwachsenenwelt dort allein die Lehrer. Diese stellen immer nur ein eingeschränktes Erfahrungsfeld für die Schüler dar. Übersicht 8 gibt in Prosa die hier angestellten Überlegungen in sehr persönlicher Sichtweise wieder. Der Autor, Uwe Wandrey beschreibt unter dem Titel „Unsere Landschaft" rückschauend Erfahrungseindrücke am Ende seiner Lehrzeit auf einer Werft in Hamburg in den fünfziger Jahren.

Unsere Landschaft

Jetzt, wo die Lehrjahre vorbei sind, kennt man die Landschaft zwischen Osttor und Westtor besser. Die Brauntöne des Rosts, das Gelb der Gasflaschen, das Grün der Werkzeugkisten, das Knallrot der Werkschutzwagen. Man hat die elektrischen Schläge beim Schweißen gespürt, wenn das Eisen verregnet ist, und die Rückschläge, wenn sich die Schneidflamme rückwärts in den Sauerstoffschlauch frisst. Man hat die Handgriffe und Zeichnungen lesen gelernt. Man weiß, wen man fragt und wie man arbeitsam wirkt und welche Wege man zu gehen hat. Man kriegt seinen Facharbeiterbrief. Man hat Betriebskrüppel, speichelleckende Stifte, nervenkranke Schreihälse, eitle Besserwisser, Aufsteiger und das glatte, runde Grau des 280 SL vor dem Direktionsgebäude gesehen.

Aber auch freundlichere Stimmen, kräftige Hände, eindeutige Gesichter, Köpfe wie Tedje Lüers. Und Aufmunterung, wenn sie einen fertiggemacht haben, Kritik, wenn man schäbig war. Man hat Menschen gerochen.

Ich kenne mich noch nicht ganz aus unter ihnen und noch zu wenige. Zu eifrig wird vor sich hin gearbeitet, zu sehr auf die Füße gesehen, zu selten wird miteinander geredet.

Unsere Spuren sind im Gelände. Wir haben es beackert, besät, und wir haben Ernte eingefahren. Aber wir haben die Landschaft noch nicht zu der unseren gemacht.

Übersicht 8:   Unsere Landschaft (Wandrey 1975, S. 89).

Hier wird die frühe Eingliederung des Adoleszenten in die Erwachsenenwelt als ein Vorzug des dualen Systems der Berufsausbildung angesehen. Der positiven Sichtweise, wie sie hier oben ausgeführt ist, steht gegenüber, dass es auch heißen kann, junge Leute werden mit einem dualen System der Berufsausbildung bereits frühzeitig in eine Erwachsenenwelt eingepasst. Mit anderen Worten: Noch in einem besonders formbaren Alter werden die zu Erziehenden auf die verfestigten Normen der Erwachsenenwelt hin sozialisiert. Dies kann Änderungsvorstellungen über die Gesellschaft abschleifen bzw. lässt solche gar nicht erst aufkommen. Diese Wirkungen sind sicher auch vorhanden. Es dürfte aber anmaßend sein, Auszubildenden zu unterstellen, sie würden das eigene Denken in einer Berufsausbildung im dualen System verlernen. Im Zuge einer Abwägung wird aus Sicht des Verfassers die frühe Eingliederung der Adoleszenten in die Erwachsenenwelt als ein Vorteil des dualen Systems der Berufsausbildung angesehen. Die Lernenden erfahren in diesem System der Berufsausbildung einen Realitätsbezug, wie ihn ein allein vollzeitschulisches System nicht bieten kann. Dieser Realitätsbezug wirkt funktional erzieherisch. Schule kann mehr allein intentional erzieherisch wirken.

Das duale System der Berufsausbildung erfährt im nichtdeutschsprachigen Ausland besondere Beachtung. Das „Qualified in Germany" ist eine Art Gütezeichen gerade für die nichtakademische berufliche Bildung (vgl. Kap. B.2). Dazu sollen hier einige Anmerkungen getroffen werden, die aus ausländischer Sicht Aspekte des dualen Systems der Berufsausbildung hervorheben, die bisher nicht genannt worden sind (Übersicht 9). Erst aus dem Blickwinkel ausländischer Gäste, die das deutsche Berufsausbildungssystem studieren, werden besondere Eigenheiten deutlich.

Ergänzende Aspekte zum dualen System der Berufsausbildung

Aus ausländischer Sicht ergibt sich für das duale System (Übersicht 9) u. a., dass in der Bundesrepublik Deutschland eine relativ geringe Jugendarbeitslosigkeit besteht. Die Kosten der Berufsausbildung werden stark von der Wirtschaft getragen. Dem System der Berufsausbildung liegt eine eigene Geisteshaltung zugrunde.

Gesichtspunkte zum dualen System der Berufsausbildung
aus ausländischer Sicht:

(1) Relativ geringe Jugendarbeitslosigkeit in Deutschland
(2) Kosten der Berufsausbildung stark von der Wirtschaft getragen.
(3) Eigene Geisteshaltung, die dem System zugrunde liegt.

Übersicht 9:   Ergänzende Aspekte zum dualen System

(1) In Deutschland wird im Vergleich zu anderen Ländern eine relativ geringe Jugendarbeitslosigkeit festgestellt. Z. B. liegt die Jugendarbeitslosigkeit in Frankreich 2002 bei 20 %, während sie in Deutschland 9 % beträgt (gemessen für den Monat November 2002, Arbeitslose unter 25 Jahre, eurostat 2003, zu

weiteren Zahlen mit anderen Ländern siehe dort). Die im internationalen Vergleich relativ niedrige Jugendarbeitslosigkeit in Deutschland, die in früheren Jahren noch deutlich niedriger war, wird u. a. auch auf das duale System der Berufsausbildung zurückgeführt. In einem Land wie z. B. Frankreich besteht kein oder ein zahlenmäßig bei weitem nicht so ausgebautes duales System der Berufsausbildung wie in Deutschland. Nun ist die relativ geringe Jugendarbeitslosigkeit in Deutschland sicher nicht allein auf die besondere Form der Berufsausbildung mit ihrer betriebs- und praxisnahen sowie die Jugendlichen eines Jahrganges breit erfassenden Ausbildung zurückzuführen. Das duale System ist wohl nur eine Verursachungsgröße neben etwa Wirtschaftsstruktur, konjunkturelle Lage und demographische Entwicklung.

(2) Ein weiterer Punkt, der aus ausländischer Sicht besonderes Interesse findet, sind die Kosten der Berufsausbildung im dualen System. Insbesondere wird festgestellt, dass die ausbildende Wirtschaft erhebliche Kosten für die Berufsausbildung aufwendet, sieht man von der Teilfinanzierung des Staates für überbetriebliche Ausbildungsstätten ab. Die Berechnung der betrieblichen Ausbildungskosten ist kompliziert. Zu unterscheiden ist dabei z. B. zwischen den Brutto- und Nettokosten. Bruttokosten sind die Ausbildungskosten ohne Abzug der von den Auszubildenden im Rahmen ihrer Tätigkeit erwirtschafteten Erträge. Nettokosten sind dann die Bruttokosten abzüglich der von den Auszubildenden erwirtschafteten verwertbaren Leistungen. In diese Rechnung sind noch die Opportunitätsleistungen (Vorteilsleistungen) einzubeziehen, die einem Betrieb entstehen, wenn er ausbildet. Solche Leistungen sind u. a.: Verringerung der Personalbeschaffungskosten, Stabilisierung der Entgeltstruktur, Einsparung von Einarbeitungskosten, Verringerung von Kosten für Anpassungsqualifizierung (siehe näher zu Ausbildungskosten, Schelten 2000, S. 104 ff., Beicht, Walden 2002, Walden, Herget 2002). Aus ausländischer Sicht ist bemerkenswert, dass ein Betrieb, und besonders ein großer Betrieb, wenn auch aus Eigennutz, für einen qualifizierten Berufsnachwuchs erheblich in die Berufsausbildung investiert. Dies ist immer dann ein Novum, wenn aus dem Herkunftsland des ausländischen Betrachters mehr allein ein schulisches Berufsausbildungssystem bekannt ist, bei dem der Staat die Kosten der berufspraktischen Ausbildung zu tragen hat. Hier können dem Staat schnell enge finanzielle Grenzen gesetzt werden, besonders dann, wenn es darum geht, rasch neue Technologien in die Berufsausbildung einzuführen oder etwa in allen erdenklichen Spezialrichtungen eine Berufsausbildung zu betreiben.

(3) Als dritter Punkt sei aus ausländischer Sicht in Bezug auf das duale System der Berufsausbildung angeführt, dass diesem System eine Geisteshaltung zugrunde liegt, die sich nicht ohne weiteres exportieren lässt. Auf diese Geisteshaltung wird in einer Studie des Erziehungsministeriums der kanadischen Provinz Alberta über das westdeutsche Berufsbildungswesen verwiesen, die im Folgenden zitiert ist. Mag es bereits eine ältere Studie sein, so trifft sie aber auch heute den Kern.

„The principle of being trained by industry is completely ingrained in the German psyche. Industry is expected to play this role in the education of the youth, and does so in its own interest".

(Alberta Education: 1981, appendix 7, p. 3 - 4).

Bei einer Übertragung des dualen Systems auf andere Länder, sei es ganz oder in Elementen, kommt es darauf an, diese Haltung bzw. „Selbstverständlichkeit" zu vermitteln. Dies gelingt nur in einem langfristigen Prozess. In Deutschland gründet das duale System auf das Zunftwesen und damit auf eine jahrhundertealte Tradition. Entscheidend für die Absicherung dieser ursprünglich handwerklichen Form der Berufsausbildung war die Übernahme dieser Form der Berufsausbildung durch die Industrie zu Anfang des 20. Jahrhunderts, indem vergleichend zum Handwerk die Facharbeiterausbildung und damit der Facharbeiter- bzw. Industriemeisterstatus eingeführt wurde.

Nach diesen Ausführungen zum dualen System aus ausländischer Sicht soll der Blick noch einmal aus deutscher Sicht auf dieses System gerichtet werden, indem Entwicklungslinien aufgezeigt werden.

Tendenzen des dualen Systems der Berufsausbildung

Die Berufsausbildung im dualen System mit ihren Trägern Betrieb und Berufsschule gilt als ein Standortvorteil für Deutschland. Damit unterscheidet sich die Bundesrepublik von anderen europäischen und außereuropäischen Ländern, die neben Mischformen eher allein schulische oder betriebliche Ausbildungswege in der nicht-akademischen Berufsausbildung kennen (siehe näher Kap. B.2). Doch die Diskussion über die Berufsausbildung ist in Deutschland in einer paradoxen Situation: Auf der einen Seite besteht im Ausland hohes Interesse an diesem Berufsbildungsmodell. So gab es Bemühungen in den Vereinigten Staaten von Amerika, in diesem Land Formen eines dualen Systems der Berufsausbildung besonders auch nach deutschem Vorbild im Sinne eines Youth Apprenticeship Programm einzuführen (vgl. Hamilton 1990). Auf der anderen Seite wird das duale System in Deutschland kritisiert. Das deutsche Berufsausbildungssystem sei besonders wegen seines Berufskonzepts (vgl. Kap. A.4) und seiner Reformunfähigkeit zum Untergang bestimmt. Seit der zweiten Hälfte der neunziger Jahre des letzten Jahrhunderts ist allerdings Bewegung in das System gekommen, so dass von einer Krise nicht die Rede sein kann (vgl. Pütz 2001). Statt eines Auslaufmodells ist das duale System ein Ausbaumodell.

Die Berufsausbildung im dualen System ist in Deutschland zwar nicht die einzige Form der beruflichen Qualifizierung, aber es ist der stärkste Weg, mit dem etwa zwei Drittel eines Altersjahrganges sich für den Arbeitsmarkt qualifizieren. Neben diesem quantitativen Aspekt ist qualitativ vor allem die Modernisierung der Berufsausbildung zu nennen. Diese ist in vollem Gange. Für diese These gibt es mehrere Belege und Hinweise (vgl. Schelten, Zedler

2001). Sie betreffen die Ziele der Berufsausbildung (siehe Kap. C.3), die Neuerungen bei den Ausbildungsordnungen (siehe Kap. B.3) und Lehrplänen der beruflichen Schulen (siehe Kap. C.5) sowie die Kooperation zwischen Betrieb und Berufsschule (siehe Kap. B.5). An dieser Stelle sollen im Folgenden nur zwei Belege und Hinweise angerissen werden.

Zu Neuerungen bei den Ausbildungsordnungen gilt: Der technisch-wirtschaftliche Wandel hat das Tempo der Er- und Überarbeitung von Ausbildungsordnungen und Lehrplänen beschleunigt. Von 1996 bis 2002 sind 126 Ausbildungsordnungen bestehender Berufe auf den neuesten Stand gebracht worden. Zur Erschließung neuer Tätigkeitsfelder wurden zusätzlich 47 völlig neue Berufe geschaffen, wie z. B. die IT-Berufe oder die neuen Medienberufe (vgl. Zedler 2003, S. 333).

Mit den neuen Ausbildungsberufen der Informations- und Telekommunikationstechnik hat im Jahr 1997 ein qualitativer Sprung in der Entwicklung von Ausbildungsberufen eingesetzt, der auf andere Berufe übertragen wird. Die Ausbildung erfolgt prozess- und kundenorientiert. Unter Beibehaltung des Berufskonzeptes erfolgt eine Modularisierung der Berufsausbildung im dritten Ausbildungsjahr. Mit den modernisierten oder neu geschaffenen Ausbildungsberufen ist in kurzer Zeit viel auf den Weg gebracht worden und dadurch Dynamik in die Berufsausbildung in Betrieb und Berufsschule gekommen.

Zu den Lehrplänen an beruflichen Schulen gilt: Seit 1996 wird das Lernfeld-Konzept in den Lehrplänen der beruflichen Schulen eingeführt. Lernfelder beschreiben für den berufsbezogenen Unterricht komplexe, inhaltlich zusammengehörende thematische Einheiten, denen berufliche Handlungsfelder zugrunde liegen. Lernfelder begünstigen einen handlungsorientierten Unterricht, setzen auf die Förderung von Berufskompetenz und entsprechen modernen Ausbildungsberufen (vgl. Schelten 2000, S. 119 ff., siehe näher Kap. C.3 und C.4).

Im Folgenden soll es nun nach einer Zusammenfassung darum gehen, nach der Erörterung des dualen Systems der Berufsausbildung einen Blick auf die Berufsbildungssysteme anderer Länder zu werfen.

Zusammenfassung

Das duale System der Berufsausbildung bezeichnet das Zusammenwirken zweier institutionell und rechtlich getrennter Bildungsträger im Rahmen einer anerkannten Berufsausbildung, ohne dass eine weisungsgebende Steuerungseinheit über beiden steht: Zwei Lernorte, Betrieb und Berufsschule mit eigenen Kennzeichen (siehe Übersicht 1), kooperieren mit dem gemeinsamen Ziel der beruflichen Kompetenzförderung von Auszubildenden.

Die Gesamtzahl der Auszubildenden betrug 2001 bundesweit 1.684.669 Auszubildende. Die Ausbildungsplatzbilanz gibt an, ob ein Angebotsüberhang bzw. ein Nachfrageüberhang an Ausbildungsplätzen besteht. Das duale System hat immer auch ein quantitatives Problem der Berufsausbildung bewältigt.

Das Durchschnittsalter der Auszubildenden ist gestiegen und führt dazu, dass die Berufsschule zu einer Jungerwachsenenschule wird. Die schulische Vorbildung der Auszubildenden liegt heute bundesweit bei 60 % mit Schülern, die einen mittleren Bildungsabschluss oder Hochschul- / Fachhochschulreife besitzen.

Nachteile bzw. Probleme des dualen Systems der Berufsausbildung sind: Kein ausreichendes Angebot an Ausbildungsplätzen in Rezessionszeiten sowie bei starken Nachfragejahrgängen, die schwierige inhaltliche Abstimmung zwischen Betrieb und Schule, die unterschiedliche Ausbildungsqualität besonders auf betrieblicher Seite sowie die mögliche Ausübung ausbildungsfremder Arbeiten durch den Auszubildenden. Vorteile des dualen Systems gegenüber der Alternative einer vollschulischen Berufsausbildung sind insbesondere die Einbindung der Berufsausbildung in die Praxis, die frühe Berücksichtigung ökonomischer und technisch-produktiver Änderungen durch den Betrieb mit einem daraus folgenden Anpassungsdruck auf die Berufsschule sowie die frühe Eingliederung des Adoleszenten in die Erwachsenenwelt.

Aus ausländischer Sicht wird für das duale System neben einer relativ geringen Jugendarbeitslosigkeit besonders gesehen, dass die Kosten der Berufsausbildung stark von der Wirtschaft getragen werden. Ferner liegt dem System eine geschichtlich gewachsene Geisteshaltung zugrunde.

Das duale System der Berufsausbildung wird modernisiert. Dies betrifft u. a. Neuerungen bei den Ausbildungsordnungen und Lehrplänen der beruflichen Schulen in einem gestaltungsoffenen Reformansatz.

Wichtige Begriffe und Konzepte

Duales System der Berufsausbildung
– Begriff
– Kennzeichen

Ausbildungsplatzbilanz
Entwicklung der Gesamtzahl der Auszubildenden
Durchschnittsalter und schulische Vorbildung der Auszubildenden
Vor- und Nachteile / Probleme des dualen Systems
Gesichtspunkte zum dualen System aus ausländischer Sicht
Modernisierung des dualen Systems

Studienliteratur (Auswahlliteratur)

Bundesministerium für Bildung und Forschung (Hrsg.): Berufsbildungsbericht 2003, Bonn 2003 (und fortlaufend jährlich erscheinend)
Teil II, Kap. 2: Bestand und Struktur der Berufsausbildung

Euler, D.: Modernisierung des dualen Systems: Problembereiche, Reformvorschläge, Konsens- und Dissenslinien, hrsg. von der Bund-Länder-Kommission für Bildungsplanung und Forschungsförderung, Materialien zur Bildungsplanung und zur Forschungsförderung, Bonn 1998

Schelten, A., Zedler, R.: Aktuelle Tendenzen der dualen Berufsausbildung, in: Berufsbildung in Wissenschaft und Praxis 30 (2001) 4, S. 46 – 49

Stratmann, K., Schlösser, M.: Das Duale System der Berufsausbildung: Eine historische Analyse seiner Reformdebatten, Frankfurt a. M.: Gesellschaft zur Förderung arbeitsorientierter Forschung und Bildung 1990
Teil II: Ausgestaltung und Modifikation des Dualen Systems seit 1945

Zedler, R.: Die Grundlagen der dualen Berufsbildung, in: Cramer, G. (Hrsg.): Jahrbuch Ausbildungspraxis 2003, Köln: Deutscher Wirtschaftsdienst 2003, S. 187 – 192

B.2 MODELLE DER BERUFSAUSBILDUNG ANDERER LÄNDER

Nach dem Vergleichskriterium der Rolle bzw. des Einflusses des Staates in der beruflichen Bildung eines Landes lassen sich vier Modelle ausmachen (im Folgenden im Anschluss an Greinert 1995 a, b, modifiziert). Dies sind ein traditionales Modell, ein Marktmodell und ein Schulmodell. Daneben steht das duale Modell, welches streng genommen ein Mischmodell aus Marktmodell und Schulmodell ist. Es soll hier aber als eigenes Modell aufgeführt werden (Übersicht 10).

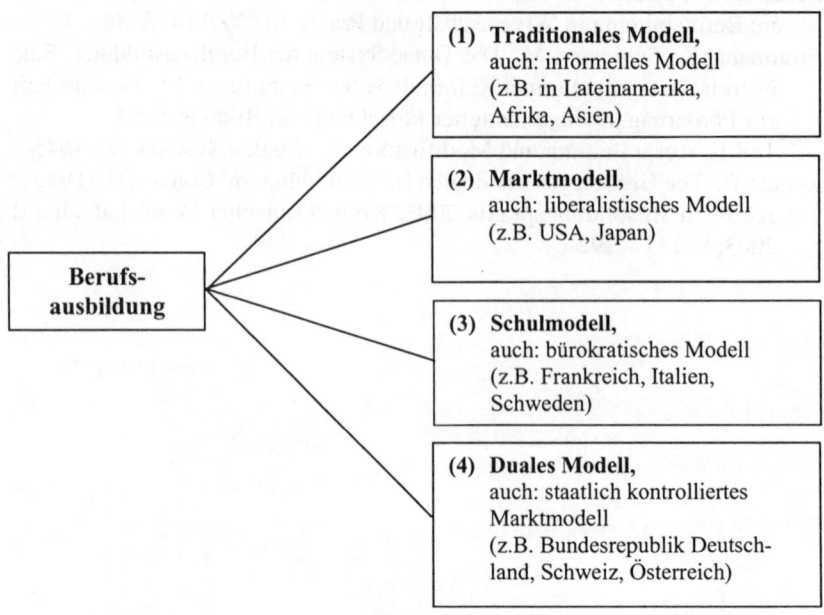

Übersicht 10: Modelle der Berufsausbildung im Überblick

(1) Beim *traditionalen Modell*, auch informelles Modell genannt, spielt der Staat keine Rolle. Dieses Modell ist z. B. in Deutschland aus der Geschichte des Handwerks bekannt und kann als ein Vorläufer einer beruflichen Bildung bezeichnet werden. Es ist in Entwicklungs- und Schwellenländern wie in Ländern aus Lateinamerika, Afrika und Asien anzutreffen, wenn berufliches Lernen auf niedrigem Niveau im Sinne einer Beistelllehre allein durch Mitarbeit im Betrieb nebenbei erfolgt. Eine begleitende fachtheoretische Bildung, ergänzt auch um Allgemeinbildung, erfolgt nicht. Es werden vorwiegend eingegrenzte Kompetenzen erworben.

Für entwickelte Industrieländer haben sich die folgenden drei Modelle herausgebildet.

(2) Im *Marktmodell,* auch liberalistisches Modell genannt, übernimmt der Staat nur eine Randrolle im Prozess der beruflichen Bildung. Die berufliche Bildung ist weitgehend frei von öffentlichem Einfluss. Dieses Modell findet sich z. B. in den USA und in Japan. In Ländern mit dem Marktmodell liegt ein umfassendes allgemeinbildendes Schulwesen mit in der Regel 12 Jahren Dauer vor, z. B. in Form von High Schools mit berufsbildenden Kursen ohne formale Berufsbildungsabschlüsse. Auf dieses Schulwesen nimmt der Staat zwar großen Einfluss, allerdings wird, unbehelligt von staatlichen Vorschriften, nach Austritt aus dem allgemeinbildenden Schulwesen eine an unmittelbare Verwendung im Betrieb ausgerichtete Berufsbildung betrieben. Dabei werden Kompetenzen in dem Maße vermittelt, wie sie nachgefragt werden. Träger der beruflichen Bildung sind Betriebe, die weitgehend bestimmen, wie sie ihre Mitarbeiter qualifizieren. Daneben bieten Community Colleges oder Institutes of Technologies wie in Nordamerika nachfragenah für den Arbeitsmarkt flexibel wahrzunehmende Bildungsangebote an. Diese können in Eigeninitiative von den Arbeitskräften unter zeitweiligem Ausscheiden aus dem Arbeitsleben oder parallel zur Arbeitstätigkeit in Anspruch genommen werden.

Ein Marktmodell der Berufsausbildung kann zu Problemen führen, wie sie in den USA bestehen können. Sie sind für dieses Land in den folgenden Punkten zu sehen:

– Eine Ausbildung erfolgt mehr über kurzfristiges „on the job training".

– Nach dem Verlassen der High School kann für die Mehrzahl der Jugendlichen, die keine weiterführenden Hochschulen besuchen, eine „floundering phase" einsetzten. In dieser Phase des Stolperns bzw. des Treiben Lassens werden einfache, niedrig vergütete Arbeitsplätze eingenommen. Erst in einem Alter von Mitte bis Ende zwanzig setzt ein qualifizierter Kompetenzerwerb ein, der über die berufliche Weiterbildung erfolgt.

– Die Wirtschaft engagiert sich wenig für die Berufsausbildung.

– Soweit die Colleges oder Institutes of Technologies vollständige Berufsausbildungen anbieten, sind diese eher vollschulisch, betriebsfern und werden für eine eng begrenzte Auswahl an Berufen durchgeführt.

(3) Das Gegenmodell zum Marktmodell ist das *Schulmodell,* auch bürokratisches Modell genannt. Es ist z. B. in Frankreich, Italien und Schweden sowie in vielen Ländern der Dritten Welt anzutreffen.

Der Staat plant, organisiert und kontrolliert hier allein die Berufsausbildung. Die Berufsausbildung erfolgt in der Sekundarstufe II in einem aufeinander aufbauenden System beruflicher Vollzeitschulen. Dieses berufliche Schulwesen ist eng mit dem allgemeinbildenden Schulwesen verknüpft, d. h. bestimmte Abschlüsse in allgemeinbildenden Schulen führen zu bestimmten Eintrittsberechtigungen in beruflichen Vollzeitschulen. Die Abschlüsse an beruflichen Vollzeitschulen führen zu formalen Berufsqualifikationen, die oft auch tariffähig sind. Private Betriebe haben in der Berufsausbildung weniger eine Funktion. In diesem Modell verkörpert der Staat einen starken Anspruch auf die alleinige Verantwortung für die Berufsausbildung. Hierbei ist für das verwaltende System der Planung, Durchführung und Kontrolle für die Berufsausbildung in den beruflichen Vollzeitschulen eine besondere Ausprägung festzustellen. Das verwaltende System stellt tendenziell eine systematisierte pädagogisch durchdrungene Berufsausbildung sicher. Dabei bestimmt der Staat die Qualität der Berufsausbildung. Diese orientiert sich nicht zuerst nach der Verwendung im Betrieb.

Da das Schulmodell besonders ein Gegenmodell zum dualen System ist, soll hier noch gesondert auf einzelne Mechanismen des Schulmodells eingegangen werden.

a) Quantitativ: Der Staat legt das Angebot von Berufsausbildung fest (vgl. unten Buchstabe e). Dies funktioniert beim Schulmodell am besten durch Angebot weniger Grundberufe. Dabei stellt sich dann das Problem einer hinreichenden Kopplung zwischen dem Bildungssystem (Schule) und dem Beschäftigungssystem (Arbeitsmarkt) (siehe hierzu näher unter Kap. C.3).

b) Qualitativ: Der Staat bestimmt die Qualität der Berufsausbildung. Die Qualität orientiert sich nicht zuerst nach der Verwendung im Betrieb.

c) Der Staat stellt tendenziell eine systematisierte, pädagogisch durchdrungene Berufsausbildung sicher. Dies geht mit hoher bürokratischer Planung, Durchführung und Kontrolle einher.

d) Der Staat finanziert die Berufsausbildung. Staatshaushalte sind in der Regel begrenzt, so dass eine flächendeckende Ausbildung eines Nachfragejahrganges, auch in vielfacher Differenzierung, weniger garantiert werden kann.

e) Ein Schulmodell funktioniert am besten in Berufsausbildungsgängen, bei denen große apparative Ausstattungen nicht erforderlich sind. Dies sind z. B. eher Ausbildungsgänge im kaufmännisch-verwaltenden Bereich, die weniger kostenintensiv sind. Lernsituationen lassen sich hier leichter simulativ nachbilden. Hingegen erfordern Ausbildungsgänge in technischen Fachrichtungen, z. B. die Ausbildung zum Mechatroniker oder Kfz-Mechaniker große apparative Ausstattungen. Hier dürfte ein Schulmodell schon von den Kosten her weniger zurechtkommen.

(4) Neben dem Marktmodell und Schulmodell steht das duale Modell. Es ist auch als ein staatlich kontrolliertes Marktmodell anzusehen, das im deutschsprachigen Raum in der Bundesrepublik Deutschland, in der Schweiz und in Österreich anzutreffen ist. Zugleich herrscht es in Dänemark und Luxemburg vor.

Das duale System nimmt eine Mittelstellung zwischen dem Marktmodell und dem Schulmodell ein. Eine deutliche Tendenz zum Marktmodell ist jedoch erkennbar. Die Rolle des Staates besteht beim dualen Modell darin, dass die Berufsausbildung nach privatwirtschaftlichen Marktregeln erfolgt, diese aber vom Staat mit rechtlichen Normen ausgeformt wird. Mit anderen Worten: Private Betriebe bzw. außerbetriebliche Bildungsträger (Stiftungen, Vereine, Verbände u. a.) führen weite Teile der Berufsausbildung zu vom Staat festgesetzten Bedingungen durch. Diese Bedingungen sind vor allem im Berufsbildungsgesetz niedergelegt. So kann gesagt werden, dass die Privatrechtsebene des Marktes mit der öffentlich-rechtlichen Ebene des Staates verbunden ist.

Das duale Modell ist hier schon ausführlich in Kap. B.1 vorgestellt worden. In einem Vergleich zum Schulmodell sollen hier einige Mechanismen aus Gründen der Akzentuierung noch einmal herausgestellt werden.

a) Quantitativ: Die Wirtschaft bestimmt das Angebot von Berufsausbildung.

b) Qualitativ: Ausgebildet wird nach der Verwendung im Betrieb. Der Staat sowie die Sozialpartner (Arbeitgeber und Gewerkschaften) wirken aber an den Zielen mit. Sobald die Wirtschaft ausbildet, geschieht dies nach staatlichen Rahmenvorschriften (z. B. Berufsbildungsgesetz).

c) Eine systematisierte, pädagogisch durchdrungene Berufsausbildung kann vom Staat für den betrieblichen Teil der Berufsausbildung nicht direkt sichergestellt werden.

d) Der Staat finanziert allein den berufsschulischen Teil der Berufsausbildung. Dies ist der kleinere Teil. Den größeren Teil, die betriebliche Ausbildung, tragen die Betriebe kostenmäßig in der Regel selbst. Dies schließt eine Beteiligung des Staates an Teilfinanzierungen der betrieblichen Bildung nicht aus, z. B. an überbetrieblichen Ausbildungsstätten.

Die genannten vier Modelle sind idealtypisch. Ihnen lassen sich einzelne Länder schwerpunktmäßig zuordnen. In einem Land können aber auch mehrere Modelle in unterschiedlicher Ausprägung zugleich bestehen. Weiterhin können z. B. in ein Markt- oder Schulmodell duale Ausbildungsstrukturen integriert werden. Großbritannien etwa zählt bezüglich der Berufsausbildung zu einem Marktmodell. Soweit sich hier Bestrebungen durchsetzen, betriebliche Bildungsphasen mit schulischen anzureichern, kann man von einem gemischten Modell sprechen.

Insbesondere dürfte gelten, dass gerade Länder mit schulischen Berufsausbildungsstrukturen wie etwa Frankreich einzelne Praxisphasen mit Betrieben zu integrieren suchen. Man spricht hier von alternierender Ausbildung zwischen vollschulischer und betrieblicher Bildung.

Die hier vorgestellte Modelleinteilung der Berufsausbildung anderer Länder folgt nach dem Vergleichskriterium der Rolle bzw. des Einflusses des Staates auf die Berufsausbildung. Es kann auch für eine Modelleinteilung nach dominanten Lernorten, sog. Leit-Lernorten bei der Berufsausbildung vorgegangen werden (vgl. Lauterbach, 1995). Diese sind: Berufliche Schule, Arbeitsstätte / Betrieb, Berufsbildungszentrum. Solche Leit-Lernorte können allein oder miteinander verbunden im Rahmen der Berufsausbildung in einem Land auftreten. Aus den unterschiedlichen Kombinationsmöglichkeiten ergeben sich für den internationalen Vergleich neun Modelle beruflicher Erstausbildung, die sich wiederum mit weiteren Modellkennzeichnungen versehen lassen (siehe Lauterbach, 1995). An diesen Ausführungen soll deutlich werden, dass es für die Befassung mit der Thematik über Ausbildungsmodelle anderer Länder auch einen anderen Zugang geben kann wie den hier vorgestellten. Generell dürfte gelten, dass eine Strukturierung der Berufsausbildung im internationalen Vergleich sehr schwierig ist. Insbesondere ist für das Verständnis der Berufsbildung eines Landes eine vertiefte Beschäftigung mit der allgemeinen Bildungskultur des betreffenden Landes erforderlich.

Übersicht 11 verortet abschließend versuchsweise die Länder der Europäischen Union und einiger osteuropäischer Beitrittskandidaten nach ihren dominanten Berufsausbildungsmodellen in einem Dreieck mit den Eckpunkten Duales Modell, Marktmodell, Schulmodell. Für kein Land lässt sich eine Reinform an den Eckpunkten des Dreiecks besetzen. Auch für Deutschland, dem dualen Modell, gilt, dass es hier z. B. für vereinzelte Bereiche z. B. im Gesundheitswesen, schulische Berufsbildungsgänge gibt. Gewiss ist wohl eher, dass es am Dreieck in Übersicht 11 für den Mittelpunkt kein Land gibt, welches alle drei Modelle gleichmäßig integriert.

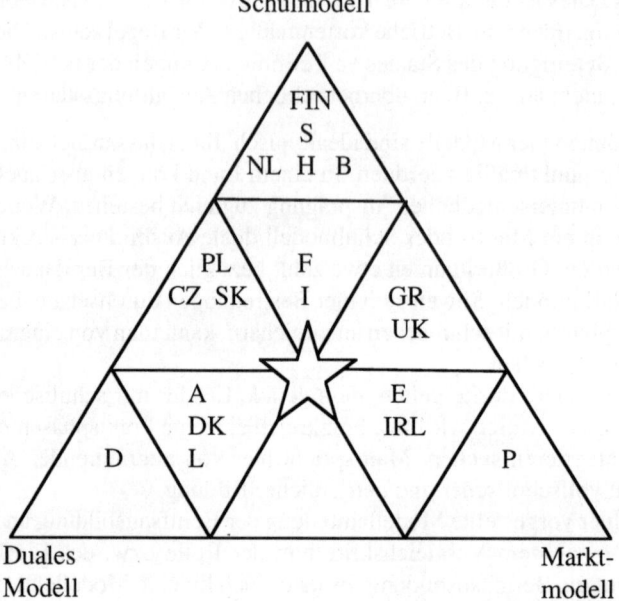

Übersicht 11: Dominante Modelle der Berufsausbildung in der Europäischen Union, nach Münck 1997, modifiziert, erweitert um einige osteuropäische Mitgliedsländer in versuchsweiser Zuordnung (ohne die baltischen Staaten, Bulgarien, Rumänien, Zypern, Slowenien, Malta)

Im Folgenden wird nach einer Zusammenfassung wieder der Blick auf das deutsche Berufsausbildungssystem gerichtet. Einen strukturellen Schwerpunkt bilden hier die Ausbildungsordnungskonzepte.

Zusammenfassung

Modelle der Berufsausbildung sind in einem traditionalen Modell, einem Marktmodell, einem Schulmodell und in einem dualen Modell zu sehen.

Das traditionale Modell in Entwicklungs- und Schwellenländern (z. B. in Afrika) ist informell. Berufliches Lernen erfolgt auf niedrigem Niveau im Sinne einer Beistelllehre allein durch Mitarbeit im Betrieb nebenbei.

Das Marktmodell (z. B. USA) ist liberalistisch. Der Staat übt einen geringen Einfluss auf die berufliche Bildung aus. Kennzeichnend ist ein umfassendes allgemeinbildendes Schulwesen mit berufsbildenden Kursen ohne formale Berufsausbildungsabschlüsse. Nach Austritt aus dem allgemeinbildenden Schulwesen wird eine an unmittelbare Verwendung im Betrieb ausgerichtete Berufsbildung betrieben.

Das Schulmodell (z. B. Frankreich) ist ein bürokratisches Modell. Die Berufsausbildung erfolgt in einem System staatlicher beruflicher Vollzeitschulen. Der Staat plant, organisiert und kontrolliert hier allein die Berufsausbildung. Ein Kennzeichen ist ein ausgeprägtes verwaltendes System für die Berufsausbildung.

Das duale Modell (z. B. Bundesrepublik Deutschland) ist als ein staatlich kontrolliertes Marktmodell anzusehen. Die Berufsausbildung erfolgt nach privatwirtschaftlichen Marktregeln, diese werden aber vom Staat mit rechtlichen Normen (z. B. Berufsbildungsgesetz) ausgeformt.

Die Modelle der Berufsausbildung sind idealtypisch. Ihnen lassen sich einzelne Länder schwerpunktmäßig zuordnen. In einem Land können aber auch mehrere Modelle in unterschiedlicher Ausprägung zugleich bestehen.

Wichtige Begriffe und Konzepte

Idealtypische Modelle geordnet nach der Rolle bzw. nach dem Einfluss des Staates auf die berufliche Bildung

Traditionales Modell:	Informelles Modell

Marktmodell:	Liberalistisches Modell

Schulmodell:	Bürokratisches Modell

Duales Modell:	Staatlich kontrolliertes Marktmodell

Dominante Modelle der Berufsausbildung in der Europäischen Union

Mechanismen des Schulmodells

Mechanismen des dualen Modells

Studienliteratur (Auswahlliteratur)

Greinert, W.-D.: Regelungsmuster der beruflichen Bildung: Tradition – Markt – Bürokratie, in: Berufsbildung in Wissenschaft und Praxis 24 (1995) 5, S. 31 – 35

Huisinga, R., Lisop, I.: Wirtschaftspädagogik: Ein interdisziplinär orientiertes Lehrbuch, München, Vahlen 1999.
    Kap. 2.4: Beispiele europäischer Bildungssysteme

http://www.cedefop.gr

http://www.eurydice.org

Lauterbach, U.: Quantitativer, qualitativer und funktionaler Vergleich, in: U. Lauterbach (Hrsg.): Internationales Handbuch der Berufsbildung, Baden-Baden: Nomos 1995, VGL 34–102 (Loseblattsammlung, aktuell 2000 und fortlaufend)

B.3 AUSBILDUNGSORDNUNGSKONZEPTE

Berufsausbildungsgänge lassen sich nach ihrem Aufbau in vier Arten unterscheiden. Ausbildungsordnungen können monoberuflich angelegt, nach einer Stufenausbildung aufgebaut, grund- und fachberuflich konzipiert, nach Schwerpunktbildungen geordnet, bzw. gestaltungsoffen modern ausgerichtet sein. An den verschiedenen Konzepten lassen sich unterschiedliche berufspädagogische Zielvorstellungen deutlich machen.

Monoberufliches Ausbildungskonzept

Beim monoberuflichen Ausbildungskonzept (Übersicht 12) wird vom ersten Jahr der Ausbildung an für den betreffenden Ausbildungsberuf speziell in sich geschlossen ausgebildet, z. B. in der Berufsausbildung für den Schornsteinfeger. Die monoberufliche Ausbildung erfolgt

– *ungestuft* bzw. nach einem nicht aufgegliederten Konzept,
– in einem *einheitlichen* Ausbildungsgang und
– mit einer *Konzentration auf einen Beruf* vom ersten Ausbildungsjahr an.

3. Ausbildungsjahr

2. Ausbildungsjahr

1. Ausbildungsjahr

Übersicht 12: Monoberufliches Ausbildungskonzept

Das monoberufliche Ausbildungskonzept zeichnet sich einerseits durch eine fördernde Kontinuität aus. Andererseits ist es starr. Es trägt weniger zur beruflichen Mobilität bei, indem z. B. zu Anfang der Berufsausbildung berufsfeldbreit und erst im zweiten und dritten Ausbildungsjahr speziell für einen Ausbildungsberuf ausgebildet wird. Die monoberufliche Ausbildung kann eine Regelform der beruflichen Ausbildung sein. Allerdings verändert sich diese Form mehr und mehr zu den anderen eingangs genannten Konzepten. Diese Entwicklung dürfte durch das Konzept der Stufenausbildung eingeleitet worden sein.

Stufenausbildung

Die Stufenausbildung, geregelt in § 26 des Berufsbildungsgesetzes von 1969, ist eine Reformmaßnahme der beruflichen Bildung, die wesentlich Anfang der siebziger Jahre eingesetzt hat. Übersicht 13 und 14 geben zwei Beispiele wieder In Übersicht 13 handelt es sich um die Stufenausbildung in der Bekleidungsindustrie. Es ist ein zweistufig-unverzweigtes Modell. Bereits nach dem zweiten Jahr der Berufsausbildung wird ein anerkannter Berufsausbildungsabschluss über eine Prüfung zum Modenäher erreicht. Darauf baut im dritten Jahr eine Ausbildung zum Modeschneider mit Abschlussprüfung auf.

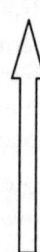

2. Stufe (1 Jahr)
Modeschneider / Modeschneiderin

1. Stufe (2 Jahre)
Modenäher / Modenäherin

Übersicht 13: Beispiel einer Stufenausbildung in der Bekleidungsindustrie (zweistufig-unverzweigt)

In Übersicht 14 ist das Konzept der Stufenausbildung aus der Bauwirtschaft wiedergegeben. Es ist ein dreistufig-verzweigtes Modell. Wer beispielsweise eine Berufsausbildung zum Zimmerer in der Bauwirtschaft durchläuft, nimmt dazu im ersten Ausbildungsjahr eine berufliche Grundbildung im Berufsfeld Bautechnik zusammen mit späteren Maurern oder Straßenbauern auf. Am Ende des ersten Jahres erfolgt die erste Zwischenprüfung ohne anerkannten Abschluss. Im zweiten Jahr erfolgt eine Spezialisierung zum Ausbaufacharbeiter, zusammen mit z. B. späteren Stukkateuren. Diese Ausbildung wird mit einer ersten anerkannten Abschlussprüfung abgeschlossen. Erst im dritten Ausbildungsjahr erfolgt die Spezialausbildung zum Zimmerer bis Trokkenbaumonteur, die auch mit einer Berufsabschlussprüfung endet.

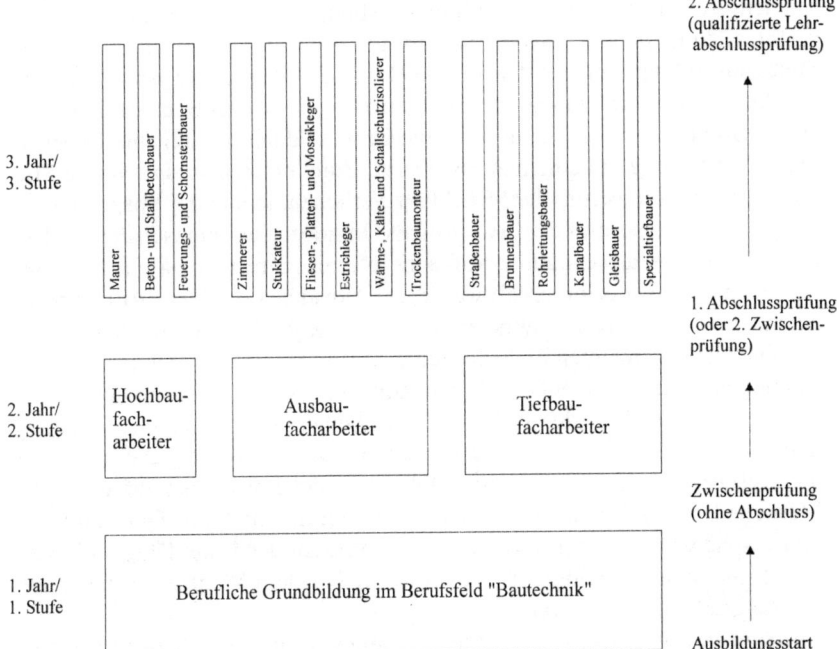

Übersicht 14: Beispiel einer Stufenausbildung aus der Bauwirtschaft

Der Stufenausbildung liegen verschiedene Kennzeichen zugrunde, die im Folgenden aufgelistet sind:

- Es handelt sich um einen *mehrfach gestuften* Ausbildungsgang. In den ersten Stufen, d. h. im ersten Ausbildungsjahr erfolgt eine berufliche Grundbildung auf Berufsfeldbreite. Sie ist Grundlage für eine weiterführende berufliche Fachbildung.

- In der 2. Stufe, d. h. im zweiten Ausbildungsjahr, erfolgt eine *allgemeine berufliche* Fachausbildung. Hier wird die Berufsausbildung für mehrere Fachrichtungen zusammengefasst fortgeführt.

- Auf den Stufen 1 und 2, also im ersten und zweiten Ausbildungsjahr, werden *Grundberufe* erlernt. Je nach Ausbildungsgang kann eine Abschlussprüfung bereits nach dem ersten Ausbildungsjahr bzw. wohl eher im Regelfall nach dem zweiten Jahr erfolgen. Die Prüfung befähigt zu einer Berufstätigkeit entsprechend dem erreichten Ausbildungsstand. Zugleich soll die Fortsetzung der Berufsausbildung auf weiteren Stufen möglich bleiben.

- In der 3. Stufe, also im dritten Jahr, wird ein *Aufbauberuf,* eine besondere berufliche Fachbildung durchgeführt. Hier sollen die zur Ausübung einer bestimmten qualifizierten Berufstätigkeit erforderlichen Kompetenzen vermittelt werden.

Mit dem Ausbildungskonzept der Stufenausbildung werden verschiedene *Ziele* verfolgt. Zum einen geht es darum, für den Ausbildungsbereich, in dem die Stufenausbildung eingeführt wird, die Berufsausbildung zu systematisieren. Die Ausbildung erfolgt möglichst trichterförmig wie in der Bauwirtschaft von einem Grundberuf, d. h. berufsfeldweite Grundbildung und allgemeine berufliche Fachbildung, zu einem Aufbauberuf. Zum anderen verspricht die Stufenausbildung die berufliche Mobilität zu erhöhen, indem der Spezialausbildung des Aufbauberufes der Erwerb eines Grundberufes vorgeschaltet ist. Der Grundberuf fasst artverwandte Aufbauberufe zusammen. So ist später im Berufsleben ein etwa erforderlich werdender Umstieg von einem Aufbauberuf zum anderen, z. B. vom Zimmerer zum Estrichleger, leichter möglich.

Die bisher genannten Ziele dürften unstrittig sein. Die folgenden Zielvorstellungen leiten schon auf die Problematik der Stufenausbildung über.

Zum einen soll mit der Stufenausbildung einer unterschiedlichen Eignung und Neigung der Auszubildenden Rechnung getragen werden. Dahinter steht die Auffassung, dass die Leistungsfähigkeit und Leistungsmotivation von Menschen, wie auch immer verursacht, unterschiedlich ist. Das heißt, die Auffassung wird vertreten, dass bestimmte Auszubildende nur fähig und / oder bereit sind, einen Grundberuf zu erlernen, z. B. allein Modenäher in der Bekleidungsindustrie zu werden.

Zum anderen gilt es, mit der Stufenausbildung eine differenzierte Bedarfsdeckung im Berufsnachwuchs sicherzustellen. Dahinter steht die Auffassung, dass unterschiedlich qualifizierte Fachkräfte innerhalb eines Berufsbereiches wünschenswert sind.

Die zwei zuletzt genannten Ziele führen unmittelbar zu den *Problemen der Stufenausbildung*. Das eine Problem besteht im Übergang vom Grundberuf zum Aufbauberuf. Der Übergang kann beschränkt werden, indem der Ausbildungsbetrieb von vornherein weniger Ausbildungsplätze für den Aufbauberuf als für den Grundberuf (oder die Grundberufe) zur Verfügung stellt. Nicht alle Auszubildende, die erfolgreich die Abschlussprüfung zum Grundberuf abgelegt haben, können dann den Aufbauberuf erlernen. Die Auswahl erfolgt nach dem Leistungsstand. Die Ausbildung in den Grundberufen oder im Grundberuf erfolgt unter hohem Leistungsdruck. Das Problem des Übergangs verschärft sich noch weiter, wenn der Ausbildungsbetrieb allein zum Grundberuf ausbildet, weil er aufgrund seiner sachlichen und personellen Ausstattung zu einem Aufbauberuf nicht ausbilden kann bzw. will. Der Auszubildende steht vor dem Problem, in einem anderen Betrieb einen Ausbildungsplatz für den Aufbauberuf zu finden. Zugleich kann sich aber auch ein Übergangsproblem dadurch ergeben, dass Auszubildende sich mit dem Erlernen eines Grundberufes zufrieden geben und ein Angebot zur Ausbildung für einen Aufbauberuf ausschlagen. Die Gründe können darin bestehen, dass sie ausbildungsmüde, sprich lernmüde sind bzw. kurzfristigem Denken folgend, den höheren Arbeitsverdienst suchen, indem sie die Ausbildung nicht weiter fortführen.

Der zweite Problembereich der Stufenausbildung besteht darin, dass bei alleiniger Ausbildung zu einem Grundberuf eine dequalifizierende Berufsausbildung vorliegt. Qualifizierend wäre, folgt man diesem Argument, allein eine dreijährige Berufsausbildung. Wer allein einen Grundberuf erlernt, ist heute den schnell wechselnden Berufsanforderungen weniger gewachsen und für den Arbeitsmarkt auch nicht hinreichend qualifiziert ausgebildet. Mit allein dem Erwerb eines Grundberufes wird ein erhöhtes Arbeitsmarktrisiko eingegangen. Dem ist entgegenzuhalten, dass Leistungsschwache mit einem Grundberuf einen anerkannten Berufsausbildungsabschluss erhalten. Ist man grundsätzlich gegen eine Berufsausbildung auf einem Niveau von Grundberufen, läuft man Gefahr, leistungsschwächere Auszubildende von einer anerkannten Berufsausbildung auszuschließen.

Eine Stufenausbildung ist unter folgenden Rahmenbedingungen zu befürworten:

– Man akzeptiert eine anthropologische Auffassung, dass zwischen Menschen Unterschiede in der Leistungsbereitschaft und Leistungsfähigkeit bestehen, wie immer sie auch bis zum Eintritt in die Berufsausbildung zustande gekommen sind. Mit anderen Worten, obgleich der Pädagoge stets bemüht und verpflichtet ist, „Allen alles zu lehren", akzeptiert man, dass es in der Berufsausbildung Grenzen geben kann, diesen Anspruch vollständig zu erfüllen.

– Der Übergang vom Grundberuf zum Aufbauberuf muss sichergestellt sein. Dies bedeutet, dass ein Auszubildender, der erfolgreich die Abschlussprüfung in einem Grundberuf abgelegt hat, auch uneingeschränkt die Möglichkeit hat, den Aufbauberuf zu erlernen.

Die Stufenausbildung ist eine Reformmaßnahme beruflicher Bildung, die besonders zu Anfang der siebziger Jahre eingeführt wurde. Sie dürfte sich für die Bauwirtschaft bewährt haben. Nahezu alle Auszubildenden erlernen einen Aufbauberuf. Dagegen wurde die Stufenausbildung in der industriellen Elektrotechnik 1987 mit der damals so bezeichneten Neuordnung der industriellen Elektro- und Metallberufe aufgehoben. Die Stufenausbildung führte hier zu Problemen des Übergangs. Daneben ließen wohl die Berufsanforderungen in der Elektrotechnik keine Stufenausbildung mehr zu, in der etwa allein zu einem Grundberuf ausgebildet wird.

Die Stufenausbildung hat keine breite Durchsetzung erfahren. Allerdings findet sich das Konzept der berufsfeldweiten Grundbildung im ersten Ausbildungsjahr und der noch fächerverbindenden Fachbildung im zweiten Jahr in dem grund- und fachberuflichen Ausbildungskonzept wieder.

Grund- und fachberufliches Ausbildungskonzept

In Übersicht 15 ist das Strukturschema eines grund- und fachberuflichen Ausbildungskonzeptes wiedergegeben. Im ersten Ausbildungsjahr, der Grundstufe, erfolgt eine berufliche Grundbildung auf Berufsfeldbreite. Die berufliche Fachbildung schließt sich im zweiten und dritten Ausbildungsjahr an. Die erste Fachstufe erfolgt im zweiten, die zweite Fachstufe im dritten Ausbildungsjahr. Eine Berufsabschlussprüfung wird nach der zweiten Fachstufe am Ende des dritten Ausbildungsjahres durchgeführt.

Die berufliche Fachbildung für einen Ausbildungsberuf kann hier in zwei Varianten durchgeführt werden. Die eine Variante, in Übersicht 15 mit Ausbildungsberuf A gekennzeichnet, besteht darin, dass die erste und zweite Fachstufe allein für einen Beruf durchgeführt wird. Die geläufigere Variante, in Übersicht 15 mit Ausbildungsberuf B, C, D, E gekennzeichnet, zeigt sich darin, dass die erste Fachstufe für mindestens drei Berufe noch gemeinsam erfolgt. Erst in der zweiten Fachstufe wird eine Aufgliederung in einen Ausbildungsberuf vorgenommen. Mit anderen Worten: Eine monoberufliche Ausbildung erfolgt erst im letzten Ausbildungsjahr. Ein Beispiel für eine Berufsausbildung nach der Variante B, C, D, E ist die Berufsausbildung im Gastgewerbe. Für die Ausbildung zum Restaurantfachmann, Hotelfachmann, Fachmann für Systemgastronomie oder Hotelkaufmann wird noch in der ersten Fachstufe eine gemeinsame Ausbildung durchgeführt. (Die Ausbildung zur Fachkraft im Gastgewerbe erfolgt zusammen mit dem Restaurantfachmann, Hotelfachmann, Fachmann für Systemgastronomie und Hotelkaumann endet aber nach dem zweiten Ausbildungsjahr mit der ersten Fachstufe.) Beim grund- und fachberuflichen Ausbildungskonzept kann der Unterschied zur Stufenausbildung in der Bauwirtschaft allein darin gesehen werden, dass eine Berufsausbildungsabschlussprüfung erst nach dem dritten Ausbildungsjahr erfolgt. Differenzierungen können beim grund- und fachberuflichen Ausbildungskonzept noch vorgenommen werden, wenn auf der 2. Fachstufe im 3. Ausbildungsjahr bei einem Ausbildungsberuf Fachrichtungen vorgesehen werden. Man spricht dann vom Fachrichtungsprinzip im Ausbildungsberuf oder vom Ausbildungsberuf mit Fachrichtungen.

Ein Kennzeichen ist für das grund- und fachberufliche Ausbildungskonzept besonders wesentlich: Die berufsfeldbreite Ausbildung, das heißt eine für mehrere Ausbildungsberufe gemeinsame Ausbildung setzt sich noch im zweiten Jahr in der ersten Fachstufe fort (vgl. die Ausbildungsvarianten B, C, D, E in Übersicht 15). Sieht man nun eine berufsfeldbreite Ausbildung als ein wesentliches Merkmal beruflicher Grundbildung an, wird deutlich, dass die Berufsgrundbildung auf die erste Fachstufe ausgedehnt ist. Überzeichnet ausgedrückt kann es heißen: Die berufliche Grundbildung umfasst die ersten zwei Jahre der Berufsausbildung. Die monoberufliche Ausbildung schließt sich erst im dritten Jahr in der zweiten Fachstufe an. Berufsausbildung wird zur Berufsgrundbildung. Es kommt zu einer Entspezialisierung der Berufsausbildung unter Beibehaltung des Berufsprinzips mit seiner Forderung nach Spezialisierung im dritten Jahr.

3.	Ausb. Beruf A	Ausb. Beruf B	Ausb. Beruf C	Ausb. Beruf D	Ausb. Beruf E
2.	Berufliche Fachbildung				
1.	Berufliche Grundbildung auf Berufsfeldbreite				

1. Jahr = Grundstufe   ➢ Grundbildung
2. Jahr = 1. Fachstufe
3. Jahr = 2. Fachstufe   ➢ Fachbildung

Übersicht 15: Grund- und fachberufliches Ausbildungskonzept

Ausbildungsberufe mit Schwerpunkten

Wie beim grund- und fachberuflichen Ausbildungskonzept erfolgen bei Ausbildungsberufen mit Schwerpunkten Spezialisierungen im Verlauf der Ausbildung. Allerdings wird hier von einem einheitlichen Berufsbild ausgegangen. Besonders im zweiten und dritten Ausbildungsjahr können die Auszubildenden aber einen Teil der Kompetenzen in unterschiedlichen Tätigkeitsfeldern und entsprechend unterschiedlichen Ausbildungsinhalten erwerben. So erfolgt z. B. die Ausbildung zum Pferdewirt in den Schwerpunkten: Pferdezucht und -haltung, Reiten, Rennreiten, Trabrennfahren.

Gestaltungsoffenes modernes Ausbildungskonzept

Mit den neuen Ausbildungsberufen der Informations- und Telekommunikationstechnik hat im Jahr 1997 ein qualitativer Sprung in der Entwicklung von Ausbildungsberufen eingesetzt. Es wurde ein neues Ausbildungskonzept entwickelt, von dem einzelne Strukturzüge in andere Ausbildungsbereiche übertragen werden. Es soll hier stellvertretend für andere erläutert werden.

Grundgedanke für ein gestaltungsoffenes modernes Ausbildungskonzept ist ein flexibilisiertes und modularisiertes Berufskonzept unter Beibehaltung eines mehrjährigen zeitlich zusammenhängenden Ausbildungsganges. Übersicht 16 gibt in zwei Struktogrammen die Kennzeichen eines solchen Ausbildungskonzeptes am Beispiel der IT-Berufe wieder. Folgende Punkte sind hervorzuheben:

– Die Ausbildung erfolgt nach Kernqualifikationen und Fachqualifikationen. Die Kernqualifikationen verknüpfen Inhalte der Elektro- und Informationstechnik mit der Betriebswirtschaft, sind für alle Berufe gleich und umfassen rund die Hälfte der Ausbildung. Eine Differenzierung erfolgt nach profilprägenden Fachqualifikationen.

– Die Kernqualifikationen werden integrativ mit den berufsspezifischen Fachqualifikationen über die gesamte Ausbildungszeit vermittelt. Eine lineare Abfolge von Grund- und Fachbildung wie etwa beim grund- und fachberuflichen Ausbildungskonzept nach additivem Vorgehen ist nicht mehr vorgesehen.

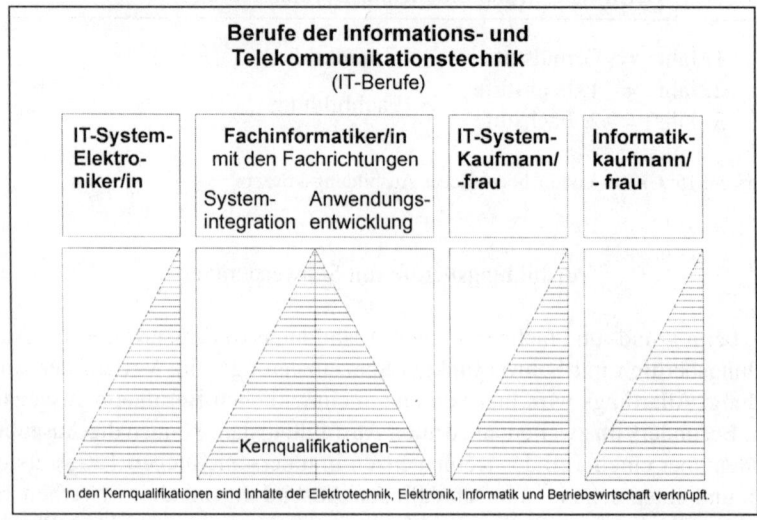

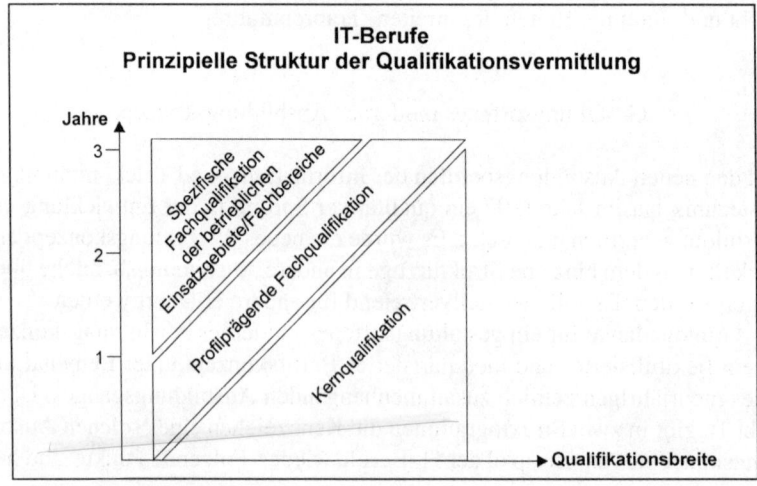

Übersicht 16: Kennzeichen der Ausbildungsberufe in der IT-Technik nach einem gestaltungs-offenen modernen Ausbildungskonzept (Müller, 1997, S. 9, 15)

– Vom Ausbildungsbetrieb wählbare Einsatzgebiete / Fachbereiche lassen betriebsspezifische, individuelle Ausgestaltungen der Vertiefung der erworbenen Kern- und Fachqualifikationen zu.
– Die Ausbildung wird prozess- und kundenorientiert durchgeführt. Nicht die funktionsorientierte, an der Arbeitsteilung ausgerichtete Qualifikationsvermittlung sondern die an realen ganzheitlichen Arbeitsprozessen und Projekten orientierte Kompetenzvermittlung steht im Vordergrund. Die Beherrschung kompletter betrieblicher Geschäftsabläufe soll erlernt werden.
– Die Ausbildungsziele in den Ausbildungsordnungen sind technikoffen und verfahrensneutral beschrieben (z. B.: Hardware und Betriebssystem installieren und konfigurieren).

Das gestaltungsoffene moderne Ausbildungskonzept kann eine dynamische Entwicklung für eine Berufsausbildung auffangen. Mit diesem Ausbildungskonzept ist viel Bewegung in die Berufsausbildung in Betrieb und Berufsschule gekommen. Es öffnet auch einen Weg in die Weiterbildung. Auf Grundzüge einer beruflichen Weiterbildung wird im Anschluss an eine Zusammenfassung eingegangen.

Zusammenfassung

Ausbildungsordnungen können monoberuflich angelegt, nach einer Stufenausbildung aufgebaut, nach Schwerpunktbildungen geordnet, bzw. gestaltungsoffen modern ausgerichtet sein.

Die monoberufliche Ausbildung erfolgt ungestuft, einheitlich und vom ersten Ausbildungsjahr an in Konzentration auf einen Beruf hin. Das Konzept ist starr, zeichnet sich andererseits aber durch eine fördernde Kontinuität aus.

Bei der Stufenausbildung handelt es sich um einen mehrfach gestuften Ausbildungsgang. Im ersten Ausbildungsjahr (1. Stufe) kann eine berufliche Grundbildung auf Berufsfeldbreite erfolgen. Im zweiten Jahr (2. Stufe) schließt sich eine allgemeine berufliche Fachausbildung an. Auf den Stufen 1 und 2 werden Grundberufe mit Abschlussprüfung erlernt. Im dritten Jahr (3. Stufe) wird in einer besonderen beruflichen Fachbildung ein Aufbauberuf erworben.

Die Stufenausbildung systematisiert die Berufsausbildung für den Ausbildungsbereich, in dem sie eingeführt wird. Zugleich verspricht die Stufenausbildung, die berufliche Mobilität zu erhöhen. Problematisch sind die folgenden zwei Ziele: (1) Die Stufenausbildung soll einer unterschiedlichen Eignung und Neigung der Auszubildenden Rechnung tragen. (2) Daneben soll mit dieser Form der Ausbildung eine differenzierte Bedarfsdeckung im Berufsnachwuchs sichergestellt werden. Probleme der Stufenausbildung bestehen zum einen im Übergang vom Grundberuf zum Aufbauberuf sowie zum anderen in der Möglichkeit, dass bei alleiniger Ausbildung zu einem Grundberuf eine dequalifizierende Berufsausbildung erfolgt.

Die Stufenausbildung hat keine breite Durchsetzung erfahren. Allerdings finden sich Grundgedanken der Stufenausbildung im grund- und fachberuflichen Ausbildungskonzept wieder. Bei letzterer erfolgt im ersten Ausbildungsjahr eine berufliche Grundbildung auf Berufsfeldbreite (Grundstufe). Es schließt sich die Fachstufe im zweiten und dritten Ausbildungsjahr an (erste und zweite Fachstufe). In der ersten Fachstufe kann eine für mehrere Ausbildungsgänge gemeinsame Fachbildung erfolgen. Eine Berufsabschlussprüfung wird nach der zweiten Fachstufe durchgeführt.

Bei Ausbildungsberufen mit Schwerpunkten wird von einem einheitlichen Berufsbild ausgegangen. Im Verlauf der Ausbildung kann ein Teil der Kompetenzen in unterschiedlichen Tätigkeitsfeldern und entsprechenden unterschiedlichen Ausbildungsinhalten erworben werden.

Das gestaltungsoffene moderne Ausbildungskonzept ist flexibel und modular angelegt. Am Beispiel der Berufe der Informations- und Telekommunikationstechnik (IT) gelten folgende Kennzeichen: Es sind kern- und profilprägende Fachqualifikationen vorgesehen, die integrativ vermittelt werden. Spezifische Fachqualifikationen lassen sich vom Betrieb über auswählbare Einsatzgebiete / Fachbereiche vermitteln. Die Ausbildung erfolgt prozess- und kundenorientiert. Die Ausbildungsziele sind technikoffen und verfahrensneutral gehalten.

Wichtige Begriffe und Konzepte

Monoberufliches Ausbildungskonzept

Stufenausbildung
- Kennzeichen
- Ziele
- Probleme

Grund- und fachberufliches Ausbildungskonzept
- Aufbau
- Bedeutung

Ausbildungsberufe mit Schwerpunkten

Gestaltungsoffenes modernes Ausbildungskonzept
- Kennzeichen, Strukturmerkmale der IT-Berufe

Studienliteratur (Auswahlliteratur)

Bundesministerium für Bildung und Forschung (Hrsg.): Berufsbildungsbericht 2003, Bonn 2003 (und fortlaufende jährliche Aktualisierungen)
Kap. 3.1: Ausbildungsordnungen
Kap. 3.2: Ausbildungsgestaltung
Lennartz, D.: Neue Strukturmodelle für berufliches Aus- und Weiterbilden, in: Berufsbildung in Wissenschaft und Praxis, 26 (1997) 6, S. 13 – 19
Lennartz, D.: Dynamisierung des Strukturwandels – Konsequenzen für die Berufsausbildung, in: Die berufsbildende Schule, 50 (1998) 1, S. 11 – 19
Müller, Kh.: Die neuen Ausbildungsberufe der Informations- und Telekommunikationstechnik (IT-Berufe), Köln: Deutscher Instituts-Verlag 1997

B.4 GRUNDZÜGE DER BERUFLICHEN WEITERBILDUNG

Die Weiterbildung zählt zum sogenannten quartären (vierten) Bildungssektor. Man rechnet diesen Bildungssektor zum quartären Bereich, da man den Bildungssektor der Grundschule als primär, den Sektor des allgemeinbildenden und beruflichen Schulwesens in den Jahrgangsklassen 5 bis 13 als sekundär und insbesondere den des Hochschulwesens als tertiär bezeichnet. Die weiterführenden beruflichen Vollzeitschulen wie Fachschulen für Technik oder Meisterschulen, die nach einer Berufstätigkeit besucht werden, sollen hier dem quartären Bildungssektor zugerechnet werden.

Zur Weiterbildung zählt eine berufliche Weiterbildung sowie eine nichtberufliche Weiterbildung (Übersicht 17). Letztere wird zuweilen auch als freie Weiterbildung bezeichnet. Die nichtberufliche Weiterbildung bezieht sich auf eine allgemeine Weiterbildung (z. B. Literatur- oder Fremdsprachenkurse) und eine politische Weiterbildung. Beide Bereiche können eine Erwachsenenbildung im engeren Sinne ausmachen. In einem weiteren Sinne bezieht sich Erwachsenenbildung heute aber gerade auch auf die berufliche Weiterbildung.

Eine Unterscheidung zwischen allgemeiner Weiterbildung und beruflicher Weiterbildung ist nur als ein erster Ordnungsversuch anzusehen. Scharfe Abgrenzungen sind nicht möglich. So wird ein Betrieb einen Fremdsprachenkurs, den er anbietet und durchführt, als berufliche Weiterbildung ansehen. Eine Volkshochschule etwa wird einen solchen Kurs unter allgemeine Weiterbildung ansiedeln.

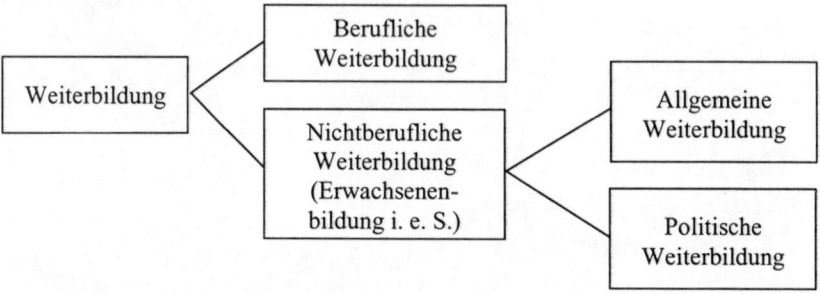

Übersicht 17: Formen der Weiterbildung

Die berufliche Weiterbildung bezeichnet alle Formen der Fortsetzung oder Wiederaufnahme organisierten arbeits- und berufsbezogenen Lernens nach Abschluss einer unterschiedlich ausgedehnten ersten Berufsbildungsphase und in der Regel nach Aufnahme einer Berufstätigkeit.

Die berufliche Weiterbildung gliedert sich in eine Fortbildung, Umschulung und Einarbeitung (Übersicht 18). Bei der Fortbildung ist eine Anpassungsfortbildung von einer Aufstiegsfortbildung zu unterscheiden. Im Rahmen der Anpassungsfortbildung geht es darum, die beruflichen Kenntnisse und Fertigkeiten zu erhalten, zu erweitern bzw. der technisch-produktiven und ökonomischen Entwicklung anzupassen. Wenn für eine Software eine wesentlich veränderte, neue Version in einem Betrieb eingeführt wird und hierzu ein Schulungskurs von einem Mitarbeiter besucht wird, zählt dies zur Anpassungsfortbildung.

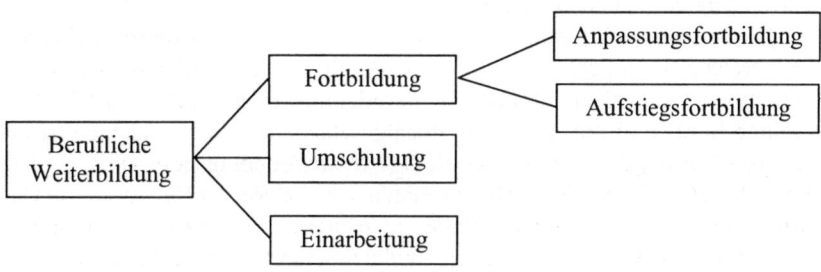

Übersicht 18: Formen der beruflichen Weiterbildung

Bei der Aufstiegsfortbildung geht es darum, dass die Teilnehmer nach Durchlauf entsprechender Bildungsmaßnahmen, wie das Wort sagt, beruflich aufsteigen. Aufstiegsfortbildung ist in der Regel streng formal durchstrukturiert, indem bestimmte Eingangsqualifikationen verlangt werden. Ein fest umrissener, zeitlich längerfristiger Bildungsgang, der mit einer Abschlussprüfung endet, wird absolviert. Der Abschluss wird zertifiziert und weist die berufliche Höherqualifikation aus. Die Aufstiegsfortbildung kann zu anerkannten Fortbildungsberufen führen, z. B. zum staatlich geprüften Techniker in einer Fachschule für Technik, zu einem Meister etwa in einer Meisterschule in Bayern, zu einem Fachwirt oder zu einer Sekretärin in Fortbildungskursen der Kammern. Zugleich sind bei der Aufstiegsfortbildung betriebs- und branchen-interne Kurse möglich, soweit sie zu formalen Abschlüssen führen. Zu nennen wären hier etwa die verschiedenen REFA-Kurse des REFA-Verbandes für Arbeitsgestaltung, Betriebsorganisation und Unternehmensentwicklung, die z. B. zu einem Abschluss „REFA-Prozessorganisator" führen können und für einen Facharbeiter einen beruflichen Aufstieg bedeuten. Ein weiteres Beispiel wäre die Fortbildung vom Facharbeiter zum betriebsinternen Meister.

Die Umschulung zielt auf einen Übergang in eine andere geeignete berufliche Tätigkeit ab, indem ein neuer Beruf erlernt wird. Dies wird z. B. erforderlich, wenn die bisherigen Berufsqualifikationen nicht mehr auf dem Arbeitsmarkt gefragt sind und damit neue Berufsqualifikationen erworben werden müssen. Die Umschulung kann sich an Arbeitslose richten, die einen neuen, auf dem Arbeitsmarkt gefragten Beruf erlernen. Zugleich kann die Umschulung in die berufliche Rehabilitation eingreifen, indem infolge eines Arbeitsunfalls ein gänzlich neuer Beruf erlernt werden muss. Letzteres liegt z.

B. vor, wenn ein Dachdecker einen Unfall erlitten hat, der zur Folge hat, dass die Höhensicherheit nicht mehr gegeben ist. Es würde dann eine Umschulung z. B. auf einen kaufmännisch-verwaltenden Beruf erfolgen.

Bei der Einarbeitung geht es um Maßnahmen zur Qualifizierung von Beschäftigten, die auf einem neuen Arbeitsplatz nicht von Anfang an ihre volle Leistung erbringen können. Das Einarbeitungsprogramm muss die übliche Einweisung am Arbeitsplatz übersteigen.

Die berufliche Weiterbildung gliedert sich, modellhaft vereinfacht, in drei Teilbereiche (Übersicht 19, im folgenden nach Sauter 1989, modifiziert). (1) Zum einen zählt zur beruflichen Weiterbildung der durch das SGB III bestimmte Bereich (drittes Buch des Sozialgesetzbuches; durch das Arbeitsförderungs-Reformgesetz wurde das AFG (Arbeitsförderungsgesetz) am 1.1.98 durch das SGB III abgelöst). Hierzu zählen u. a. die von der Bundesanstalt für Arbeit über die Arbeitsämter geförderten Weiterbildungsmaßnahmen, insbesondere die für Arbeitslose. (2) Zum anderen gehört zur beruflichen Weiterbildung die betriebliche Weiterbildung. Betriebe führen für ihre Mitarbeiter Weiterbildung selbst durch oder sie betrauen außerbetriebliche Einrichtungen damit. (3) Zum dritten rechnet zur beruflichen Weiterbildung die individuelle Weiterbildung. Diese führen Einzelpersonen ohne institutionelle Abhängigkeiten durch. Aus den drei Teilbereichen ergeben sich vier Überschneidungsfelder A bis D in jeweils eigenen Ausformungen (siehe Erläuterungen in Übersicht 19).

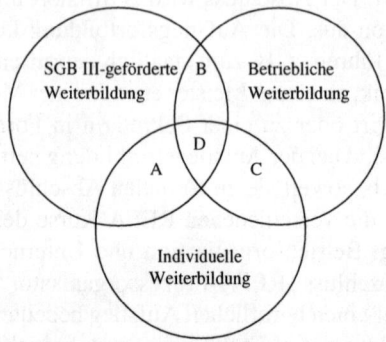

A – Aufstiegsfortbildung, eigeninitiativ, SGB III-teilfinanziert (freie Maßnahmen)

B – SGB III-finanzierte Bildungsmaßnahmen (insbesondere für Arbeitslose), die von Betrieben durchgeführt werden (Auftragsmaßnahmen)

C – Individuelle Weiterbildung (eigeninitiativ, außerhalb der Arbeitszeit) im betrieblichen Interesse liegend

D – Individuelle Weiterbildung, im betrieblichen Interesse, vom SGB III finanziert bzw. teilfinanziert

Übersicht 19: Teilbereiche der beruflichen Weiterbildung und Überschneidungsfelder, SGB III = Drittes Buch des Sozialgesetzbuches (nach Sauter 1989 modifiziert, S. 5).

Inhaltlich kann bei der beruflichen Weiterbildung zwischen sog. harter und weicher Weiterbildung unterschieden werden. Zur harten Weiterbildung zählen alle Bildungsmaßnahmen zur Bewältigung des technisch-produktiven und ökonomischen Wandels. Beispiele wären hier Kurse zur Informations- und Kommunikationstechnik, Lehrgänge zur Einführung neuer technischer Systeme, Fachtrainingsprogramme oder auch technik- und ökonomikspezifische Fremdsprachenkurse. Die weiche Weiterbildung sucht die sozialen Prozesse im Berufs- und Arbeitsleben zu effektivieren. Dazu rechnen zum einen die vielzähligen sozialen Trainings- und Technikseminare, wie z. B. Verkaufstraining, Konfliktlösungstraining, Kundenberatungstraining, Konferenztechniken, Gesprächstechniken, Lehrtechniken, Präsentationstechniken, Moderationstechniken, Problemlösetechniken. Neben diesen Seminaren wäre zur weichen Weiterbildung zum anderen noch die Beratung zur Rationalisierung sozialer Prozesse zu nennen, wie z. B. Einzelberatung, Teamberatung, Organisationsberatung, Coaching, Führungsberatung. Beratung erfolgt individuell und direkt am Arbeitsplatz, vermittelt Selbsthilfe, ist bedürfnis- und handlungsorientiert. Die Stärke eines Berufspädagogen liegt darin, dass er über eine Kompetenz in der harten Weiterbildung verfügt und einen Zugang zur weichen Weiterbildung hat.

In der beruflichen Weiterbildungspolitik ist zwischen kurativen (nachsorgenden, pflegenden) und präventiven (vorbeugenden, verhütenden) Maßnahmen zu unterscheiden.

Wenn etwa Arbeitslose durch das Arbeitsamt gefördert weitergebildet werden, z. B. Kurse des REFA-Verbandes für Arbeitsgestaltung, Betriebsorganisation und Unternehmensentwicklung besuchen, erfüllt dies kurative Aufgaben: Die Wiedereingliederung in eine Berufstätigkeit soll gefördert werden. Mit anderen Worten: Kurativ heißt, wenn sich die durch das Arbeitsamt geförderte Weiterbildung in erster Linie auf die Reintegration der Arbeitslosen in die Berufstätigkeit bezieht.

Die betriebliche und die individuelle Weiterbildung dienen eher präventiven Aufgaben. Arbeitslosigkeit soll gar nicht erst entstehen, indem durch Weiterbildung Kompetenzen erhalten, erweitert bzw. der technisch-produktiven und ökonomischen Entwicklung angepasst werden. Ziel der beruflichen Weiterbildungspolitik muss es sein, präventiv zu wirken.

Nach dieser Begriffsbestimmung soll es im Folgenden darum gehen, Entwicklungslinien für bzw. Anforderungen an die berufliche Weiterbildung zu erörtern. Letztere ergeben sich aus Rahmenbedingungen, unter denen die berufliche Weiterbildung steht. In den achtziger Jahren des letzten Jahrhunderts zieht die Informations- und Kommunikationstechnik in die Arbeitswelt ein. Sie führt in Ansätzen zu einer rechnergestützten Facharbeit und begünstigt ein eher ganzheitliches Arbeiten. Elemente einer selbständigen Planung und Kontrolle können zur Arbeitsausführung hinzutreten. Damit verwoben ist seit den neunziger Jahren im Zuge der Globalisierung und eines internationalen Wettbewerbsmarktes eine Rationalisierungswelle. Sie kann auf eine Abkehr bzw. Milderung streng arbeitsteiliger , d. h. tayloristischen Arbeitsorganisation setzen. Es kann zu einer mehr ganzheitlichen Arbeitsweise kommen, bei der Kopf- und Handarbeit integriert werden. Im industriellen Arbeitsbereich kann dies bedeuten: Kopfarbeit bei Planung und Vorbereitung sowie Inspektions- und Kontrolltätigkeiten werden mit Handarbeit bei der Ausführung zu einer Aufgabe zusammengeführt. Unter Verdichtung von Arbeit bei gleichzeitiger Personalreduzierung mögen schlanke oder auch sog. lernende Organisationen entstehen mit Merkmalen wie produktionsgerechte Konstruktion, flexible Automatisierung, flache Hierarchien, teamorientierte Betriebsorganisation. Es kann sich ein Wandel von der funktions- / berufsorientierten zu einer prozessorientierten Arbeitsorganisation vollziehen. Diese Entwicklungen sind verbunden mit einem schneller werdenden Vorgang der Wissenserneuerung und einem immer häufigeren Wechsel von Tätigkeit, Arbeitsplatz und Beruf. Aus diesen Rahmenbedingungen heraus werden für die berufliche Weiterbildung folgende Entwicklungslinien gesehen:

(1) Die Bedeutung der beruflichen Weiterbildung nimmt zu.

In einem hohen Ausmaß werden heute lebensbegleitende Qualifizierungen erforderlich. Nach einer Berufsausbildung müssen verstärkt Bildungsmaßnahmen durchgeführt werden, um den Anforderungen des raschen Wandels in Bezug auf veränderte Inhalte sowie Arbeits- und Organisationskonzepte begegnen zu können. Es gelingt heute und voraussichtlich auch in Zukunft immer weniger, im Rahmen einer Berufsausbildung für ein ganzes Berufsleben hinreichend zu bilden.

Nicht nur eine Nachqualifizierung sondern auch der Erwerb eines speziellen beruflichen Fachwissens und Fachkönnens verlagert sich immer mehr von der Erstausbildung in den Bereich der betrieblichen und außerbetrieblichen Fortbildung. Dies ergibt die zweite Entwicklungslinie:

(2) Berufliche Erstausbildung wird immer mehr zur Grundlagenbildung.

Aufgrund eines schnellen Wandels erscheint es nicht sinnvoll, spezifische Kenntnisse und Fertigkeiten, z. B. den Umgang mit bestimmten Systemen oder Gerätetypen, verstärkt in einer Berufsausbildung zu erwerben. Zwischen dem Zeitpunkt der Ausbildung und dem der Anwendung spezifischer Kenntnisse und Fertigkeiten nach der Berufsausbildung kann ein Teil dieser speziellen Kenntnisse und Fertigkeiten bereits wieder veraltet sein. Ein Lernen auf Vorrat von Spezialkenntnissen erscheint nicht mehr ausbildungsökonomisch. Aufgabe der Berufsausbildung wird es verstärkt, eine Grundlagenbildung zu betreiben. Die Grundlagenbildung (erstes Ausbildungsjahr) reicht dann in eine berufliche Fachbildung mit hinein (zweites Ausbildungsjahr). Dies führt zu einer Fach-Grundbildung, die für artverwandte Berufe möglichst gleich ist und die Zeit für eine berufliche Spezialisierung verhältnismäßig kurz hält. Bei modernen, gestaltungsoffenen Ausbildungsordnungen (vgl. Kap. B.3) können Kernqualifikation integriert mit Fachqualifikationen über alle drei Ausbildungsjahre vermittelt werden.

Der Wandel der Berufsausbildung zur Grundlagenbildung erschwert die Bildungsarbeit in Berufsschule und Betrieb. Leichter ist die Vermittlung anwendungsbezogener Spezialkenntnisse, z. B. Kenntnisse bestimmter System- oder Geräteeigenschaften, bei der eine Anschauung in den Vordergrund treten kann. Dies wird aber eher zum Gegenstand der Weiterbildung werden.

Soweit sich die Erarbeitung eines arbeitsplatzorientierten speziellen Wissens und Könnens in die Weiterbildung verlagert und die berufliche Bildung mehr zu einem lebensbegleitenden Prozess wird, ergibt sich eine dritte Entwicklungslinie bzw. Anforderung:

(3) Erstausbildung und Weiterbildung bedürfen der Verzahnung.

Eine berufliche Ausbildung ist inhaltlich auf eine sich in die Weiterbildung fortsetzende Fachbildung abzustimmen. Die Qualifizierungsprogramme der Weiterbildung müssen auf die verstärkte Grundlagenbildung der Erstausbildung aufbauen. Umgekehrt muss aus den Qualifizierungsprogrammen der Weiterbildung abgeleitet werden, welche grundlegenden Voraussetzungen in der Berufsausbildung angelegt sein müssen.

Neben dieser mehr inhaltlichen Verzahnung wird es auch darum gehen, eine organisatorische Verbindung zwischen Erstausbildung und Weiterbildung herzustellen. Wer in der Erstausbildung lehrt, muss auch in der Weiterbildung lehren. Dies heißt, dass Berufsschulen an der Weiterbildung und hier insbesondere an der Anpassungsfortbildung beteiligt werden (vgl. zu dieser Kontroverse Kap. B.5).

Die Bildungsanforderungen, die gerade auf die Weiterbildung zukommen, werden sich nun eher mit Befähigungen bewältigen lassen, die als Schlüsselqualifikationen und Kompetenzen bezeichnet werden. Hier gilt:

(4) Die Bedeutung der Schlüsselqualifikationen und Kompetenzen nimmt zu.

Schlüsselqualifikationen sind insbesondere berufsübergreifende bzw. überfachliche Befähigungen. Zu solchen Befähigungen zählen z. B. häufig genannt und in alphabetischer Reihenfolge: Denken in Zusammenhängen, Flexibilität, Kommunikationsfähigkeit, Kreativität, Problemlösefähigkeit, Selbstständigkeit, Transferfähigkeit, Zuverlässigkeit. Aus den Schlüsselqualifikationen erwachsen Kompetenzen, die ein Mitarbeiter in seine Arbeit einbringt. Kompetenzen unterteilen sich in eine Fach- und Methoden-, Personal- und Sozialkompetenz (näher Kap. C.3). Schlüsselqualifikationen und Kompetenzen sind ein Instrument zur selbsttätigen Bewältigung der auf einen Mitarbeiter rasch zukommenden wechselnden Bildungsinhalte aufgrund eines schnellen Wandels. Schlüsselqualifikationen und Kompetenzen müssen bereits in der Berufsausbildung erworben werden. Sie eröffnen eine inhaltliche und denkmethodische Erschließungsfähigkeit, wie sie im Zuge eines lebensbegleitenden Lernens erforderlich ist. Die Pädagogik in Schule und Betrieb geht neue Wege, um Schlüsselqualifikationen und Kompetenzen bei den Lernenden zu fördern.

Unabhängig von neuen Wegen in der beruflichen Bildung gilt:

(5) Die Bedeutung des E-Learning wächst.

Eine zunehmende Verwendung von E-Learning Angeboten ist zu beobachten. Der Begriff des E-Learning (Electronic-Learning) steht für alle Formen eines durch einen Computer unterstützten Lernens mit entsprechenden multimedialen Programmen und dem Datenaustausch über entsprechende Datennetze. Insbesondere soll das computerunterstützte Lernen ein individuelles Lernen in der Anpassungsfortbildung am Arbeitsplatzrechner eines Mitarbeiters erlauben. Die Nutzung dieser neuen Lernmöglichkeiten ist verwoben mit dem folgenden Trend in der beruflichen Weiterbildung:

(6) Das Lernen im Prozess der Arbeit nimmt zu.

Arbeitsintegrierte Formen der Weiterbildung werden zunehmend bevorzugt, bei denen ein Lernen am Arbeitsplatz selbstorganisiert im Vordergrund steht. Weiterbildung wird zum integralen Bestandteil der Arbeitspraxis. Der Transfer des Gelernten in die eigene Arbeitsumgebung soll gelingen. Problemlöse- und Qualifizierungsworkshops werden von Betriebsabteilungen angefordert und vor Ort durchgeführt. Betriebliche Weiterbildner haben die Aufgabe, eine individuelle, maßgeschneiderte Weiterbildungsberatung am Arbeitsplatz vorzunehmen. Weiterbildung verlagert sich hier in die Arbeitstätigkeit und an den Arbeitsplatz des Mitarbeiters und dürfte neben einer Kostensenkung auch zu einer Verdichtung von Arbeit führen. Arbeit und Lernen sind nicht mehr getrennt.

Im letzten Punkt zeigen sich Entwicklungsstränge, die bildungspolitisch zu einem Streitfall führen.

(7) Die Kontroverse: Eine staatliche Rahmenvorschrift für den Bereich der Weiterbildung

Die berufliche Weiterbildung ist sozial selektiv. Zu den Weiterbildungsteilnehmern betrieblicher Weiterbildung zählen zumeist Mitarbeiter, die bereits höher qualifiziert sind. Sie zählen aufgrund ihrer Vorbildung bereits zu den Bildungs- und Qualifizierungsgewinnern. Inwieweit hier der Trend zu arbeitsintegrierten Formen der Weiterbildung entgegenwirken kann, ist nicht absehbar.

Wenn im Zuge der schnellen Veränderungsrate des Wissens bei einem lebensbegleitenden Lernen Berufskarrieren über die betriebliche Weiterbildung entschieden werden, dürfte die Forderung nach öffentlicher Kontrolle berechtigt sein.

So wie es für die berufliche Erstausbildung ein staatlich kontrolliertes Marktmodell gibt, wäre ein gleiches Modell für die Weiterbildung denkbar. Mit dem Berufsbildungsgesetz ist der beruflichen Erstausbildung vom Staat her eine Rahmenvorschrift vorgegeben. Ein ähnliches Gesetz, beispielsweise ein Bundesweiterbildungsgesetz, für die berufliche Fortbildung existiert nicht. Auf dem Feld der Weiterbildung wird unkontrolliert und ungesteuert Bildung angeboten und durchgeführt. Mindestqualitätsstandards in Bezug auf Inhalt von Weiterbildungskursen und Qualifikation des Lehrpersonals in der Weiterbildung sind gesetzlich nicht festgelegt. Man kann von einem Wildwuchs auf dem Weiterbildungssektor sprechen, der einer Regelung bedarf.

Strittig ist, ob ein Bundesweiterbildungsgesetz die Flexibilität beeinträchtigen würde, die im Zuge des raschen Wandels von Qualifizierungsmaßnahmen in der Weiterbildung zu fordern ist. Auch gegenüber einer zunehmenden Verstaatlichung und Verbürokratisierung der betrieblichen Weiterbildung werden Bedenken erhoben. Dem steht gegenüber, dass in einer Demokratie Chancen, die zukünftig zunehmend über die Weiterbildung bestimmt werden, geregelt verteilt werden.

Aus den Ausführungen zu den Punkten 1 bis 7 ist deutlich geworden, welche Bedeutung die Weiterbildung erhält und welche vielfältigen Entwicklungen in der Weiterbildung zu erwarten sind. Die Weiterbildung hat es mit Erwachsenen als Lernenden zu tun, die eigene Lernschwierigkeiten in den Unterricht mitbringen. Im Folgenden sollen diese Schwierigkeiten angerissen werden. Dabei wird eine bereits ältere Untersuchung herangezogen, die aber grundlegend Schwierigkeiten für berufstätige Lernende aufzeigt. Nach Hinweis auf didaktische Konsequenzen werden abschließend Einschätzungen zum Lernverhalten Erwachsener versuchsweise vorgenommen.

Lernschwierigkeiten von Erwachsenen

In der beruflichen Weiterbildung treten bei Erwachsenen einer Untersuchung von Stentzel (1986) nach die folgenden zehn Lernschwierigkeiten am häufigsten auf (Reihenfolge nach Häufigkeit, Befragung von Teilnehmern von Meisterkursen):

(1) Lernzeit einteilen: Schwierigkeiten, die zum Lernen zu Hause erforderliche Zeit (einschließlich Pausenhäufigkeit und -länge) vorauszuplanen und einteilen zu können (instrumental).
(2) Kontinuierliche Arbeitshaltung beibehalten (affektiv).
(3) Informationen mit eigenen Worten wiedergeben können (kognitiv).
(4) Prüfungsschwierigkeiten (instrumental)
(5) Informationen behalten können (kognitiv).
(6) Interesse aufrechterhalten können (affektiv).
(7) Informationen selbstständig sammeln können: Schwierigkeiten, zu den im Kurs erhaltenen Informationen noch weitere Informationen selbst-

ständig zu sammeln, z. B. richtige Literatur bzw. Textstellen zu finden (instrumental).

(8) Informationen auf Praxis übertragen bzw. anwenden zu können (kognitiv).

(9) Zusammenhänge aufdecken können (kognitiv).

(10) Schwierigkeiten mit der Konzentration und grundlegenden Arbeitstechniken: Schwierigkeiten genau zuzuschauen, zuzuhören und mitzuschreiben (instrumental).

Es zeigt sich, dass gerade instrumentale Schwierigkeiten neben kognitiven (verstandesmäßigen) und affektiven (haltungsmäßigen: werthaltungs-, verantwortungsmäßigen) Schwierigkeiten auftreten. Instrumentale Fähigkeiten beziehen sich auf geistige Arbeitstechniken wie Informationen sammeln, ordnen, aufbereiten (vgl. auch die methodisch formale Bildung in Übersicht 10, Kap. A.2).

Die zehn am häufigsten genannten Ursachen und Einflussbereiche für die Lernschwierigkeiten sind nun in der Reihenfolge ihrer Häufigkeit:

(1) Zu wenig Freizeit, in der gelernt werden kann (privat).

(2) Zu große Stofffülle (kursbedingt)

(3) Zu wenig Wiederholungen (kursbedingt)

(4) Belastungen durch Berufsausübung: Schicht-, Akkordarbeit, keine Freistellung für den Kurs, zu große Belastungen durch selbstständige Berufsausübung usw. (privat)

(5) Weit zurückliegender Schulbesuch (personal)

(6) Fehlende fachtheoretische Vorkenntnisse (personal)

(7) Schwierigkeiten bei bestimmten Lernanforderungen: Schon immer bestehende Schwierigkeiten in bestimmten Lernanforderungen (Konzentration, Ausdauer, Gedächtnis, etc.), die sich schon früher (Schule, Berufsausbildung usw.) bemerkbar gemacht haben (personal).

(8) Zu hohes Unterrichtstempo (kursbedingt)

(9) Zu lange Unterrichtseinheiten (kursbedingt)

(10) Fehlende allgemeinbildende Vorkenntnisse (personal)

Es wird deutlich, dass neben den zu erwartenden kursbedingten Ursachen und Einflussbereichen für Lernschwierigkeiten besonders personale und private Ursachen und Einflussbereiche auftreten. Erkennbar ist ein grundlegendes Problem beruflicher Weiterbildung: Eine überaus starke Stoff- und Zeitverdichtung eines Kurses in konzentrierter Lernorganisation geht einher mit einer vernachlässigten geistigen Fähigkeits- und Kräftebildung lernentwöhnter Erwachsener, die privat nicht hinreichend entlastet sind.

Die Konsequenzen aus den Lernschwierigkeiten Erwachsener in der beruflichen Weiterbildung sind äußerer und innerer Art. Äußerer Art heißt, dass eine stofflich entlastete und zeitlich verteilte Lernorganisation zu fordern ist. Zugleich sind Vorkurse einzurichten, in denen Vorkenntnisse wieder aufgefrisch und besonders das Lernen des Lernens erworben werden. Innerer Art heißt, dass in der beruflichen Weiterbildung für Erwachsene in einem besonderen Maße die Grundsätze guten Unterrichts berücksichtigt werden müssen. In Übersicht 20 sind beispielhaft solche Grundsätze wiedergegeben.

Die in Übersicht 20 genannten allgemeinen Unterrichtsgrundsätze gelten nicht nur für den Unterricht in der beruflichen Weiterbildung. Die Grundsätze müssen generell auch für jeden Unterricht gefordert werden. Statt von Unterrichtsgrundsätzen kann erweitert auch von Prinzipien der Gestaltung von gutem Unterricht gesprochen werden (vgl. u. a. Glöckel 2003; Seibert, Serve 2002, Riedl 2003). Unterrichtsprinzipien steuern den unterrichtlichen Lernprozess. Solche Prinzipien, mitunter auch didaktische Prinzipien genannt, können sein: Prinzip der Sachgemäßheit, Prinzip der Schülergemäßheit, Prinzip der Zielgemäßheit, Prinzip der Anschaulichkeit, Prinzip der Selbsttätigkeit, Prinzip der Motivierung. Es kommt in der beruflichen Weiterbildung darauf an, dass diese Prinzipien besonders streng eingehalten werden, um damit den Lernschwierigkeiten Erwachsener begegnen zu können.

Grundsätze für den Unterricht mit Erwachsenen in der beruflichen Weiterbildung:

– Bewusstes Erfassen der Ziel- und Aufgabenstellung durch den Lernenden herbeiführen und notwendige allgemeine und fachtheoretische Kenntnisse reaktivieren beziehungsweise ergänzen.

– Reduzierung des Unterrichts- und Unterweisungstempos zugunsten der Erhöhung der Zahl der Wiederholungen, die die Lernenden mit eigenen Worten selbst formulieren sollen.

– Reduzierung der Stofffülle zugunsten einer sorgfältigen Stoffauswahl und einer Herausarbeitung des Wesentlichen.

– Öftere Unterbrechung langer Unterrichts- und Unterweisungseinheiten zugunsten der wiederholten Übung und Festigung des Gelernten.

– Zu Beginn jedes Lernprozesses an die persönlichen Erfahrungen der Lernenden anknüpfen und während des Lernprozesses Gelerntes ständig auf die Praxis anwenden zu lassen.

– Ständig das Gelernte verallgemeinern und systematisieren sowie Zusammenhänge aufdecken bzw. entdecken lassen.

– Was Lernende in Unterweisung und Unterricht selbst tun können, sollte ihnen der Lehrende nicht abnehmen. Das heißt Einsatz von aufgabenstellenden, aktivierenden Methoden und Medien, selbständiges Sammeln, Ordnen und Verarbeiten von Informationen sowie Selbstkontrolle des Lernergebnisses durch die Lernenden.

Übersicht 20: Unterrichtsgrundsätze für berufliche Weiterbildung mit Erwachsenen (REFA 1991, S.56).

Generell dürfte heute das Lernen Erwachsener ähnlich gesehen werden wie bei Jugendlichen und Adoleszenten. Von einer Differenzbetrachtung wird eher zu einer Parallelitätsbetrachtung erwachsenengemäßen Lernens gegenüber Jugendlichen und Adoleszenten übergegangen. Ausgeprägter mag allerdings bei Erwachsenen gegenüber Jugendlichen und Adoleszenten sein, dass das Gelernte vor dem Hintergrund einer Berufs- und Lebenserfahrung überprüft, erweitert, differenziert und auch über subjektive Wirklichkeitskonstruktionen relativiert wird. Danach erfährt Gelehrtes Bedeutung, wenn es an den Bedeutungszusammenhang des Erwachsenen angeschlossen wird. Dies führt zur Betonung handlungsorientierten bzw. konstruktivistischen Unterrichts in der Erwachsenenbildung (siehe hierzu Kap. C.4).

Strukturen einer beruflichen Weiterbildung leiten sich aus einer Berufsbildungspolitik ab. Hierauf wird im nächsten Kapitel eingegangen.

Zusammenfassung

Zur Weiterbildung zählen eine berufliche sowie eine nichtberufliche Weiterbildung. Die nichtberufliche Weiterbildung kann in eine allgemeine und politische Weiterbildung unterteilt werden. Die berufliche Weiterbildung bezeichnet alle Formen der Fortsetzung oder Wiederaufnahme organisierten arbeits- und berufsbezogenen Lernens nach Abschluss einer unterschiedlich ausgedehnten ersten Berufsbildungsphase und in der Regel nach Aufnahme einer Berufstätigkeit. Die berufliche Weiterbildung gliedert sich in eine Fortbildung, Umschulung und Einarbeitung. Bei der Fortbildung ist eine Anpassungs- von einer Aufstiegsfortbildung zu unterscheiden.

Bei der beruflichen Weiterbildung sind modellhaft vereinfacht drei Teilbereiche zu sehen: (1) SGB III (Drittes Buch des Sozialgesetzbuches) geförderte Weiterbildung, (2) Betriebliche Weiterbildung, (3) Individuelle Weiterbildung. Aus den drei Teilbereichen ergeben sich vier Überschneidungsfelder in jeweils eigenen Ausformungen. Inhaltlich kann bei der beruflichen Weiterbildung zwischen sog. harter und weicher Weiterbildung unterschieden werden. Zur harten Weiterbildung rechnen alle Bildungsmaßnahmen zur Bewältigung des technisch-produktiven und ökonomischen Wandels. Die weiche Weiterbildung sucht die sozialen Prozesse im Berufs- und Arbeitsleben zu effektivieren. In der beruflichen Weiterbildungspolitik ist zwischen kurativen und präventiven Maßnahmen zu unterscheiden.

Für die berufliche Weiterbildung werden folgende Entwicklungslinien gesehen:

(1) Die Bedeutung der beruflichen Weiterbildung nimmt zu.
(2) Berufliche Erstausbildung wird immer mehr zur Grundlagenbildung.
(3) Erstausbildung und Weiterbildung bedürfen der Verzahnung.
(4) Die Bedeutung der Schüsselqualifikationen und Kompetenzen nimmt zu.

(5) Die Bedeutung des E-Learning wächst.

(6) Das Lernen im Prozess der Arbeit nimmt zu.

(7) Die Kontroverse: Eine staatliche Rahmenvorschrift für den Bereich der Weiterbildung

In der beruflichen Weiterbildung treten bei Erwachsenen gerade instrumentale Lernschwierigkeiten neben kognitiven und affektiven Lernschwierigkeiten auf. Neben kursbedingten Ursachen und Einflussbereichen für Lernschwierigkeiten sind besonders personale und private zu sehen. Problem beruflicher Weiterbildung in Kursen ist auf der einen Seite eine sehr konzentrierte Lernorganisation, die auf der anderen Seite mit einer vernachlässigten geistigen Fähigkeits- und Kräftebildung lernentwöhnter Erwachsener einher gehen kann, die privat nicht hinreichend entlastet sind. In der beruflichen Weiterbildung mit Erwachsenen müssen in einem besonderen Maße die Grundsätze guten Unterrichts berücksichtigt werden. Erweitert heißt dies, dass die Unterrichtsprinzipien, auch didaktische Prinzipien genannt, streng berücksichtigt werden. Gelehrtes erfährt in der Erwachsenenbildung Bedeutung, wenn es an den Bedeutungszusammenhang des Erwachsenen angeschlossen wird.

Wichtige Begriffe und Konzepte

Formen der Weiterbildung

Begriff der beruflichen Weiterbildung

Formen der beruflichen Weiterbildung (Fortbildung: Anpassungs-, Aufstiegsfortbildung; Umschulung; Einarbeitung)

Teilbereiche und Überschneidungsfelder beruflicher Weiterbildung

Sog. harte und weiche Weiterbildung

Kurative und präventive Weiterbildungspolitik

Entwicklungslinien für die berufliche Weiterbildung

Lernschwierigkeiten von Erwachsenen in der beruflichen Weiterbildung und Konsequenzen für die Unterrichtsgestaltung

Lernen Erwachsener

Studienliteratur (Auswahlliteratur)

Arnold, R.: Weiterbildung: Ermöglichungsdidaktische Grundlagen, München: Vahlen 1996
    Kap. 3: Didaktisches Handeln in der Weiterbildung
Bellmann, L.: Datenlage und Interpretation der Weiterbildung in Deutschland, Bielefeld: W. Bertelsmann 2003 (Schriftenreihe der Expertenkommission Finanzierung Lebenslangen Lernens, Bd. 2)
Bundesministerium für Bildung und Forschung (Hrsg.): Berufsbildungsbericht 2003, Bonn 2003 (und fortlaufende Jahrgänge)
    Kap. 5: Weiterbildung
Döring, K. W., Ritter-Mamczek: Die Praxis der Weiterbildung, 2. völlig überarb. Aufl. 1998
    Zweiter Teil: Innovatives Lehren und Lernen in der Weiterbildung
Faulstich, P.: Strategien der betrieblichen Weiterbildung: Kompetenz und Organisation, München: Vahlen 1998
    Kap. 10: Diffusionstendenzen und Kooperationsstrategien zwischen Unternehmen und Erwachsenenbildungsträgern

B.5 POLITIK UND REFORM DER BERUFLICHEN BILDUNG IM ÜBERBLICK

Die Erörterungen zur wachsenden Bedeutung der beruflichen Weiterbildung im vorangegangenen Kapitel haben bereits deutlich gemacht, dass berufspädagogische Entwicklungen eng mit einer Berufsbildungspolitik verbunden sind. Auf die Berufsbildungspolitik zusammen mit den damit einhergehenden Reformen der beruflichen Bildung soll im Folgenden im Überblick eingegangen werden.

Begriff der Berufsbildungspolitik

Bildungspolitik ist ein Handeln, bei dem es um die Durchsetzung von Interessen im Bereich des Erziehungs- und Bildungswesen einer Gesellschaft geht.

Aufgaben der Bildungspolitik sind:

– Festlegung der Ziele, Inhalte und Strukturen von Erziehungs- und Bildungsprozessen, insbesondere bezogen auf die Bildungsorganisation und das Curriculum,
– Festlegung planerischer Größen von Erziehungs- und Bildungseinrichtungen sowie
– Einrichtung von Versuchen zur Um- und Neugestaltung des Bildungswesens im Zuge einer Bildungsreform.

Berufsbildungspolitik befasst sich mit dem Erziehungs- und Bildungswesen der beruflichen Bildung. Hier geht es um die Durchsetzung von Interessen nach allgemeinverbindlichen Regelungen im Bereich der vorberuflichen Bildung, der Berufsausbildung und der beruflichen Weiterbildung.

Das besondere Interessengeflecht, in welcher die Berufsbildungspolitik steht, macht Übersicht 21 deutlich. Aus der Allgemeinpolitik sind in Bezug auf eine Berufsbildungspolitik eine Wirtschaftspolitik, eine Sozialpolitik und eine Bildungspolitik zu nennen. Wirtschafts- und Sozialpolitik bestimmen eine Arbeitsmarktpolitik. Letztere zusammen mit einer Bildungspolitik beeinflussen die Berufsbildungspolitik. Mit anderen Worten: Die Berufsbildungspolitik leitet sich nicht allein aus der Bildungspolitik ab, sondern wird wesentlich auch von einer Arbeitsmarktpolitik bestimmt. Ein Beispiel soll dies deutlich machen: Eine regionale und sektorale Einführung eines Blockunterrichts, bei dem der tageweise wöchentliche Berufsschulunterricht (Teilzeitunterricht) zu periodischen Schulblöcken von etwa einer oder zwei Wochen zusammengefasst wird, hängt von zwei Faktoren ab. Einmal geht es bildungspolitischen Vorstellungen nach darum, ob mehr ein schulischer Vollzeitunterricht mit u. a. erwarteter gesteigerter Intensität und Effektivität des Unterrichts im Wechsel mit betrieblicher oder überbetrieblicher Vollzeitausbildung favorisiert wird.

Zum zweiten ist zu berücksichtigen, inwieweit Auszubildende arbeitsmarkt-
politisch in bestimmten Wirtschaftsbereichen unter Beibehaltung des Teilzeit-
unterrichts besser in den betrieblichen Arbeitsablauf als Arbeitskräfte und
Lernende eingesetzt werden können und damit die Ausbildungsbereitschaft
der Betriebe gefördert wird.

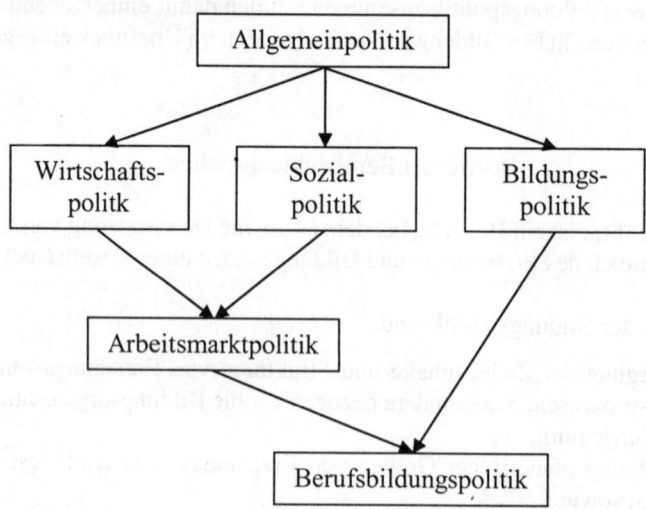

Übersicht 21: Geflecht der Berufsbildungspolitik zu anderen Politiken (Dauenhauer 1981, S.
      5, Neuauflage 1997).

Entscheidungsprozesse in der Berufsbildung sind kompliziert. Neben dem in
Übersicht 21 aufgeführten Politikgeflecht ist die Bundeskompetenz für die
Ausbildung in den Betrieben und die Länderkompetenz für die Berufsschule
zu nennen (vgl. Kap. B.1). Die Sozialpartner, d. h. die Arbeitgeberorganisationen und die Gewerkschaften haben ein unmittelbares und großes Interesse
an der Berufsbildung. Darüber hinaus gilt: Die an der Berufsbildungspolitik
beteiligten gesellschaftlichen Gruppen (z. B. Kammern, Berufsverbände, Par-
teien) nehmen in Anspruch für die Interessen der Lernenden zu sprechen. Es
bleibt damit ein Widerspruch festzustellen: Die Interessen der Lernenden können in der Regel von ihnen selbst nicht politisch schlagkräftig vertreten werden.

    Ein grundlegendes Problem der Berufsbildungspolitik ist das der Abstim-
mung zwischen Berufsbildungs- und Beschäftigungssystem. Dieses Problem
klang bereits an, als es um die Ausbildungsplatzbilanz und um die Schwierigkeiten des dualen Systems der Berufsausbildung ging (Kap. B.1). In zwei gegensätzlichen Positionen in der Beziehung zwischen Berufsbildungs- und
Beschäftigungssystem kann es einmal um die (a) Koppelung zum anderen um
die (b) Entkoppelung gehen.

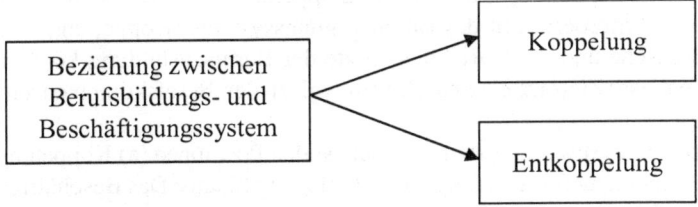

Übersicht 22: Gegensätzliche Positionen zwischen Berufsbildungs- und Beschäftigungssystem

Zu (a): Bei der Koppelung geht es darum, dass sich das Berufsbildungssystem strukturell und inhaltlich an das Beschäftigungssystem anpasst. Strukturell bedeutet, dass das Berufsbildungssystem Bildungsgänge und Abschlus-
squalifikationen so vorsieht, wie sie das Beschäftigungssystem nachfragt. Inhaltlich heißt, dass die Lehrpläne, Unterrichts- und Ausbildungskonzepte nach
den Anforderungen des Beschäftigungssystems ausgerichtet werden.

Zu (b): Bei der Entkoppelung geht es darum, dass sich das Beschäftigungssystem an das Berufsbildungssystem anpasst. Bildung wird als eine autonome Kategorie aufgefasst. Dahinter steht auch die Auffassung, dass über
Bildung gesellschaftsverändernd auf das Beschäftigungssystem eingewirkt
werden kann. Zugleich kann es heißen, dass trotz der Disharmonien zwischen
den vom Beschäftigungssystem nachgefragten Qualifikationen und den vom
Berufsbildungssystem angebotenen Kompetenzen, letzteres einen Überschuss
an Kompetenzen (quantitativ und qualitativ) hervorbringen soll. Jedermann
soll eine umfassende Bildung erhalten, die über den nachgefragten Qualifikationen des Beschäftigungsmarktes hinausgeht und auch neben den nachgefragten Qualifikationen des Beschäftigungssystems stehen kann.

In Abwägung beider Positionen (a) und (b) gilt zu sagen: Selbst wenn
man eine Anpassungsbildung nach Position (a) verfolgen will, wird dies nicht
gelingen. Das Beschäftigungssystem ist nicht in der Lage, die geforderten
Qualifikationen präzise anzugeben, insbesondere bei schnellen Veränderungsraten über längere Zeitspannen hinaus. Auf der anderen Seite ist eine zu starke Abkoppelung des Bildungssystems vom Beschäftigungssystem nicht sinnvoll. Aufgabe des Berufsbildungssystems ist es, die zu Erziehenden auf eine
Lebens- und Berufsbewährung vorzubereiten.

Es durfte gelten, zwischen den Antithesen Koppelung und Entkoppelung
eine Synthese zu finden. Berufliche Bildung in der Berufsschule ist für die
Berufsschullehrkraft keine Anpassungsbildung (Koppelung). Zugleich treibt
sie keinen vom Verwendungszweck ihrer Schüler losgelösten berufstheoretischen Unterricht (Entkoppelung). Eine verbindende Zielformel zwischen Koppelung und Entkoppelung im Verhältnis von Berufsbildungs- und Beschäftigungssystem kann heute die Bildungsvorstellung von der Förderung von Berufskompetenzen darstellen. Auf der einen Seite stellen Berufskompetenzen

eine autonome Bildungsgröße dar (Entkoppelung), auf der anderen Seite erfüllen sie Anforderungen des Beschäftigungssystems (Koppelung). Die berufsschulische und die betriebliche Seite der Berufsausbildung können sich beide in dieser Zielformel wiederfinden (vgl. zu den Berufskompetenzen Kap. C.3).

Über eine Abwägung zwischen den beiden Positionen (a) Koppelung und (b) Entkoppelung führt die folgende Überlegung hinaus: Das Beschäftigungssystem selbst nimmt den Ausbau und die Ergänzung der Qualifikationen entsprechend seinem Bedarf über die betriebliche Weiterbildung vor. In der akademischen Berufsbildung ist dies z. B. über Einarbeitungsprogramme oder Traineeprogramme in der Industrie bzw. über Vorbereitungsdienste beim staatlichen Arbeitgeber üblich. Für die nichtakademische Berufsbildung deutet sich Ähnliches an. Die Bedeutung der Weiterbildung nimmt hier als eine spezialisierte Fortbildung nach der beruflichen Erstausbildung zu (vgl. das vorangegangene Kapitel zu den Grundzügen der beruflichen Weiterbildung).

In einer ergänzenden Sichtweise zeigt Übersicht 23 das Beziehungsgeflecht zwischen Beruf und Bildung. Auf der Entstehungsseite der Bildung fragen Lernende nach Bildung nach. Das Bildungssystem bietet Bildung an. Auf der Verwendungsseite der Bildung bieten Erwerbspersonen Bildung an. Das Beschäftigungssystem fragt nach Bildung nach. Bei einer starken Entkoppelung zwischen Bildungssystem (Bildung) und Beschäftigungssystem (Beruf) laufen auf der Verwendungsseite der Bildung Angebot und Nachfrage nach Bildung auseinander.

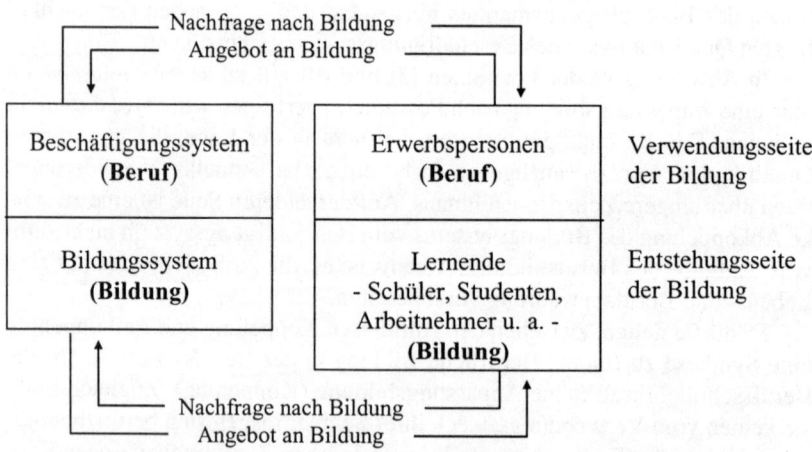

Übersicht 23: Beziehungsgeflecht zwischen Beruf und Bildung (nach Dauenhauer, 1981, S. 6, Neuauflage 1997, modifiziert).

In der Berufsbildungspolitik sind Überleitungsbereiche, die jährlich bilanziert werden, von besonderem Interesse. Sieben Überleitungsbereiche, die innerhalb des Bildungssystems und vom Bildungssystem zum Beschäftigungssystem auftreten, zeigt Übersicht 24 (Dauenhauer 1981, S. 32, Neuauflage 1997). Abgänger aus der Sekundarstufe I (SI) treten (1) in eine vollschulische Berufsausbildung oder der Mehrzahl nach (2) in eine duale Berufsausbildung ein. Zugleich besteht die Möglichkeit (3), direkt ein Arbeitsverhältnis ohne eine Berufsausbildung aufzunehmen (sog. „Jungarbeiter"). Ein Übertritt in das duale System (4) erfolgt auch nach Abschluss der Sekundarstufe II. Die Mehrzahl der Abgänger aus dieser Stufe (5) strebt die hochschulische Berufsbildung in Form eines Studiums an. Zugleich besteht die Möglichkeit (6), ohne eine Ausbildung in das Beschäftigungssystem einzutreten. Nach Abschluss des Berufsbildungssystems (schulisch, dual, hochschulisch) erfolgt eine Überleitung (7) in das Beschäftigungssystem.

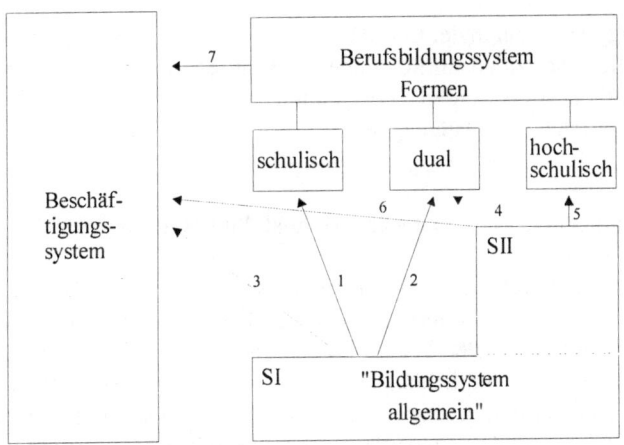

Übersicht 24: Überleitungsbereiche in der beruflichen Bildung mit möglichen Wartemärkten, S = Sekundarstufe, Erläuterung im Text (Dauenhauer 1981, S. 32, Neuauflage 1997).

Die Überleitung in das duale System (2) und (4) kann zu einem Wartemarkt führen, wenn es aus konjunkturellen und / oder demographischen Gründen mehr Ausbildungsplatzbewerber als Ausbildungsstellen gibt (vgl. dazu die Ausbildungsplatzbilanzen in Kap. B.1). Ein weiterer Wartemarkt kann sich an der Überleitung in die Hochschule (5) ergeben, wenn für bestimmte Fächer mehr Studienplatzbewerber als Studienplätze zur Verfügung stehen und ein numerus clausus eingerichtet ist oder eine Eignungsprüfung durchgeführt wird. Ferner ist der Wartemarkt (7) beim Übergang vom Berufsbildungssystem in das Beschäftigungssystem zu nennen, wenn z. B. Abgänger aus Studiengängen auf einen engen Arbeitsmarkt stoßen. Dies kann z. B. für Abgänger aus sozial-, rechtswissenschaftlichen oder künstlerischen Studiengängen zutreffen.

Mit Dauenhauer (1981, S. 32, Neuauflage 1997) gilt für das komplizierte Geflecht der Berufsbildungspolitik festzustellen:

> „Die jährlich unterschiedliche globale und regionale Struktur der Einzelbilanzen geht im wesentlichen auf zwei Faktoren zurück: Auf das kaum vorhersehbare, von der freien Bildungsweg- und Berufswahl geprägte Verhalten auf der Entstehungsseite und auf die konjunkturabhängige Nachfrage des Beschäftigungssystems. In dezentral bedarfsgesteuerten Systemen muss es notwendig zu Wechsellagen kommen, die sich in einem quantitativen und qualitativen Zuviel und Zuwenig auf den Märkten äußern. Die Studierquote eines Abiturientenjahrgangs z. B. verändert die Zahlen mehrerer Teilströme. „Unterbilanzen„ sind also keineswegs nur auf wirtschaftliche Wechsellagen zurückzuführen, sondern auch auf das Wahlverhalten auf der Entstehungsseite der Berufsbildung. Der zuletzt genannte Faktor ist Ausfluss einer grundrechtlichen Freiheit, der erste geht auf komplexe weltwirtschaftliche und technologische Entwicklungen zurück. Eine freiheitliche Berufsbildungspolitik hat sich dem Problem einer global und sektoral permanenten Unabgestimmtheit zu stellen.“

Die heutige Situation in der Berufsbildungspolitik wird erst aus ihrem Entstehen deutlich. So sollen im Folgenden wesentliche Punkte in der Berufsbildungspolitik erörtert werden. Diese Punkte sind eine Auswahl des Verfassers ohne Anspruch auf Vollständigkeit.

Entfaltung einer systematischen Berufsbildungspolitik: 1960 bis 1968

Eine breite Entfaltung einer Berufsbildungspolitik ist in der Bundesrepublik Deutschland erst ab 1960 festzustellen (vgl. Übersicht 25). Hier gilt es, einen ersten Zeitraum von 1960 bis 1968 zu betrachten. Der Deutsche Ausschuss für das Erziehungs- und Bildungswesen, ein Beratungsausschuss der damaligen Bundesregierung, besetzt mit Bildungsexperten Deutschlands, legt 1964 Empfehlungen zum Aufbau der Hauptschule sowie insbesondere ein Gutachten über das berufliche Ausbildungs- und Schulwesen vor. Es werden u. a. Vorschläge für einen Arbeitslehreunterricht für die allgemeinbildende Schule, besonders für die Hauptschule, gemacht. Die besondere Form der deutschen Berufsausbildung wird herausgearbeitet und zum ersten Mal mit dem Begriff „duales System" belegt.

Das öffentliche Interesse richtet sich in dieser Zeit jedoch mehr auf die allgemeine Bildungspolitik. Im Vordergrund steht das allgemeine Bildungswesen. Die Berufsbildungspolitik erfährt jedoch durch das Interesse an Bildungspolitik eine Durchsetzungskraft, die besonders in der Zeit von 1968 bis 1973 zum Tragen kommt. Das öffentliche Interesse an der Bildungspolitik kommt u. a. durch zwei Schriften zum Ausdruck, deren Titel bereits Bestandsaufnahmen bzw. Stoßrichtungen deutlich machen: G. Picht: Die deutsche Bildungskatastrophe, 1964 und R. Dahrendorf: Bildung ist Bürgerrecht, 1965. In Deutschland wird Anfang der sechziger Jahre eine Art „Bildungsnotstand" festgestellt, der darin bestand, dass im Vergleich zu anderen Industrieländern zu wenig akademisch Ausgebildete auf dem Berufs- und Arbeitsmarkt vorhanden waren. Darin wurde eine Gefährdung des Fortbestandes der industriell-gesellschaftlichen Entwicklung gesehen. Zugleich wurde Bildung auch als Gesellschaft bestimmendes wie veränderndes Instrument gesehen. In dieser Zeit beginnt dann der erhebliche Ausbau des allgemeinbildenden Schulwesens, insbesondere der Gymnasien, sowie der Ausbau und vor allem die Neugründungen der Universitäten.

Programmatik bzw. Aufbruch: 1968 bis 1973

Für die Berufsbildung setzt eine intensive und einen Aufbruch kennzeichnende Phase von 1968 bis 1973 ein. In verhältnismäßig kurzer Zeit kommt starke Bewegung in die Berufsbildung hinein. Dies ist eine programmatische Phase, d. h. man beschäftigt sich mit inhaltlichen Änderungen des beruflichen Bildungswesens. In diese Zeit fällt auch ab 1969 die sozialliberale Koalition der Bundesregierung unter Brandt mit Veränderungsbestrebungen, die viele Bereiche der Politik betreffen.

Um 1968 ist für die Berufsschullehrerschaft bundesweit das Ende der alten Gewerbelehrerbildung festzustellen. Eine Berufsschullehrerbildung erfolgt nicht mehr an Berufspädagogischen Instituten sondern an Universitäten bzw. Technischen Universitäten integriert in den entsprechenden Diplomstudiengängen. Die wissenschaftliche Berufsschullehrerbildung (Stichwort Höheres Lehramt an beruflichen Schulen) hat sich auf dem gleichen Status wie die wissenschaftliche Gymnasiallehrerbildung etabliert. An der TU München (damals TH München) begann 1964 der Studiengang für das Lehramt an beruflichen Schulen. Die Ausbildung am Berufspädagogischen Institut in München lief bis 1966 aus (vgl. Zintl 1983, Demmel 1990, Demmel, Schelten 1998). Die Berufsbildung hat mit der Einführung der wissenschaftlichen Bildung ihrer Lehrerschaft eine Aufwertung erfahren. Zugleich dürfte heute sehr deutlich erkennbar sein, dass eher mit einer wissenschaftlich gebildeten Lehrerschaft den theoretischen Anforderungen eines schneller werdenden Wandels in einem vielfältigen beruflichen Schulwesen begegnet werden kann.

Mit 1968/69 wird die Fachoberschule in das berufliche Schulwesen eingeführt. Die graduierte Ingenieurausbildung wird von den früheren Ingenieurakademien in die Hochschulausbildung in Form von Fachhochschulen verlagert. Der Fachhochschule vorgelagert wird der Bildungsabschluss der Fachoberschule als zweijährige Schulform (Klasse 11 und 12) oder als Klasse 12 für Schüler mit abgeschlossener Berufsausbildung.

1960–1968   Entfaltung einer systematischen Berufsbildungspolitik

1964   – Gutachten über das berufliche Ausbildungs- und Schulwesen vom Deutschen Ausschuss für das Erziehungs- und Bildungswesen
         – G. Picht: Die deutsche Bildungskatastrophe
1965   – R. Dahrendorf: Bildung ist Bürgerrecht

1968–1973   Programmatik bzw. Aufbruch

1968   – Ende der alten Gewerbelehrerbildung
1968/69   – Fachoberschule / Fachhochschule
          – Stufenausbildung
          – Blockunterricht
1969   – Deutscher Bildungsrat: Empfehlungen zur Verbesserung der
            Lehrlingsausbildung
          – Berufsbildungsgesetz (BBiG)
          – Berufsgrundbildungsjahr (BGJ)
1970   – Deutscher Bildungsrat: Strukturplan für das Bildungswesen
1972   – Ausbildereignungsverordnungen
1973   – Bildungsgesamtplan der Bund-Länder-Kommission
          – Grundsätze zur Neuordnung der beruflichen Bildung
            (Markierungspunkte)

1973–1980   Pragmatische Berufsbildungspolitik

          – Berufsbildung als quantitatives Problem
          – Ausbau der überbetrieblichen Ausbildungsstätten zum drit-
            ten Lernort
1976   – Hamm-Brücher: Bildung ist kein Luxus
          – Ausbildungsplatzförderungsgesetz (1976 bis 1980)
          – Folgegesetz: Berufsbildungsförderungsgesetz (1981)
          – Konzentration auf besondere Gruppen der beruflichen Bil-
            dung (Mädchen, Ausländer, Jugendliche ohne Ausbildungs-
            vertrag)

1980–1990   Neuordnung

          – Abnehmendes quantitatives Problem der Berufsbildung
            Forderung nach der Verbesserung der Qualität der berufli-
            chen Bildung
          – Technischer Wandel und Berufsbildung
1987   – Neuordnung von Ausbildungsordnungen
            (insbesondere der Metall- und Elektroberufe)
          – Nachqualifizierung der Berufsschullehrer

- Wachsende Bedeutung der Weiterbildung, insbesondere der Anpassungsfortbildung
- Forderung nach Dualisierung der Anpassungsfortbildung

1990–2000	**Strukturwandel**
1990	– Transformation der Berufsbildung: Das Berufsbildungsgesetz gilt auch für die neuen Bundesländer
1991	– Europäische Berufsbildungspolitik nach dem Prinzip der Subsidiarität
	– Gleichwertigkeit beruflicher und allgemeiner Bildung
	– Differenzierung in der Berufsausbildung
	– Betonung von Schlüsselqualifikationen in der beruflichen Bildung
	– Einführung eines handlungsorientierten Unterrichts neben dem bestehenden in beruflichen Schulen
	– Forderung nach Entwicklung von Regelungen für ein staatlich kontrolliertes Marktmodell der Weiterbildung („Weiterbildungsgesetz")
1996	– Lernfeldkonzept in den Lehrplänen der Berufsschule
1997	– Neue Ausbildungsberufe, u. a. der Informations- und Telekommunikationstechnik (IT-Berufe)
	– Ausbau des dualen Systems der Berufsausbildung zu einem dual-kooperativen System

2000–	**Gestaltungsoffenheit**
2001	– Entwicklung der beruflichen Schulen zu regionalen Kompetenzzentren
	– Sicherung des Lehrernachwuchses für berufliche Schulen
2002	– Kopenhagener Erklärung zur verstärkten europäischen Zusammenarbeit in der Berufsbildung

Übersicht 25: Ausgewählte Eckpunkte der Berufsbildungspolitik im Überblick

In die gleiche Zeit fällt die Einführung der Stufenausbildung für bestimmte Berufsbereiche, mit der man sich eine Systematisierung der Berufsausbildung und eine Erhöhung der beruflichen Flexibilität und Mobilität verspricht (vgl. Kap. B.3).

Eine weitere Reformmaßnahme stellen die ersten Einführungen des Blockunterrichts dar, indem für die Teilzeitberufsschule Unterrichtstage zu zusammenhängenden Schulwochen zusammengefasst werden. So können die Unterrichtszeiten etwa in jeweils zwei Wochen Blöcken zusammengefasst werden. Vom Blockunterricht wird ein mehr schulmäßiges Lernen erwartet, indem zeitlich zusammenhängend konzentriert berufstheoretische Thematiken geschlossen behandelt werden können.

Für das Jahr 1969 sind die Empfehlungen zur Verbesserung der Lehrlingsausbildung des Deutschen Bildungsrates zu nennen. Der Deutsche Bildungsrat trat 1965 die Nachfolge des Deutschen Ausschusses für das Erziehungs- und Bildungswesen als Beratungsorgan der Bundesregierung an. Bereits der Titel drückt aus, dass berufliche Bildung Gegenstand der Bildungspolitik ist und als reformbedürftig angesehen wird.

Das Berufsbildungsgesetz, ein Werk der großen Koalition der damaligen Bundesregierung, regelt das gesamte Wesen der Lehrlingsausbildung gesetzlich. Mit diesem Gesetz wird das duale System der Berufsausbildung zu einem staatlich kontrollierten Marktmodell (vgl. Kap. B.2). Der privatwirtschaftlichen Berufsausbildung werden insbesondere inhaltliche Vorgaben gemacht (z. B. Rechte und Pflichten der Auszubildenden und Ausbilder, Qualifizierung des Ausbildungspersonals, Anforderungen an Ausbildungsordnungen, Organisation und Durchführung von Berufsausbildungsabschlussprüfungen u. a.). Das Berufsbildungsgesetz von 1969 ist aus heutiger Sicht als ein Jahrhundertgesetz anzusehen.

In ersten Versuchen wird das Berufsgrundbildungsjahr eingeführt. Hier wird eine Entspezialisierung der Berufsausbildung im ersten Jahr der Berufsausbildung gesucht, indem für artverwandte Berufe gemeinsam in einem Berufsfeld eine berufliche Bildung systematisch in Theorie und Praxis erfolgt. Von der beruflichen Grundbildung verspricht man sich insbesondere eine Erhöhung der beruflichen Mobilität und Flexibilität: Berufliche Grundlagen sind von einem raschen Wandel weniger betroffen als eine berufliche Spezialausbildung. Mit einer breiten Grundbildung kann auf den Wandel reagiert werden, indem von der Grundbildung ausgehend Spezialausbildungen durch Fortbildung den neueren Erfordernissen angepasst werden (näher zur beruflichen Grundbildung Dehnbostel 1988, Bunk 1989). Eine weit über ein Jahrzehnt hinausgehende Auseinandersetzung befasst sich mit den Organisationsformen beruflicher Anfangsausbildung: In einem Berufsgrundschuljahr (BGJ/s) erfolgt die berufsfeldbreite theoretische und praktische Ausbildung für das erste Ausbildungsjahr vollständig in der Berufsschule. Ein Berufsgrundbildungsjahr in kooperativer Form (BGJ/k) setzt dagegen darauf, die berufsfeldbreite praktische Ausbildung im Betrieb durchzuführen, während die Berufsschule sich allein auf die berufsfeldbreite theoretische Ausbildung bezieht. Einen Endpunkt dürfte Bunk (1989) mit einem differenzierten empirischen Leistungsvergleich beider Organisationsformen getroffen haben. Bildungspolitisch hat sich das Berufsgrundbildungsjahr in kooperativer Form durchgesetzt, so dass es heute nur noch vereinzelt Formen eines schulischen Berufsgrundbildungsjahres gibt.

Mit 1970 ist der Strukturplan für das Bildungswesen des Deutschen Bildungsrates zu nennen. Hier wird eine Konzeption für das gesamte Bildungswesen entworfen, darunter auch für das berufliche Bildungswesen, das als Teil der Sekundarstufe II verstanden wird. Der Strukturplan ist auch heute noch ein pädagogisches Programm, in dem wesentliche Entwicklungslinien im pädagogischen Bereich umrissen sind. Die „Vertikalisierung" des Schulwesens in den Elementar-, Primar- und Sekundarbereich mit der Unterteilung des Sekundarbereiches in Sekundarstufe I und II sind ein begriffliches Ergebnis des Strukturplanes. Die Eigenständigkeit des beruflichen Schulwesens wird dem Strukturplan nach mehr gegen eine Integration in das Sekundarschulwesen aufgehoben.

So wird vom Deutschen Bildungsrat in Folge dazu 1974 in einer Empfehlung zur Neuordnung der Sekundarstufe II ein Konzept für eine Verbindung von allgemeinem und beruflichem Lernen, das integrative Modell des Kollegs entworfen. Das Kolleg enthält die Lernorte Schule, Lehrwerkstatt, Betrieb und Studio.

Die Berufsbildung kommt immer mehr in den Blickpunkt der öffentlichen Bildungspolitik. Dies drückt sich z. B. in der von W. D. Winterhager verfassten Schrift mit dem Titel „Lehrlinge – die vergessene Majorität", Weinheim 1970, aus. Nach der Befassung mit der Allgemeinbildung und dem Ausbau des allgemeinbildenden Schulwesens sowie der Hochschulen erfährt auch die Berufsschule und die Lehrlingsausbildung größeres Interesse. Die Majorität der Jugendlichen bilden in der Sekundarstufe II jene, die sich in einer Berufsausbildung oder in einer beruflichen Vollzeitschule befinden.

In Folge des Berufsbildungsgesetzes von 1969 werden 1972 Ausbildereignungsverordnungen erlassen. In diesen Verordnungen werden berufs- und arbeitspädagogische Kenntnisse von Ausbildern festgelegt. Es entsteht für das Bildungspersonal auf der betrieblichen Seite der Ausbildung eine berufs- und arbeitspädagogische Lehrkultur. Diese drückt sich in Ausbildung der Ausbilder (AdA) Kursen sowie in entsprechenden Lehrbüchern aus. Mit dieser Lehrkultur hebt sich die Qualität der betrieblichen Berufsausbildung.

Der Bildungsgesamtplan der Bund-Länder-Kommission von 1973 setzt die Absichten des Strukturplanes des Deutschen Bildungsrates von 1970 (siehe oben) fort und versucht insbesondere einen Finanzierungsplan für die gedachten Reformmaßnahmen des Strukturplanes aufzustellen. Für die berufliche Bildung werden besonders schulische Bildungsgänge zur stärkeren Aushebelung des dualen Systems favorisiert. Die Doppelqualifikation wird zu einem berufspädagogischen Ziel, bei dem es darum geht, die Studierfähigkeit und eine volle Berufsausbildung zu vermitteln. Letzteres findet besonders Beachtung in den Reformvorstellungen zur Kollegschule in Nordrhein-Westfalen, die nach 1977 versuchsweise eingeführt wird (vgl. u. a. Landesinstitut für Schule und Weiterbildung 1989).

In der berufsbildungspolitisch intensiven Zeit von 1968 bis 1973 ging es wohl auch darum, die Gesellschaft und damit auch die Berufsausbildung stärker als bisher zu ändern. Das duale System der Berufsausbildung stand unter starker Kritik, indem die Nachteile bzw. Schwierigkeiten dieses Systems besonders herausgestellt wurden (vgl. Kap. B.1, zu den damaligen Untersuchungen kritisch Bunk 1982, S. 111 ff.). Dies führte mehr zur Favorisierung vollschulischer Berufsausbildung, für die man aus Seiten der damaligen Bundesregierung eher eine Chancengleichheit und eine Verbindung von beruflichem und allgemeinbildendem Unterricht erwartete. In diese Richtung stießen auch die Grundsätze zur Neuordnung der beruflichen Bildung von 1973. Sie wurden als Markierungspunkte von der Bundesregierung unter dem Bundesminister für Bildung und Wissenschaft von Dohnany verabschiedet. Letztere stellen wohl einen Endpunkt einer besonders progressiven Entwicklung der Berufsbildungspolitik dar, bei der es darum geht, die Berufsausbildung unter allein staatliche Verantwortung zu stellen.

Pragmatische Berufsbildungspolitik: 1973 bis 1980

Spätestens seit Mitte der siebziger Jahre ist eine Wende von der programmatischen zur pragmatischen Berufsbildungspolitik festzustellen. Ein quantitatives Problem der Berufsbildung rückt in den Vordergrund. Verbunden mit wirtschaftlicher Rezession treten hohe Nachfragejahrgänge auf dem Ausbildungsstellenmarkt auf. Ausbildungsplätze werden knapp. Man spricht von der Ausbildungsplatznot. Auf dem Ausbildungsstellenmarkt setzt ein Verdrängungswettbewerb nach schulischer Vorbildung ein. Hauptschüler mit schwachen Abschlüssen, Hauptschüler ohne Abschluss und Sonderschüler finden nur sehr schwer – bzw. gar nicht – eine Ausbildungsstelle. Die ausbildende Wirtschaft muss erheblich mehr Ausbildungsstellen zur Verfügung stellen als bisher. Statt qualitativer Probleme sind von der Berufsbildungspolitik quantitative zu bewältigen. Es dürfte hinzutreten, dass die Kassen der öffentlichen Haushalte leer geworden sind. Mit anderen Worten: Reformvorstellungen beruflicher Bildung über z. B. mehr schulische Bildungsgänge scheitern an der zunehmenden Verschuldung staatlicher Haushalte. An dieser Stelle sei eine Anmerkung aus der allgemeinen Bildungspolitik eingeschoben: Hieß 1965 eine bildungspolitische Schrift von Dahrendorf noch „Bildung ist Bürgerrecht", trägt ein bildungspolitisches Werk von Hamm-Brücher 1976, elf Jahre später, den Titel „Bildung ist kein Luxus". Während der erste Titel Bildung noch offensiv vertritt, klingt der letzte bereits defensiv.

Es kommt für die Berufsbildung vermehrt zu einem mit Bundesmitteln gestützten Ausbau überbetrieblicher Ausbildungsstätten. Damit soll eine mangelnde Eignung von Betrieben zur Ausbildung ausgeglichen werden, um damit auch mehr Ausbildungsplätze zur Verfügung stellen zu können. Ein dritter Lernort, die überbetriebliche Ausbildungsstätte, etabliert sich neben den Lernorten Schule und Betrieb.

Ein besonderes berufsbildungspolitisches Instrument im Zuge des quantitativen Problems der Berufsbildung stellte das Ausbildungsplatzförderungsgesetz von 1976 bis 1980 dar. Dieses Gesetz sah eine „Umlagefinanzierung" zur Sicherstellung ausreichender Ausbildungsplätze vor. Im Frühjahr eines jeden Jahres wurde zum 30. September des Vorjahres die Ausbildungsplatzbilanz (vgl. Kap. B.1) erstellt. Wurde festgestellt, dass das Angebot von Ausbildungsplätzen die Nachfrage nicht um 12,5 % überstieg, sah das Ausbildungsplatzförderungsgesetz die Möglichkeit vor, von Betrieben ab einer bestimmten Größe (ca. mehr als 20 Mitarbeiter) eine Steuer einzuziehen. Die auf die Betriebe umgelegten Steuergelder sollten in einen Fonds eingezahlt werden, von dem aus zusätzliche Ausbildungsplätze finanziert werden konnten. Von der Möglichkeit der Umlagefinanzierung konnte abgesehen werden, wenn in dem anstehenden neuen Ausbildungsjahr durch die ausbildende Wirtschaft zu erwarten war, dass hinreichend Ausbildungsplätze zur Verfügung gestellt werden würden. Eine Überdeckung von Ausbildungsplätzen von 12,5 % ist von 1976 bis 1980 nie erreicht worden. Die damalige sozialliberale Bundesregierung hat dennoch von dem Ausbildungsplatzförderungsgesetz, d. h. von der Umlagefinanzierung, nicht Gebrauch gemacht. Indirekt dürfte das Gesetz aber als ein Drohinstrument Wirkung gezeigt haben, zusätzliche Ausbildungsplätze zur Behebung der Ausbildungsplatznot durch die ausbildende Wirtschaft bereitzustellen. Zugleich dürfte wohl auch eine Konsensbildung innerhalb der ausbildenden Wirtschaft bewirkt haben, einen Beitrag zum sozialpolitischen Problem „Ausbildungsnotstand" zu leisten, indem mehr Ausbildungsplätze als bisher geschaffen wurden.

Das Ausbildungsplatzförderungsgesetz war neben dem auch heute bestehenden Berufsbildungsgesetz ein zusätzliches Instrument im staatlich kontrollierten Marktmodell des Berufsbildungswesens „Duales System" (vgl. Kap. B.2). Das Instrument des Ausbildungsplatzförderungsgesetzes wurde durch das Bundesverfassungsgericht 1980 aufgehoben. Dabei wurde nicht die Umlagefinanzierung als verfassungswidrig angesehen. Das Gesetz wurde aufgehoben, weil bei seinem Zustandekommen der Bundesrat hätte beteiligt werden müssen, was damals nicht geschehen ist.

Das Berufsbildungsförderungsgesetz von 1981 ist das Folgegesetz zum Ausbildungsplatzförderungsgesetz. Es sieht die Umlagefinanzierung nicht mehr vor, die 1981 wohl nicht mehr von der damaligen Bundesregierung politisch durchsetzbar war. Erhalten geblieben sind wesentlich jene Regelungen, die auch schon im Ausbildungsplatzförderungsgesetz ähnlich enthalten waren. Hierzu zählen die Berufsbildungsplanung und die Berufsbildungsstati-

stik (Stichwort Ausbildungsplatzbilanz), die in jedem Jahr in einem Berufsbildungsbericht niedergelegt werden. Der Berufsbildungsbericht ist jedes Jahr
eine aktuelle Quelle, will man sich über die neuesten Entwicklungen in der
beruflichen Bildung, insbesondere heute auch über die Weiterbildung, infor-
mieren. Zugleich enthält das Berufsbildungsförderungsgesetz auch die gesetz-
lichen Vorschriften zum Bundesinstitut für Berufsbildung (BIBB) in Berlin.

Im Zuge des quantitativen Problems der Berufsbildung erfolgt in der Berufsbildungsforschung seit Mitte der 70er Jahre u. a. eine verstärkte Berücksichtigung der Gruppen, die auf dem engen Ausbildungsmarkt Schwierigkeiten haben, eine Berufsausbildung zu durchlaufen. Dies sind – damals so bezeichnet – Mädchen, Ausländer sowie leistungsschwächere Jugendliche, die
keinen Ausbildungsplatz mehr erhalten. Für Mädchen erfolgen Modellversuche zur Berufsbildung in technischen Berufen. Für Ausländer werden etwa
Maßnahmen zur beruflichen und sozialen Eingliederung eingerichtet. Die
Gruppe der Jugendlichen ohne Ausbildungsvertrag wird auf ihre Ausbildungs-
motivation und Ausbildungsfähigkeit hin untersucht. Modellversuche zur
Berufsausbildung der lernschwächeren Jugendlichen mittels Förderlehrgän-
gen zur Hebung der Berufsausbildungsreife sowie Stützkurse und sozialpäd-
agogischer Betreuung werden verstärkt durchgeführt.

Neuordnung: 1980 bis 1990

Mit den achtziger Jahren ist ein abnehmendes quantitatives Problem der Berufsbildung zu verzeichnen. Es kommt zunehmend wieder die Forderung nach
einer Verbesserung der Qualität der beruflichen Bildung auf. Die pragmatische Berufsbildungspolitik kann sich wieder zu einer programmatischen verändern.

In diese Zeit fällt eine als Wende in der Berufspädagogik zu bezeichnen-
de Veränderung, die heute unter dem Schlagwort Technischer Wandel und
Berufsbildung bekannt geworden ist. Die Einführung der Informations- und
Kommunikationstechnik in die Arbeitswelt hat verhältnismäßig rasch zu einer rechnergestützten Facharbeit gerade auch auf Facharbeiter- und Techni-
kerebene geführt. Diese neuen Inhalte sind z. B. seit 1987 in der zu dieser Zeit
so bezeichneten Neuordnung der industriellen Metall- und Elektroberufe fest-
geschrieben. Neben den neuen Inhalten wird, und dies ist als die eigentliche
Wende zu bezeichnen, die Zielvorstellung selbstständiges Planen, Durchführen und Kontrollieren bei neuen Ausbildungsordnungen aufgenommen. Berufliche Handlungskompetenz beginnt sich als Leitvorstellung durchzusetzen
(vgl. Kap. C.3 und C.4).

Die inhaltlichen Veränderungen aufgrund des Einzuges der Informations-
und Kommunikationstechniken führen zu einer Nachqualifizierung des Be-
rufbildungspersonals. Insbesondere müssen auch die Berufsschullehrer in or-
ganisierter Form technisch-inhaltlich weitergebildet werden. Ausgewählte

Lehrer werden dabei auf Fortbildungslehrgänge geschickt, die dann als sogenannte Multiplikatoren an ihre Schulen zurückkehrend die erworbenen Qualifikationen an ihre Kollegen in Lehrerfortbildungsmaßnahmen vor Ort weiter-
geben.

Für die berufliche Bildung gilt für Berufsschule und Betrieb allgemein,
dass spätestens seit Mitte der achtziger Jahre die Bedeutung der Weiterbildung wächst. Gerade die Anpassungsfortbildung wird der Teil sein, der zukünftig die Weiterbildung bedeutsam ausmachen wird. Hier sei auf die Ausführungen zum Kap. B.4 verwiesen.

Im Zuge der wachsenden Bedeutung der Weiterbildung, besonders der
Anpassungsfortbildung, kommt in der Berufsbildungspolitik zunehmend die
Frage auf, ob die Fortbildung den Betrieben allein überlassen bleiben kann.
Diese Frage wird besonders von berufsschulischer Seite gestellt (vgl. z.B.
Hergert 1988, 1989). Die sich abzeichnende Forderung heißt eine Dualisie-
rung der Anpassungsfortbildung besonders für Klein- und Mittelbetriebe.
Unter Dualisierung wird dabei verstanden, das System der dualen beruflichen
Erstausbildung (vgl. Kap. B.1) auf die Anpassungsfortbildung dem Grundge-
danken nach zu übertragen. Dies bedeutet, dass die zwei Lernorte Betrieb und
Berufsschule unter dem gemeinsamen Ziel der beruflichen Qualifizierung im
Rahmen der Anpassungsfortbildung kooperieren. Berufliche Erstausbildung
und Weiterbildung werden damit verzahnt. Aus der stets anwendungs- bzw.
berufsnahen Anpassungsfortbildung kann die beteiligte Lehrerschaft an beruflichen Schulen Anforderungen an die vorbereitende berufliche Erstausbildung ableiten. Mit anderen Worten, die Berufserstausbildung, welche immer
mehr zu einer Grundlagenbildung wird, erhält eine stärkere Ausrichtung auf
die sich anschließende Anpassungsfortbildung, wenn die Berufsschule an der
Fortbildung beteiligt ist.

Mit dieser Lösung wird der Argumentation der berufsschulischen Seite nach
folgenden Faktoren Rechnung getragen:

1. Die Berufsschule ist in der Erstausbildung der natürliche Partner der
    Klein- und Mittelbetriebe. Ebenso ist sie auch in der beruflichen Weiter-
    bildung und hier in der Anpassungsfortbildung der angemessene Partner.
2. Nicht nur in der beruflichen Erstausbildung, sondern auch in der betrieb-
    lichen Anpassungsfortbildung muss die Vermittlung von Fachqualifika-
    tionen mit fachübergreifenden Qualifikationen (Schlüsselqualifikationen)
    verbunden werden. Dazu ist fachlich qualifiziertes und pädagogisch ge-
    schultes Bildungspersonal erforderlich, über das die beruflichen Schulen
    verfügen.
3. Die Ausstattung der beruflichen Schulen mit neuen technischen Anlagen
    ist kostenintensiv. Maschinen und andere Einrichtungen sind derart rasch
    ersatzbedürftig, dass eine möglichst optimale Kapazitätsauslastung anzu-
    streben ist. Es ist nicht einsehbar, dass die beschafften technischen Anla-
    gen z. B. in einer Berufsschule allein für die berufliche Erstausbildung

genutzt werden sollen, während andernorts, etwa in einem eigens einge-
richteten Fortbildungszentrum für Betriebe, die gleichen Investitionen
noch einmal getätigt werden (vgl. zu diesem Argument auch Zehetmair
1990, S. 736 f.).

Zusammengefasst kann man sagen: In der beruflichen Erstausbildung wird
auf der einen Seite die betriebliche wie auf der anderen Seite die berufsschulische Kompetenz für Berufsbildung genutzt. Ebenso kann für die Anpassungsfortbildung vorgegangen werden, indem die betriebliche und berufsschulische
Kompetenz genutzt wird.

Generell ist für die Zeit von 1980 bis 1990 zu sehen, dass die zunehmen-
de Bedeutung der Weiterbildung erkannt wird. Der Bildungsökonom Edding
fordert in diesem Zusammenhang einen Gesamtanspruch von Weiterbildung.
Weiterbildung soll sich bei Freistellung vom Arbeitsplatz, der Erhaltung des
Arbeitsplatzes, der Bezüge und der Versicherungsbeiträge insgesamt auf drei
Jahre bemessen. Das entspräche ca. einem halben Tag je Arbeitswoche in 40
Arbeitsjahren oder einem Monat je Jahr, bei individuell freier Wahl der Zu-
sammenlegung (Edding 1988, zur Auseinandersetzung hierzu siehe Interview
mit Friedrich Edding 1988 sowie Max-Planck-Institut für Bildungsforschung
1989).

Strukturwandel: 1990 bis 2000

Im Zuge der Wiedervereinigung in Deutschland setzt 1990 der Prozess einer
Transformation des Systems der Berufsbildung von West- nach Ostdeutschland ein. Das Berufsbildungsgesetz und die damit verbundenen Regelungen
für ein duales System der Berufsausbildung gelten auch für die neuen Bundesländer.

Ebenso werden Länderverfassungen aus Westdeutschland und damit Regelungen für berufliche Schulen analog in Ostdeutschland übernommen. Eine
erhebliche Anpassungsleistung in der Berufsbildung an das Westmodell wird
vollzogen. Berufsbildungspolitisch interessante ostdeutsche Modelle wie z.
B. die Betriebsberufsschule oder das Berufsabitur finden dabei weniger Berücksichtigung.

Eine europäische Berufsbildungspolitik rückt in den Vordergrund. Nach
dem Vertrag von Maastricht 1991 über die Europäische Union ist die allgemeine und berufliche Bildung in Artikel 126 und 127 bestimmt. Danach ist
die Europäische Gemeinschaft für die allgemeine und berufliche Bildung unter Wahrung des Prinzips der Subsidiarität zuständig. Subsidiarisch heißt vom
Wort her unterstützend, Hilfe leistend. Subsidien sind wörtlich genommen
Hilfsgelder. Unter Subsidiarität kann das gesellschaftspolitische Prinzip verstanden werden, nach welchem eine übergeordnete gesellschaftspolitische
Einheit (hier die Europäische Gemeinschaft) nur solche Aufgaben übernimmt,

zu deren Wahrnehmung untergeordnete Einheiten (hier die Mitgliedsstaaten) nicht in der Lage sind. Ebenso verleiht das Subsidiaritätsprinzip den kleineren Einheiten (hier den Mitgliedsstaaten) das Recht, nicht gerechtfertigte Hilfe wie auch Eingriffe der größeren Einheit (hier der Europäischen Gemeinschaft) abzuweisen. Auf der anderen Seite verpflichtet das o. g. Prinzip die Europäische Gemeinschaft, die Mitgliedsstaaten bei der Entfaltung ihrer Kräfte und Selbsthilfemöglichkeiten zu unterstützen. Eine Hilfstätigkeit darf dabei erst dann einsetzen, wenn die Kräfte der kleineren Einheit zur Selbsthilfe nicht mehr ausreichen. Mit anderen Worten: Die Gemeinschaft nimmt den Mitgliedsstaaten keine Aufgaben ab, die sie selber in eigener Hoheit lösen können. Konkret heißt dies, dass die Verantwortung für Inhalt und Organisation des Bildungswesens weiterhin bei den Mitgliedsstaaten verbleibt. Dies bedeutet z. B., dass Deutschland das duale System der Berufsausbildung beibehält.

Die Europäische Gemeinschaft erhält lediglich eine Kompetenz zur Förderung, nicht aber eine zur Regelung. Die Gemeinschaft kann nur ergänzend und unterstützend tätig werden. Wird die Gemeinschaft im Bereich der beruflichen oder allgemeinen Bildung aktiv, so kann dies nur unter Ausschluss einer Harmonisierung der Rechts- und Verwaltungsvorschriften der Mitgliedsstaaten geschehen.

Zu Beginn der neunziger Jahre setzt wieder eine Diskussion um die Gleichwertigkeit (nicht Gleichartigkeit!) beruflicher und allgemeiner Bildung ein. Die Diskussion gilt auch für heute. Es sind dabei zwei Stränge zu unterscheiden:

(1) Hier geht es darum, über die berufliche Bildung eine Studienzugangsberechtigung zu erwerben. Berechtigungsschulen in der beruflichen Bildung vermitteln diesen Weg, indem sie neben einer beruflichen Bildung insbesondere eine allgemeine Bildung mit dem Ziel eines studienöffnenden Bildungsabschlusses anbieten. Dazu gehören besonders die Fachoberschulen, die zu einer Fachhochschulreife führen. Ebenso sind hier die beruflichen Gymnasien sowie die Berufsoberschulen zu nennen, welche mit einer allgemeinen oder fachgebundenen Hochschulreife abgeschlossen werden können.

Neben diesen Berechtigungsschulen wird zunehmend der Hochschulzugang für beruflich Qualifizierte ohne eine schulische Zugangsberechtigung eröffnet. Der Meister-, Techniker oder ein vergleichbarer Fortbildungsabschluss berechtigt dann – oftmals auch mit einem Zusatzprogramm in Mathematik, Deutsch oder Fremdsprachen – zum Besuch einer Hochschule. Damit wird ein sog. „dritter Bildungsweg" eröffnet.

Im Zuge der Gleichwertigkeitsdiskussion zwischen beruflicher und allgemeiner Bildung ist der hier angerissene erste Strang weniger umstritten. Viel interessanter ist der zweite Strang in dieser Diskussion:

(2) Es gilt, die berufliche Erstausbildung in Verbindung mit Fortbildungsberufen zu einer attraktiven Alternative gegenüber einem Studium an einer

Hochschule auszubauen. Mit anderen Worten: Die nichtakademische Berufsaus- und Weiterbildung muss eine Alternative zur akademischen sein. Dies gelingt nur, wenn die nichtakademische Berufsaus- und Weiterbildung Karrierewege eröffnet, die auch über die akademische möglich sind. Dies ist die eigentliche Probe auf Gleichwertigkeit zwischen beruflicher und allgemeiner Bildung (siehe hierzu weiter unter Differenzierung in der Berufsausbildung).

Unabhängig von den o. g. zwei Strängen in der Gleichwertigkeitsdiskussion zwischen beruflicher und allgemeiner Bildung ist heute ideell eine Annäherung zwischen beiden Polen festzustellen. In Übersicht 26 sind die Argumente im Vorgriff auf Kap. C.3 und C.4 verdichtet zusammengestellt.

Die Diskussion um Differenzierung in der Berufsausbildung setzt Anfang der neunziger Jahre ein. An Lösungen wird auch noch heute wie ebenso zukünftig gearbeitet. Auch hier sind zwei Stränge zu unterscheiden:

(1) Die Sicherung des Berufsnachwuchses hängt auf der einen Seite von der fördernden Ausschöpfung leistungsschwächerer Anteile eines Altersjahrganges ab. Hier ist die Einrichtung von Förderunterricht, z. B. auch in Form von ausbildungsbegleitenden Hilfen (abH-Maßnahmen), unerlässlich. Ein solcher Unterricht wird mit Sozialarbeit ergänzt, um den zunehmenden sozialen und psychischen Problemen der besonders leistungsschwächeren jungen Menschen in der beruflichen Bildung begegnen zu können. Trotz aller Förderungsmaßnahmen wird es aber auch junge Menschen geben, die den Mindestanforderungen der derzeit anerkannten Ausbildungsberufe nicht gerecht werden. Für diesen Personenkreis sind neue Ausbildungsgänge im Rahmen des Berufsbildungsgesetzes zu schaffen. Erst so wird eine längerfristige Eingliederung der ausgesprochen Lernschwachen in das Beschäftigungssystem ermöglicht.

Mit anderen Worten: Es geht darum, die Berufsausbildung am unteren Ende der Qualifikationsskala zu differenzieren. Bei solchen neuen differenzierten Ausbildungsgängen sind aufeinander aufbauende Berufsabschlüsse vorzusehen, die ohne Einschränkungen zu den Qualitätsstandards heute bestehender Ausbildungsordnungen führen.

(2) Auf der anderen Seite muss die Berufsausbildung aber auch attraktiv für jene jungen Erwachsenen sein, die besonders leistungsstark sind. Dies gilt unabhängig davon, ob diese Personen bereits über eine Hochschulzugangsberechtigung verfügen oder nicht. Sie müssen bereits in der Berufsausbildung Bildungsangebote wahrnehmen können, die für sie eine Berufstätigkeit ohne späteres Durchführen oder Anstreben eines Hochschulstudiums attraktiv macht.

In der Polarisierung zwischen Allgemeinbildung und Berufsbildung zeigen sich Annäherungen. Diese speisen sich aus der Berufsbildung, die zunehmend allgemeinere Fähigkeiten zur Ausfüllung von Berufsarbeit fördert. Man kann von einer „Verallgemeinerung der Berufsbildung" sprechen (Arnold 2001, vgl. auch Sloane 2000). Der Wandel der Arbeitswelt im Hinblick auf Komplexität, Ganzheitlichkeit und Gestaltung sowie seinen damit verbundenen Qualifikationsveränderungen setzt auf die Zielvorstellung einer aus Schlüsselqualifikationen abgeleiteten und weiterentwickelten Berufskompetenz mit der darin enthaltenen Idee der Förderung von Handlungswissen (Kap. C.3, C.4). In dieser Zielvorstellung sind neben Anteilen einer komplexen und anspruchsvollen Fachkompetenz besonders allgemeine Kompetenzen wie Methoden-, Personal- und Sozialkompetenz enthalten, die integrativ mit der Fachkompetenz aufgebaut werden. Diese allgemeinen Kompetenzen werden im Zuge einer schnelleren Veränderungsrate des Wissens immer bedeutsamer. Mehr als die Erfüllung augenblicklicher Berufszwecke geht es in der Berufsbildung darum, für bereits aktuell sich wandelnde und zukünftig unbestimmte Arbeitssituationen eine Erschließungsfähigkeit aufzubauen. Diese ist als inhaltliche, denkmethodische, personale und soziale Formwerdung anzusehen. In der Berufsbildung steht über eine aktuelle inhaltliche Bildung der Anteil des „Menschen stärken" im Vordergrund.

Moderne Berufsarbeit erfordert in vielen Bereichen Menschen, die mehr können als vorgegebene, umgrenzte Zwecke zu erfüllen. Das was vormals einer Allgemeinbildung in Entkoppelung vom Beschäftigungssystem vorbehalten schien, nämlich die geistige und seelische Kräftebildung, kann vielerorts moderne Berufsarbeit einverlangen. Diese Kräftebildung wird zum Anspruch moderner Berufsbildung.

Selbstorganisation ist ein für die berufliche Bildung allgemeines Ziel. Zur Erhaltung einer Berufsfähigkeit unter schnell sich wandelnden Bedingungen dient die Selbstorganisation dazu, Wissen zu erschließen, für aktuelle Situationen zu nutzen, mit anderen auszutauschen und für andere darzustellen sowie für andere zu speichern. Zur Förderung der Selbstorganisation betont die berufliche Bildung den handlungsorientierten bzw. konstruktivistischen Unterricht (Kap. C.3), bei dem es vom Handeln zum Wissen geht. Dies schließt in der beruflichen Bildung den objektivistischen bzw. instruktionsorientierten Unterricht nicht aus, bei dem es vom Wissen zum Handeln geht. Eine Präferenz geht aber heute in Richtung des handlungsorientierten bzw. konstruktivistischen Unterrichts, welcher für die Zielvorstellung der Selbstorganisation eine Annäherung sucht. Mit dieser Präferenz als prospektive Antwort auf die Anforderungen moderner Berufsarbeit nimmt die Berufsbildung gegenüber der Allgemeinbildung eine Initiativrolle ein.

Aus Sicht einer modernen Theorie beruflicher Bildung kommt es heute und besonders zukünftig zu einer Auflösung des Gegensatzes zwischen Allgemeinbildung und Berufsbildung: Berufsbildung nähert sich durch Verallgemeinerung an die Allgemeinbildung an. Oder weiter gefasst, es erfolgt eine Integration von Berufsbildung und Allgemeinbildung; Berufsbildung ist Allgemeinbildung oder Allgemeinbildung ist Berufsbildung.

Übersicht 26: Ideelle Annäherung zwischen Berufsbildung und Allgemeinbildung

Mit anderen Worten: Es geht darum, die Anziehungskraft der beruflichen Aus- und Weiterbildung gegenüber einer Studienwahl nachdrücklich zu erhöhen. Dies wird besonders von der Existenz begehrenswerter Ausbildungswege im Berufsbildungssystem außerhalb der Hochschule abhängen. Dazu zählen verbesserte Möglichkeiten einer beruflichen Entwicklung auch ohne Studium, die durch attraktive Ergänzungen (z. B. Plusprogramme) in der beruflichen Bildung angeboten werden. Es geht darum, die Inhalte und Anforderungen der beruflichen Bildung oberhalb des durch die Grundstandards der Ausbildungsordnungen vorgegebenen Lern- und Leistungsniveaus zu differenzieren. Hier schließt sich der Kreis zum zweiten Argumentationsstrang unter Gleichwertigkeit beruflicher und allgemeiner Bildung. Besonders attraktive Fortbildungberufe im Verbund mit Erstausbildungsberufen sind hier der richtige Weg. Für die Berufe der IT-Technik z. B. sind im Zuge der Neuordnung der IT-Weiterbildung Fortbildungsberufe wie etwa Specialists, Operative Professionals (z. B. IT-Engineer) und Strategische Professionals (z. B. IT-System Engineer) vorgesehen (vgl. Bundesministerium für Bildung und Forschung 2002, S. 220 ff, 2003, S.206ff).

Das Konzept der Schlüsselqualifikationen ist bereits Anfang der siebziger Jahre diskutiert worden. Breite Durchsetzung dürfte die Idee der Förderung von Schlüsselqualifikationen Anfang der neunziger Jahre erhalten haben. Schlüsselqualifikationen werden als eine Antwort auf den Strukturwandel gesehen, der u. a. mit folgenden Schlagworten zu kennzeichnen ist: Einführung der Informations- und Kommunikationstechnik in den achtziger Jahren, Globalisierung der Wettbewerbsmärkte spätestens zu Beginn der neunziger Jahre, Möglichkeit der Rücknahme hochgradiger (tayloristischer) Arbeitsteilung, rascher technisch-produktiver und ökonomischer Wandel, abstrakter werdende Berufsarbeit mit wachsenden theoretischen Anforderungen. Vereinfacht spricht man bei Schlüsselqualifikationen von überfachlichen Qualifikationen. Sie sollen in die Lage versetzen, zukünftige, schnell aufkommende neue Inhalte selbsttätig aufschließen zu können und damit lebensbegleitend lernen zu können. Schlüsselqualifikationen können z. B. sein: Denken in Zusammenhängen, Flexibilität, Kommunikationsfähigkeit, Kreativität, Problemlösefähigkeit, Selbstständigkeit, Transferfähigkeit, Zuverlässigkeit (näher zu den Schlüsselqualifikationen siehe Kap. C.3).

In Folge der Zielvorstellung Förderung von Schlüsselqualifikationen werden Ende der achtziger und Anfang der neunziger Jahre in den großen Betrieben Ausbildungskonzeptionen entwickelt, die eine leittextgesteuerte Projektausbildung in den Vordergrund rückt. Bekannt geworden ist aus den vielfältigen Ansätzen z. B. die projekt- und transferorientierte Ausbildung bei Siemens (PETRA) mit einem eigenen Katalog von Schlüsselqualifikationen (vgl. Borretty u. a. 1988, Klein 1994, Schelten, 1995, S. 286 ff.).

Verzögert und zeitweilig die pädagogische Initiative den großen Betrieben überlassend findet in der ersten Hälfte der neunziger Jahre vermehrt der handlungsorientierte Unterricht in den beruflichen Schulen neben dem bestehenden Beachtung. Der Prozess der Einführung eines handlungsorientierten Unterrichts zieht sich weit über die neunziger Jahre hinaus und mag auch vorher punktuell begonnen haben. Es ist aber wohl ein Schub zu Anfang der neunziger Jahre festzustellen, in dem in Antwort auf die Förderung von Schlüssel-

qualifikationen das Konzept des handlungsorientierten Unterrichts in Modell-
versuchen an beruflichen Schulen entwickelt wird. Schüler erwerben fach-
theoretisch gesteuert und reflektiert eine berufliche Handlungsfähigkeit in
Verbindung mit fachübergreifenden Qualifikationen (Schlüsselqualifikationen, siehe näher zum handlungsorientierten Unterricht, Kap. C.4).

Die Diskussionen um eine gesetzliche Regelung der Weiterbildung halten an. Es besteht ein wachsender Widerspruch zwischen der zunehmenden
Bedeutung der Weiterbildung im Zuge eines lebensbegleitenden Lernens und
ihrem dereguliertem Zustand. Vorstellungen können darin bestehen, ähnlich
dem dualen Modell der Erstausbildung ein staatlich kontrolliertes Marktmodell der Weiterbildung zu schaffen (vgl. die Eckpunkte der Berufsbildungspolitik für die achtziger Jahre in Übersicht 25). Besonders von Seiten der Gewerkschaft wird zum Ende der neunziger Jahre ein Bundesrahmengesetz für
die gesamte Weiterbildung gefordert. Regelungsbereiche für die Weiterbildung wären: „Zugangssicherung, Herstellung von institutioneller Verlässlich-
keit, Qualitätssicherung und Transparenz, Professionalität des Personals, Lern-
zeitansprüche, Möglichkeiten der Zertifizierung, Sicherung der Finanzierung
sowie Aufbau von Weiterbildungsstatistik und -forschung." (GEW 2000,
S. 44, vgl. ebenso Gewerkschaftliche Bildungspolitik (2000) 9/10, S. 29 – 31).
Zum Dissens über Regulierung oder Deregulierung in der Weiterbildung siehe Kap. B.4.

Die Einführung des Lernfeldkonzeptes in den Lehrplänen der Berufsschule ist ein paradigmatischer Wechsel. 1996 beschließt die Konferenz der Kultusminister der Länder (KMK) Handreichungen für die Erarbeitung von Rahmenlehrplänen für den berufsbezogenen Unterricht in der Berufsschule. Der
lernzielorientierte Didaktikansatz aus den siebziger Jahren mit seinen für Lehrpläne atomistischen, nach Fächern gegliederten und eher fachsystematisch
orientierten Lernzielen wird zugunsten lernfeldorientierter Lehrpläne aufge-
geben. Lernfelder beschreiben inhaltlich zusammengehörende, thematisch
gegliederte Einheiten in größeren Zielkomplexen. Lernfelder richten sich an
beruflichen Aufgabenstellungen und Handlungsabläufen aus. Sie orientieren
sich an der Förderung von Berufskompetenz und Schlüsselqualifikationen.
Mit den lernfeldorientierten Lehrplänen wird ein handlungsorientierter Unterricht begünstigt, ohne diesen vorzuschreiben. Der handlungsorientierte
Unterricht in der Berufsschule erhält durch den lernfeldorientierten Lehrplan
eine Absicherung (näher zu den lernfeldorientierten Lehrplänen siehe Kap.
C).

Eine weitere Modernisierung des dualen Systems der Berufsausbildung
ist in der Schaffung neuer Ausbildungsberufe in beschleunigter Entwicklungs-
zeit ab 1997 zu sehen. Hier wird ein gestaltungsoffenes, modernes Ausbildungskonzept vorgesehen: Ein flexibles und modularisiertes Berufskonzept
unter Beibehaltung eines mehrjährigen, zeitlich zusammenhängenden Ausbildungsganges wird zugrunde gelegt (vgl. Kap. B.3). Zunehmend werden
eine Vielzahl neuer Ausbildungsberufe in zum Teil auch engen Bereichen wie

z. B. Sport- und Fitnesskaufmann oder Maskenbildner geschaffen. Es gilt, neue Ausbildungsmärkte zu erschließen. Bei Ausbildungsberufen in engen Bereichen wird der Gedanke einer Orientierung der Berufsausbildung an Grundberufen verlassen.

Das Thema der Lernortkooperation wird Ende der 90er Jahre wieder aufgenommen. Es gilt, das duale System zu einem dual-kooperativen auszubauen. Das Zusammenwirken des Lehr- und Ausbildungspersonals zwischen Betrieb, überbetrieblicher Ausbildungsstätte und Berufsschule soll intensiviert werden. Das Wiederaufleben dieser alten Thematik verfolgt bildungspolitisch zwei Ziele:

–   Zum einen dient eine Lernortkooperation der Effektivierung des dualen Systems. Inhaltliche Überschneidungen sollen vermieden, Ausbildungsressourcen effektiver genutzt werden.

–   Zum anderen eröffnet Lernortkooperation die Entwicklung regionaler Bildungsnetzwerke zwischen Betrieb, Berufsschule und überbetrieblicher Ausbildungsstätte. In einem regionalen Berufsbildungsdialog sollen flexibel disponierbare Teile einer Berufsausbildung auf die Lernorte vor Ort aufgeteilt und abgestimmt werden.

Didaktisch bekommt die Lernortkooperation neuen Schub, wenn es unter der Zielvorstellung der Förderung von Berufskompetenz zu einer Verschränkung von Theorie- und Praxisanteilen im Berufsbildungsprozess kommt. Besonders die Berufsschule hat ein Interesse an Lernortkooperation, wenn sie im Sinne einer Handlungsorientierung ihres Unterrichts berufssituatives Lernen mit theoretisch abstraktem Lernen zu verbinden sucht. Beispielhaft für Lernortkooperation sei u. a. verwiesen auf Acksteiner, Schelten (1998), sowie auf den Modellversuch kobas: Verbesserung der Kooperation zwischen Berufsschulen und Ausbildungsbetrieben im dualen System der Berufsausbildung (ISB 2001), grundsätzlich zur Lernortkooperation Euler 1999, Pätzold 2001.

Gestaltungsoffenheit: ab 2000

Eine Politik und Reform der beruflichen Bildung ist ab 2000 gestaltungsoffen. Für die beruflichen Schulen setzt eine Entwicklung zu regionalen beruflichen Kompetenzzentren ein. Darunter ist zum einen die Zusammenfassung beruflicher Schularten zu beruflichen Kompetenzzentren für Aus- und Weiterbildung in Form beruflicher Schulzentren zu verstehen. Zum anderen geht es um die Strukturierung nach fachlichen Schwerpunkten. Besonders der letzte Punkt steht im Vordergrund. In großen Städten besteht bereits eine Spezialisierung der Berufsschulen. Ziel ist es, auch außerhalb der Ballungszentren in einer Region die Berufsschule einer Organisationsreform zu unterziehen: Berufe oder Berufsgruppen sollen an einer Schule der Region zusammengefasst werden. Dies kann erforderlich werden, weil zu deren Unterrichtung eine fachliche Spezialisierung der Lehrkräfte notwendig ist, eine kostenintensive Fachraumausstattung mit kurzen Veränderungsraten auftritt und / oder ein differenziertes Bildungsangebot nötig ist.

Ungeklärt ist, inwieweit Kompetenzzentren Kern einer lernenden Region in einem regionalen Bildungsnetzwerk werden können, wie es bereits bei den Entwicklungsbestrebungen zur Lernortkooperation angedacht wird. Hierzu müssen rechtliche Rahmenbedingungen geöffnet werden.

An den beruflichen Schulen setzt um 2000 ein Generationswechsel von Lehrern in einem größeren Ausmaß ein. Zugleich stehen in einer Reihe von beruflichen Fachrichtungen zu wenig ausgebildete Lehrkräfte zur Verfügung. Die Sicherung des Lehrernachwuchses für berufliche Schulen rückt in den Vordergrund. Vermehrt kommt es zu einer Einstellung von Bildungspersonal in die Schulen (z. B. von Diplomingenieuren und Diplomkaufleuten), die nicht über Lehramtsstudiengänge in den Lehrerberuf gelangen. Dies höhlt die grundständige Lehrerbildung aus.

Zugleich steht die grundständige Lehrerbildung vor Harmonisierungsbestrebungen der Europäischen Union. Die Bologna-Erklärung der Europäischen Bildungsminister von 1999 für den europäischen Hochschulraum sieht gestufte Studiengänge vor. Ein mindestens dreijähriger Studienzyklus führt zu einem ersten Abschluss (undergraduate). Diesem folgt ein zweiter Zyklus mit einem zweiten Abschluss (graduate). Auch an deutschen Universitäten beginnt sich diese Studienstruktur zu etablieren. Je weiter diese Struktur in den Fachdisziplinen einer Universität eingeführt wird, desto mehr werden Studiengangmodelle der Lehrerbildung davon betroffen sein.

Parallel zur o. g. Bologna-Erklärung steht die Kopenhagener Erklärung von 2002 der Europäischen Minister für Berufsbildung und der Europäischen Kommission über verstärkte Zusammenarbeit in der Berufsbildung. Die Erklärung von Kopenhagen sichert politisch ab, die im Rahmen einer sog. Brügge-Initiative eingeleiteten Schwerpunkte zur Zusammenarbeit in der Berufsbildung in Europa weiterzuentwickeln. In Brügge haben 2001 Generaldirektoren für Berufsbildung aus europäischen Ländern begonnen, Eckpunkte zur Zusammenarbeit festzulegen. Man spricht auch vom Brügge-Kopenhagen-Prozess.

Ausgehend von dem Ziel der Europäischen Union, Europa bis 2010 zum wettbewerbsfähigsten und dynamischsten wissensbasierten Wirtschaftsraum der Welt zu machen, soll auch in der Berufsbildung an der Festlegung und Umsetzung gemeinsamer Ziele gearbeitet werden. Ähnlich zum Bologna Prozess im Hochschulbereich ist ein Kooperationsprozess in der Berufsbildung vorgesehen. In der Kopenhagener Erklärung ist explizit festgelegt, dass die Zusammenarbeit auf freiwilliger Basis und durch einen von den Mitgliedsländern gesteuerten Prozess erfolgen soll. Dennoch ergeben sich hier Harmonisierungsbestrebungen der Europäischen Union, die stärker als noch zu Beginn der 90er Jahre auf die Berufsbildungssysteme der Mitgliedsländer eingreifen werden und so das bisher geltende Subsidiaritätsprinzip abschwächen.

Die Zusammenarbeit sucht Lösungen für die Problemfelder Transparenz, Anerkennung und Qualität. Vorgesehen sind u. a. ein Anrechnungs- und Übertragungssystem für die berufliche Bildung (1). Nach dem Vorbild des Europäischen Systems für die Anrechnung von Studienleistungen in der Hochschule (ECTS, European Credit Transfer System) soll ein ähnliches für die Berufsbildung entwickelt werden.

Gemeinsame Kriterien und Grundsätze (2) für die Qualität der beruflichen Bildung, z. B. EU-Qualitätschecklisten, sollen festgelegt werden. Gemeinsame Grundsätze für die Validierung von informellem Lernen stehen zur Entwicklung an.

Ein einheitlicher Rahmen (3) für Transparenz bei Kompetenzen und Qualifikationen soll angelegt werden. Instrumente sind hierbei u. a. Zeugnisergänzungen, Diplomzusätze, der EUROPASS-Berufsbildung und nationale Referenzstellen. Letztere stellen Informationszentren zu Fragen über nationale Qualifikationen dar.

Es wird deutlich, Berufsbildung soll nicht mehr länger eine rein nationale Angelegenheit sein. Bis 2010 sollen die Bürger in Europa Kompetenzen und Qualifikationen wie eine gemeinsame Währung in ganz Europa einsetzen können. Es sind regulierende Eingriffe in die nationalen Berufsbildungssysteme zu erwarten, die von einer auf Harmonisierung ausgerichteten Zusammenarbeit in der Europäischen Union getragen sind.

Unabhängig von der Entwicklung wie sie von europäischer Ebene ausgeht, wird für Deutschland eine Neufassung des Berufsbildungsgesetzes von 1969 angestrebt. Aufgrund des „PISA-Schocks" in der Allgemeinbildung (Programme for International Student Assessment) mag es auch in der Berufsbildung zu einer verstärkten Output-Qualitätssicherung kommen.

Hinweise auf zukünftige Entwicklungen mag abschließend eine Delphi-Befragung (wiederholte veränderte Befragung) von 2000 Berufsbildungsexperten geben, die zur Identifikation von Forschungs- und Entwicklungsaufgaben in der beruflichen Aus- und Weiterbildung befragt wurden (vgl. Bundesministerium für Bildung und Forschung 2002, S. 250 ff.). Unter 246 Forschungs- und Entwicklungsideen erhielten die folgenden drei, über alle Experten gesehen, die ersten drei Rangplätze und damit die höchste Zustimmung:

– Wie kann die Ausbildungsfähigkeit und -beteiligung von kleinen und mittelständischen Unternehmen in neuen anspruchsvollen Berufen gestärkt werden?

– Entwicklung einer Methode zur permanenten Anpassung und Aktualisierung der Berufsbilder.

– Untersuchung, welcher Reformbedarf sich für die berufliche Erstausbildung aufgrund veränderter Lebensverläufe / Berufsbiographien und der Notwendigkeit für lebensbegleitendes Lernen ergibt.

Bei diesen Angaben bleibt aber zu berücksichtigen, dass die institutionelle Herkunft der Experten in hoher Weise den wahrgenommenen Forschungs-

und Entwicklungsbedarf beeinflusst. Die befragten Experten kommen aus Betrieben, überbetrieblichen Ausbildungsstätten, Schulen, Kammern, Arbeitgeberorganisationen, Gewerkschaften, Berufsverbänden, privater Forschung, staatlicher Forschung, Universitäten, Fachhochschulen, Berufsakademien, staatlicher Verwaltung (detaillierter zu dieser Befragung siehe die o. g. Quelle).

Mit dem Überblick zur Politik und Reform der beruflichen Bildung werden die Ausführungen zu ausgewählten Aspekten der Grundlagen und Grundfragen der Berufspädagogik abgeschlossen. Es wird nach einer Zusammenfassung zu einigen wesentlichen Bestimmungsgrößen einer Didaktik beruflichen Lernens übergegangen.

Zusammenfassung

Bildungspolitik ist ein Handeln, bei dem es um die Durchsetzung von Interessen im Bereich des Erziehungs- und Bildungswesen einer Gesellschaft geht. In der Berufsbildungspolitik steht die Durchsetzung von Interessen nach allgemeinverbindlichen Regelungen im Bereich der vorberuflichen Bildung, der Berufsausbildung und der beruflichen Weiterbildung im Vordergrund. Eine Arbeitsmarktpolitik zusammen mit einer Bildungspolitik bestimmen die Berufsbildungspolitik.

Zwischen Berufsbildungs- und Beschäftigungssystem kann es einmal um die Koppelung, zum anderen um die Entkoppelung gehen. Bei der Koppelung passt sich das Berufsbildungssystem strukturell und inhaltlich an das Beschäftigungssystem an. Bei der Entkoppelung passt sich das Beschäftigungssystem an das Berufsbildungssystem an. Bildung wird dann als eine autonome Kategorie aufgefasst. Eine verbindende Zielformel zwischen Koppelung und Entkoppelung stellt die Förderung von Berufskompetenzen dar.

Für die Berufsbildungspolitik sind sieben Überleitungsbereiche von Bedeutung, die innerhalb des Bildungssystems und vom Bildungssystem zum Beschäftigungssystem auftreten und zu Wartemärkten führen können. Eine Berufsbildungspolitik hat sich dem Problem einer global und sektoral permanenten Unabgestimmtheit zu stellen.

Eine breite Entfaltung einer Berufsbildungspolitik ist in der Bundesrepublik Deutschland erst ab 1960 festzustellen. In der Zeit von 1960 bis 1968 erfährt die Berufsbildungspolitik eine Durchsetzungskraft, die besonders in der Zeit von 1968 bis 1973 zum Tragen kommt. Der letztgenannte Zeitraum ist eine programmatische Phase, in der man sich intensiv mit inhaltlichen Änderungen des beruflichen Bildungswesens beschäftigt.

In der Zeit von 1973 bis 1980 ist eine Wende von der programmatischen zur pragmatischen Berufsbildungspolitik festzustellen. Das quantitative Problem der Ausbildungsplatznot tritt in den Vordergrund. Von 1980 bis 1990 ist ein abnehmendes quantitatives Problem der Berufsbildung zu verzeichnen.

Die pragmatische Berufsbildungspolitik kann sich wieder zu einer programmatischen verändern. Fragen des technischen Wandels und der Berufsbildung stehen im Vordergrund und führen zu einer Neuordnung.

Ein Strukturwandel prägt die Berufsbildungspolitik von 1990 bis 2000. Unter anderem gilt: Im Zuge der Wiedervereinigung wird das System der Berufsbildung von West- nach Ostdeutschland transformiert. Ein handlungsorientierter Unterricht beginnt sich neben lernfeldorientierten Lehrplänen in den beruflichen Schulen zu etablieren. Neue, geschäftsprozessorientierte Ausbildungsberufe entstehen in schneller Folge. Eine Lernortkooperation wird zur Optimierung des dualen Systems der Berufsausbildung wieder betont.

Die berufsbildungspolitischen Entwicklungen ab 2000 sind gestaltungsoffen. Berufliche Schulen wandeln sich zu regionalen Kompetenzzentren. Aus europäischer Sicht sind regulierende Eingriffe in die nationalen Berufsbildungssysteme zu erwarten, die von einer auf Harmonisierung ausgerichteten Zusammenarbeit in der Europäischen Union getragen sind.

Wichtige Begriffe und Konzepte

Begriff der Berufsbildungspolitik

Abstimmung zwischen Berufsbildungs- und Beschäftigungssystem: Koppelung, Entkoppelung

Überleitungsbereiche und Wartemärkte

Phasen der Berufsbildungspolitik von 1960 bis heute: Entfaltung, Programmatik bzw. Aufbruch, Pragmatik, Neuordnung, Strukturwandel, Gestaltungsoffenheit

Eckpunkte der Berufsbildungspolitik ab 1960 siehe Übersicht 25

Studienliteratur (Auswahlliteratur)

Dauenhauer, E.: Berufsbildungspolitik, 4. Auflage, Münchweiler: Walthari 1997
Kap. B: Systemstücke der Berufsbildungspolitik: Erster Teil – Grundlagen: Ordnungspolitik
Deutscher Bildungsrat – Empfehlungen der Bildungskommission: Strukturplan für das Bildungswesen, 4. Aufl., Stuttgart: Klett 1972
Kap. I: Grundsätze
Kap. III: 3.2: Sekundarstufe II
Münch, J.: Berufsbildungspolitik, in: Arnold, R., Lipsmeier, A. (Hrsg.): Handbuch der Berufsbildung, Opladen: Leske+Budrich 1995, S. 398 – 408
Raddatz, R.: Berufsbildung im 20. Jahrhundert: eine Zeittafel, Bielefeld: Bertelsmann 2000
Kap. Bundesrepublik Deutschland seit 03.10.1990
Tenorth, H.-E.: Geschichte der Erziehung: Einführung in die Grundzüge ihrer neuzeitlichen Entwicklung, 3. völlig überarb. u. erw. Aufl., München: Juventa 2000
Kap. VI: Bildung und Erziehung in 2 deutschen Staaten, 1945–1990

C. DIDAKTIK BERUFLICHEN LERNENS

Es soll an dieser Stelle nicht darum gehen, eine umfassende Didaktik beruflichen Lernens darzustellen. Aus der Didaktik des beruflichen Lernens sollen hier allein einige wesentliche Züge erörtert werden. Eine Reihe von Ausführungen sind allgemein didaktischer Art. Diese sind aber vorbereitend erforderlich, um die besonderen Bezüge einer Didaktik beruflichen Lernens erörtern zu können. Eine empirische Unterrichtsforschung im Bereich der nichtakademischen beruflichen Bildung steht im Folgenden für eine Didaktik beruflichen Lernens weniger im Vordergrund. Für eine nationale Bestandsaufnahme empirischer Befunde zur Didaktik der Berufsbildung an der Wende vom 20. auf das 21. Jahrhundert sei auf Nickolaus (2001) verwiesen. International nehmen Achtenhagen, Grubb (2001) eine Sichtung vor.

Nach einem Eingehen auf die Begriffe Didaktik, Unterricht, Curriculum (C.1) wird der Bildungsauftrag der Berufsschule erörtert (C.2). Das Konzept der Schlüsselqualifikationen und Berufskompetenzen erfährt eine nähere Darstellung (C.3). Es schließen sich Erörterungen zum handlungsorientierten Unterricht sowie zum System beruflicher Unterricht an (C.4 und C.5).

C.1 DIDAKTIK, UNTERRICHT, CURRICULUM

Didaktik

Der Begriff Didaktik geht auf den altgriechischen Wortstamm „didaskein" lehren, unterrichten, auseinandersetzen, beweisen, zurück. So befasst sich die Didaktik
- mit dem Lehren und Unterrichten in allen Formen (z. B. nach Unterrichtsmethoden und Sozialformen, siehe Kap. C.5.2),
- auf allen Ebenen (z. B. Primarstufe, Sekundarstufe, Tertiärstufe: Hochschule, Quartärstufe: Weiterbildung),
- ohne Sonderung auf den Lehrinhalt.

Liegt eine Sonderung auf den Lehrinhalt vor, dann handelt es sich um eine Fachdidaktik, z. B. Fachdidaktik Nahrung für das Berufsfeld der nahrungsgewerblichen Berufe. Auf den Begriff der Fachdidaktik wird hier nicht weiter eingegangen.

Die Didaktik kann zum einen erziehungswissenschaftlich, zum anderen erziehungspraktisch gesehen werden (Übersicht 1, die Nummerierung der Übersichten beginnt mit diesem Hauptkapitel neu). Erziehungswissenschaftlich gesehen kann die Didaktik mit der Bezeichnung Wissenschaft vom Unterricht übersetzt werden. Hier geht es um die Erforschung der Voraussetzungen, Prozesse und Ergebnisse unterrichtlichen Lernens. Erziehungspraktisch gesehen ist die Didaktik mit einer allgemeinen Unterrichtslehre zu übersetzen. Die Ziele und Erfahrungen des Unterrichtens werden systematisch geordnet und dargestellt. Insbesondere befasst sich die allgemeine Unterrichtslehre mit den Maßnahmen, die für unterrichtliches Lernen erforderlich werden. Hierzu zählen die Lehrbücher, die Anleitungen zur Planung, Durchführung und Auswertung von Unterricht enthalten (u. a. Meyer 1999 a, b, 2000 c).

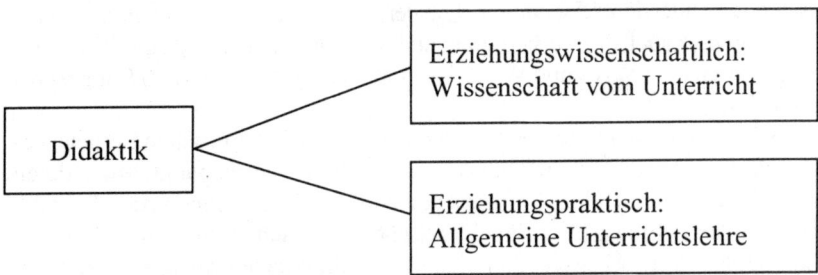

Übersicht 1:   Erziehungswissenschaftliche und erziehungspraktische Seite der Didaktik

Im Zuge der Verwendung des Begriffes Didaktik ist es sinnvoll, zwischen einer Didaktik im weiteren Sinne und einer im engeren Sinne zu unterscheiden (Übersicht 2).

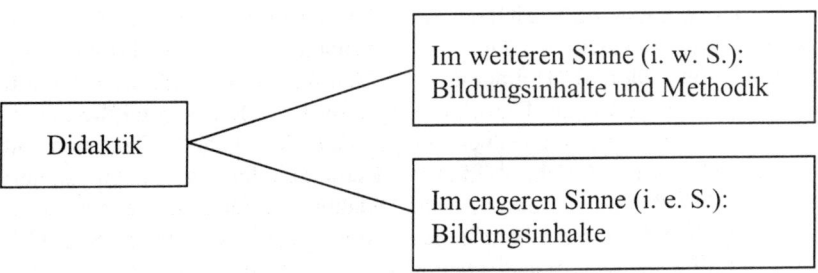

Übersicht 2:   Unterscheidung der Didaktik nach im weiteren und im engeren Sinne, Erläuterung im Text.

Die Didaktik i. w. S. befasst sich mit der Ermittlung und Erörterung der Bildungsinhalte, d. h. mit der Frage, über welche Inhalte sich vornehmlich Bildung vollzieht. Zugleich schließt die Didaktik i. w. S. die Methodik des Unterrichts mit ein. Dies heißt, dass in einem weiten Begriff der Didaktik die Methodik hinzugerechnet und *nicht* ausgegrenzt wird. Auf „W-Fragen" übersetzt heißt dies, die Didaktik i. w. S. befasst sich mit den Inhalten, d. h. dem WAS und WOZU sowie auch mit der Methodik, d. h. dem WIE und WOMIT.

Die Didaktik i. e. S. befasst sich allein mit der Ermittlung und Erörterung der Bildungsinhalte. Die Methodik des Unterrichts ist ausgegrenzt und ein eigenständiger Bereich. Auf die „W-Fragen" übersetzt heißt es dann vereinfacht bei einer Auffassung von Didaktik i. e. S., dass sich die Didaktik mit dem WAS und WOZU befasst.

Der alltägliche Sprachgebrauch geht eher von der Didaktik im weiteren Sinne aus, bei dem die Frage nach den Bildungsinhalten und nach der Methodik enthalten ist. Heißt es z. B. über eine Unterrichtsstunde: „Das war didaktisch guter Unterricht", ist damit neben der Auswahl der behandelten Bildungsinhalte gerade auch die Aufbereitung und Vermittlung derselben gemeint. Dies heißt, neben dem WAS und WOZU ist auch das WIE und WOMIT angesprochen.

Wenn hier und im Folgenden von einer Didaktik beruflichen Lernens gesprochen wird, ist damit die Didaktik im weiteren Sinne gemeint. Mit anderen Worten, wenn von Didaktik gesprochen wird, ist damit immer auch Methodik mit gemeint. - Eine Abhängigkeit zwischen Übersicht 1 und 2 besteht nicht. Eine Didaktik im weiteren Sinne bzw. eine im engeren Sinne lässt sich sowohl erziehungswissenschaftlich wie auch erziehungspraktisch sehen.

Sei es, dass eine Didaktik erziehungswissenschaftlich oder erziehungspraktisch ausgerichtet ist, in beiden Fällen wird sie von einer Theorie ausgehen. In der Didaktik gibt es nun verschiedene Theorien. Sie lassen sich auch als Modelle der Didaktik bezeichnen. Unter den vielfältigen Modellen sind heute drei sehr bekannt. Dies ist zum einen (1) das bildungstheoretische Modell der Didaktik von Klafki, welches in einer Weiterentwicklung als kritisch-konstruktive Didaktik bezeichnet wird. Zum anderen (2) ist das lehr- bzw. lerntheoretische Modell der Didaktik zu nennen, welches eine Entwicklung vom Berliner Modell (Heimann, Otto, Schulz) zum Hamburger Modell (Schulz) durchlaufen hat. Diese zwei didaktischen Modelle sind die klassischen. Sie haben bereits eine über mehrere Jahrzehnte gehende Tradition und sind auch heute in der Lehrerbildung wirksam. Seit den 90er Jahren etabliert sich (3) aktuell die konstruktivistische Didaktik, die für einen handlungsorientierten Unterricht in der beruflichen Bildung bedeutsam ist (vgl. Kap. C.4, zu den drei genannten didaktischen Modellen siehe u. a. Jank, Meyer 2002, Peterßen 2001).

Die Modelle unterscheiden sich im theoretischen Zugriff. Das bildungstheoretische Modell hat geisteswissenschaftliche Wurzeln. Das lehr- bzw. lerntheoretische Modell ist mehr erfahrungswissenschaftlich ausgerichtet. Das konstruktivistische Modell ist lernpsychologisch begründet, in dem es heißt, dass Lernenden eine eigenständige Konstruktion von Wissen ermöglicht werden muss. Gemeinsam ist den Ansätzen, dass Entscheidungsfelder für unterrichtliches Planen und Handeln, aus dem Blickwinkel des jeweiligen theoretischen Standpunktes, umfassend genannt und erörtert werden. Für die Lehrerbildung ist die Auseinandersetzung mit den didaktischen Modellen bedeutsam. Angehende Lehrer erfahren, welche Entscheidungsfelder theoretisch unterrichtliches Planen und Handeln ausmachen. Erst mit diesem Hintergrundverständnis lässt sich konkretes unterrichtliches Planen und Handeln durchführen, das zumeist, gemessen an den Ansprüchen der didaktischen Modelle, „didaktisch vereinfacht" erfolgt.

Unterricht

Zumal hier Didaktik erziehungswissenschaftlich als Wissenschaft vom Unterricht bzw. erziehungspraktisch als allgemeine Unterrichtslehre bezeichnet worden ist, gilt es, den Begriff Unterricht zu umreißen. Unterricht zeigt sich in einer Vielfalt von Erscheinungsformen. Dies bereitet Lehranfängern naturgemäß Schwierigkeiten, wie Übersicht 3 ausdrückt.

Übersicht 3: Vielfältige Erscheinungsformen von Unterricht, Zeichnung von Undine Gärtner 2001

Eine Kennzeichnung von Unterricht geschieht im Folgenden in zwei Schritten. Zum einen (1) wird der Begriff Unterricht formal kurz umrissen. Zum anderen (2) wird der Begriff inhaltlich beschrieben.

Zu (1): Unterricht ist organisiertes Lehren und Lernen. Es vollzieht sich interaktiv und institutionalisiert (Übersicht 4). Organisiert meint u. a., dass im Unterricht planmäßig und systematisch vorgegangen wird. Bestimmte Lernziele sollen in einer vorgegebenen Zeit erreicht werden. Interaktiv heißt u. a., dass Unterricht sich durch ein wechselseitig wirkendes Verhalten von Lehrer und Schülern auszeichnet. Mit anderen Worten: Das Verhalten des einen beeinflusst das Verhalten der anderen und umgekehrt. Die Interaktivität findet in einer pädagogisch gestalteten Umgebung, z. B. in Unterrichtsräumen, statt. Institutionalisiert bedeutet u. a., dass Unterricht auf professionelles Personal delegiert ist. Der Unterricht erfolgt in eigenständigen Einrichtungen, häufig in Schulen unter staatlicher Aufsicht. Besonders die Interaktivität im Unterrichtsbegriff ist bedeutsam. In der Interaktivität zeigt sich die Stärke personalen Unterrichts. Multimediales Lernen kann ohne eine Lehrkraft Interaktivität nur simulieren, nicht aber ersetzen.

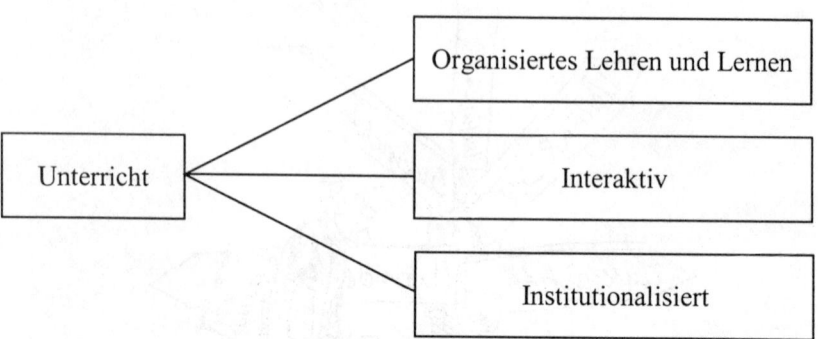

Übersicht 4:   Formale Aspekte des Begriffs Unterricht.

Zu (2): Bei einer inhaltlichen Umschreibung von Unterricht ist die dahinter liegende theoretische Auffassung von Unterricht darzulegen. So geht der im Folgenden in einem ersten Zugriff vertretene Unterrichtsbegriff von einer objektivistischen Sicht von Lernen aus. Danach wird Wissen in fachsystematischen, von Bezugswissenschaften ausgehenden objektiven Strukturen durch die Lehrkraft darbietend, erläuternd vermittelt. Eine Instruktion steht im Vordergrund. Der Lernende ist hierbei vornehmlich in einer aufnehmenden Rolle. Demgegenüber vertritt eine konstruktivistische Sicht von Lernen die Auffassung, dass ein Wissenserwerb in einem vom Lernenden aktiv-aufbauenden Prozess erfolgt. Lerngegenstände müssen dazu in einem konkreten Situationsbezug stehen. Entlang dieser Situation entwickelt der Lernende sein Wissen selbst und passt es in seine individuelle Wissensstruktur (konstruktiv) ein.

Die Lehrkraft unterrichtet mehr im Sinne von Unterstützen, Anregen, Beraten. Der Lernende ist eher in einer aktiven Rolle. Zum konstruktivistischen Unterricht siehe näher unter Kap. C.4 Handlungsorientierter Unterricht. Die weiteren Ausführungen zu einem Unterrichtsbegriff folgen nun, wie eingangs gesagt, einer objektivistischen Auffassung von Unterricht.

Unterricht bedeutet vom Wort her von Grund aus Richtung gebend. Mit Willmann (1917, Sp. 362) ist Unterricht das „intensivum zur Lehre", das Unterrichten selbst ist ein „nachdrückliches Lehren". Beim Lehren wird ein geistiger Inhalt vermittelt. Dies geschieht bei Kenntnisinhalten über die planmäßige Darstellung, bei Fertigkeiten über die planmäßige Veranlassung von Tätigkeiten. Eine Lehre ist zweckmäßig und kunstgerecht aufgebaut. Sie achtet auf Einfachheit, Gliederung, Ordnung, Kürze und zusätzliche Stimulanz. Sie sucht die Verständlichkeit und Einprägsamkeit. – Die Lehre wird jedoch erst zum Unterricht, wenn zu dem geordneten, planmäßigen und zusammenhängenden Vermitteln eines Lehrgutes die Sorge des Lehrenden hinzutritt, dass das Mitgeteilte auch verarbeitet und zum bleibenden Eigentum des Lernenden wird. Durch Maßnahmen wie u. a. die Erfragung, die Berichtigung, die vertiefte Erklärung, die Beseitigung von Lernhindernissen, die Einprägung, die Wiederholung, die Zusammenfassung, die Übung oder die Lernkontrolle muss im Unterricht für die Aneignung des Lehrstoffes durch den Lernenden gesorgt werden.

Unterrichten bringt eine weitaus stärkere Verpflichtung gegenüber dem Lernenden mit als das Lehren. Treffend drückt dies Willmann (1909, S. 416) aus: „Der Lehrende macht einen Inhalt des Wissens oder Könnens zugänglich; der Unterrichtende arbeitet denselben in die Köpfe der Schüler hinein. In dem Sprachgebrauch, nach dem man etwas lehrt, aber in etwas unterrichtet, kann man den Hinweis darauf erblicken, dass der Unterricht sich mitten in den Gegenstand hineinstellt, während das Lehren ihn nur übermittelt."

Neben dem Kennzeichen von Unterricht als nachdrückliche Lehre bleibt ein zweites Kennzeichen von Unterricht herauszustellen (vgl. Übersicht 5). Im Unterricht wird gemeinhin der Lebenszusammenhang, in dem Lernanlässe auftreten, verlassen. Dies geschieht, um größere geistige Zusammenhänge in systematischen Gedankengängen an die nachfolgende Generation überliefern zu können. Damit kann Unterricht geplantem, didaktisch-methodischem Aufbau folgen, worin zugleich auch die Schwäche unterrichtlichen Bemühens gegenüber jeder Lebenserfahrung liegt. Der aus dem aktuellen Lernanlass herausgelöste, geplante Unterricht verliert leicht seine inhaltliche Beziehung zum Leben und kann der Spontaneität der Schüler im Wege stehen. Ein Beispiel, als Karikatur bekannt, mag dies verdeutlichen. In einem Biologieunterricht der Sekundarstufe I wird thematisch der Schmetterling erörtert. Der Lehrer gibt frontalunterrichtlich Erläuterungen an einer Schmetterlingstafel. Durch das geöffnete Fenster flattert ein Schmetterling in das Klassenzimmer hinein: Ein Zufall bringt so den Lebenszusammenhang, in dem Lernanlässe auftreten, in den Unterricht hinein. Ein Schüler läuft zum Schmetterling und versucht ihn zu fangen. Der Lehrer zieht ihn missbilligend zurück und weist auf seine Schmetterlingstafel hin, um seinen zwar aus dem aktuellen Lernanlass herausgelösten aber geplanten, systematischen Unterricht fortzuführen.

Unabhängig von diesem negativen Beispiel gilt aber: Wenn die Herauslösung aus einem Lebenszusammenhang, in dem Lernanlässe auftreten, ein Kennzeichen von Unterricht ist, so bedeutet dies aber zugleich, dass es im Unterricht stets darum gehen muss, dieses Kennzeichen aufzubrechen. Insbesondere hat Unterricht in beruflichen Schulen die Chance, durch Herstellung des Anwendungsbezuges seiner vermittelten berufstheoretischen Inhalte einen Lebens-, sprich Arbeitszusammenhang herzustellen.

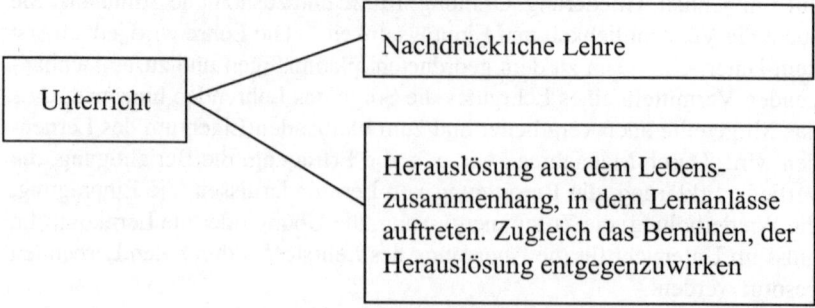

Übersicht 5: Kennzeichen von Unterricht unter Zugrundelegung einer objektivistischen Auffassung von Lernen

Curriculum

Neben dem Begriff Unterricht wird, wenn auch aus der Bildungsreform der 70er Jahre kommend und heute überholt, von Curriculum gesprochen. Curriculum heißt – unter Kenntnisnahme einer damit verbundenen möglichen Ironie – vom ursprünglichen lateinischen Wort her „Rundlauf in der Arena", d. h. die „Rennbahn". Im mehr übertragenen Sinne steht Curriculum für das Wort „Durchlauf" bzw. „Ablauf". So bezeichnet Curriculum vom Wort ausgehend einen Inhalt von Lernprozessen, die in einer bestimmten didaktischen Folge „durchlaufen" werden.

In einer Bedeutungserweiterung bezeichnet Curriculum eine umfassende Vorgabe zur Planung, Durchführung und Kontrolle ganzer Unterrichtseinheiten. Es enthält detaillierte Angaben über Lernziele nach Lerninhalt und Lernverhalten (z. B. Wissen, Verstehen, Anwenden), Lernmethoden, Medien und Lernzielkontrollen (Übersicht 6).

Die Teile eines Curriculum (Übersicht 6) sind aufeinander abgestimmt und bedingen sich gegenseitig. Ein Curriculum stellt für eine Lehrkraft ein vollständiges Paket dar, das ihr erhebliche Konzeptionsarbeit für Unterricht

abnimmt und Unterricht auf ein vergleichbares Niveau hebt. Der Entwicklungsaufwand für ein vollständiges Curriculum, das auch noch unterrichts-
klassenspezifische regionale Besonderheiten berücksichtigen müsste, ist au-
ßerordentlich hoch. So besteht ein unvollständiges Curriculum aus der um-
fangreichen Beschreibung von Lernzielen. Zu den Lernmethoden, Medien und
Lernerfolgskontrollen erfolgen lediglich Hinweise.

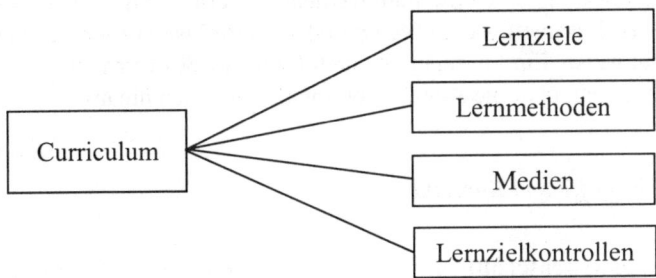

Übersicht 6:   Teile eines vollständigen Curriculums

Derzeit wird statt Curriculum wieder der Begriff Lehrplan bevorzugt. Dabei
ist der Lehrplan durch Elemente des Curriculum erweitert worden und geht
über die Angabe von Inhaltskatalogen hinaus. Für die berufliche Bildung werden Lehrpläne heute in lernfeldorientierten Lehrplänen gefasst. Diese haben
sich u. a. aus dem handlungsorientierten Unterricht ergeben, siehe dazu Kap.
C.4 und C.5.
Nach diesen einführenden Begriffsbestimmungen soll es im Folgenden
nach einer Zusammenfassung darum gehen, den Bildungsauftrag der Berufsschule zu erörtern.

Zusammenfassung

Die Didaktik befasst sich mit dem Lehren und Unterrichten in allen Formen,
auf allen Ebenen, ohne Sonderung auf den Lehrinhalt. Erziehungswissenschaftlich kann die Didaktik mit Wissenschaft vom Unterricht, erziehungspraktisch mit allgemeine Unterrichtslehre übersetzt werden.
Die Didaktik im weiteren Sinne befasst sich mit der Ermittlung und Erörterung der Bildungsinhalte sowie mit der Methodik des Unterrichts. Die Didaktik im engeren Sinne befasst sich allein mit der Ermittlung und Erörterung
der Bildungsinhalte. Die Methodik ist dann ausgegrenzt und ein eigenständiger Bereich. Theorien der Didaktik sind mit den Modellen der Didaktik gleich-
zusetzen.
Unterricht ist formal gesehen organisiertes Lehren und Lernen. Es vollzieht sich interaktiv und institutionalisiert. Bei einer objektivistischen Auf-

fassung von Unterricht kennzeichnet sich Unterricht als nachdrückliches Lehren, bei dem der Lebenszusammenhang, in dem Lernanlässe auftreten, verlassen wird. Zugleich muss es im Unterricht aber darum gehen, der Herauslösung aus dem Lebenszusammenhang entgegenzuwirken.

Ein Curriculum enthält detaillierte Angaben über Lernziele nach Lerninhalt und Lernverhalten, Lernmethoden, Medien und Lernzielkontrollen. Bei einem unvollständigen Curriculum werden die Lernziele detailliert beschrieben. Zu den Lernmethoden, Medien und Lernerfolgskontrollen erfolgen lediglich Hinweise. Ein Lehrplan ist durch Elemente des Curriculum erweitert worden und geht über die Angabe von Inhaltskatalogen hinaus.

Wichtige Begriffe und Konzepte

Didaktik
– erziehungswissenschaftlich
– erziehungspraktisch

Didaktik
– im weiteren Sinne
– im engeren Sinne

Theorien (Modelle) der Didaktik

Unterricht
– Formale Aspekte
– objektivistisch
– konstruktivistisch
– Kennzeichen nach objektivistischer Lernauffassung

Curriculum
– vollständig
– unvollständig

Studienliteratur (Auswahlliteratur)

Glöckel, H.: Vom Unterricht: Lehrbuch der Allgemeinen Didaktik, 4. durchgesehene u. erg. Aufl., Bad Heilbrunn: Klinkhardt 2003
Kap. 7: Ausblick: Konzeptionen, Definitionen, Theorien des Unterrichts
Hallitzky, M., Seibert, N.: Theorie des Unterrichts: Von bildungstheoretischen zu systemtheoretisch-konstruktivistischen Ansätzen in der Didaktik, in: Apel, H. J., Sacher, W. (Hrsg.): Studienbuch Schulpädagogik, Bad Heilbrunn: Klinkhardt 2002, S. 133 – 180
Peterßen, W. H.: Lehrbuch Allgemeine Didaktik, 6. völlig veränd., aktualisierte u. stark erw. Aufl., München: Ehrenwirth 2001
Kap.2: Positionen der Allgemeinen Didaktik 2000
Schelten, A.: Unterricht und Unterweisung, in: Zeitschrift für Berufs- und Wirtschaftspädagogik 79 (1983) 2, S. 83 – 91.
Schröder, H.: Didaktisches Wörterbuch: Wörterbuch der Fachbegriffe von „Abbilddidaktik" bis „Zugpferd-Effekt", 3. erw. u. aktualisierte Aufl., München: Oldenbourg 2001

C.2 BILDUNGSAUFTRAG DER BERUFSSCHULE

Aufgaben der Berufsschule ergeben sich zum einen aus einer äußeren Reform der Berufsschule, wie sie vorrangig in bildungspolitischen Veränderungsvorstellungen verfolgt werden können. So kann z. B. für die Berufsschule eine stärkere Beteiligung an der Weiterbildung angestrebt werden. Aus dem Ausbau des dualen Systems der Berufsausbildung zu einem dual-kooperativen System sowie einer Entwicklung der beruflichen Schulen zu regionalen Kompetenzzentren ergeben sich neue Aufgaben. Zu solchen Punkten sei auf die Kap. B.4 und B.5 verwiesen.

Unabhängig von äußeren Reformvorstellungen kann man versuchen, die Aufgaben aus einer inneren Reformvorstellung abzuleiten. Erst aus theoretischen Überlegungen zu einer beruflichen Bildung ergeben sich Aufgaben einer Berufsschule. Dieses Vorgehen folgt der Überlegung, dass Organisationsveränderungen (äußere Reformen) Strategien folgen (innere Reformen) und letztere vorrangig zu bestimmen sind.

So geht es im Folgenden zuerst darum, die traditionellen Aufgaben der Berufsschule darzustellen. Dies leitet über zu dem aktuellen Problem der Konvergenz der Bildungsinhalte und Bildungsformen zwischen Berufsschule und Betrieb. Ausgehend von einer für Berufsschule und Betrieb gemeinsamen Zielstellung der Förderung von Berufskompetenz (vgl. Kap. C.3) ergeben sich eigenständige Aufgaben von Berufsschule und Betrieb.

Traditionelle Aufgaben der Berufsschule

Die Berufsschule vermittelt allgemein gesprochen berufliche und allgemein bildende Lerninhalte unter besonderer Berücksichtigung der Anforderungen der Berufsausbildung. Im Laufe ihrer Geschichte hat die Berufsschule vier Aufgaben erhalten (Übersicht 7 im Anschluss an Grüner 1984).

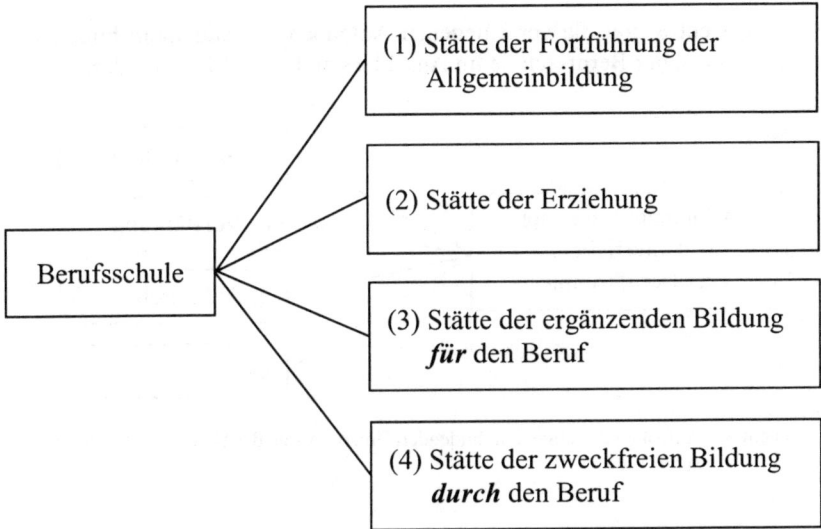

Übersicht 7: Traditionelle Aufgaben der Berufsschule

Zu (1) Stätte der Fortführung der Allgemeinbildung:

Vorläufer der Berufsschule ist die Fortbildungsschule mit besonderer Betonung der allgemein bildenden Inhalte. Diese haben sich im Fächerkanon der Berufsschule erhalten. Fächer wie Deutsch, Sozialkunde, Religionslehre und Sport dienen der Fortführung der Allgemeinbildung.

Die allgemein bildenden Fächer im berufsschulischen Unterricht können in Bedrängnis geraten, indem der Wert dieser Fächer in Frage gestellt wird. Dies hat verschiedene Gründe: (a) Es treten verstärkt Schüler mit höheren allgemein bildenden Schulabschlüssen in die Berufsausbildung ein, z. B. ein hoher Anteil von Realschülern und Abiturienten. Diese Schüler, so kann es heißen, bedürfen weniger der Fortführung eines allgemein bildenden Unterrichts. So werden z. B. für Hochschulzugangsberechtigte Plusprogramme in Ersatz von bestimmten allgemein bildenden Fächern angeboten. (b) Die berufstheoretischen Anforderungen moderner Berufsausbildung wachsen und lassen den Wunsch nach Ausdehnung des berufstheoretischen Unterrichts zu Lasten der allgemein bildenden Fächer laut werden. (c) Verkürzungen der Arbeitszeit können auch zu Verkürzungen der Arbeitszeit der Auszubildenden und damit der Berufsausbildungszeit führen. Der Druck auf die Berufsschule erhöht sich, bei einer Verkürzung der Arbeitszeit der Auszubildenden auch die Zeit des Unterrichts an der Berufsschule zu kürzen. Bei einer Verringerung der Unterrichtszeit laufen eher die allgemein bildenden Fächer Gefahr, betroffen zu sein.

Übersicht 8 gibt die verschiedenen Aufgaben des allgemein bildenden Unterrichts an der Berufsschule im Anschluss an Dubs (1988) wieder.

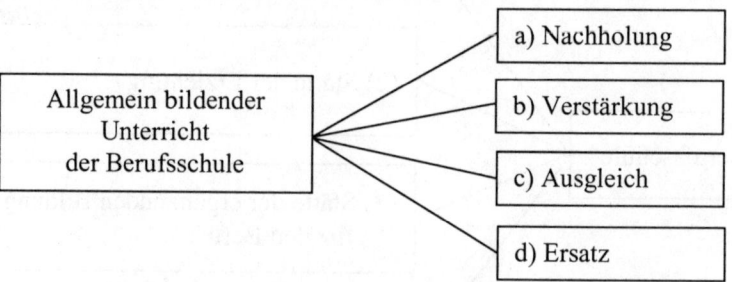

Übersicht 8:   Aufgaben des allgemein bildenden Unterrichts an der Berufsschule (Betonung auf b, c, d)

Zu (a): Der allgemein bildende Unterricht an der Berufsschule kann im Dienste der Nachholung stehen. Es werden, so eine oft angeführte Klage, bei den Schülern Defizite in den Kulturtechniken (Rechnen, Lesen und Schreiben) festgestellt. Diese Defizite in den schulischen Voraussetzungen müssen überwunden werden. Liegen Defizite z. B. beim sprachlichen Ausdruck vor, mündlich wie schriftlich, wird der Deutschunterricht bedeutend. Schwächen in der Mathematik können dazu führen, für den berufstheoretischen Unterricht Nachholungsstrecken allgemein, z. B. für Algebra, vorzusehen. Für einen solchen Unterricht bleibt aber zu fragen:

–   Wie lassen sich die Berufsschüler, die einen Beruf erlernen wollen, für die Nachholung eines für sie berufsfremden Lerninhalts motivieren?
–   Kann man den Lehrplan für die Nachholung so gestalten, dass keine Wiederholung eintritt?

Der allgemein bildende Unterricht an der Berufsschule im Sinne einer Nachholung läuft Gefahr, an den Interessen der Schüler vorbeizugehen. Den Interessen der Schüler kommt eher eine Verstärkungsfunktion des allgemein bildenden Unterrichts entgegen. So liegt auch für die Funktionen des allgemein bildenden Unterrichts an der Berufsschule die Betonung auf den nachfolgenden Punkten b, c und d.

Zu (b): Der berufsbezogene Unterricht in den Lernfeldern wird durch den allgemein bildenden Unterricht so ergänzt, dass der angestrebte Beruf verstärkt ausgefüllt werden kann. Der allgemein bildende Unterricht wird in den Dienst des berufsbezogenen Unterrichts gestellt. Mit anderen Worten, ein vom Ausbildungsberuf ausgehender, bedürfnisgerechter allgemein bildender Unterricht erfolgt. Damit kann ein Beruf ganzheitlicher erworben werden.

Für den Deutschunterricht kann dies z. B. heißen, dass die Schüler erlernen sollen, den sprachlichen Anforderungen des Berufes möglichst gut zu genügen. FachverkäuferInnen im Nahrungsmittelhandwerk erlernen dann im Deutschunterricht, wie eine telefonische Warenbestellung durchzuführen ist, welche vor der Warenlieferung erforderlich ist. Chemikanten erlernen im Deutschunterricht, wie Berichte über chemische Produktionsprozesse in der Prozessleittechnik abgefasst werden. Wird das Fach Englisch in der Berufsschule eingeführt, dann wird im Sinne der Verstärkungsfunktion des allgemein bildenden Unterrichts technisches Englisch für Mechaniker anhand von englischen Werkstatthandbüchern gelehrt. Englisch wird als Wirtschaftssprache für kaufmännische Auszubildende unterrichtet.

In einem Gegensatz zur Verstärkungsfunktion steht die Ausgleichsfunktion des allgemein bildenden Unterrichts.

Zu (c): Der berufsschulische Unterricht soll nicht allein auf den berufsbezogenen Unterricht ausgerichtet sein: Der allgemein bildende Unterricht soll einen Ausgleich (Kompensation) schaffen. Mit anderen Worten: Einer vereinseitigenden Ausrichtung auf eine technisch-gewerbliche oder kaufmännische Bildung soll durch den allgemein bildenden Unterricht entgegengewirkt werden. Ein Deutschunterricht ist dann z. B. bewusst betrachtend ausgelegt, indem etwa Literatur im Vordergrund steht. Ein Sozialkundeunterricht befasst sich z. B. mit allgemein politischen, gesellschaftlichen Fragestellungen und weniger mit berufs- und arbeitsmarktpolitischen. Ein Religionsunterricht kann im Sinne des Ausgleichs zur Sinnerklärung für junge Erwachsene beitragen, die in einem Alter des Suchens und Fragens stehen. Der Sportunterricht an der Berufsschule kann einen physischen Ausgleich zur vereinseitigenden psycho-mentalen Beanspruchung moderner Berufsarbeit schaffen, die heute mehr kontrollierend, überwachend, steuernd und planend und weniger körperlich ganzheitlich belastend sein kann.

Außer der Funktion des Ausgleichs kann der allgemein bildende Unterricht noch die Aufgabe des Ersatzes erfüllen.

Zu (d): Die Berufsschule hat auch Bildungsaufgaben zu übernehmen, wenn andere wie Familie, Betrieb oder häusliches Umfeld diese nicht mehr hinreichend übernehmen. Diese Aufgaben werden dem allgemein bildenden Unterricht zugewiesen. Sie nähern sich bereits den weiter unten genannten Erziehungsaufgaben. Der allgemein bildende Unterricht leistet Bildungsaufgaben in Bereichen wie z. B. der Umweltbildung, Verbraucherbildung, dem Straßenverkehr, der Freizeitgestaltung, der Mediennutzung oder gegen den politischen Radikalismus. Ganz allgemein ausgedrückt: Wenn die Berufsschule einen Bildungsauftrag zur allgemeinen Lebensbewältigung und Lebensführung leisten soll und muss, dann wird dieser besonders dem allgemein bildenden Unterricht zugesprochen.

Nach Bestimmung dieser wesentlichen Funktionen des allgemein bildenden Unterrichts an der Berufsschule – Nachholung, Verstärkung, Ausgleich, Ersatz – sollen die Betrachtungen zur Aufgabe der Berufsschule als Stätte der Fortführung der Allgemeinbildung abgeschlossen werden. Bedeutsam dürften die Funktionen Verstärkung, Ausgleich und Ersatz sein. Darunter wiederum wird die Verstärkungs- und Ausgleichsfunktion im Vordergrund stehen.

Zu (2) Stätte der Erziehung:

Berufsschule als Stätte der Erziehung unterliegt dem Wandel der Werte und Normen in unserer Gesellschaft. Von der Erziehung zur Staats- und Fürstentreue noch zu Anfang des 20. Jahrhunderts kann der Erziehungsauftrag bis hin zur Anerkennung der gesellschaftlichen Grundordnung unserer Zeit reichen.

Im Zuge des heute modernen Zieles der Förderung von Berufskompetenz (Kap. C.3) geht es bei dem Erziehungsauftrag der Berufsschule um die Anbahnung von Personal- und Sozialkompetenz.

Bei der Personalkompetenz (Humankompetenz) ist zum einen eine Befähigung in Arbeitstugenden angesprochen, die früher mit einfacher Sittlichkeit umschrieben wurde. Dazu zählen z. B. Genauigkeit, Zuverlässigkeit, Streben nach Arbeitsqualität, Gewissenhaftigkeit, Verantwortungs- und Pflichtbewusstsein. Besonders im Vordergrund steht bei der Personalkompetenz eine Befähigung mit einzelpersönlicher Betonung wie Selbstständigkeit und Selbstvertrauen. Darüber hinaus ist eine Befähigung mit höherer sittlicher Betonung zu nennen wie Handeln nach moralischen Leitlinien und Normen sowie ökologisches Verantwortungsbewusstsein.

Bei der Sozialkompetenz geht es um die Fähigkeit zum Umgang mit anderen Menschen und darüber hinaus um gruppenorientiertes Verhalten in Arbeitsgemeinschaften wie Kooperationsbereitschaft, Kontaktfähigkeit, Kommunikationsfähigkeit, Toleranz, Fairness, Aufrichtigkeit, Teamgeist.

Zu (3) Stätte der ergänzenden Bildung für den Beruf:

Bei einer Bildung für den Beruf geht es der Berufsschule um die Ergänzung der betrieblichen Bildung besonders im kognitiven wie auch zu Teilen im psychomotorischen Lernbereich. Hier ist der berufsbezogene Unterricht angesiedelt, d. h. der Unterricht in den Lernfeldern. Es gilt in erster Linie die kognitiven Qualifikationen zu vermitteln, die für die Ausübung eines Berufes erforderlich sind. Das Ziel ist die zu übernehmende Berufsrolle. Gelehrt wird, was Anwendungsbezug hat. Die vermittelte Berufstheorie hat unmittelbar Erklärungswert für berufliches Handeln. Bei einer Bildung *für* den Beruf geht es um die Kopplung des Bildungssystems Berufsschule an die Anforderung des Beschäftigungssystems Betrieb.

*Zu (4) Stätte der zweckfreien Bildung **durch** den Beruf:*

Allein mit einer Bildung *für* den Beruf wollte sich die Berufsschule früher nicht zufrieden geben. Es ging immer um ein „Mehr" als diese Nützlichkeitsbildung. Dieses „Mehr", d. h. dieses höhere Anliegen bestand in der Bildung *durch* den Beruf. Das im Betrieb Erlernte sollte begründet, erläutert, vertieft, erweitert, kurz gesagt in ein höheres Verständnis gebracht, in das Humane gewendet werden. Überblicke, Zusammenhänge, Wesentliches, Fundamentales, letztlich Systematisches standen im Vordergrund. Lehrpläne wurden mit immer mehr theoretischen Inhalten aus den Natur- und Ingenieurwissenschaften angereichert. Das Ziel war der gebildete Facharbeiter. Dahinter stand dann auch die Überlegung, dass über Berufsbildung Menschenbildung möglich gemacht wird. „Nicht Menschen zu Schreinern" (Bildung *für* den Beruf), sondern „Schreiner zu Menschen bilden" (Bildung *durch* den Beruf) lautete der hier vielfach angeführte vereinfachende Satz.

Bei der Bildung *durch* den Beruf geht es um die Entkopplung des Bildungssystems Berufsschule von den Anforderungen des Beschäftigungssystems Betrieb. Bildung ist eine autonome Kategorie. Jedermann soll eine umfassende Bildung erhalten, die zuerst einmal dem Menschen selbst dient und über die nachgefragten Qualifikationen des Beschäftigungssystems hinausgeht und auch neben den geforderten Qualifikationen des Beschäftigungssystems stehen kann. Diese Bildung kann dann aber durchaus befruchten, indem die Kreativität und Innovationsbereitschaft des Mitarbeiters zum Tragen kommt.

Konvergenz der Bildungsinhalte und Bildungsformen zwischen Berufsschule und Betrieb

Mit der Bildung *durch* den Beruf hatte die Berufsschule früher gegenüber dem Betrieb ein eigenständiges Konstrukt, eine Idee, aus der heraus sie eine innere Legitimation beziehen konnte. Sie hatte auch mit der Bildung *durch* den Beruf ein Feld besetzt, dessen Bearbeitung sie eher allein gegenüber dem Betrieb in Anspruch nahm. Im Zuge moderner Berufsbildung mit erhöhten theoretischen Anforderungen geht diese innere Legitimation für die beruflichen Fächer, dieses eigenständige Feld zunehmend verloren. Moderne Berufshandlungen erfordern gerade auch theoretische Begründungen und ein Verstehen systematischer Zusammenhänge, um ausführbar zu sein. So wird die frühere Bildung *durch* den Beruf heute immer mehr berufsimmanent zu einer Bildung *für* den Beruf. Diese Bildung *für* den Beruf betreibt aber auch der Betrieb und besetzt damit Anteile der Berufsschule.

In dem Maße, wie heute besonders durch die Informations- und Kommunikationstechnik die Berufsqualifikationen eines Ausbildungsberufes stärker theoretisch geladen sind, können Fertigkeiten und Kenntnisse zunehmend nur mit einer vermehrten theoretischen Durchdringung vermittelt werden. Umgekehrt bedarf eine komplexer werdende Theorie in der Berufsschule der unmittelbaren handlungsmäßigen Umsetzung, um vermittelbar zu bleiben. Berufspraktische Ausbildung im Betrieb und berufstheoretische in der Berufsschule überlappen sich. Je größer der Überlappungsbereich ist, desto dringender stellt sich die Frage nach dem besonderen Bildungsauftrag von Betrieb und Berufsschule.

Eine Theorie der beruflichen Bildung, aus der abgeleitet werden kann, welche Bildungsaufgaben die Berufsschule im Verbund mit den betrieblichen Bildungsträgern übernimmt, steht aus. Die alte Aufteilung, im Betrieb gehe es um das „Was" und „Wie" und in der Berufsschule um das „Warum" und „Wozu", lässt sich für moderne Berufsbildung nicht mehr aufrechterhalten. Es gilt somit die Differenz zwischen Berufsschule und Betrieb neu zu bestimmen. Dazu wird zunächst im Vorgriff auf Kap. C.3 zu erläutern sein, welches gemeinsame Ziel Betrieb und Berufsschule bei der Berufsausbildung verfolgen.

Das Ziel: Förderung von Berufskompetenz

Für die Lernorte Betrieb und Berufsschule hat sich eine gemeinsame gleichrangige Bildungsvorstellung entwickelt. Es zeigt sich, dass der Lernort Betrieb auch einen humanen Bildungsauftrag hat. Es kann nicht mehr, wie vielleicht vor hundert Jahren, davon ausgegangen werden, dass allein der Lernort Berufsschule einen humanen Bildungsauftrag anstrebt und der Betrieb tendenziell einen Verrichtungsauftrag im Zuge eines Erwerbs deterministischer, eng umgrenzter berufsspezifischer Fertigkeiten und Kenntnisse verfolgt. Die gemeinsame Zielvorstellung beider Lernorte besteht in der Förderung von Berufskompetenz (Fach- und Methodenkompetenz, Personalkompetenz, Sozialkompetenz, Kap. C.3). Die Förderung von Berufskompetenz ist zur Ausfüllung eines arbeitsorientierten Gestaltungskonzeptes erforderlich. Dies heißt, die Entwicklung und der Einsatz von Technik, Qualifikation und Arbeitsorganisation erfolgen unter aktiver und selbstverantwortlicher Teilnahme des Mitarbeiters.

Eine Berufskompetenz wie sie in einer modernen Berufsbildung aufgebaut wird, führt zu einer beruflichen Handlungsfähigkeit. Die Zielvorstellung Berufskompetenz sucht dabei die integrierende Mitte zwischen Kopplung und Entkopplung im Spannungsverhältnis zwischen Berufsbildungssystem und Beschäftigungssystem. Beiden Bildungspartnern, Berufsschule und Betrieb, sind hierbei jedoch eigenständige Ziele zugeordnet. Gerade bei Konvergenz der Bildungsinhalte und Bildungsformen zwischen Berufsschule und Betrieb ist jedoch auf eine Differenz beider Lernorte zu setzen. Darauf wird nachfolgend eingegangen.

Differenz in der Zielverfolgung zwischen Berufsschule und Betrieb

Zur Förderung einer Berufskompetenz ist der Aufbau eines Handlungswissens notwendig (Kap. C.4). An dem Begriff des Handlungswissens lässt sich deutlich machen, worin eine Schwerpunktsetzung im Bildungsauftrag der

Berufsschule gegenüber dem Betrieb besteht. Ein Handlungswissen bezieht sich auf ein Verfahrenswissen (Wissen WIE), Faktenwissen (Wissen WAS) und Begründungswissen (Wissen WARUM). Die Verbindung zwischen den drei Wissensarten stellt ein Einsatzwissen (Wissen WANN) dar.

Eine Aufgabe der Berufsschule ist es, Berufskompetenz systematisch in grundlegenden Lernprozessen zu vermitteln. Dies drückt sich in der Berufsschule in einer theoretisch gesteuerten und reflektierten Förderung beruflicher Handlungsfähigkeit aus. Dazu ist ein Handlungswissen in schulischen Lernprozessen zu vermitteln, welches integriert und planmäßig Fakten-, Begründungs-, Verfahrens- und Einsatzwissen bei den Lernenden Form werden lässt. Der besondere Schwerpunkt der Berufsschule liegt darin, stärker qualitativ ein Begründungswissen im Verbund mit Fakten- und Verfahrenswissen zu pflegen.

Die Stärke schulischen, so auch berufsschulischen Lernens, liegt im aufnehmenden, betrachtenden Lernen. So wird in einem handlungsorientierten Unterricht (Kap. C.4) entlang einer konkreten Handlung in strukturierten und geplanten Lernprozessen ein Handlungswissen aufgebaut und hierin besonders bei der Wissensart Begründungswissen verweilt. In einem handlungsorientierten Steuerungstechnikunterricht läge somit der Schwerpunkt bei der Bearbeitung einer Steuerungsaufgabe bei einem vertieften Durchdringen der schaltungstechnischen Zusammenhänge und ihrer Prinzipien sowie einer Systematisierung, Ergänzung und Erweiterung des theoretischen Hintergrundes zur Schaltungslogik.

Die Stärke betrieblichen Lernens, und hier wäre das überbetriebliche Lernen mit angesprochen, liegt im gestaltenden, mitverantwortlichen Lernen in realen Arbeitsvollzügen am Arbeitsplatz. Alle vier Wissensarten werden hier angesprochen. Im Vordergrund beim betrieblichen Lernen dürfte aber eher eine stärker quantitative Ausprägung von Verfahrenswissen wie aber auch Faktenwissen stehen, das sich z. B. auf das Vorgehen bei der Wartung einer steuerungstechnischen Anlage wie dem fachgerechten Austausch eines Bauteils bezieht. Hiervon ausgehend würde ein Begründungswissen nur soweit gefördert werden, wie es der Handlungsvollzug einverlangt. Dagegen setzen berufsschulische Lernprozesse – und sie allein sollen es – auf die gleichmäßige, geplante Formwerdung des Fakten-, Begründungs- und Verfahrenswissens.

Der Schwerpunkt und der Vorzug des betrieblichen Lernens liegen in der Förderung des Verfahrens- und Faktenwissens. Die Stärke des berufsschulischen Lernens dagegen liegt im Begründungswissen im Verbund mit Fakten- und Verfahrenswissen. Bei der Berufsschule wird das Begründungswissen integriert mit Fakten- und Verfahrenswissen besonders betont. Der Betrieb akzentuiert besonders das Verfahrens- und Faktenwissen. Das Einsatzwissen erfährt in der Berufsschule einen stärkeren Ausbau, da alle drei weiteren Wissensbereiche angesprochen werden und sie somit stärker miteinander verknüpft werden.

Dabei ist eine Aufgabe der Berufsschule der Ersterwerb einer Berufskompetenz. Hier geht es um die systematische, theoretisch gesteuerte und reflektierte Förderung beruflicher Handlungsfähigkeit, z. B. in einem Lernfeld Steuerungstechnik anhand einer für den Unterricht aufbereiteten Steuerungsaufgabe in Simulation oder besser in Realität.

Eine Aufgabe des Betriebes ist, den theoretisch gesteuerten und reflektierten Ersterwerb einer Berufskompetenz auszubauen, zu vertiefen, zu festigen, weiter zu fördern, variabel verfügbar zu machen und zu halten. Das betriebliche Lernen bietet vielfache Kontexte und Perspektiven, die das berufsschulische Lernen nicht aufbringen kann. Vielfache Kontexte beziehen sich dabei auf wechselnde Aufgabenstellungen, die der Betrieb bietet. Damit bleibt der Handlungserwerb nicht auf die bestimmte, didaktisch aufbereitete Situation der Berufsschule festgelegt. Vielfache Perspektiven bedeuten, dass der Betrieb mit eigenen Schwerpunktsetzungen bei den Wissensarten an den gleichen Sachverhalt herangeht, wie er auch in der Schule erworben wird. Inhalte oder Probleme, wie sie in der Schule betrachtet werden, nimmt der Lernende im betrieblichen Lernen aber aus anderen und vielfältigen Blickwinkeln wahr. Im Lernfeld Steuerungstechnik lassen sich für den Lernenden damit z. B. an einer betriebsspezifischen, steuerungstechnischen Lösung die in der Berufsschule gewonnenen Kompetenzen des Ersterwerbs erweitern und verfestigen.

Hier wird vertreten, dass im Zuge einer Konvergenz der Bildungsinhalte und Bildungsformen zwischen Berufsschule und Betrieb Gleiches mit unterschiedlicher Akzentuierung für die Lernenden in Schule und Betrieb gefördert wird. Erst dadurch ergibt sich für den Lernenden ein ganzheitlicher Bildungsprozess.

Eine besondere Differenz im Bildungsauftrag zwischen Schule und Betrieb zeigt sich, wenn man den Blick auf Klein- und Mittelbetriebe lenkt, die den Großteil der Berufsausbildung tragen. Für Klein- und Mittelbetriebe übernimmt besonders die Berufsschule die Aufgabe, einen Ersterwerb von Berufskompetenz in systematischer und theoretisch gesteuerter und reflektierter Form zu fördern. Für Auszubildende von Klein- und Mittelbetrieben ist die Berufsschule eine wesentliche Stätte, in integrierter Form Fach- und Methodenkompetenz, Personalkompetenz sowie Sozialkompetenz in geplanten und gesteuerten Lernprozessen innerhalb eines Lernfeldes zu erwerben. Eine Berufskompetenz wird in Klein- und Mittelbetrieben eher funktional erworben. Zu einer allseitigen Berufsbildung zählen aber neben den funktionalen Formwerdungen auch die intentionalen. Diesen systematischen Kompetenzerwerb bieten bei Klein- und Mittelbetrieben besonders die berufsschulischen Lernprozesse.

Im Zuge der oben ausgeführten theoretischen Überlegungen für eine Standortbestimmung des Bildungsauftrages der Berufsschule im Rahmen moderner Berufsbildung ergeben sich aber für die Berufsschule veränderte Akzente: Das berufliche Lernen in einer Berufsschule erfolgt in inhaltlich zusammengehörenden, thematisch gegliederten Lernfeldern (Kap. C.4, C.5).

Ein Lernfeld wird von einem oder zwei Pädagogen im Team unterrichtet. Erforderlich sind in der Regel integrierte Fachunterrichtsräume oder kombinierte Fachunterrichtsräume (Kap. C.4), in denen die mit der jeweiligen Themenstellung verbundenen theoretischen Erarbeitungen und praktischen Erprobungen in ständigem, dem individuellen Lerntempo der Teilnehmer folgenden Wechsel ohne äußerliche Hindernisse durchgeführt werden können.

Die Berufsschule ist das geistige Kraftzentrum zur Bildung von Berufskompetenz in Aus- und Weiterbildung. Die Lernenden sind junge Erwachsene. Sie sind Teilnehmer von Aus- und Weiterbildung. Die Lehrenden führen als Berufs- bzw. Wirtschaftspädagogen Aus- und Weiterbildungsmaßnahmen durch.

Nach Kennzeichnung des Bildungsauftrages der Berufsschule soll im Folgenden nach einer Zusammenfassung das Konzept der Schlüsselqualifikationen und der Berufskompetenz als gemeinsame Zielvorstellung von Berufsschule und Betrieb umrissen werden.

Zusammenfassung

Die Berufsschule ist traditionellen Aufgaben nach eine Stätte der Fortführung der Allgemeinbildung, der Erziehung, der ergänzenden Bildung *für* den Beruf und der zweckfreien Bildung *durch* den Beruf. Für eine moderne Berufsbildung sind die Erziehungsaufgaben und die Bildungsaufgaben für den Beruf besonders bedeutsam.

Aufgaben des allgemein bildenden Unterrichts an der Berufsschule können in Nachholung, Verstärkung, Ausgleich (Kompensation) und Ersatz gesehen werden. Die Verstärkungs- und Ausgleichsfunktion dürften besondere Betonung finden.

Eine frühere Bildung durch den Beruf wird heute immer mehr berufsimmanent zu einer Bildung *für* den Beruf. Diese Bildung *für* den Beruf betreibt aber auch der Betrieb. Es kommt zu einer Konvergenz der Bildungsinhalte und Bildungsformen zwischen Berufsschule und Betrieb. Ausgehend von der gemeinsamen Zielvorstellung von Berufsschule und Betrieb in der Förderung von Berufskompetenz gilt es, die Differenzen im Bildungsauftrag beider Lernorte zu bestimmen. Diese ergeben sich in der unterschiedlichen Förderung eines Handlungswissens sowie einer Berufskompetenz in Berufsschule und Betrieb. Im Vergleich zum Betrieb nimmt die Berufsschule in Anspruch, das geistige Kraftzentrum zur Förderung von Berufskompetenz in Aus- und Weiterbildung zu sein.

Wichtige Begriffe und Konzepte

Traditionelle Aufgaben der Berufsschule: Fortführung der Allgemeinbildung, Erziehung, Bildung *für* den Beruf, Bildung *durch* den Beruf

Aufgaben des allgemein bildenden Unterrichts in der Berufsschule: Nachholung, Verstärkung, Ausgleich, Ersatz, besondere Betonung auf Verstärkung und Ausgleich

Konvergenz der Bildungsinhalte und Bildungsformen zwischen Berufsschule und Betrieb

Berufskompetenz als gemeinsame, gleichrangige Bildungsvorstellung von Berufsschule und Betrieb

Differenz in der Förderung von Berufskompetenz zwischen Berufsschule und Betrieb

Berufsschulische Lernprozesse setzen auf die gleichmäßige, geplante Formwerdung aller Arten des Handlungswissens

Systematischer, theoretisch gesteuerter und reflektierter Ersterwerb einer Berufskompetenz in der Berufsschule

Berufsschule als geistiges Kraftzentrum zur Förderung von Berufskompetenz in Aus- und Weiterbildung

Studienliteratur (Auswahlliteratur)

Grüner, G.: Die Berufsschule im ausgehenden 20. Jahrhundert: Ein Beitrag zur Berufsbildungspolitik, Bielefeld: Bertelsmann 1984.
   Kap. 3: Vorschläge zur Verbesserung der Situation der Berufsschule

Pahl, J.-P.: Berufsschulen des gewerblich-technischen Bereiches aus didaktisch-methodischer Perspektive: Historische Entwicklungslinien und zukunftsfähige Ansätze als Beitrag zu einer Theorie eines Lernortes, in: J.-P. Pahl (Hrsg.): Perspektiven gewerblich-technischer Berufsschulen: Visionen, Ansprüche und Möglichkeiten, Neusäß: Kieser Verlag 2001, S. 81 – 135

Schelten, A.: Aspekte des Bildungsauftrages der Berufsschule: Ein Beitrag zu einer modernen Theorie der Berufsschule, in: Pädagogische Rundschau 51 (1997) 5, S. 601 – 615

Schelten, A.: Begriffe und Konzepte der berufspädagogischen Fachsprache: Eine Auswahl, Stuttgart: Steiner 2000

C.3 DAS KONZEPT DER SCHLÜSSELQUALIFIKATIONEN UND DER BERUFSKOMPETENZ

Eine Zielvorstellung moderner beruflicher Bildung drückt sich in der Förderung von Berufskompetenz aus. Diese hat sich im Anschluss an das Konzept der Schlüsselqualifikationen entwickelt. Vom Qualifikationsbegriff ausgehend soll im Folgenden das Konzept der Schlüsselqualifikationen vorgestellt werden. Es folgt die Erörterung des Konzepts der Berufskompetenz.

Qualifikation

Qualifikation bezeichnet tätigkeitsbezogen eine Eignung und Befähigung, die zur Wahrnehmung der mit einer Arbeitsstelle verbundenen Anforderungen erforderlich ist. Unter Qualifikation wird die Gesamtheit von Kenntnissen und Verständnissen (kognitiv), Fertigkeiten und Fähigkeiten (psychomotorisch und kognitiv), Haltungen und Arbeitserfahrungen (affektiv und kognitiv) verstanden, über die ein Mitarbeiter zur Ausübung seiner Tätigkeiten am Arbeitsplatz verfügen muss.

Mit Qualifikation beschreibt der Betrieb Anforderungen, die zur Ausfüllung eines Arbeitsplatzes erforderlich sind. So werden in Stellenbeschreibungen Qualifikationen aufgelistet. Mit Qualifikationen kann die Leistungsnachfrage des Betriebes erfasst werden. Mit Kompetenzen dagegen kann das Leistungsangebot eines Mitarbeiters umschrieben werden.

Legt man aus arbeitspädagogischer Sicht die Theorie der Handlungsregulation zugrunde (Kap. A.5, Schelten 1995), lässt sich die Qualifikation eines Mitarbeiters als das Gesamt der hierarchisch-sequentiellen Handlungsregulationen auffassen, die zur Ausübung seiner Arbeitstätigkeit erforderlich sind. Unter Qualifikation sind mit anderen Worten alle Zielhierarchien zu verstehen, die ein Mitarbeiter zur Bewältigung seiner Arbeitsaufgaben einsetzt. Qualifizierung bezeichnet sodann den Vorgang des Erwerbs solcher Zielhierarchien. Dabei heißt Qualifizierung allgemein, im Sinne von lateinisch qualitas facere (eine Eigenschaft bzw. Beschaffenheit herstellen), jemanden zu befähigen eine Arbeitstätigkeit zu bewältigen. Unabhängig von einer handlungsregulatorischen Betrachtung lassen sich Qualifikationen auf drei Ebenen ansiedeln (Übersicht 9).

Schlüsselqualifikationen

(3) Qualifikationen hoher Reichweite

berufsfeld- bzw. berufsgruppenübergreifend

(2) Qualifikationen mittlerer Reichweite

berufsfeld- bzw. berufsgruppenweit

(1) Qualifikationen geringer Reichweite

fachspezifisch, monoberuflich

Übersicht 9:   Ebenen von Qualifikationen

(1) Qualifikationen geringerer Reichweite sind fachspezifisch und mono-beruflich ausgerichtet. Sie können auch arbeitsplatz- und produktspezifisch sein. Hierzu zählen z. B. die besonderen Rechtskenntnisse eines Verwaltungs-fachangestellten oder die spezielle Fertigkeit eines Elektronikers im an-schlussfertigen Absetzen, Zurichten und Aufteilen von Leitungen und Kabeln der Telekommunikationstechnik. Diese Qualifikationen finden sich zu gro-ßen Anteilen in Ausbildungsordnungen bzw. entsprechend dazu in berufsschu-lischen Lehrplänen. Qualifikationen geringerer Reichweite unterliegen einem schnelleren technisch-produktiven bzw. ökonomischen Wandel und können daher rasch veralten.

(2) Qualifikationen mittlerer Reichweite beziehen sich auf Fertigkeiten, Fähigkeiten und Kenntnisse, die einem ganzen Berufsfeld eigen sind. Qualifi-kationen mittlerer Reichweite können aber auch ganzen Berufsgruppen zuge-hören, die mit der traditionellen Schneidung der Berufsfelder wie Wirtschaft und Verwaltung, Metalltechnik, Elektrotechnik usw. nicht erfasst werden (vgl. Kap. A.4). Zu den Qualifikationen mittlerer Reichweite zählt berufsfeldty-pisch in der Elektrotechnik z. B. der Umgang mit einem Vielfachmessgerät oder allgemein das Herstellen von Weichlötverbindungen für mechanische und elektrische Beanspruchung mit elektrischem Lötkolben. Aus den Grund-fertigkeiten der Metallbearbeitung kann z. B. das Prüfen, Anreißen und Kenn-zeichnen, das Ausrichten und Spannen von Werkzeugen und Werkstücken sowie das Feilen und Gewindeschneiden genannt werden.

(3) Qualifikationen hoher Reichweite haben berufsfeld- bzw. berufsgrup-penübergreifenden Charakter. Sie werden als Schlüsselqualifikationen be-zeichnet. Vereinfacht spricht man bei Schlüsselqualifikationen auch von über-greifenden oder überfachlichen Qualifikationen.

Schlüsselqualifikationen

Schlüsselqualifikationen sollen in die Lage versetzen, zukünftige, schnell aufkommende neue Inhalte selbsttätig aufschließen zu können und damit lebensbegleitend lernen zu können. Es gibt eine Vielzahl von Schlüsselqualifikationen. Sehr häufig werden genannt (in alphabetischer Reihenfolge):
- Denken in Zusammenhängen
- Flexibilität
- Kommunikationsfähigkeit
- Kreativität
- Problemlösefähigkeit
- Selbstständigkeit
- Teamfähigkeit
- Transferfähigkeit
- Zuverlässigkeit

Übersicht 10 gibt einen möglichen Katalog von Schlüsselqualifikationen wieder. Ein Anspruch auf *den richtigen* Katalog kann nicht erhoben werden.

Zu den Schlüsselqualifikationen zählen grundlegende materiale Kenntnisse und Fertigkeiten, die über den Einzelberuf und insbesondere über das Berufsfeld bzw. die Berufsgruppe hinausgehen und auf inhaltlich und funktional verwandte Gebiete übertragen werden können. Dies sind zum einen berufspraktische Qualifikationen großer Breitenwirkung, die vom Wandel unabhängig sind. Zum anderen gehören zu den materialen Kenntnissen und Fertigkeiten berufsübergreifende allgemein bildende Kenntnisse und Fertigkeiten wie Kulturtechniken, Fremdsprachenkenntnisse und eine technische sowie wirtschaftliche Allgemeinbildung. Unter den Kulturtechniken sind hier ein berufsbezogenes Lese- und Schreibvermögen sowie eine berufsbezogene mathematische Befähigung zu verstehen.

Die formalen Fähigkeiten im kognitiven und psychomotorischen Bereich sowie die personalen und sozialen Fähigkeiten stehen auf der Seite einer formalen Bildung (vgl. Kap. A.2). Im Konzept der Schlüsselqualifikationen nimmt die formale Bildung einen sehr großen Anteil ein. In Bezug auf den Bildungsauftrag der Berufsschule (Kap. C.2) drückt sich der Erziehungsauftrag der Berufsschule dem Konzept der Schlüsselqualifikationen nach besonders in der Förderung personaler und sozialer Fähigkeiten aus. Die Förderung materialer Kenntnisse und Fertigkeiten sowie die der formalen Fähigkeiten im kognitiven und psychomotorischen Bereich kann besonders einer Bildung für den Beruf zugeordnet werden.

Materiale Kenntnisse und Fertigkeiten	**Berufspraktische Kenntnisse und Fertigkeiten großer Breitenwirkung:** Messtechnik, Arbeitsschutz, Maschinenwartung, Arbeitsanweisungen in Form von Zeichnungen auf Handlungspläne umsetzen können, Fehler und Störungsursachen suchen und erkennen können, ökonomisch und mit Überblick arbeiten können, Lesen, Anwenden und Erstellen von technischen Unterlagen, Planen und Steuern von Arbeits- und Bewegungsabläufen sowie Kontrollieren und Beurteilen der Ergebnisse **Allgemeinbildende Kenntnisse und Fertigkeiten berufsübergreifender Art:** Kulturtechniken, Fremdsprachenkenntnisse, technische und wirtschaftliche Allgemeinbildung
Formale Fähigkeiten – kognitiver Bereich	**Selbstständige Denk- und Lernbefähigung:** Analytisches Denken, synthetisches Denken, Kreativität, technisches Verständnis, Transferfähigkeit, Problemlösungsfähigkeit, Beurteilungsvermögen, kritisches Denken
Formale Fähigkeiten – psychomotorischer Bereich	**Allgemeine berufsmotorische Befähigung:** Koordinationsfähigkeit, Konditionsfähigkeit, Reaktionsschnelligkeit, manuelle Geschicklichkeit, Konzentrationsfähigkeit, Gefühl für Material und Werkzeugbehandlung
Personale Fähigkeiten	**Befähigung in Arbeitstugenden:** Genauigkeit, Zuverlässigkeit, Streben nach Arbeitsqualität, Gewissenhaftigkeit, Verantwortungs- und Pflichtbewusstsein **Befähigung mit einzelpersönlicher Betonung:** Selbstständigkeit, Kritikfähigkeit, Selbstvertrauen, Optimismus, Leistungsbereitschaft **Befähigung mit sittlicher Betonung:** Handeln nach moralischen Leitlinien und Normen, ökologisches Verantwortungsbewusstsein
Soziale Fähigkeiten	**Befähigung, in Arbeitsgemeinschaften gruppenorientiertes Verhalten zu zeigen:** Kooperationsbereitschaft, Kontaktfähigkeit, Kommunikationsfähigkeit, Toleranz, Fairness, Aufrichtigkeit, Teamgeist

Übersicht 10: Schlüsselqualifikationen: Ein möglicher Katalog

Das Konzept der Schlüsselqualifikationen hat mit Mertens (1974) seinen Ausgangspunkt in der Arbeitsmarkt- und Berufsforschung genommen. Es ist erst viel später von der Berufspädagogik aufgenommen und weiterentwickelt worden. Zwei Gründe, die für das Konzept der Schlüsselqualifikationen sprechen, haben sich im Verlauf der Zeit immer drängender heraus kristallisiert.

Der eine Grund – Vorbereitung auf die Arbeitswelt von morgen – besteht in den unsicheren zukünftigen Anforderungen im Zuge eines raschen technisch-produktiven und ökonomischen Wandels, d. h. in der mangelnden Prognostizierbarkeit zukünftiger berufsinhaltlicher Anforderungen. Qualifikationen geringerer Reichweite können bereits nach wenigen Jahren veraltet sein. Qualifikationen mittlerer Reichweite können in einem Jahrzehnt überholt sein. Die Qualifikationen hoher Reichweite dagegen – Schlüsselqualifikationen materialer, formaler, personaler wie auch sozialer Art – veralten im Zuge des technisch-produktiven und ökonomischen Wandels nicht. Die Schlüsselqualifikationen sind als dauerhaft gelegte Basis für die berufliche Existenz anzusehen. Wenn Unsicherheit über zukünftige Berufsbildung besteht, trifft dies allein für die untere und mittlere Qualifikationsebene zu. Je intensiver Qualifikationen hoher Reichweite vermittelt werden, so die These, desto besser ist der zukünftige Mitarbeiter für die Qualifikationsanforderungen des technisch-produktiven und ökonomischen Wandels gewappnet. Er ist befähigt, im Zug eines lebensbegleitenden Lernens, selbsttätig lernend die auf ihn zu kommenden Anforderungen bewältigen zu können.

Der zweite Grund – Bewältigung der Anforderungen der Arbeitswelt von heute – stellt sich aus den Anforderungen des heutigen Berufslebens selbst. Rechnergestützte Facharbeit kann zu komplexeren und mehr ganzheitlichen Arbeitstätigkeiten führen. Im Zuge von Produktivitätssteigerungen, Verkürzung von Durchlauf- und Entwicklungszeiten, Erhöhung von Produktqualität und Senkung von Kosten aufgrund eines internationalen Wettbewerbs bahnen sich eher ganzheitliche Fertigungsstrategien an. Bedeutende Merkmale dieser Strategien bestehen in einer produktionsgerechten Konstruktion, flexiblen Automatisierung und teamorientierten Betriebsorganisation. Es vollzieht sich ein Wandel von der funktions- zu einer prozessorientierten Arbeitsorganisation. Die hiermit verbundenen Anforderungen können eher mit Fähigkeiten bewältigt werden, die als Schlüsselqualifikationen gelten. Gefragt sind insbesondere formale Fähigkeiten im kognitiven Bereich sowie personale und gerade auch soziale Fähigkeiten.

Mit dem Konzept der Schlüsselqualifikationen, wie es hier dargestellt ist, verbinden sich auch Probleme, die nicht ungenannt bleiben dürfen. Zwei wesentliche Probleme sind im Folgenden angerissen.

(1) Schlüsselqualifikationen können nicht abstrakt vermittelt werden. Ihre Förderung gelingt nur zusammen mit konkreten fachspezifischen Inhalten. Ohne Bezug auf diese Inhalte können Schlüsselqualifikationen ihre Transferwirkung nicht einlösen. Damit bleiben Schlüsselqualifikationen aber auch bereichsspezifisch. Bei Schlüsselqualifikationen muss somit von einem Dilemma gesprochen werden. Denn es gilt:

– Werden Schlüsselqualifikationen stark situationsspezifisch und damit eng interpretiert, dann genügen sie weniger ihrem Anspruch, fachübergreifende Qualifikationen hoher Reichweite zu sein.

– Werden Schlüsselqualifikationen dagegen als sehr allgemeine und unspezifische Qualifikationen definiert, dann dürfte ein unmittelbarer Transfer dieser Qualifikationen eher misslingen.

Darüber hinaus bleibt festzustellen: Nach wie vor müssen Qualifikationen geringer und mittlerer Reichweite anteilmäßig breit – integriert mit Schlüsselqualifikationen – vermittelt werden. Zugleich stellt sich immer wieder die Frage, welche künftigen Inhalte Schlüsselqualifikationen befördern können.

(2) Für die Bildungspraxis gilt, dass die im Konzept der Schlüsselqualifikationen angesprochenen Befähigungen Qualifikationsanforderungen der modernen Arbeitswelt darstellen. Es werden Befähigungen eingefordert, welche die Pädagogik und besonders die Reformpädagogik im ersten Drittel des letzten Jahrhunderts schon immer als einen eigentlichen Auftrag einer allseitigen Bildung angesehen hat. Wesentlich ist heute aber, dass die frühere pädagogische Vision nun als nüchterne Qualifikationsanforderung im Beschäftigungssystem auftritt und zu einem Ziel der Bildung wird. Im Konzept der Schlüsselqualifikationen sind humane Befähigungen enthalten, die auf der einen Seite zwar dem Menschen selbst dienen, die auf der anderen Seite aber auch vom Beschäftigungssystem heute verstärkt eingefordert werden. Mit anderen Worten: Schlüsselqualifikationen sind zweigesichtig (janusköpfig). Im Konzept der Schlüsselqualifikationen sind humane Befähigungen wie z. B. Selbstständigkeit, Teamfähigkeit enthalten. Die humanen Befähigungen dienen auf der einen Seite dem Menschen selbst und stellen alte pädagogische Ziele dar. Auf der anderen Seite aber werden die humanen Befähigungen auch als Rationalisierungspotential von Arbeit eingesetzt. Anders gewendet, Rationalisierung erfolgt durch Humanisierung. Bei v. Hentig (vgl. 2002, S. 29) heißt es in diesem Zusammenhang, mit dem Konzept der Schlüsselqualifikationen sei das Individuum hoffnungslos dem Prinzip und System der Innovation ausgeliefert.

Obgleich Probleme bestehen, ist die Förderung von Schlüsselqualifikationen ein Ziel moderner Bildung und hier besonders der beruflichen Bildung. Zu berücksichtigen ist hierbei, dass Schlüsselqualifikationen nur sehr langsam und begleitend zum Erwerb von Qualifikationen niedriger und mittlerer Reichweite aufgebaut werden können. Schlüsselqualifikationen sind im Unterricht nicht explizit messbar. Sie können eher implizit durch aufwendige Beobachtungen aus einem Lern- und Arbeitshandeln erschlossen werden.

Seit den 90er Jahren ist für die Zielformulierung beruflicher Bildung eine kompetenzorientierte Wende festzustellen. Dies verbindet sich mit einer Unterscheidung zwischen Kompetenzen und Qualifikationen.

Berufskompetenz

In einer allgemeinen Umschreibung stehen Kompetenzen für Zuständigkeiten, Vermögen, kurz Mächtigkeiten, die der Mitarbeiter zur Bewältigung seiner Berufsarbeit einbringt. Kompetenzen sind personenbezogen. Sie sind die Entsprechungen des Mitarbeiters zu den Anforderungen, die ein Arbeitsplatz bzw. eine Stelle verlangt. Mit Kompetenzen werden Qualifikationsanforderungen erfüllt. Mit Qualifikationen beschreibt der Betrieb Anforderungen, die zur Ausfüllung eines Arbeitsplatzes erforderlich sind. So werden in Stellenbeschreibungen Qualifikationen aufgelistet. Kompetenzen gehen aber über Qualifikationsanforderungen hinaus und können auch neben den Qualifikationen für einen Arbeitsplatz stehen.

Eine gemeinsame Zielvorstellung der Lernorte Berufsschule und Betrieb besteht in der Bildung von Berufskompetenz. Letztere ist zur Ausfüllung eines arbeitsorientierten Gestaltungskonzeptes erforderlich: Dies heißt, die Entwicklung und der Einsatz von Technik, Qualifikation und Arbeitsorganisation erfolgen unter aktiver und selbstverantworteter Teilnahme des Mitarbeiters (vgl. Schelten 2000, S. 154 ff., 1995, S. 272 ff.).

Die in der Berufsbildung anvisierte Zielvorstellung Berufskompetenz sucht die integrierende Mitte zwischen Kopplung und Entkopplung im Spannungsverhältnis zwischen Berufsbildungssystem und Beschäftigungssystem (Übersicht 11). Bei einer Kopplung richtet sich das Bildungssystem streng an den Anforderungen des Beschäftigungssystems aus. Entkopplung heißt umgekehrt, dass sich das Bildungssystem von den Anforderungen des Beschäftigungssystems löst.

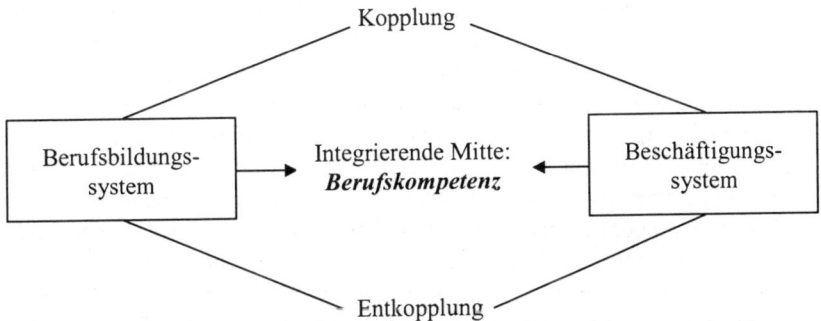

Übersicht 11: Integrierende Mitte zwischen den Polen Kopplung und Entkopplung im Beziehungsverhältnis Berufsbildungssystem und Beschäftigungssystem: Zielvorstellung: Förderung von Berufskompetenz

Berufskompetenz (Übersicht 12) setzt sich zusammen aus der
– Fach- und Methodenkompetenz
– Personalkompetenz
– Sozialkompetenz

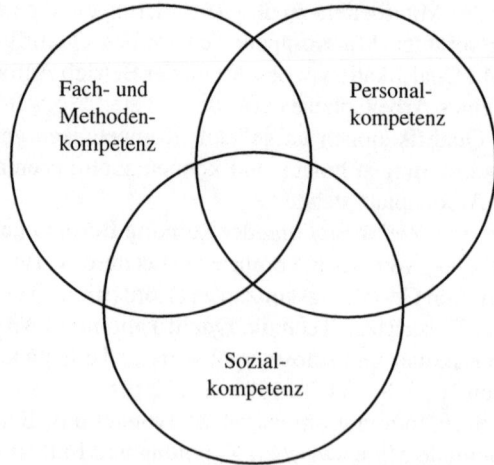

Übersicht 12: Berufskompetenz: Einteilung und Überschneidungsfelder

Fachkompetenz beinhaltet das Verfügen über fachliche Kenntnisse, Fähigkeiten und Fertigkeiten. Auf der Ebene der Schlüsselqualifikationen befindet
sich Fachkompetenz im Bereich der materialen Kenntnisse und Fertigkeiten,
wie z. B. Arbeitsanweisungen in Form von Zeichnungen auf Handlungspläne
umsetzen können. Bei der Fachkompetenz sind aber von diesen berufsüber-
greifenden materialen Qualifikationen hoher Reichweite ausgehend besonders
die darunter liegenden Qualifikationen mittlerer Reichweite auf berufsfeld-
bzw. berufsgruppenweiter Ebene und geringerer Reichweite auf fachspezifi-
scher, monoberuflicher Ebene mitzudenken. Zur Methodenkompetenz zählt,
selbsttätig Lösungswege für komplexe Arbeitsaufgaben anwenden, finden und
reflektieren zu können. Dazu gehört die Fähigkeit zur selbstständigen Aneignung neuer Kenntnisse, Fähigkeiten und Fertigkeiten (Lernkompetenz). Den
Schlüsselqualifikationen nach sind für die Methodenkompetenz in besonderem Maße im Verbund mit materialen Kenntnissen und Fertigkeiten formale
Fähigkeiten im kognitiven Bereich gefordert, wie z. B. analytisches oder synthetisches Denken. Daneben sind für die Methodenkompetenz auch die formalen Fähigkeiten im psychomotorischen Bereich bedeutsam, wie etwa Ge-
fühl für Material- und Werkzeugbehandlung.
    Fach- und Methodenkompetenz werden zusammengezogen, da sie oft in
einander übergehen. Zum Beispiel erfordert das Vermögen, Fehler und Stö-

rungsursachen bei Anlagen zu suchen und erkennen zu können, Fachkenntnisse wie auch integriert dazu Strategien der Fehlersuche, d. h. Fach- und Methodenkompetenz.

Die Personalkompetenz betrifft die Entwicklung eines positiven Selbstbildes. Es sollen die eigenen Fähigkeiten mit den damit zusammenhängenden motivationalen und emotionalen Aspekten der Persönlichkeitsentwicklung bewusst herausgearbeitet und reflektiert werden. Statt von Personalkompetenz wird in der Berufspädagogik auch von Humankompetenz gesprochen. Den Schlüsselqualifikationen nach wird bei der Personalkompetenz eine Befähigung in Arbeitstugenden angesprochen, die früher mit einfacher Sittlichkeit umschrieben wurde. Hier wäre z. B. Genauigkeit oder Zuverlässigkeit zu nennen. Besonders im Vordergrund steht bei der Personalkompetenz eine Befähigung mit einzelpersönlicher Betonung wie Selbstständigkeit und Selbstvertrauen sowie eine Befähigung mit sittlicher Betonung wie etwa ökologisches Verantwortungsbewusstsein.

Bei der Sozialkompetenz geht es um die Fähigkeit zum Umgang mit anderen Menschen und darüber hinaus um gruppenorientiertes Verhalten in Arbeitsgemeinschaften. Den Schlüsselqualifikationen nach würde hierunter z. B. Kontaktfähigkeit oder Kommunikationsfähigkeit fallen.

Berufskompetenz stellt sich als die „Vereinigungsmenge" der drei Kompetenzbereiche Fach- und Methoden-, Personal- und Sozialkompetenz dar. Berufskompetenz zeigt sich dagegen nicht allein in der „Schnittmenge" aller drei Mengen von Fach- und Methoden-, Personal- und Sozialkompetenz.

In dem Ziel der Bildung von Berufskompetenz drückt sich aus, dass Berufsbildung Persönlichkeitsbildung ist. Der Lernende wird ganzheitlich angesprochen und gefordert. Verstandesmäßiges (kognitives), werthaltungs- bzw. verantwortungsmäßiges (affektives), bewegungsmäßiges (psychomotorisches) und gesellschaftliches (soziales) Lernen werden gefördert und der Idealvorstellung nach integriert vollzogen.

Für die Förderung von Berufskompetenz gilt allgemein, dass neben dem traditionellen, instruktionsorientierten Unterricht auch ein Lernen in offenen und komplexen Lernsituationen vorzusehen ist. In einer internationalen Bestandsaufnahme für die Anforderung an die Berufsbildung von Achtenhagen und Grubb (2001, S. 631) heißt es entsprechend:

> „The competencies required by changes in work often require instruction that integrates both academic and vocational competencies, work-based learning, and more constructivist and systems-oriented teaching in place of the didactic, sequential, skills-centered methods that have dominated in the past."

Neben einem objektivistischen Lernansatz gestalten die Schüler bei einem konstruktivistischen Ansatz ihren Lernprozess selbst zusammen mit der Lehrkraft. Die Lehrkraft wird dabei zum Mitarbeiter ihrer Schüler. Auf der konstruktivistischen Seite des Unterrichts steht der handlungsorientierte Unterricht, auf den im folgenden Kapitel eingegangen wird.

Zusammenfassung

Qualifikation bezeichnet tätigkeitsbezogen eine Eignung und Befähigung, die zur Wahrnehmung der mit einer Arbeitsstelle verbundenen Anforderungen erforderlich ist. Mit Qualifikationen kann die Leistungsnachfrage des Betriebes erfasst werden. Qualifikationen lassen sich auf drei Ebenen ansiedeln. (1) Qualifikationen geringerer Reichweite sind fachspezifisch und monoberuflich ausgerichtet. (2) Qualifikationen mittlerer Reichweite beziehen sich auf Fertigkeiten und Kenntnisse, die einem ganzen Berufsfeld eigen sind bzw. berufsgruppenweit gelten. (3) Qualifikationen hoher Reichweite haben berufsfeld- bzw. berufsgruppenübergreifenden Charakter. Sie werden als Schlüsselqualifikationen bezeichnet.

Schlüsselqualifikationen (siehe Übersicht 10) können nach materialen Kenntnissen und Fertigkeiten sowie nach formalen (kognitiv und psychomotorisch), personalen und sozialen Fähigkeiten eingeteilt werden. Das Konzept der Schlüsselqualifikationen beinhaltet einen starken Erziehungsauftrag sowie den Auftrag einer Bildung für den Beruf. Schlüsselqualifikationen werden bei raschem technisch-produktiven und ökonomischen Wandel als dauerhaft gelegte Basis für die berufliche Existenz angesehen: Vorbereitung auf die Arbeitswelt von morgen. Ebenso können die Anforderungen der Arbeitswelt von heute eher mit Fähigkeiten bewältigt werden, die Schlüsselqualifikationen darstellen. Im Schlüsselqualifikations-Dilemma ergeben sich Probleme mit diesem Konzept. Darüber hinaus sind Schlüsselqualifikationen janusköpfig, indem sie humane Befähigungen anstreben, die zugleich als Rationalisierungspotential von Arbeit eingesetzt werden.

Kompetenzen stehen für Zuständigkeiten, die der Mitarbeiter zur Bewältigung seiner Berufsarbeit einbringt. Mit Kompetenzen kann das Leistungsangebot eines Mitarbeiters umschrieben werden. Die in der Berufsbildung angestrebte Zielvorstellung Berufskompetenz sucht die integrierende Mitte zwischen Kopplung und Entkopplung im Spannungsverhältnis zwischen Berufsbildungssystem und Beschäftigungssystem. Berufskompetenz setzt sich zusammen aus der Fach- und Methodenkompetenz, Personalkompetenz und Sozialkompetenz. Die „Vereinigungsmenge" dieser drei Kompetenzbereiche bildet die Berufskompetenz. Die einzelnen Kompetenzbereiche lassen sich auf das Konzept der Schlüsselqualifikationen rückbeziehen. Für die Förderung von Berufskompetenz gilt allgemein, dass neben einem objektivistischen Lernansatz ein konstruktivistischer vorgesehen wird, bei dem die Schüler selbst ihren Lernprozess in einer komplexen Lernumgebung zusammen mit der Lehrkraft gestalten. Für die berufliche Bildung ist hier der handlungsorientierte Unterricht zu nennen.

Wichtige Begriffe und Konzepte

Qualifikationen

Qualifikationsebenen

Schlüsselqualifikationen:
Materiale Kenntnisse und Fertigkeiten, formale Fähigkeiten (kognitiver und psychomotorischer Bereich), personale Fähigkeiten, soziale Fähigkeiten

Gründe für das Konzept der Schlüsselqualifikationen

Probleme mit Schlüsselqualifikationen

Kompetenzen

Berufskompetenz
- Integrierende Mitte im Spannungsfeld zwischen Berufsbildungssystem und Beschäftigungssystem
- Einteilung nach Fach- und Methoden-, Personal- und Sozialkompetenz
- Verbindung der Kompetenzbereiche zu Schlüsselqualifikationen

Förderung von Berufskompetenz

Studienliteratur (Auswahlliteratur)

Arnold, R. Schüßler, I.: Entwicklung des Kompetenzbegriffs und seine Bedeutung für die Berufsbildung und für die Berufsbildungsforschung, in: Franke, G. (Hrsg.): Komplexität und Kompetenz: Ausgewählte Fragen der Kompetenzforschung, Bielefeld: W. Bertelsmann 2001, S. 52 – 74

Bunk, G. P.: Kompetenzvermittlung in der beruflichen Aus- und Weiterbildung in Deutschland, in: Europäische Zeitschrift Berufsbildung (1994) 1, S. 9 – 15

Dubs, R.: Entwicklung von Schlüsselqualifikationen in der Berufsschule, in: Arnold, R., Lipsmeier, A., (Hrsg.): Handbuch der Berufsbildung, Opladen: Leske und Budrich 1995, S. 171 – 182

Mertens, D.: Schlüsselqualifikationen: Thesen zur Schulung für eine moderne Gesellschaft, in: Mitteilungen aus der Arbeitsmarkt- und Berufsforschung 7 (1974) 1, S. 36 – 43

Schelten, A.: Forum 9: Schlüsselqualifikationen / Vorbereitung auf die Arbeitswelt / Lebenslanges Lernen, in: Bayerisches Staatsministerium für Unterricht, Kultus, Wissenschaft und Kunst (Hrsg.): Wissen und Werte für die Welt von morgen: Dokumentation zum Bildungskongress des Bayerischen Staatsministeriums für Unterricht, Kultus, Wissenschaft und Kunst, 29./30. April 1998 in der Ludwig-Maximilians-Universität, München 1998, S. 283 – 293

C.4 HANDLUNGSORIENTIERTER UNTERRICHT

Der handlungsorientierte Unterricht in der beruflichen Bildung steht auf der Seite eines konstruktivistischen Unterrichts (Übersicht 13). So soll es im Folgenden zuerst darum gehen, diese übergeordnete Grundauffassung von Unterricht zu umreißen. Der konstruktivistische Unterricht hebt sich von einem objektivistischen ab, in dessen Gefolge ein wissenschaftsorientierter Unterricht gesehen werden kann. Zum besseren Verständnis des konstruktivistischen und handlungsorientierten Unterrichtsansatzes wird im Folgenden mit dem objektivistischen und wissenschaftsorientierten Ansatz begonnen.

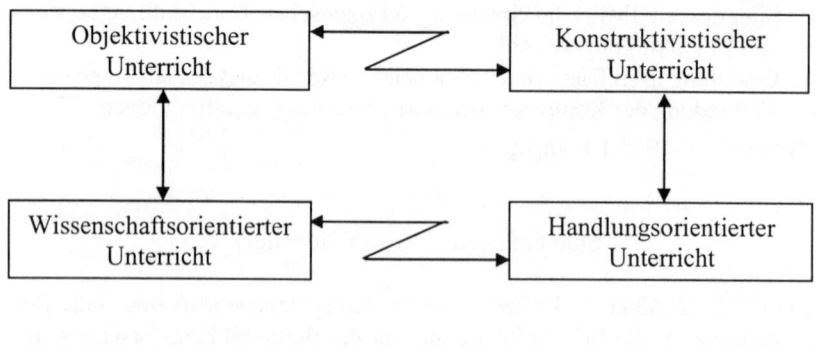

← → Entsprechungen bzw. Parallelitäten

← ∿ → Gegenläufige, sich aber nicht grundsätzliche ausschließende Beziehung

Übersicht 13: Handlungsorientierter Unterricht im Gefüge von Grundauffassungen von Unterricht

C.4.1 Grundauffassungen von Unterricht

Objektivistischer Unterricht

Die objektivistische Auffassung von Unterricht vertritt die traditionelle Sicht von Unterricht. Hier wird Wissen durch Experten objektiv festgelegt und entsprechend an die Lernenden vermittelt. Wissen wird in fachsystematischen Strukturen instruktionsorientiert durch die Lehrkraft vermittelt. Die Lehrkraft ist aktiv. Sie geht darstellend erläuternd vor und ist Vermittler und Präsentierer neuer, klar strukturierter Inhalte. Der Lernende ist hierbei vornehmlich in einer aufnehmenden Rolle. Er wird dabei stark von außen angeleitet. Seine schöpferische Kraft soll durch Belehrung erst geschaffen werden. Anhänger des objektivistisch ausgerichteten Unterrichts werden als Objektivisten, Traditionalisten oder Strukturalisten bezeichnet.

Bei der objektivistischen Auffassung von Unterricht besteht die Gefahr, dass das vermittelte Wissen „träge" verbleibt, indem es in neuen Situationen bei der Lösung von Problemen nicht aktiv eingesetzt werden kann. Das erworbene Wissen bleibt schwerfällig. Es kann weniger für Anwendungs- und Gestaltungsaufgaben eingesetzt werden.

Der wissenschaftsorientierte Unterricht in der beruflichen Bildung kann nun seine Entsprechung im objektivistischen Lernansatz finden.

Wissenschaftsorientierter Unterricht

Bei einem wissenschaftsorientiertem Unterricht werden für das betreffende Unterrichtsfach oder Lernfeld jene Inhalte, Anordnungs-, Verfahrens- und Betrachtungsweisen zugrunde gelegt, welche die korrespondierenden Wissenschaften ausmachen. Der Unterricht richtet sich nach den zugrunde liegenden Wissenschaften aus und wird von ihnen geleitet. Die Bildungsgegenstände werden durch die Wissenschaften erkannt und entsprechend dieser Wissenschaften vermittelt.

Während bei dem später noch dargestellten handlungsorientierten Unterricht u. a. der Blick für die Berufstheorie aus den Handlungsanforderungen des Berufes kommt, blendet der wissenschaftsorientierte Unterricht die Berufs- und Arbeitssituation, in der die Lernenden in einer beruflichen Bildung stehen, stärker aus. Bei dem wissenschaftsorientierten Unterricht rückt die sachlogische Fachsystematik der zugrunde liegenden wissenschaftlichen Disziplin bzw. der Disziplinen in den Vordergrund. Die Fachsystematik bestimmt die Ermittlung und Vermittlung der Bildungsinhalte. Neben den Inhalten der Bezugswissenschaften können dabei auch die Methoden ihrer Erkenntnisgewinnung zum Gegenstand des Unterrichts werden.

Ein wissenschaftsorientierter Unterricht für z. B. Bauzeichner kann heißen, dass die Systematik und Sachlogik der Fachdisziplin, hier der Ingenieurbautechnik, für Auswahl, Anordnung und Behandlung der Lehrgegenstände bestimmend ist. Die tatsächlichen Berufsanforderungen der Bauzeichner stehen dabei weniger im Vordergrund. Eher gilt: Die zukünftigen Bauzeichner sollen mit den Inhalten und Methoden der wissenschaftlichen Bautechnik – zulässig reduziert – vertraut gemacht werden. Unter den Methoden wären gerade auch die ingenieurwissenschaftlichen Verfahren der Erkenntnisgewinnung in der Bautechnik, etwa Experiment, Modelle oder baustatische Berechnung zu verstehen, die zulässig vereinfacht den Auszubildenden im Ausbildungsberuf Bauzeichner nahe zu bringen wären.

Soweit sich nun ein objektivistischer Unterricht um Anwendung des vermittelten Wissens bemüht, steht dieser Unterricht zwar in einer gegenläufigen, aber nicht grundsätzlich ausschließenden Beziehung zu einem konstruktivistischen Unterricht.

Konstruktivistischer Unterricht

Der Begriff eines konstruktivistischen Unterrichts ist zu Anfang der 90er Jahre des letzten Jahrhunderts aus der nordamerikanischen Pädagogik in die deutsche Pädagogik gelangt. Die Anhänger des konstruktivistischen Unterrichts wenden sich gegen die traditionelle Auffassung von Unterricht, nach der Wissen in objektiven, fachsystematischen Strukturen instruktionsorientiert durch den Lehrer vermittelt werden kann.

Konstruktivisten gehen davon aus, dass ein Wissenserwerb in einem vom Lernenden aktiv-aufbauenden Prozess erfolgt. Lerngegenstände müssen dazu in einem konkreten Situationsbezug stehen. Entlang dieser Situation entwickelt der Lernende sein Wissen selbst und passt es in seine individuelle Wissensstruktur (konstruktiv) ein. Erst damit entsteht richtig verstandenes Wissen, das nach Ansicht der Konstruktivisten weniger träge ist.

Beim konstruktivistischen Unterricht liegt die Aktivität auf Seiten des Lernenden, der in einem situierten Prozess sein Lernen gestaltet. Der Lehrer unterstützt, berät und regt diesen Prozess an. Er schafft für den Lernenden eine situierte Lernumgebung.

Nach Reinmann-Rothmeier, Mandl (1999, S. 37, vgl. auch 2001) sind folgende Prozessmerkmale für einen konstruktivistischen Unterricht kennzeichnend, wobei diese Merkmale zu Teilen das oben bereits Gesagte wiederholt aufgreifen:

(1) Lernen erfolgt unter aktiver Beteiligung der Lernenden. Diese müssen motiviert sein und an dem, was oder wie sie es tun, Interesse haben oder entwickeln.

(2) Die Lernenden steuern und kontrollieren ihre Lernprozesse auch selbst. Der Ausprägungsgrad dieser Selbststeuerung kann je nach Lernsituation variieren.

(3) Lernen wird konstruktiv durchgeführt. Der Erfahrungs- und Wissenshintergrund der Lernenden findet Berücksichtigung. Subjektive Interpretationen können stattfinden.

(4) Lernen wird situativ gesehen. Es läuft in einem spezifischen Kontext ab.

(5) Lernen ist sozial ausgerichtet, indem es interaktiv geschieht und den soziokulturellen Hintergrund der Lernenden berücksichtigt.

Mit anderen Worten konstruktivistisch zu lernen kann heißen: Situiert anhand authentischer, komplexer, lebens- und berufsnaher, ganzheitlicher Aufgabenstellungen, in vielfachen Kontexten bzw. Perspektiven und in einem sozialen Kontext im Unterricht vorzugehen.

Ergänzend hierzu lassen sich folgende Erweiterungen in Anlehnung an Dubs (1995) anführen, die konstruktivistisches Lernen umschreiben: Fehler sind bedeutsam. Sie müssen besprochen und korrigiert werden, da Auseinandersetzungen mit Fehlüberlegungen verständnisfördernd wirken und zur besseren Konstruktion von Wissen beitragen. Neben kognitiven Aspekten des

Lernens sind Gefühle wie Freude und Angst sowie die persönliche Identifikation mit dem Lerngegenstand wichtig. Da sich die eigene Wissenskonstruktion insbesondere auf Fortschritte im Lernprozess und nicht vorwiegend auf Lernprodukte richtet, sind herkömmliche Prüfungsverfahren nicht sinnvoll. Geeigneter ist die Selbstevaluation, mit der individuelle Lernfortschritte und Verbesserungen der eigenen Lernstrategien beurteilt werden können.

Für den konstruktivistischen Unterricht haben sich verschiedene Zugänge entwickelt, wie z. B. der „Anchored Instruction" Ansatz, die „Cognitive Flexibility" Theorie oder der „Cognitive Apprenticeship" Ansatz, siehe hierzu u. a. Straka, Macke 2002; Reinmann-Rothmeier, Mandl 2001. Diese Zugänge zeigen Verwandtschaftsbezüge zum handlungsorientierten Unterricht in der beruflichen Bildung, der sich in Deutschland unabhängig und parallel zum nordamerikanischen konstruktivistischen Unterricht entwickelt hat.

Soweit sich nun der konstruktivistische Unterricht darum bemüht, kontinuierlich unterstützende Hilfen von Seiten des Lehrers beim selbstständigen situierten Lernen anzubieten, nimmt dieser Unterricht zwar eine gegenläufige, nicht aber grundsätzlich ausschließende Position zum objektivistischen Unterricht ein. Man bezeichnet diese Position als moderaten Konstruktivismus , der es auch darum geht, dekontextualisierte Wissensstrukturen aufzubauen, die für weitere Problemlösungen zur Verfügung stehen. Der im Folgenden dargestellte handlungsorientierte Unterricht steht auf der Seite eines moderaten Konstruktivismus.

C.4.2 Begriff, Bestimmungsgrößen und Begründungsstränge eines handlungsorientierten Unterrichts

Handlungsorientierter Unterricht (Übersicht 14) ist ein Konzept von Unterricht und keine Unterrichtsmethode. Innerhalb dieses Konzeptes kann man sich des herkömmlichen Methodenrepertoires bedienen bis hin zu Methoden wie anwendungsorientiertes experimentelles Lernen nach der Fallmethode, Planspiel oder Projektmethode. Ebenso kommen im Hinblick auf einen Einsatz in der Berufsschule angepasste Formen der Leittextmethode in Frage (vgl. Kap. C.5).

Im Mittelpunkt des handlungsorientierten Unterrichts steht die Vermittlung von theoretischen Voraussetzungen für das Handeln – Können in der beruflichen Praxis. Dies will traditioneller Unterricht auch. Allerdings geht es beim handlungsorientierten Unterricht um eine konsequente Ausrichtung auf diesen Punkt. Eine Elektrofachkraft muss z. B. eine elektrische Maschine fachgerecht an ein Netz anschließen können. Ein theoretisches Grundlagenwissen, bzw. ein Verständnis über Arten, Aufbau und Wirkungsweise elektrischer Maschinen würde in einem handlungsorientierten Unterricht entsprechend den beruflichen Handlungsanforderungen für ein fachgerechtes Anschließen solcher Maschinen vermittelt werden. Der fachwissenschaftliche

Zugang zu den Lerninhalten wird durch eine mögliche berufliche Anforderungssituation geleitet. An dem Beispiel soll deutlich werden: Der Blick für die Berufstheorie kommt aus den Handlungsanforderungen des Berufes. Es erfolgt ein theoretisch gesteuertes und reflektiertes Lernen für das Handeln-Können im Beruf.

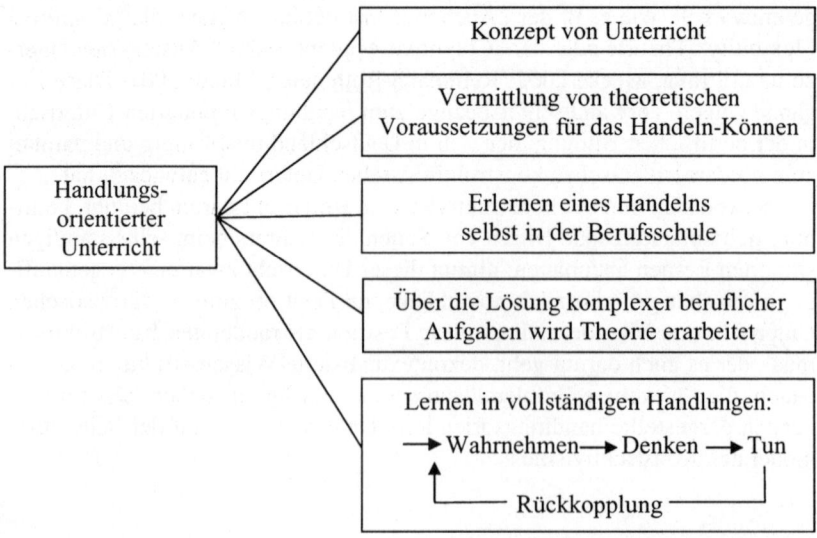

Übersicht 14: Eine Umschreibung des Begriffs handlungsorientierten Unterrichts

Durch den handlungsorientierten Unterricht soll in der Berufsschule aber auch ein Handeln selbst erlernt werden. Für das oben genannte Beispiel würde das heißen: Es wird nicht allein die Theorie über elektrische Maschinen vermittelt um diese anzuschließen. Die Maschinen selbst werden im Unterricht auch an das Stromnetz angeschlossen und angefahren.

Ein besonders wichtiger Punkt in diesem Unterricht besteht darin, dass Theorie entlang der Lösung komplexer beruflicher Aufgaben erarbeitet wird. Es erfolgt ein Lernen durch Handeln. In einem Beispiel heißt dies: Entlang der Planung und Realisierung einer elektropneumatischen Steuerung wird die zugehörige Theorie, z. B. Aufbau und Funktion der eingesetzten Bauteile oder Schaltungslogik erarbeitet. Aus den Handlungen zur Planung und zum Aufbauen einer Steuerungseinheit führen rückschließende Fragen auf die Theorie. Oder in einem weiteren Beispiel, während im Unterricht elektrische Maschinen angeschlossen und angefahren werden, wird eine Theorie über elektrische Maschinen erarbeitet. Aus der Handlung des Anschließens und Anfahrens führen rückschließende Fragen auf die Theorie.

Handlungsorientiert zu unterrichten heißt in einem vereinfachenden Zugriff ein Lernen in vollständigen Handlungen herbeizuführen. Zu einem Wahrnehmen und Denken kommt ein Tun hinzu. Wahrnehmen und Denken kann zwar in der Berufsschule anwendungsorientiert auf eine Berufsarbeit außerhalb der Schule bezogen sein und auch eine handlungsleitende Theorie darstellen. Das Wahrnehmen und Denken wird aber erst zur vollständigen Handlung, wenn beides in ein Tun umgesetzt wird. Das Tun wirkt auf das Wahrnehmen und Denken rückkoppelnd zurück, indem es beides verändert und erweitert. Mit anderen Worten: Über das Wahrnehmen und Denken wird das Tun erklärt und gesteuert. Über das Tun entwickelt sich das Wahrnehmen und Denken. Die Trias Wahrnehmen, Denken, Tun wird in einem handlungsorientierten Unterricht in vielfachen Zyklen durchlaufen. Diese sind ineinander verschachtelt. In Bezug auf die Begriffe selbstständiges Planen, Durchführen und Kontrollieren steht das selbstständige Planen für das Wahrnehmen und Denken. Das Durchführen verdeutlicht das Tun und das Kontrollieren entspricht dem rückkoppelnden Vorgang vom Tun auf das Wahrnehmen.

Durch die frühere Fächertrennung in z. B. Fachtheorie, Fachrechnen, Fachzeichnen und Praktische Fachkunde wurden vollständige Handlungen oft an der Schnittstelle vom Denken zum Tun sowie an der Rückkopplung vom Tun auf das Wahrnehmen und Denken getrennt. Handlungsorientierter Unterricht erfordert bei einem Lernen in vollständigen Handlungen ein komplexes, zeitlich längerfristig zu bearbeitendes Lerngebiet eines Lernfeldes.

Für einen handlungsorientierten Unterricht ergeben sich einige Bestimmungsgrößen. Wesentliche sind in Übersicht 15 aufgeführt. Wer handlungsorientierten Unterricht entwickelt, wird bei einigen wenigen Bestimmungsgrößen beginnen und sich weitere schrittweise erarbeiten. Es bleibt zu betonen, dass Übersicht 15 einen Maximalkatalog wiedergibt. In einem Leitfaden geben Riedl, Schelten 2003 nähere Hinweise für die Konzeption von handlungsorientiertem Unterricht.

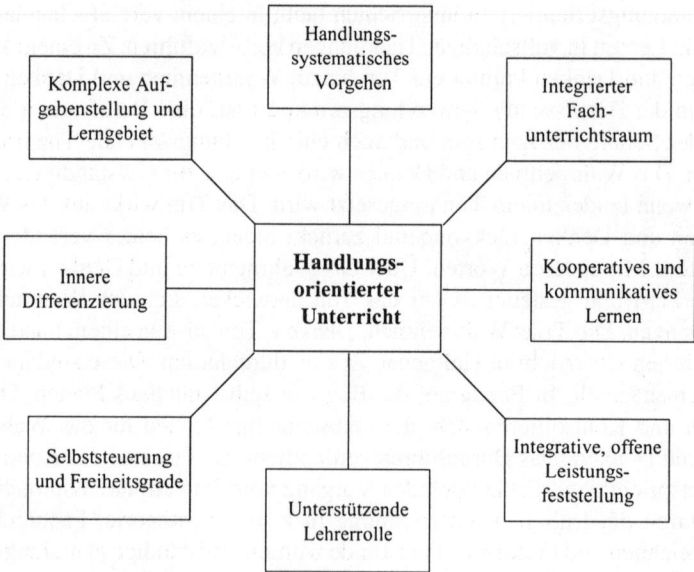

Übersicht 15: Bestimmungsgrößen eines voll entwickelten handlungsorientierten Unterrichts
(Riedl, Schelten 2003)

Handlungssystematisches Vorgehen: Ausgehend von einer Arbeitsaufgabe
werden die für ihre Durchführung erforderlichen Kenntnisse, Fähigkeiten und
Fertigkeiten aufgeschlüsselt und integrativ lernbar gemacht. Dazu kann eine
Handlungsregulation erstellt werden (siehe zur Handlungsregulation Schelten 1995, 2000, 2002). Dieses gliedert für eine komplexe Aufgabenstellung
die jeweiligen Teilhandlungen in hierarchisch-sequentieller Abfolge auf. Alle
zu erarbeitenden Inhalte und deren Abfolge im Unterricht orientieren sich am
Nachvollzug der Handlungssystematik. Übersicht 16 zeigt ein Beispiel einer
Handlungsregulation für einen Unterricht in Elektropneumatik für Industriemechaniker in der Berufsschule. Die Handlungsregulation bildet die Handlungssystematik des Unterrichts ab und leitet den Unterricht für Lehrer und
Schüler. So kann der Lehrer entlang der Handlungsregulation Leittexte für
den Unterricht erstellen.

Komplexe Aufgabenstellung und Lerngebiet: Bearbeitet wird eine viel-
schichtige und viele verschiedene Aspekte umfassende Aufgabenstellung mit
deutlichem Praxisbezug für die Schüler. Die Aufgabenstellung deckt ein Lerngebiet (z. B. Steuerungstechnik, Herstellen einer Natursteinmauer oder das
Einrichten und Gestalten von Wohnbereichen) für mindestens ein oder zwei
Wochen im Blockunterricht oder mehrere Wochen im Einzeltagesunterricht
ab. Das Lerngebiet orientiert sich an den Lernfeldern neuerer Lehrpläne. Darüber hinaus können Lernziele aus den Fächern Deutsch und Sozialkunde hinzukommen.

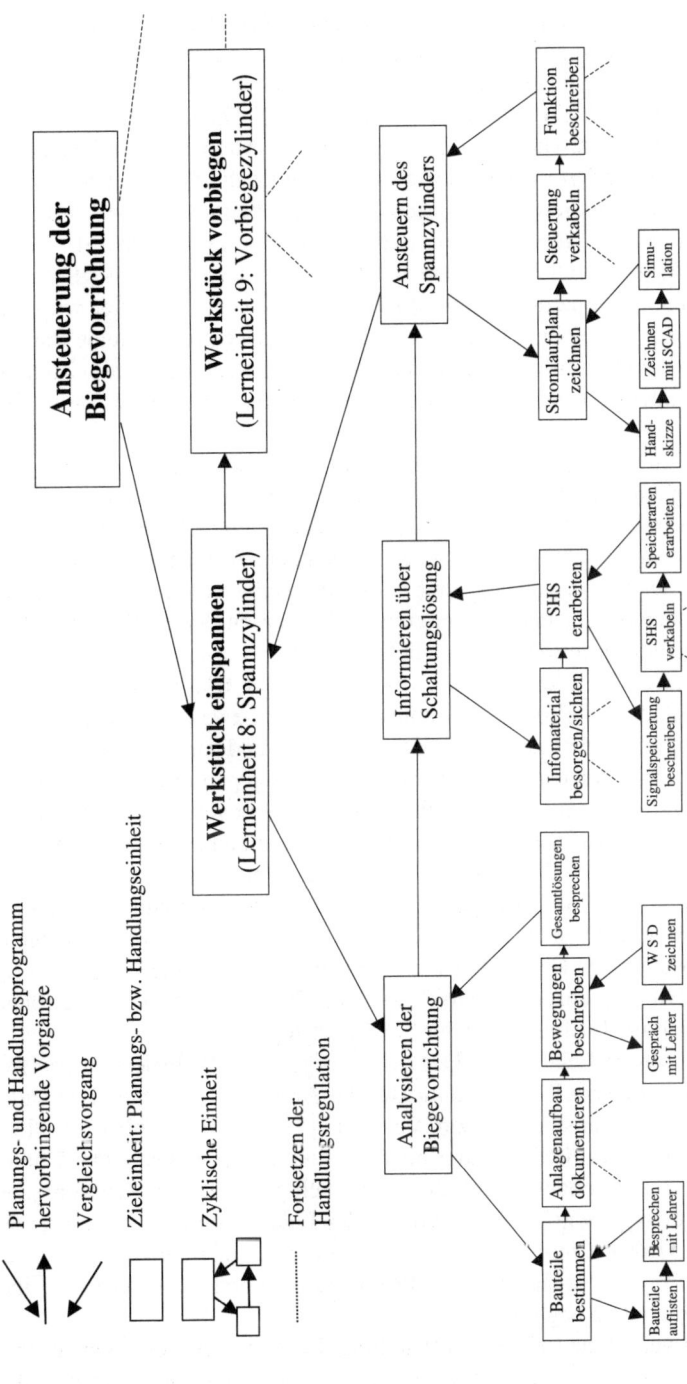

Übersicht 16: Handlungsregulation: Ausschnitt „Spannzylinder" aus dem Unterrichtsvorhaben „elektropneumatische Ansteuerung einer Biegevorrichtung", Berufsschule, Industriemechaniker (Unterrichtskonzeption Riedl, Schollweck). Die vorliegende Handlungsregulation zeigt den aus der Handlungsregulation einer Arbeitstätigkeit entstandenen handlungssystematischen Ablauf eines Unterrichts.

Integrierter Fachunterrichtsraum bzw. kombinierte Fachunterrichtsräume: Das Klassenzimmer ist ein Fachunterrichtsraum, der Theorie- und Praxisarbeit für Schüler an experimentellen Einrichtungen, Maschinen oder Geräten verbindet. Für das Berufsfeld Elektrotechnik enthält der Fachunterrichtsraum z. B. einen Theoriebereich, einen Bereich Schalten und Messen sowie einen PC-Bereich. Der integrierte Fachunterrichtsraum bildet die vorbereitete Umgebung, die einen handlungsorientierten Unterricht begünstigt. Bei größeren technischen Geräten, die ein theoretisches Lernen aufgrund von z. B. Lärm oder Schmutz in unmittelbarer Nähe von Maschinen nicht mehr möglich machen, werden kombinierte Fachunterrichtsräume erforderlich. Hier wird ein Theoriebereich von einem praktischen Arbeitsbereich getrennt. Beide Räume verbleiben aber in unmittelbarer Nachbarschaft mit wechselseitigem Zugang (näher zum integrierten Fachunterrichtsraum mit Ausstattungshinweisen siehe Schelten 2000).

Innere Differenzierung: Die Lernenden können gemäß ihrer eigenen Lerngeschwindigkeit vorgehen. Leistungsstarke Schüler werden nicht unterfordert oder gebremst. Der Lehrer kann einzelne Schüler individuell fördern und sich besonders leistungsschwachen Schülern zuwenden. Aufgabenstellungen sehen abgestuftes Schwierigkeits- und Abstraktionsniveau vor, um die individuellen Ausgangslagen der Schüler zu berücksichtigen. Jedem Schüler sollte ein individueller Lernprozess ermöglicht werden.

Kooperatives und kommunikatives Lernen: Der Klassenverband ist zu weiten Strecken aufgelöst. Die Schüler arbeiten zu zweit, in Kleingruppen oder auch in Einzelarbeit. Informationsbeschaffung und Aufgabenbearbeitung betonen die Zusammenarbeit der Schüler und den gegenseitigen Austausch. In sozialer und sachbezogener Interaktion werden eigenverantwortlich Arbeitsaufgaben von den Schülern übernommen und auf einander abgestimmt.

Selbststeuerung und Freiheitsgrade: Der Lernprozess wird weitgehend eigenverantwortlich von den Schülern gestaltet. Sie durchlaufen Entscheidungssituationen, in denen sie ihre individuellen Bearbeitungswege festlegen. Aufgabenlösungen und Handlungsziele sind über verschiedene Wege mit verschiedenen Hilfsmitteln erreichbar. Dabei sollte die Lehrkraft auch ungewöhnliche aber richtige Lösungswege der Schüler akzeptieren.

Unterstützende Lehrerrolle: Der Lehrer organisiert Selbstlernformen für seine Schüler. Er erstellt z. B. Leittexte und Arbeitsanweisungen und stellt umfangreiches Arbeitsmaterial zur Verfügung, wie z. B. Fachbücher, Herstellerkataloge, Informationsblätter oder Produktbeschreibungen. Der Unterricht ist nicht mehr exakt inhaltlich und zeitlich planbar. Die Steuerung des Unterrichts erfolgt nicht mehr allein durch den Lehrer, sondern wird auch von den Schülern mitbestimmt. Der Lehrer muss flexibel auf nicht vorhersehbare, detaillierte Fragen, Situationen und Probleme reagieren. Lernprozesse sind von ihm beratend zu begleiten.

Integrative, offene Leistungsfeststellung: Leistungsfeststellungen umfassen in Verzahnung zueinander theoretische wie auch praktische Lerninhalte.

Die Leistungskontrollen sind für die Schüler transparent und bieten Möglichkeiten zu offenen Interaktionen mit dem Lehrer, der seine Bewertung schlüssig begründet. Die Schüler rechtfertigen ihre Leistung und lernen sie zu akzeptieren.

Nach Kennzeichnung des handlungsorientierten Unterrichts in Bezug auf Begriff und Bestimmungsgrößen kann zum eingangs in Übersicht 13 angeführten wissenschaftsorientierten Unterricht zurückgekehrt werden. In der folgenden Übersicht 17 wird versucht, den Zusammenhang zwischen beiden Unterrichtsansätzen deutlich zu machen. Entscheidend ist wohl die vorherrschende Blickrichtung mit der Unterricht gestaltet wird. Beim wissenschaftsorientierten Unterricht kommt der Blick für die zu vermittelnde Berufstheorie vornehmlich aus den hinter dem Unterricht stehenden Fachwissenschaften. Beim handlungsorientierten Unterricht richtet sich der Blick für die Theorievermittlung vorrangig an den Handlungsanforderungen des Berufes aus.

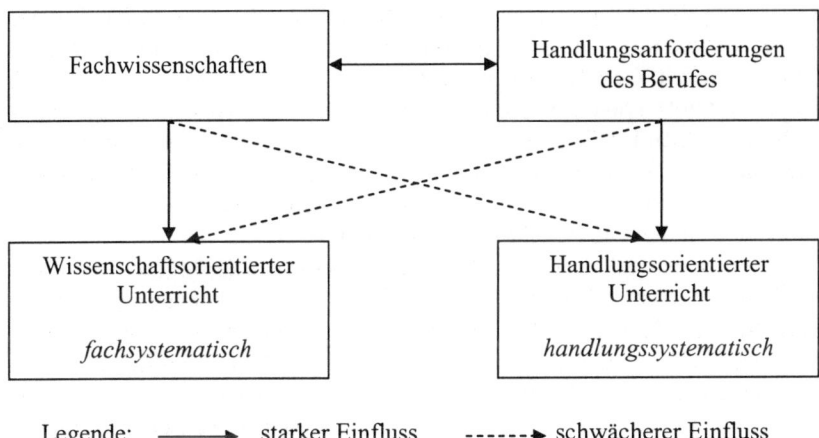

Übersicht 17: Wissenschaftsorientierter und handlungsorientierter Unterricht mit den jeweiligen Beeinflussungen

Guter beruflicher Unterricht wird den Blick bei der zu vermittelnden Theorie sowohl auf die wissenschaftlichen Bezugsdisziplinen als auch auf die Handlungsanforderungen des Berufes lenken. Handlungsorientierter Unterricht schließt dabei den wissenschaftsorientierten Unterricht nicht aus, wenn etwa eine Fachsystematik in den Dienst einer handlungssystematischen Lösung einer Berufsaufgabe gestellt wird. Ebenso zählt zu einem handlungsorientierten Unterricht, dass eine wissenschaftlich zulässig reduzierte Auswahl und Behandlung der Unterrichtsinhalte erfolgt.

Für den handlungsorientierten Unterricht in der beruflichen Bildung sprechen Begründungsstränge. Auf drei soll im Folgenden kurz eingegangen werden.

Begründungsstränge für handlungsorientierten Unterricht

Zum einen folgt der handlungsorientierte Unterricht den Zielvorstellungen moderner beruflicher Bildung, wie sie im Konzept der Schlüsselqualifikationen und Berufskompetenz in Kap. C.3 angesprochen sind. Dahinter stehen wesentlich die Veränderungen der Arbeitswelt und die damit verbundenen Anforderungen an zukünftige Mitarbeiter. Hierzu sei auf Kap. B.4 verwiesen.

Zum zweiten ergeben sich Veränderungen bei den Adressaten beruflicher Bildung. Das Durchschnittsalter der Auszubildenden in einer Berufsausbildung beträgt bundesweit ca. 19 Jahre. Die Berufsschule hat sich zu einer Schule für junge Erwachsene gewandelt (vgl. Kap. B.1). Erwachsene erwarten ein selbstbestimmtes, selbstverantwortetes, sinnvolles und anwendungsgerechtes Lernen. Ein handlungsorientierter Unterricht versucht diesen Erwartungen gerecht zu werden.

Zum dritten betonen kognitions- und handlungstheoretische Grundannahmen, dass zwischen Denken und Tun, zwischen Begriff und Handlung ein sich wechselseitig steigernder Zusammenhang besteht. So zielt die Theorie von Piaget darauf ab, dass ein Denken und Lernen sich vornehmlich über ein Tun entwickelt. Gerade bei Kindern wird ein Lerngegenstand, wie das Wort sagt, mit den Händen „be-griffen". Über das Begreifen entsteht ein gedankliches Bild. Über das Tun erfolgt eine Angleichung äußerer Gegebenheiten an die innere (gedankliche) Welt des Lernenden. Zugleich passt sich die innere Welt den Phänomenen der äußeren Welt an, wenn diese mit der bisherigen inneren Welt nicht abgedeckt werden können.

Denken entwickelt sich aus der aktiven Interaktion des Menschen mit seiner Umwelt. Werden Lehrinhalte nur abstrakt mitgeteilt, können sie nicht hinreichend verinnerlicht und mit bestehenden kognitiven Strukturen vernetzt werden. Ein handlungsorientierter Unterricht mit seinen vielen Zyklen Wahrnehmen-Denken-Tun-Rückkopplung hebt den dualistischen Ansatz des Vorratslernens mit seinem langphasigen Rhythmus vom Wissenserwerb zur Anwendung auf.

Für den handlungsorientierten Unterricht ergeben sich eine Reihe von Wirkungen und Erfahrungen. Darauf soll im Folgenden in Ausschnitten eingegangen werden (siehe weiterführend Schelten 2000).

C.4.3 Wirkungen und Erfahrungen
mit dem handlungsorientierten Unterricht

Aus lerntheoretischen Überlegungen spricht für den handlungsorientierten Unterricht, dass dieser die (1) Motivation, den (2) Wissenserwerb und den (3) Transfer fördert. Zu diesen drei Bereichen sind am Lehrstuhl für Pädagogik der Technischen Universität München umfangreiche Untersuchungen durchgeführt worden, die domänenspezifisch empirische Absicherungen herbeigeführt haben (siehe Glöggler 1997, Tenberg 1997, Riedl 1998).

Zu (1): Die lerntheoretischen Überlegungen zum Motivationsgewinn beim handlungsorientierten Unterricht bestehen darin, dass die Lernenden im Zuge der inneren Differenzierung und der vom Lehrer unabhängigen Lerngeschwindigkeit selbst Kontrolle über Lernziele, Lernmethoden und Zeiteinteilung haben. Ihr eigenes Lernvermögen kann an die Aufgabenanforderung angepasst werden. Praxisnähe fördert die Einsicht in die Notwendigkeit des Lernens. Das eigene Tun kann als selbstbelohnend wahrgenommen werden. Im idealen Fall kann sich streckenweise ein Flow-Erleben einstellen: Wenn eine Tätigkeit als erfüllend erlebt wird und der Lernende in der Lerntätigkeit aufgeht, so wird dieser Zustand als „Flow" bezeichnet („Fließen"). Es entsteht ein Lern- bzw. Handlungssog.

Zu (2): Der handlungsorientierte Unterricht fördert den Wissenserwerb, indem Wissen entlang der Lösung einer beruflichen Handlungsaufgabe erworben und an eine Handlung angedockt wird: Die Speicherung von Wissen erfolgt entlang einer Handlungsstruktur. Das erworbene Wissen ist sinnhaltig, weil es zur Problemlösung gebraucht wird. Wissen wird nicht nur in einer Spur sondern in mehreren Spuren aufgenommen, indem eine Informationsverarbeitung in vielfachen Kontexten und multiplen Perspektiven erfolgt. Die Ausführungen machen deutlich, dass ein handlungsorientiertes Lernen die Aufnahme von Wissen und die Verfügbarkeit über Wissen fördern kann.

Zu (3): Handlungsorientierter Unterricht fördert ein Handlungswissen, das den Transfer des erworbenen Wissens zum ausdrücklichen Ziel macht: Nicht nur ein deklaratives Wissen, sondern auch ein prozedurales und konditionales Wissen wird beim Handlungswissen angestrebt. Einer Modellvorstellung nach, die gängige theoretische Überlegungen zu berücksichtigen versucht, bezieht sich ein Handlungswissen auf ein

– Faktenwissen (Wissen, WAS, deklarativ-faktisches Wissen)
– Begründungswissen (Wissen, WARUM, deklarativ-kausales Wissen
– Verfahrenswissen (Wissen WIE, prozedurales Wissen)
– Die Verbindung zwischen den drei Wissensarten stellt ein Einsatzwissen dar (Wissen, WANN, konditionales Wissen, vgl. Übersicht 18).

Die Wissensgrundlage bilden ein Fakten- und Begründungswissen. Faktenwissen umfasst Begriffe, Objekte, Tatbestände, Situationen. Statt allein von Faktenwissen wird auch von Fakten- und Begriffswissen gesprochen.

Beim Begründungswissen geht es um ein Wissen der Zusammenhänge von Sachverhalten, d. h. ihrer wechselseitig wirkenden Beziehungen. Somit dient das Begründungswissen der Vertiefung, Erläuterung, Ergänzung, Erweiterung und Systematisierung gespeicherter Fakten und Begriffe.

Ein Verfahrenswissen als prozedurales Wissen richtet sich auf ein WIE des Handelns. Es enthält Verfahrens- und Vorgehensmuster für die Ausführung z. B. einer beruflichen Handlung. Den Vorstellungen nach besteht es aus

einem WENN-Teil, der Anwendungsbedingungen einer Prozedur spezifiziert
und einem DANN-Teil, der die Handlung repräsentiert.

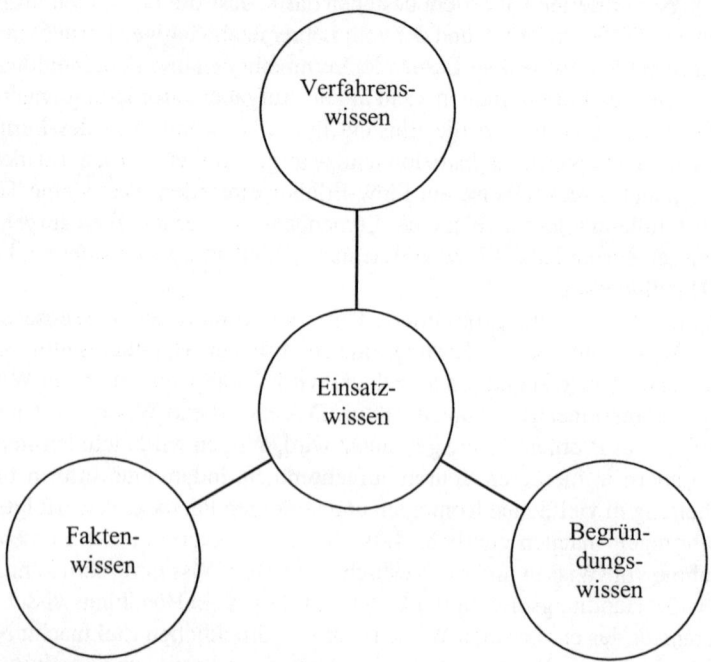

Übersicht 18: Handlungswissen mit den Komponenten Fakten-, Begründungs-, Verfahrens-
        und Einsatzwissen

Deklarative und prozedurale Wissenskomponenten sind als Anwendungswissen auf die unmittelbare Umsetzung gerichtet. Konditionales Wissen als ein
Einsatzwissen steuert und kontrolliert die Aktivierung von deklarativen und /
oder prozeduralen Wissensanteilen. Es entscheidet für auftretende Einsatzsi-
tuationen auf einer Metawissensebene das WANN und WARUM des Zugriffs
auf das Anwendungswissen. Für jeweils spezifische Anwendungsbedingungen werden so entsprechend den situativen Erfordernissen deklarative und /
oder prozedurale Wissenskomponenten für eine berufliche Handlung aktiviert.
Das Einsatzwissen steuert und kontrolliert die Aktivierung der anderen Wissensarten in Bezug auf die Lösung und Abarbeitung einer Handlungsaufgabe.
Es greift auf das Fakten-, Begründungs- und / oder Verfahrenswissen zu, wenn
eine berufliche Handlung durchgeführt werden soll.

        Übersicht 19 versucht, Beispiele für die Wissensarten aus einem techni-
schen (Metalltechnik) und nicht technischen (Ernährung und Hauswirtschaft)
Bereich anzugeben.

Faktenwissen:
Bauteilbezeichnungen oder Kenngrößen elektropneumatischer Steuerungskomponenten
Begründungswissen:
Bei der Fehlersuche in einer komplexen elektropneumatischen Steuerung lassen sich über
vorhandene Erfahrungswerte hinaus steuerungstechnische Zusammenhänge erkennen und
auf dieser systematischen Grundlage Fehlerursachen aufspüren und Erklärungen anfüh-
ren.
Verfahrenswissen:
Entsprechend einer Steuerungsaufgabe werden die richtigen elektropneumatischen Bau-
teile ausgewählt und schaltungslogisch korrekt zu einem Schaltungsmuster mit einander
verknüpft.
Einsatzwissen:
Bei einer Fehlersituation an einer elektropneumatischen Schaltung wird auf das Begründungswissen zugegriffen. Dies führt zum Erkennen eines falschen Ventils. Anschließend
wird das Faktenwissen aktiviert, um ein korrektes Bauteil auszuwählen. Darauf wird das
Verfahrenswissen angesprochen, welches zum Austausch des Bauteils führt.

Die vier Wissensarten an einem weiteren Beispiel aus dem Bereich Ernährung und Hauswirtschaft: „Klärung einer Brühe"

Um aus einer trüben Brühe eine klare Kraftbrühe herzustellen, werden Zutaten wie Rind-
fleisch und Hühnereiweiß in einer bestimmten Menge und Zubereitung benötigt. Dies
entstammt dem Faktenwissen. Aufgrund von Verfahrenswissen wird die Brühe unter ständigem Rühren langsam erhitzt, damit sie sich klärt.
Das Einsatzwissen aktiviert das Faktenwissen (Herrichten der erforderlichen Zutaten)
und das Verfahrenswissen (Vorgehensweise beim Erhitzen).
Muss der theoretische Hintergrund z. B. aufgrund einer Fehlersituation erschlossen werden, dann aktiviert das Einsatzwissen das Begründungswissen und erläutert die ablau-
fenden chemischen und physikalischen Vorgänge und führt zu Erklärungen, warum die
Brühe unter ständigem Rühren langsam erhitzt werden muss und warum bestimmte Zutaten zu verwenden sind.

Übersicht 19: Beispiele für die Wissensarten des Handlungswissens aus einem technischen
und nicht technischen Bereich

Nach diesen Ausführungen, die sich mehr auf die Wirkungen eines handlungsorientierten Unterrichts beziehen, sollen im Folgenden einige ausgewählte
Erfahrungen mit einem solchen Unterricht angesprochen werden (Übersicht
20).

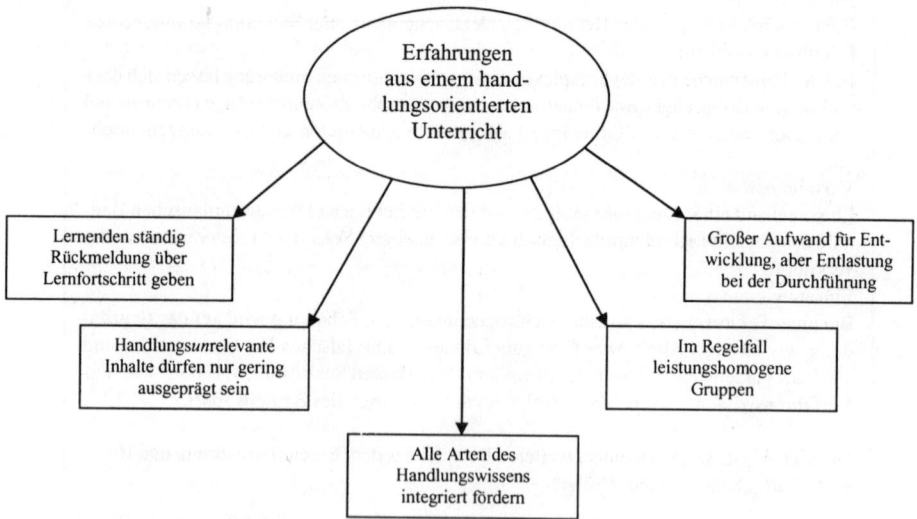

Übersicht 20: Zusammenfassung ausgewählter Erfahrungen, Erläuterungen im Text (weiterführend Schelten 2000)

(1) Zu einem handlungsorientierten Unterricht gehört besonders, den Lernenden ständig Rückmeldungen über ihren Lernfortschritt zu geben. Die Lernenden befassen sich in Arbeitsgemeinschaften oder allein subjektiv mit den
Unterrichtsinhalten. Die Richtigkeit des Erarbeiteten ist für sie nicht voll ein-
schätzbar. Daher ist es erforderlich von Seiten des Lehrers vermehrt Rückkopplungen durchzuführen, sei es in Form einer Frage, eines Fachgespräches,
einer Berechnungsaufgabe, eines Bedienungsvorganges. Gerade Fachgespräche lassen die Ergebnisse der Lernarbeit überprüfen, bestätigen, korrigieren.
Fachgespräche können ferner wiederholend, erläuternd, erklärend und begrün-
dend sein. Die Rückkopplungen von Seiten des Lehrers sind punktuell, mündlich, schriftlich oder praktisch auf eine ganze Gruppe oder auf einzelne Lernende bezogen. Rückkopplungen stellen darüber hinaus sicher, dass theorie-
begleitete und sinnvolle Lernhandlungen erfolgen. Der Fortschritt der Lernarbeit wird ferner durch schriftliche Aufzeichnungen der Lernenden sichergestellt, welche die wichtigsten Lerninhalte festhalten. Die Aufzeichnungen
werden von den Lernenden selbst erstellt bzw. gestaltet und sollen das Ergebnis eines Umsetzungsvorganges aus dem Unterricht sein. Reduktionistische
Aufzeichnungsformen, wie z. B. Lückentexte sind dazu nicht geeignet.

(2) Handlungsunrelevante Inhalte dürfen bei einem handlungsorientierten Unterricht im Vergleich zu handlungsrelevantem nur sehr gering ausgeprägt sein. Die Motivation der Lernenden sinkt, wenn sich die Lerninhalte
kaum auf die Lösung der komplexen, problemhaltigen beruflichen Aufgaben-

stellung beziehen lassen. Wie für alle Lerninhalte gilt besonders für Berech-
nungen, dass diese nur so weit in einem handlungsorientierten Unterricht einbezogen werden sollten, wie das handlungssystematische Vorgehen bei der
Lösung einer komplexen, problemhaltigen beruflichen Aufgabe auch mathematische Arbeitssequenzen erfordert.

(3) Bei einem handlungsorientierten Unterricht besteht ein Ziel darin, alle
Arten des berufsrelevanten Wissens, d. h. des Handlungswissens integriert zu
fördern (Faktenwissen: Wissen WAS, Begründungswissen: Wissen WARUM,
Verfahrenswissen: Wissen WIE, Einsatzwissen: Wissen WANN). Es besteht
aber bei diesem Unterricht die Gefahr, dass die Lernenden ihre Arbeit final
ausrichten, um das von der Aufgabenstellung her geforderte Handlungsziel
rasch zu erreichen. Damit wird vorrangig ein Verfahrenswissen betont. Die
anderen Wissensarten, und hier besonders das Begründungswissen, drohen
vernachlässigt zu werden. Dem kann entgegen gewirkt werden, wenn die
Aufgabenstellung so gewählt wird, dass alle Wissensarten einbezogen werden müssen, um zu einer Aufgabenlösung zu gelangen. Die Aufgabenstellung
muss Transferaufgaben vorsehen, die ein Einsetzen aller Wissensarten erforderlich macht. Fachgespräche, in denen die Lernenden die begleitende Theorie zur praktischen Arbeit zusammen mit dem Lehrer vertiefen und reflektieren, führen zur nachdrücklichen Klärung von grundlegenden Wissenszusam-
menhängen. Ohne beratende und führende Unterstützung durch den Lehrer
sind die Lernenden hierbei überfordert. Auch frontalunterrichtliche Plenums-
phasen können hier angebracht sein.

(4) Eine Gruppenbildung sollte in einem handlungsorientierten Unterricht
auf freiwilliger Basis von den Lernenden bestimmt erfolgen. Lernende, die
sich nicht in Gruppen integrieren lassen oder wollen, müssen parallel zu den
Gruppen alleine arbeiten können. Bewährt für einen beruflichen, fachbezoge-
nen Unterricht haben sich besonders leistungshomogene Gruppen. In lei-
stungsheterogenen Gruppen besteht die Gefahr, dass leistungsschwächere
Lernende durch die Aktivität der leistungsstärkeren aus der Lernarbeit ausgegrenzt werden. Dies schließt nicht aus, dass streckenweise Arbeitsgemeinschaften unter den Lernenden gegründet werden, die leistungsheterogen zusammengesetzt sind, um bewusst Leistungsstärkere mit Leistungsschwächeren zusammenzuführen. Die Erfahrungen mit einem handlungsorientierten
Unterricht setzen aber auf den Regelfall der leistungshomogenen Gruppen.
Bevorzugt werden kleine Gruppen von zwei (Partnerarbeit) bis zu drei Lernenden. Je größer die Gruppe ist, desto eher werden Aufgaben verteilt oder
einzelne Lernende ziehen sich zurück. Dies führt zu einer unvollständigen
Lernarbeit. Je kleiner die Gruppe ist, um so eher kann eine tiefgehende, theoretisch reflektierte Bearbeitung aller Aufgaben durch jeden Lernenden sichergestellt werden.

(5) Die Entwicklung eines handlungsorientierten Unterrichts ist für die
verantwortlichen Lehrer mit sehr hohem Aufwand verbunden. Dem steht eine
entlastende Durchführung des Unterrichts in entspannter und konzentrierter

Atmosphäre gegenüber. Diese Erfahrung wird im Folgenden noch einmal aufgegriffen, wenn es abschließend darum geht, den reformpädagogischen Bezug des handlungsorientierten Unterrichts herauszustellen.

C.4.4 Reformpädagogischer Bezug des handlungsorientierten Unterrichts

Zur Reformpädagogik Ende des vorletzten und im ersten Drittel des letzten Jahrhunderts zählten Vertreter wie Kerschensteiner (1854–1932), Gaudig (1860–1923), Montessori (1870–1952), Petersen (1884–1952). Zu einigen davon werden später noch Bezüge herzustellen sein. Sie wendeten sich gegen die erstarrten Formen der zu dieser Zeit nach ihrer Auffassung vorherrschenden Pauk- und Buchschule, die als „Belehrungskäfig" angesehen wurde. Die Konzepte der Reformpädagogen verfolgten eine ganzheitliche Bildung in selbstorganisiertem und arbeits- sowie lebensgemeinschaftlichem Lernen.

Zwischen dem heutigen handlungsorientierten Unterricht in der beruflichen Bildung und der Reformpädagogik zu jener Zeit bestehen Parallelen. Mit anderen Worten: Wer heute handlungsorientierten Unterricht konzipiert und durchführt, der stößt auf Bezüge wie sie aus der Reformpädagogik bekannt sind. Diese Bezüge können, ohne einen Anspruch auf Vollständigkeit und Systematik zu erheben, in folgenden Punkten gesehen werden:

(1) Zielvorstellung von Bildung
(2) Auffassung von Lernen
(3) Vorbereitete Umgebung
(4) Rolle der Lehrkraft
(5) Innere Differenzierung
(6) Atmosphäre

Zu (1): Reformpädagogen wie Kerschensteiner, Gaudig, Montessori, Petersen verfolgen eine ganzheitliche Persönlichkeitsbildung wie sie auch mit dem Ziel der Berufskompetenz im handlungsorientierten Unterricht angestrebt wird. Neben der Fachkompetenz waren Methoden-, Personal- und Sozialkompetenz, abgeleitet aus den Anforderungen der modernen Berufswelt und zugleich dem Menschen selbst dienend, schon immer Ziele der Reformpädagogik. Bei Montessori steht die Selbstbestimmung des Kindes im Vordergrund. „Hilf mir es selbst zu tun", wie es bei Montessori heißt, kann auch ein Leitgedanke für die moderne berufliche Bildung sein. Dabei geht die Reformpädagogik wie auch der handlungsorientierte Unterricht von der optimistischen Menschenbildannahme aus, dass der Mensch eine schöpferische Kraft hat und diese für Unterricht nur freigelegt, nicht aber erst durch Unterricht geschaffen werden muss.

Zu (2): Bei der Auffassung von Lernen geht es der Reformpädagogik darum, wie heute im handlungsorientierten Unterricht, auf das natürliche Lernen im Unterricht zu setzen. Besonders Petersen spricht vom natürlichen Lernen.

Das natürliche Lernen besteht nach Petersen im freien Bildungserwerb. Alles künstliche Lernen oder Aufgabenlernen soll sich, soweit dies möglich ist, an das natürliche Lernen anschließen. Bei den Ausführungen von Petersen z. B. in seiner „Führungslehre des Unterrichts" (1937) wird der Bezug zum heutigen handlungsorientierten Unterricht überdeutlich:

> „Vielmehr müssen wir überall die Formen des *freien* Bildungserwerbs in selbstgewählter Arbeit im eigenen Experimentieren, in Spiel, Gespräch und Feier, also die Wege zum *,natürlichen Lernen'* suchen und in den Schulen auch dafür reichste Möglichkeiten der Selbstbelehrung, des Selbstprüfens und Versuchens schaffen. Des ,natürlichen Lernens' d. i. des Weges, den jeder normale Erwachsene einschlägt, wenn er es mit völlig *neuen* Dingen zu tun hat. Er wird dann versuchen, damit zu experimentieren, so lange, bis er ein Verständnis des Neuen gewinnt, was er damit anfangen kann oder wie es beschaffen ist oder was es ihm tun kann usf. Und als die unbedingt notwendige führende und beratende, helfende Stelle befindet sich nun in den Schulstuben der neue Lehrer unter diesen forschenden und selber, allein oder in Gruppen, lernenden Kindern. Dieser Lehrer ist gleich erfinderisch im Einrichten problemhaltiger Lagen, Gegenstände, Aufgaben wie in der rechten individuellen Führung der fragenden Schüler und in der Leitung besonders führungsbedürftiger Naturen."
>
> (Petersen, 1984. S. 206)

Aus den Formen des natürlichen Lernens von Petersen wie Gespräch, Spiel, Feier, Arbeit liegt der Bezug bzw. die Parallele zum handlungsorientierten Unterricht besonders bei Arbeit und Gespräch.

Bei der Arbeit unterscheidet Petersen den Kursunterricht sowie den Gruppenunterricht. Der Kursunterricht wird mehr instruktionsorientiert durchgeführt. Der Gruppenunterricht, bei dem besonders arbeitsgemeinschaftlich vorgegangen wird, steht mehr auf der Seite des konstruktivistischen Unterrichts. So wie im handlungsorientierten Unterricht eine ausgewogene Balance zwischen Instruktion und Konstruktion besonders lernfördernd wirkt, ist im reformpädagogischen Schulkonzept von Petersen die gleiche Suche festzustellen. Sie drückt sich dort bei der Lernform Arbeit in der Mischung von Kursunterricht (Instruktion) und Gruppenunterricht (Konstruktion) aus. Von der Grundauffassung her ist der handlungsorientierte Unterricht konstruktivistisch angelegt. Dies schließt aber wie bei Petersen Instruktionsphasen, sei es im Plenum oder mit größeren Gruppen, nicht aus. Denn lehrergesteuerte und schülerselbstgesteuerte Lernphasen können sich in einer lernförderlichen Wechselwirkung gegenseitig ergänzen und bereichern.

Das Gespräch, soweit es bei Petersen sich neben anderen Formen um eine belehrende Unterhaltung zwischen Lehrer und Schülern handelt, findet im handlungsorientierten Unterricht seine Parallelität im Fachgespräch. Die Schüler sollen sich bei einem Fachgespräch, der Idealform nach, durch eigene Auseinandersetzung mit einer Handlungsaufgabe theoretisch soweit gebracht haben, dass sie auf gleicher Ebene mit dem Lehrer ihre Lösungsansätze besprechen können. In einem solchen Expertengespräch lassen sich erworbene Kenntnisse festigen und weiter vertiefen.

Zu (3): Ein reformpädagogisches Vorgehen lebt davon, dass der Unterrichtsraum kein kahler Theorieraum, sondern ein mit vielfältigen Lernmitteln ausgestatteter Lernraum ist. Die Schüler haben von sich aus Zugriff auf die Lernmittel. Petersen spricht von der Schulwohnstube, die zugleich auch Arbeitsraum ist. In Montessorischulen sind mit vielfältigen didaktischen Materialien ausgestattete Klassenzimmer prägendes Element.

Im handlungsorientierten Unterricht dürfte nun weniger der Wohnstubencharakter, wohl aber der Arbeitsraumcharakter in Bezug auf die vorbereitete Umgebung parallel zur Reformpädagogik stehen. Der integrierte Fachunterrichtsraum bzw. die kombinierten Fachunterrichtsräume stehen im handlungsorientierten Unterricht für die vorbereitete Umgebung. Hier erfordert ein Lernen in vollständigen Handlungen, dass theoretische Überlegungen unmittelbar in praktische Erprobungen umgesetzt werden können. Daraus ergeben sich Folgerungen für eine Korrektur und Weiterentwicklung der Theorie. Dazu muss die Lernumgebung in einem Raum oder in kombinierten Räumen eine enge Verknüpfung von theoretischem und praktischem Lernen zulassen und entsprechend ausgestattet sein.

Zu (4): In der Reformpädagogik übernimmt die Lehrkraft die Rolle des Hintergrundlehrers, der mehr indirekt als direkt führt. Die vorbereitete Umgebung, in der die Schüler lernen, ermöglicht diese Rolle. Das oben unter (2) zur Auffassung von Lernen angeführte Zitat von Petersen zum natürlichen Lernen weist auf diese unterstützende Rolle des Lehrers hin. Die gleiche Rolle übernimmt die Lehrkraft im handlungsorientierten Unterricht. Der Lehrer organisiert Selbstlernformen für seine Schüler. Er muss flexibel auf nicht vorhersehbare, detaillierte Fragen, Situationen und Probleme reagieren. Lernprozesse sind von ihm unterstützend, d. h. beratend zu begleiten.

Die folgenden Zitate von Schüleraussagen zum handlungsorientierten Unterricht weisen auf die zur Reformpädagogik parallele Rolle der Lehrkraft hin:

„Der Lehrer ist nun eher Mitarbeiter als Vorgesetzter."

„Der Lehrer erscheint mir nicht mehr so autoritär."

„Man hat einen ganz anderen Umgang mit dem Lehrer."

„Er (der Lehrer) hat sich um uns gekümmert, ohne uns ständig zu beknien."

„Er hat sich immer Zeit genommen und die Probleme mit mir durchgesprochen, wenn es nötig war."

„Ich bevorzuge diese Art des Unterrichts, da man ihn ein wenig mitgestalten kann."

Auf die Frage „Wäre es Ihnen lieber gewesen, dass Sie das, was Sie mit O. erlernt haben, vom Lehrer vermittelt bekommen hätten?": „Nein, weil so sehe ich ja, wo ich stehe und was ich erarbeiten kann zu zweit. Und mit dem Lehrer, das ist wieder so unterrichtsmäßig, so ungefähr ‚ich sage es euch, ihr schreibt es auf, lernt es.'

Zu (5): Ein wesentliches Merkmal reformpädagogischen Vorgehens ist die Individualisierung des Lernens, bei der die Lernenden so weit kommen, wie ihre Kräfte in einer für sie lernfördernden Umgebung reichen. Wenn bei Montessori vom inneren Bauplan der Lernenden gesprochen wird, dann erfordert seine Entfaltung eine innere Differenzierung im Unterricht.

Ebenso betont der handlungsorientierte Unterricht eine innere Differenzierung: Die Lernenden können gemäß ihrer eigenen Lerngeschwindigkeit vorgehen. Leistungsstarke Schüler werden nicht unterfordert oder gebremst. Lernschwachen Schülern kann sich die Lehrkraft zeitlich intensiver zuwenden und sie nachhaltiger fördern. Von der Lehrkraft unabhängige Lerngeschwindigkeiten sind möglich. Unterschiedliche Entwicklungsstände bei einzelnen Schülern stellen sich ein und werden akzeptiert.

In Bezug auf die innere Differenzierung stellte Kerschensteiner im Rahmen seiner Arbeitsschule ähnliche Überlegungen an, wie sie heute auch beim handlungsorientierten Unterricht anzutreffen sind. Das folgende Zitat kann auch aktuell für einen handlungsorientierten Unterricht in der modernen beruflichen Bildung gelten. So führte Kerschensteiner 1906 in einem Vortrag in München über produktive Arbeit und ihren Erziehungswert rhetorisch aus:

> „Man nennt den einen geschickten Methodiker, der alle Schwierigkeiten im Erfassen einer neuen Sache so zerkleinern kann, dass alle Schüler, wenn möglich gleichmäßig, wie auf einem schiefen Asphaltpflaster in den neuen Vorstellungsinhalt hinüberrutschen. Dieses Lob ist aber ein sehr bedingtes. Für eine Klasse geistig armer Schüler ist er vielleicht ein geschickter, für eine Klasse von Begabung aller Art ist er aber ein sehr ungeschickter Methodiker. ... Man darf nicht den Adler die gleichen Flugübungen machen lassen, die dem Sperling angemessen sind. Der allein ist der geschickteste Methodiker, der seinen Unterricht so einzurichten versteht, dass jede Begabung die ihr angemessene Schwierigkeit findet. ... Genau wie beim Bergsteigen kommt dann jeder in jeder Stunde so weit, wie seine Kräfte reichen, während am Seile des missverstandenen methodischen Betriebes nur die sogenannte ,gleichmäßige Förderung' möglich ist, die zwar unser heutiges einseitiges Schulsystem erlaubt, aber gleichwohl nicht selten den Schwachen überbürdet, den Starken dagegen langweilt."
>
> (Kerschensteiner 1979, S. 51)

Zu (6): Aus reformpädagogischen Ansätzen wie bei Montessori und Petersen ist die entspannte und konzentrierte Atmosphäre bekannt, in der Schüler und Lehrer zusammenarbeiten. Ähnliches kann auch im handlungsorientierten Unterricht angetroffen werden. Ein höherer Geräuschpegel und die unterschiedlichen Aktivitäten der Schüler sind dabei keineswegs destruktiv. Sie sind eher notwendige Kennzeichen aktiver Lern- und Arbeitsprozesse. Für die Lehrkraft ergibt sich nach aufwendiger Konzipierung eines solchen Unterrichts und bei entsprechend vorhandener fachlicher Kompetenz eine Entlastung in der Durchführung. Diese ergibt sich im Wesentlichen auch aus seiner oben unter (4) angesprochenen veränderten Rolle. Ähnlich führt Petersen in seiner „Führungslehre des Unterrichts" (1937) aus:

„Nun, so sie (die Lehrkräfte, Anmerkung des Verfassers) nicht mehr ständig belehren, vortragen und fragen, wie ein Wachtmann überwachend um die auf Bankreihen aufgezogenen Schüler herumgehen, treten sie in reichere, menschliche Verbindungen mit jedem Schüler und – nun haben auch sie Zeit, sich auf sich selbst und ihr Tun zu besinnen."

(Petersen, 1984, S. 39)

Zusammenfassend kann nun gelten: Aus den Bezügen, die hier in sechs Punkten zwischen dem handlungsorientierten Unterricht und der Reformpädagogik hergestellt worden sind, soll deutlich werden, dass zwischen beiden eine Reihe von Parallelitäten bestehen. Die moderne berufliche Bildung verfolgt mit dem handlungsorientierten Unterricht reformpädagogische Bestrebungen wie sie bereits in einer früheren Zeit mit anderen aber artverwandten Konzepten angedacht und punktuell entwickelt worden sind. So ist das, was man heute in der Pädagogik tut, nicht immer neu. Greift man allerdings auf alte reformpädagogische Konzepte und Erfahrungen zurück, so müssen sie jedoch stets in heutigen, rasch sich verändernden Zeitläufen mit neuen Inhalten und Vermittlungshilfen aktualisiert werden.

Abschließend bleiben für einen handlungsorientierten Unterricht Relativierungen vorzunehmen. Es geht für die heutige Zeit darum, den handlungsorientierten Unterricht neben dem bestehenden einzuführen und auszubauen. Dabei wird es, ohne in einen didaktisch-methodischen Dogmatismus zu verfallen, einer zukünftigen Entwicklung überlassen bleiben, welche Lernfelder eher traditionell oder handlungsorientiert bzw. in einem Wechselspiel zwischen beiden Konzepten unterrichtet werden. Auch für das in der vollständigen Handlung angesprochene Tun (siehe eingangs Begriff und Bestimmungsgrößen) gilt, dass dieses idealerweise authentisch, d. h. real erfolgt. Es kann aber auch simulativ durchgeführt werden. In weiterer Verringerung des Anspruches kann sich das Tun auch auf die vorgestellte, gedachte berufliche Handlung beziehen. Dies setzt aber einen entsprechenden betrieblichen Ausbildungsstand der Lernenden voraus.

Nach grundsätzlichen Ausführungen in den Kap. C.1 bis C.4 über Didaktik, Unterricht, Curriculum, Berufsschule, Schlüsselqualifikationen, Berufskompetenz und handlungsorientierter Unterricht wird nach einer Zusammenfassung in Kap. C.5 ausführlich auf das System Unterricht eingegangen. Hier stehen konkrete Überlegungen, Kennzeichen und Hinweise für Unterricht in der beruflichen Bildung im Vordergrund.

Zusammenfassung

Objektivistischer, wissenschaftsorientierter und konstruktivistischer Unterricht stellen Grundauffassungen von Unterricht dar. Der handlungsorientierte Unterricht steht auf der Seite eines moderaten konstruktivistischen Unterrichts.

Handlungsorientierter Unterricht ist ein Konzept von Unterricht, bei dem der Blick für die Berufstheorie aus den Handlungsanforderungen des Berufes kommt. Es erfolgt ein theoretisch gesteuertes und reflektiertes Lernen für das Handeln-Können im Beruf. Ein Handeln wird in der Berufsschule selbst erlernt. Entlang der Lösung komplexer beruflicher Aufgaben wird Theorie erarbeitet. Das Lernen erfolgt in vollständigen Handlungen. Für einen handlungsorientierten Unterricht ergeben sich Bestimmungsgrößen, wie sie in Übersicht 15 aufgeführt sind. Wer handlungsorientierten Unterricht entwickelt, wird bei einigen wenigen Bestimmungsgrößen beginnen und sich weitere schrittweise erarbeiten. Handlungsorientierter Unterricht schließt den wissenschaftsorientierten Unterricht nicht aus. Begründungen für handlungsorientierten Unterricht ergeben sich aus Veränderungen der Arbeitswelt und damit verbundenen Anforderungen. Zunehmend wird in der Berufsschule ein erwachsenengerechtes Lernen erwartet. Kognitions- und handlungstheoretische Grundannahmen sprechen für einen handlungsorientierten Unterricht.

Aus lerntheoretischen Überlegungen folgt für den handlungsorientierten Unterricht, dass dieser die Motivation, den Wissenserwerb und den Transfer fördert. Letzteres wird durch die Entwicklung von Handlungswissen eingelöst. Handlungswissen setzt sich aus Fakten-, Begründungs- und Verfahrenswissen zusammen. Die Verbindung zwischen den drei Wissensarten stellt das Einsatzwissen dar. Erfahrungen aus einem handlungsorientierten Unterricht sind ausgewählt in Übersicht 20 zusammenfassend dargestellt.

Zu einem handlungsorientierten Unterricht kann ein reformpädagogischer Bezug hergestellt werden. Es bestehen Parallelen in Bezug auf die Zielvorstellung von Bildung, die Auffassung von Lernen, die vorbereitete Umgebung, die Rolle der Lehrkraft, die innere Differenzierung sowie die Atmosphäre, in der gelernt wird. Für die heutige Zeit geht es darum, einen handlungsorientierten Unterricht neben dem bestehenden einzuführen und auszubauen, ohne dabei in einen didaktisch-methodischen Dogmatismus zu verfallen.

Wichtige Begriffe und Konzepte

Objektivistischer Unterricht

Wissenschaftsorientierter Unterricht

Konstruktivistischer Unterricht

Handlungsorientierter Unterricht:
Begriff, Bestimmungsgrößen, Begründungsstränge

Lernen in vollständigen Handlungen

Zusammenhang zwischen handlungs- und wissenschaftsorientiertem Unterricht

Förderung der Motivation, des Wissenserwerbs und des Transfers durch handlungsorientierten Unterricht

Handlungswissen

Erfahrungen aus einem handlungsorientierten Unterricht

Parallelen bzw. Bezüge zwischen Reformpädagogik und handlungsorientiertem Unterricht

Studienliteratur (Auswahlliteratur)

Bader, R.: Handlungsorientierung in der Berufsbildung: Variantenreiche Ausprägungen, in: Die berufsbildende Schule 54 (2002)3, S. 71 – 73

Petersen, P.: Führungslehre des Unterrichts: Konzepte und Erfahrungen, Neuausgabe nach der 10. Aufl. 1971, Weinheim, Basel: Beltz 1984 (1. Aufl. 1937)

Kap. 7: Die beiden Grundirrtümer der überlieferten Unterrichtslehre

Reinmann-Rothmeier, G., Mandl, H.: Unterrichten und Lernumgebungen gestalten, in: Krapp, A., Weidenmann, B. (Hrsg.): Pädagogische Psychologie. Ein Lehrbuch, 4. vollst. überarb. Aufl., Weinheim: Beltz 2001, S. 601 – 646

Riedl, A., Schelten, A.: Handlungsorientiertes Lernen: Aktuelle Entwicklungen aus der Lehr- und Lernforschung und deren Anwendung im Unterricht: Unterlagen für die Teilnehmer der Fortbildung für Lehrerinnen und Lehrer an beruflichen Schulen, Lehrstuhl für Pädagogik, Technische Universität München, 2003,
www.lrz-muenchen.de/~riedlpublikationen/pdf/lfhuriedlschelten.pdf

Schelten, A.: Begriffe und Konzepte der berufspädagogischen Fachsprache – Eine Auswahl, Stuttgart: Steiner 2000

Straka, G. A., Macke, G.: Lern-Lehr-Theoretische Didaktik, Münster: Waxmann 2002

Lehrtext 9, 10 und 11

C.5 SYSTEM UNTERRICHT

Planung, Durchführung und Auswertung von Unterricht folgt bestimmten Entscheidungen. Diese Entscheidungen machen die Elemente eines Systems Unterricht aus (Übersicht 21, im Anschluss an Bunk 1982, modifiziert).

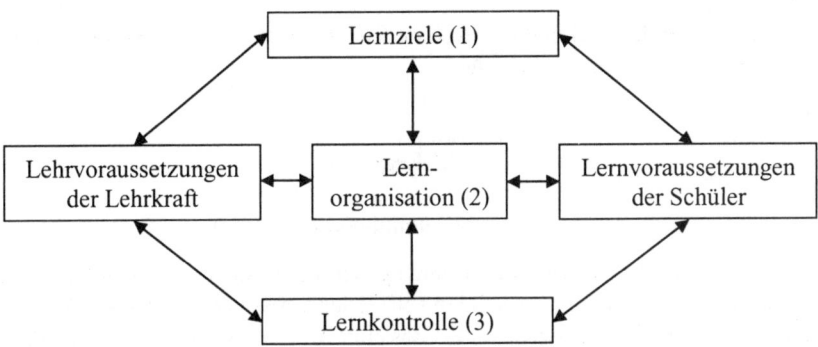

Übersicht 21: System Unterricht

In der senkrechten Achse sind für unterrichtliches Vorgehen die Lernziele zu bestimmen, die Lernorganisation sowie die Lernkontrolle festzulegen. Unterrichtliches Lernen erfolgt unter Bedingungen. Diese werden zum einen durch die Lernvoraussetzungen des Schülers sowie zum anderen durch die Lehrvoraussetzungen der Lehrkraft bestimmt. Die einzelnen Elemente des Systems Unterricht stehen zueinander in einer wechselseitigen Beziehung. Die Doppelpfeile in Übersicht 21 sollen dies verdeutlichen. Entscheidungen zu einem Element, z. B. zur Lernorganisation, haben Einfluss auf die anderen Elemente, d. h. auf die Lernziele, die Lehrvoraussetzungen der Lehrkraft, die Lernvoraussetzungen des Schülers und die Lernkontrolle. Die beeinflussten Elemente wirken auf das ursprüngliche veränderte Element, d. h. hier im Beispiel auf die Lernorganisation, zurück. Entscheidet man sich etwa bei der Lernorganisation für ein gruppenunterrichtliches Lernverfahren, ist zu fragen, ob z. B. ein mehr selbstorganisierendes Lernen angestrebt wird (Lernziele), inwieweit die Schüler bereits auf diese Methode eingestellt sind (Lernvoraussetzungen des Schülers), welches didaktische Können die Lehrkraft für diese Methode mitbringt (Lehrvoraussetzungen der Lehrkraft) und wie bei einer Leistungserbringung in Gruppen der Lernerfolg des einzelnen Schülers ermittelt und bewertet werden soll (Lernkontrolle). Kann die Entscheidung für gruppenunterrichtliches Vorgehen nach Prüfung der anderen Elemente aufrechterhalten werden oder müssen etwa Einschränkungen vorgenommen werden? Z. B. kann mit partnerschaftlichem Lernen im Unterricht begonnen werden, wenn die Schüler noch nicht im Lernen in Gruppen geübt sind.

Das System Unterricht ist mit einem aufgespannten Netz vergleichbar. Die Elemente des Systems bilden die Knoten des Netzes. Wird an einem Knoten gezogen, verändert dies Lage und Spannung der anderen Knoten, was wiederum auf den ursprünglich gezogenen Knoten zurückwirkt. Ebenso gilt für das System Unterricht: Wird ein Element verändert, beeinflusst dies die anderen Elemente, was wiederum auf das ursprünglich veränderte Element zurückwirkt.

Im Folgenden sollen die einzelnen Elemente des Systems Unterricht im Überblick näher umrissen werden.

C.5.1 Lernziele

Definition und Einteilung von Lernzielen

Lernziele beschreiben das angestrebte Lernergebnis, über das ein Schüler am Ende eines Lernvorganges verfügen soll. Jedes Lernziel besteht aus zwei Teilen (Übersicht 22). Ein Lernziel legt das angestrebte Ergebnis zum einen dem Inhalt sowie zum anderen dem Verhalten nach fest.

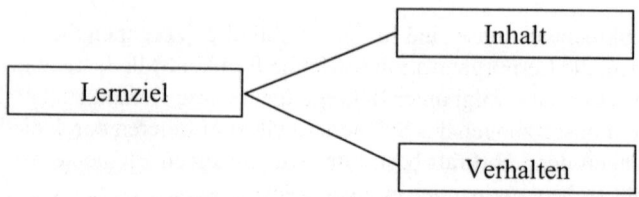

Übersicht 22: Teile eines Lernzieles

In einem Lernziel „Die betriebswirtschaftlichen Vor- und Nachteile von Convenience-Produkten (Fertig- bzw. Halbfertiggerichte) erkennen" in einem Unterricht mit Hotel- und Restaurantfachmännern und -fachfrauen stellt der Teil „Betriebswirtschaftliche Vor- und Nachteile von Convenience-Produkten" die Inhaltsbeschreibung dar. Das Wort „erkennen" verweist auf das Verhalten. Oder: „Erarbeitete Befehlstags direkt im Quellcode einer Internetseite anwenden" in einem Unterricht mit Fachinformatikern: Hier geht es dem Inhalt nach um „Befehlstags im Quellcode einer Internetseite". Dem Verhalten nach wird ein „Anwenden" verlangt.

Der Verhaltensteil eines Lernzieles (s. Übersicht 22) wird nun weiter unterschieden. So lässt sich das Verhalten in drei Verhaltensbereiche, man sagt auch Lernzielbereiche, unterteilen (Übersicht 23). Das Wort „Lernzieldimensionen" ist ein gleichlautender Begriff für Verhaltensbereiche oder Lernzielbereiche.

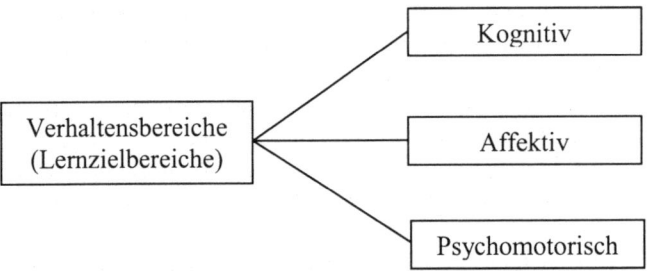

Übersicht 23: Unterteilung von Lernzielen nach Verhaltensbereichen

Lernziele können danach unterschieden werden, ob sie eher kognitiv, affektiv oder psychomotorisch ausgerichtet sind. Kognitiv bezieht sich, vereinfacht ausgedrückt, auf den Verstandesbereich, affektiv auf den Werthaltungs- bzw. Verantwortungsbereich und psychomotorisch auf den Bewegungsbereich.

Die oben angeführten Lernzielbeispiele sind kognitiver Art. In einem weiteren Beispiel ist ein Lernziel wie „Verschiedene Kreditkarten an Hand ihrer Leistungen auswerten" dem Verhaltensbereich nach ein kognitives Lernziel. Im Lernen beruflicher Schulen überwiegen kognitive Lernziele.

Ein affektives Lernziel lautet: „Bewusst werden, dass Zahlung mittels Kreditkarte bei unvorsichtigem Gebrauch zu Verschuldung führen kann". Das Wort „bewusst werden" verweist darauf, dass es hier darum geht, einen Wert zu erkennen, wobei damit noch nicht gefordert ist sich für diesen Wert auch einzusetzen.

Ein psychomotorisches Lernziel lautet: „Einen Bandstahl maßhaltig kalt biegen." Dieses Lernziel beschreibt eine Berufsfertigkeit wie sie in der Regel in einer Ausbildungswerkstatt erworben wird.

Die Verhaltensbereiche kognitiv, affektiv und psychomotorisch können sich deutlich überlappen. Mit anderen Worten, an einem Lernziel können zwei oder auch drei Verhaltensbereiche beteiligt sein, wobei aber in der Regel ein Verhaltensbereich überwiegt. Das Lernziel „Einfache Reihenschaltungen und Parallelschaltungen aufbauen und messtechnisch Zusammenhänge erfassen" aus dem elektrotechnischen Unterricht ist ein kognitives Lernziel. Zugleich ist ein psychomotorischer Anteil enthalten, da es hier auch darum geht, Experimentiermittel wie Widerstände, Kabel, Strom- und Spannungsmesser zu handhaben.

Zur weiteren Umschreibung von Lernzielen lassen sich die einzelnen Verhaltensbereiche (kognitiv, affektiv oder psychomotorisch) in Anforderungsstufen (Niveaustufen) unterteilen. Solche Stufungen werden als Lernzieltaxonomien bezeichnet. Im Zuge lernfeldorientierter Lehrpläne (siehe unten) hat die Taxonomisierung von Lernzielen an Bedeutung verloren. Zum Grundverständnis von Lernzielen für Planung von Unterricht soll aber dennoch hierauf eingegangen werden.

Man kann eine Lernzieltaxonomie als eine Verhaltensbereichsstufung, abgekürzt Verhaltensstufung, bezeichnen. „Taxis" heißt vom Wort her Ordnung, „nomos" bedeutet Gesetzmäßigkeit. Es geht also bei einer Taxonomie um eine Ordnung, die nach einer bestimmten Gesetzmäßigkeit aufgebaut ist. Eine solche Ordnung von Verhaltensstufen nach einer bestimmten Gesetzmäßigkeit liegt für den kognitiven (Bloom u. a. 1973), affektiven (Krathwohl u. a. 1975) und psychomotorischen Verhaltensbereich (u. a. Schelten 1983, 2000) vor.

Auf die einzelnen Lernzieltaxonomien soll nicht näher eingegangen werden. Größere Bedeutung hat die Lernzieltaxonomie im kognitiven Bereich gewonnen. Ohne die einzelnen Unterstufen zu nennen, haben in Anlehnung an diese Taxonomie die in Übersicht 24 genannten Niveaustufen Bedeutung.

---

4. Problemlösen
3. Anwenden
2. Verstehen
1. Wissen

Übersicht 24: Verhaltensstufung (Lernzieltaxonomie) im kognitiven Bereich

Wissen lässt sich vereinfacht mit Wiedergeben von Gelerntem übersetzen. Verstehen bezeichnet Umformen von Gelerntem. Anwenden bezieht sich auf ein Übertragen von Gelerntem. Problemlösen zielt auf ein Kombinieren von Gelerntem ab. Die Stufe Wissen beschreibt ein reproduktives Denken, die Stufen Verstehen, Anwenden und Problemlösen stehen für ein produktives Denken.

Ein Lernziel soll nun gemäß der früheren Lernzieltaxonomisierung so beschrieben sein, dass neben dem Verhaltensbereich auch die Verhaltensstufe erkennbar ist. Dies muss aus dem Aktionswort des Lernzieles und aus dem inhaltlichen Zusammenhang, in dem das Lernziel formuliert ist, erschlossen werden.

Im Folgenden sind zur Veranschaulichung Beispiele aus früheren lernzielorientierten Lehrplänen nach taxonomischem Aufbau wiedergegeben. Das Lernziel „Die Funktion einer Steuerkette beschreiben", Verhaltensbereich kognitiv, dürfte der Verhaltensstufe Wissen zuzuschreiben sein. Ein Wissenslernziel ist ferner: „Zwischen analogen und digitalen Signalen unterscheiden". Ein Lernziel auf der Stufe von Verstehen ist: „Eine Steuerung anhand von Plänen beschreiben". Hier müssen symbolische Informationen, wie sie in einem Schaltplan oder Logikplan enthalten sind, in verbale Informationen umgeformt werden.

„Bedienergeführte Software zur Lösung von technischen Aufgabenstellungen einsetzen" verweist auf Anwenden. Hier wird eine Transferleistung gefordert. „Für ein technisches Problem die computerbezogene Aufgabenstellung formulieren" erfordert Problemlösen. Hier wird ein analytisches und synthetisches Denken notwendig.

Schulisches Lernen bewegt sich den Verhaltensstufen im kognitiven Bereich nach stark auf den Stufen Wissen, Verstehen und Anwenden. Je größer der Stoffdruck eines Curriculums ist, desto stärker besteht die Gefahr, dass sich das unterrichtliche Lernen allein auf der Stufe des Wissens bewegt. Spricht man heute von der Förderung von Berufskompetenz und der Anbahnung von Schlüsselqualifikationen, muss es darum gehen, betont auch Lernziele auf der Stufe des Problemlösens zu verfolgen.

Übersicht 25 fasst nun die bisher besprochene Beziehung zwischen Lernziel, Verhaltensbereich und Verhaltensstufung (Lernzieltaxonomie) zusammen.

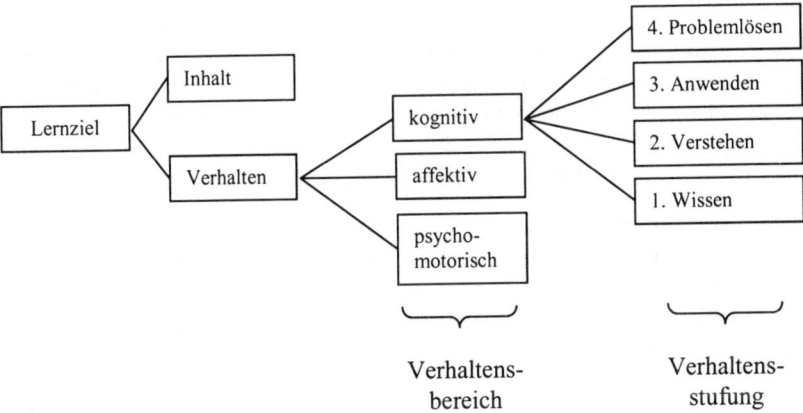

Übersicht 25: Beziehung zwischen Lernziel, Verhaltensbereich und Verhaltensstufung

In einer Art Merksatz lässt sich, vgl. Übersicht 25, zusammenfassen:

Ein Lernziel sagt,
– was der Lernende erkennbar tun soll,
– in welchem Verhaltensbereich er es tun soll und
– auf welcher Verhaltensstufe (Niveaustufe) er es tun soll.

Das oben genannte Lernziel „Eine Steuerung anhand von Plänen beschreiben" legt zusammen mit den Inhaltsangaben „Schaltplan, Logikplan" umrisshaft fest, was der Lernende erkennbar tun soll. Das Aktionswort oder Verb „beschreiben" verweist auf den kognitiven Verhaltensbereich. Aus dem Gesamtzusammenhang von Inhalt und Verhalten erschließt sich die Verhaltensstufe Verstehen.

Im lernzielorientierten Ansatz konnte nun eine detaillierte Ausdifferenzierung der Lernziele des Lehrplans für eine Unterrichtsplanung im Sinne

„operationalisierter" Lernziele erfolgen. Zuweilen wurde dies auch unter dem vieldeutigen Begriff „Feinlernziele" gefasst. Unter einem operationalisierten Lernziel verstand man (1) die präzise Angabe des angestrebten Endverhaltens, (2) die Bedingung unter der das Endverhalten gezeigt werden soll und (3) zu welchem Maßstab das Endverhalten gezeigt werden soll, d. h. für wie gut das Endverhalten eingebracht werden soll.

Eine detaillierte Ausdifferenzierung von Lernzielen dürfte heute für Unterrichtsplanungen nicht mehr verfolgt werden. Gegenwärtig bewegen sich für Unterrichtsplanungen die Lernzielformulierungen auf einem Niveau wie sie eingangs dieses Kapitels in Beispielen aufgeführt sind.

Die Kritik am lernzielorientierten Unterricht und detaillierten Lernzielbeschreibungen für bereits eine Unterrichtsstunde bestand insbesondere darin, dass die Unterrichtsplanung ziellastig wurde. Die Zielerreichung – in Bereichen, in denen Zielbestimmung möglich war – wurde zum alleinigen Gütemaßstab des Unterrichts. Man ließ sich mehr über die Ziele aus als über die eigentliche Verwirklichung der Ziele. Unabhängig zu dieser Kritik bleibt aber festzuhalten: Lernziele orientieren das Lernen. Nach wie vor muss man sich für eine Unterrichtsplanung die Unterrichtsziele deutlich machen.

Lernziele nach dem Abstraktionsniveau

Neben der Unterteilung von Lernzielen nach Verhaltensbereichen und Verhaltensstufen lassen sich Lernziele auch nach dem Abstraktionsniveau unterscheiden (Übersicht 26). Auf einem hohen Niveau stehen übergreifende Lernziele, auf einem mittleren Groblernziele und auf einem unteren ausdifferenzierte Lernziele.

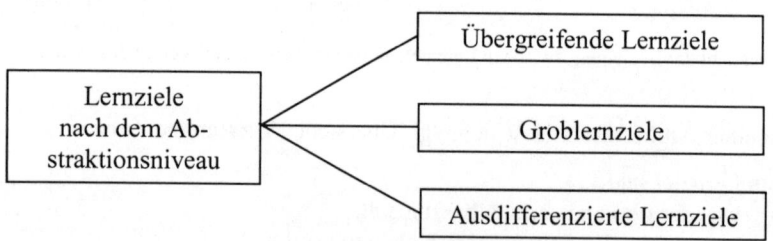

Übersicht 26: Unterteilung von Lernzielen nach dem Abstraktionsniveau

Übergreifende Lernziele sind mehr inhaltsunabhängig und allgemein. Auf einer hohen Ebene handelt es sich hier um Leit- und Richtlernziele, wie sie im Bildungs- und Erziehungsauftrag der Schulen gesetzlich festgelegt sind. So heißt es z. B. im Bayerischen Gesetz über das Erziehungs- und Unterrichtswesen (BayEUG) im Artikel 1, Abs. 1:

„Die Schulen haben den in der Verfassung des Freistaates Bayern verankerten Bildungs- und Erziehungsauftrag zu verwirklichen. Sie sollen Wissen

und Können vermitteln sowie Geist und Körper, Herz und Charakter bilden.
Oberste Bildungsziele sind Ehrfurcht vor Gott, Achtung vor religiöser Über-
zeugung, vor der Würde des Menschen und vor der Gleichberechtigung von
Männern und Frauen, Selbstbeherrschung, Verantwortungsgefühl und Ver-
antwortungsfreudigkeit, Hilfsbereitschaft und Aufgeschlossenheit für alles
Wahre, Gute und Schöne und Verantwortungsbewusstsein für Natur und
Umwelt. Die Schüler sind im Geiste der Demokratie, in der Liebe zur bayerischen Heimat und zum deutschen Volk und im Sinn der Völkerversöhnung zu
erziehen."

Bündiger und einfacher im Sinne eines übergreifenden Auftrages lautet
eine entsprechende Formulierung im Bayerischen Gesetz über das Erziehungs-
und Unterrichtswesen (BayEUG) in Artikel 11, Abs. 3 über die Berufsschule:
„Die Berufsschulen haben insbesondere die allgemeinen, berufsfeldübergrei-
fenden sowie die für den Ausbildungsberuf oder die berufliche Tätigkeit erforderlichen fachtheoretischen Kenntnisse zu vermitteln und die fachprakti-
schen Kenntnisse und Fertigkeiten zu vertiefen."

Übergreifende Lernziele sind zumeist auch in den Einleitungsteilen der
Lehrpläne der Berufsschule zu finden, in denen allgemein die Ziele der Berufsschule umschrieben werden, wie z. B. „eine Berufsfähigkeit zu vermitteln, die Fachkompetenz mit allgemeinen Fähigkeiten humaner (personaler)
und sozialer Art verbindet". Neben dieser hohen Ebene sind übergreifende
Lernziele bereits weniger abstrakt, wenn sie auf ein Berufsfeld oder auch auf
einen Beruf bezogen werden. So heißt es z. B. im Fachprofil des Lehrplanes
für Fachklassen Koch / Köchin in der Fachtheorie im ersten Ausbildungsjahr
in Bayern den Lernzielen u. a. vorangestellt: „Im Unterricht in Fachtheorie
sollen die Schüler und Schülerinnen warenkundliche, ernährungswissenschaft-
liche und lebensmittelrechtliche Kenntnisse erwerben, die für das gastorien-
tierte Handeln erforderlich sind" (Bayerisches Staatsministerium für Unterricht und Kultus, 1998, S.14; www.isb.bayern.de/bes.lehrplan/bs/lp_hw.html).

Im Berufsgrundbildungsjahr in kooperativer Form, Berufsfeld Elektrotechnik der 10. Jahrgangsstufe (erstes Ausbildungsjahr), kann ein übergrei-
fendes Lernziel für die Grundlagen der Elektrotechnik folgendermaßen lauten: „In diesem Unterrichtsfach eignen sich die Schüler und Schülerinnen
grundlegende Begriffe und Zusammenhänge der Elektrotechnik an. (...) Entwicklung und Einsatz berufstypischer rechnerischer Methoden und graphischer Darstellungen unter Berücksichtigung von Standardwerkzeugen der
Datenverarbeitung sind Bestandteile dieses Vermittlungskonzeptes.„ (Bayerisches Staatsministerium für Unterricht und Kultus, 2003, S. 9,
www.isb.bayern.de/bes.lehrplan/bs/lp_elektro.html).

Ein *Groblernziel* nun (Übersicht 26) gibt umrisshaft an, in welcher Weise
der Lernende mit einem Lerninhalt umgehen soll. Man sagt auch, Groblernziele befinden sich auf einem mittleren Abstraktionsniveau. Die Lehrpläne
sind auf dem Niveau der Groblernziele formuliert. Dies schließt nicht aus,
dass in Vorbemerkungen übergreifende Lernziele, wie sie oben in Beispielen

genannt sind, einem Lehrplan vorangestellt werden. In lernfeldorientierten Lehrplänen (siehe unten) finden sich Groblernziele häufig in Zielformulierungen wieder.

Auf einem unteren Abstraktionsniveau befinden sich schließlich *ausdifferenzierte Lernziele* (Übersicht 26). Sie geben zu einem Groblernziel eine Spezifizierung an. Mit anderen Worten, ein Groblernziel wird in Einzellernziele aufgegliedert. Ausdifferenzierte Lernziele werden einer Unterrichtsplanung vorangestellt. In der Lehrerbildung, sei es in fachdidaktischen Übungen an der Universität oder im Vorbereitungsdienst an der Schule, werden Lernziele von einem Groblernziel des Lehrplanes ausgehend für eine Unterrichtsplanung schriftlich ausdifferenziert. Während Groblernziele im Lehrplan vorgegeben sind, müssen die ausdifferenzierten Lernziele vom Lehrer selbst bestimmt werden.

Beispiele für ausdifferenzierte Lernziele sind eingangs in diesem Kapitel bei der Definition von Lernzielen angeführt.

Nach Definition und Einteilung von Lernzielen und ihrer Kennzeichnung nach Abstraktionsniveaus gilt es im Folgenden dazustellen, wie heute Lernziele in lernfeldorientierten Lehrplänen angegeben werden.

Lernfeldorientierte Lehrpläne

Lernfelder beschreiben für den berufsbezogenen Unterricht in der Berufsschule inhaltlich zusammengehörende, thematische Einheiten. Lernfelder sind methodisch reflektierte, „didaktisch begründete und für den Unterricht aufbereitete Handlungsfelder" (Bader 1998, S. 211), die komplexe Aufgabenstellungen zusammenfassen. Keineswegs bilden Lernfelder nur berufliche Handlungssituationen nach. Sie abstrahieren vielmehr Eigenheiten und Unterschiedlichkeiten potentieller Handlungsfelder in einem Ausbildungsbetrieb auf eine Ebene der theoretisch gesteuerten und reflektierten Durchdringung möglicher beruflicher Handlungsbezüge. Übersicht 27 gibt einen Auszug aus einem lernfeldorientierten Lehrplan zur Veranschaulichung wieder.

Lernfelder sind durch Benennungen, Zielformulierungen, Inhalte und Zeitrichtwerte bestimmt. Die Benennung erfolgt nach beruflichen Handlungssituationen. Die Zielformulierungen erfolgen auf der Ebene der Groblernziele auf verhältnismäßig hohem Abstraktionsniveau. Sie sind an der Förderung einer Berufskompetenz orientiert und richten sich an der vollständigen Handlung aus. Die Anzahl der Lernfelder in einem Ausbildungsberuf ergibt sich aus der Überlegung, sinnvoll konkrete berufliche Aufgabenstellungen und Handlungsabläufe in Einheiten als Lernfelder zusammenzufassen. In grober Orientierung können vier bis sechs Lernfelder pro Ausbildungsjahr vorgesehen sein. Daraus ergeben sich Zeitrichtwerte in einer Spanne von 20 bis 80 Unterrichtsstunden.

ERSCHLIESSEN UND GRÜNDEN
JAHRGANGSSTUFE 10

Lernfeld 4	65 Stunden
Planung einer Gründung	

Zielformulierung
Die Schülerinnen und Schüler vergleichen Gründungsarten für ein Gebäude, wählen eine Flachgründung und begründen ihre Entscheidung. Sie berechnen unter Berücksichtigung von anstehender Bodenart und vorliegender Belastung die Abmessungen für Einzel- und Streifenfundamente. Sie unterscheiden Beton nach Art, Eignung und Zusammensetzung. Sie verstehen fremdsprachliche Fachbegriffe in internationalen Vorschriften. Die Schülerinnen und Schüler zeichnen einen Fundamentplan und berechnen die Betonmengen.

Inhalte
Kraft, Last, Spannung
Fundamentfläche, Fundamenthöhe, frostfreie Gründung
Gesteinskörnung
Betonrohdichte
Zement, W/Z-Wert, Konsistenz
Expositionsklasse
Betondruckfestigkeit
Isometrie, Dimetrie
3-D-Modelle im rechnergestützten Zeichnen

Übersicht 27: Beispiel eines lernfeldorientierten Lehrplans für Bauzeichner/-in im ersten Ausbildungsjahr im Auszug (Bayerisches Staatsministerium für Unterricht und Kultus, 2002, S. 18)

Nach den Handreichungen für die Erarbeitung von Rahmenlehrplänen der Kultusministerkonferenz für die Erarbeitung für den berufsbezogenen Unterricht in der Berufsschule (KMK 1996, Erstfassung) richten sich die Lernfelder an beruflichen Aufgabenstellungen und Handlungsabläufen aus. Dies schließt fachwissenschaftliche Erklärungsanteile mit ein und kann so weit gehen, dass bei Grundlagenwissen einzelne Lernfelder auch allein fachsystematisch angelegt sein können. Allerdings ist dabei dann der Berufsbezug herauszustellen.

Mit der Gestaltung eines Lehrplanes nach Lernfeldern für den berufsbezogenen Unterricht in der Berufsschule wird eine notwendige Voraussetzung für einen handlungsorientierten Unterricht geschaffen. Ein solcher Unterricht wird dadurch begünstigt und leichter möglich gemacht. Es bleibt aber der pädagogischen Freiheit des Lehrers überlassen, inwieweit ein Lernfeld handlungsorientiert unterrichtet wird. Darüber hinaus dürfte es Lernfelder geben, die aufgrund ihrer inhaltlichen Eigenstruktur mehr zu einem fachsystematischen und wissenschaftsorientierten Unterricht drängen und solche, die eher einem handlungssystematischen und handlungsorientierten Unterricht verpflichtet sind.

Damit sollen die Ausführungen zu den Lernzielen im System Unterricht abgeschlossen werden. Im Folgenden geht es nach einer Zusammenfassung darum, begrifflich auf das zweite Element im System Unterricht, nämlich die Lernorganisation (vgl. Übersicht 21) einzugehen.

Zusammenfassung

Die Elemente eines Systems Unterricht bestimmen sich über die Lernziele, die Lernorganisation, die Lernkontrolle sowie die Lehrvoraussetzungen der Lehrkraft und die Lernvoraussetzungen der Schüler. Die Elemente stehen zueinander in einer wechselseitigen Beziehung.

Lernziele beschreiben das angestrebte Lernergebnis, über das ein Schüler am Ende eines Lernvorganges verfügen soll. Ein Lernziel besteht aus einer Inhalts- und Verhaltensangabe.

Lernziele können dem Verhalten nach in drei Verhaltensbereiche eingeteilt werden. Statt von Verhaltensbereichen kann gleichbedeutend auch von Lernzielbereichen oder Lernzieldimensionen gesprochen werden. Zu unterscheiden sind die Verhaltensbereiche kognitiv (Verstandesbereich), affektiv (Werthaltungs- bzw. Verantwortungsbereich) und psychomotorisch (Bewegungsbereich).

Die einzelnen Verhaltensbereiche können in Anforderungsstufen (Niveaustufen) unterteilt werden. Solche Stufungen werden als Lernzieltaxonomien (Verhaltensstufungen) bezeichnet. Im Zuge lernfeldorientierter Lehrpläne hat die Taxonomisierung von Lernzielen an Bedeutung abgenommen. Zum Grundverständnis von Lernzielen wird hierauf dennoch verwiesen: Eine einfache Verhaltensstufung im kognitiven Bereich geht von Wissen über Verstehen und Anwenden zu Problemlösen. Einem Merksatz nach sagt ein Lernziel, was der Lernende erkennbar tun soll, sowie in welchem Verhaltensbereich und auf welcher Verhaltensstufe (Niveaustufe) er es tun soll.

Nach dem Abstraktionsniveau lassen sich Lernziele in übergreifende Lernziele, in Groblernziele und in ausdifferenzierte Lernziele einteilen. Übergreifende Lernziele stehen auf einem hohen Niveau und sind mehr inhaltsunabhängig und allgemein. Groblernziele befinden sich auf einem mittleren Niveau und geben umrisshaft an, in welcher Weise der Lernende mit einem Lerninhalt umgehen soll. Lehrpläne sind auf dem Niveau der Groblernziele formuliert. Ausdifferenzierte Lernziele stehen auf einem unteren Abstraktionsniveau. Sie geben zu einem Groblernziel eine Spezifizierung an, indem sie letzteres in Einzellernziele aufgliedern. Ausdifferenzierte Lernziele müssen vom Lehrer selbst bestimmt und der Unterrichtsplanung vorangestellt werden.

Lehrpläne für den berufsbezogenen Unterricht in der Berufsschule sind nach Lernfeldern gegliedert. Lernfelder beschreiben inhaltlich zusammengehörende, thematische Einheiten, die an beruflichen Aufgabenstellungen und

Handlungsabläufen ausgerichtet sind. Sie sind bestimmt durch Benennungen, Zielformulierungen (Groblernziele auf verhältnismäßig hohem Abstraktionsniveau), Inhalte und Zeitrichtwerte. Die Zielformulierungen richten sich an vollständigen Handlungen aus.

Wichtige Begriffe und Konzepte

System Unterricht

Lernziel

Verhaltensbereiche von Lernzielen

Verhaltensstufung von Lernzielen (Lernzieltaxonomie)

Bedeutungsabnahme der Taxonomisierung von Lernzielen

Übergreifende Lernziele

Groblernziele

Ausdifferenzierte Lernziele

Lehrpläne nach Lernfeldern: Benennungen, Zielformulierungen, Inhalte, Zeitrichtwerte

Studienliteratur (Auswahlliteratur)

Bader, R., Schäfer, B.: Lernfelder gestalten. Vom komplexen Handlungsfeld zur didaktisch strukturierten Lernsituation. In: Die berufsbildende Schule 50 (1998) 7–8, S. 229 – 234

Gehlert, B., Pohlmann, H.: Praxis der Unterrichtsvorbereitung, 2. Aufl., Köln: Stam 2001

Riedl, A.: Didaktik I – Grundlagen, Didaktik II – Berufliche Bildung: Unterlagen zum Seminar, Lehrstuhl für Pädagogik, Technische Universität München 2003 (www.paed.ws.tum.de)

Sekretariat der Ständigen Konferenz der Kultusminister der Länder in der Bundesrepublik Deutschland (KMK): Handreichungen für die Erarbeitung von Rahmenlehrplänen der Kultusministerkonferenz für den berufsbezogenen Unterricht in der Berufsschule und ihre Abstimmung mit Ausbildungsordnungen des Bundes für anerkannte Ausbildungsberufe, Bonn 1996 (in überarbeiteter Fassung 2000)

C.5.2 Lernorganisation

Die Lernorganisation fasst im System Unterricht (vgl. Übersicht 21) mehrere
Elemente zusammen. Dies bedeutet, dass im Zuge der Lernorganisation Ent-
scheidungen zur Didaktik, Methodik, zu den Sozialformen, Medien sowie zur
Artikulation getroffen werden müssen (Übersicht 28).

Lernorganisation	
Didaktik	Methodik
Sozialformen	Artikulation
Medien	

Übersicht 28: Bestandteile der Lernorganisation

C.5.2.1 Didaktik

In Übersicht 28 wird die Didaktik von der Methodik getrennt. Dies bedeutet,
dass hier die Didaktik im engeren Sinne gemeint ist. Letztere befasst sich dann
allein mit der Ermittlung und Erörterung der Bildungsinhalte (WAS und
WOZU), vgl. hierzu Übersicht 2 in Kap. C.1. Es sei darauf verwiesen, dass in
einem – hier auch eingangs vertretenen – weiten Begriff von Didaktik die
Methodik mit eingeschlossen wird. Aus Darstellungsgründen wird im Folgenden eine Trennung vorgenommen.

Der Begriff der Didaktik ist bereits erörtert worden (Kap. C.1). Zugleich
wurden didaktische Fragestellungen im Zusammenhang mit dem Bildungsauftrag der Berufsschule (C.2) sowie im Zuge der Ausführungen zum handlungsorientierten Unterricht erörtert.

Neben diesen mehr grundsätzlichen Erwägungen sollen im Folgenden allein zwei Punkte angesprochen werden, die als Inhaltserwägung stark in die
Lernorganisation eingreifen können. Dies ist zum einen eine Aspektsetzung
bei der Inhaltsauswahl, zum anderen die Inhaltsanordnung.

Bei der Frage nach der Inhaltsauswahl muss unabhängig von der Frage
nach dem WAS und WOZU auch entschieden werden, ob lehrgangsweise oder
exemplarisch vorgegangen werden soll (Übersicht 29).

Bei der lehrgangsweisen Bestimmung von Inhalten werden einzelne Lehrinhalte so ausgewählt, dass sie zusammengenommen ein systematisches Ganzes ergeben. Dies ist bildlich mit dem Aufstieg über die Treppenstufen eines
Turms vergleichbar. Die Treppenstufen stellen die übereinander gereihten
Lerninhalte dar. Der Lernende steigt von Stufe zu Stufe auf, in kleinen Schritten, systematischer Schwierigkeitssteigerung folgend. Dabei können wohl
auch einmal zwei Stufen zusammen genommen werden. Es lassen sich aber

nicht drei Stufen auf einmal nehmen. Die unteren Stufen müssen zuerst genommen werden, bevor die oberen erklommen werden.

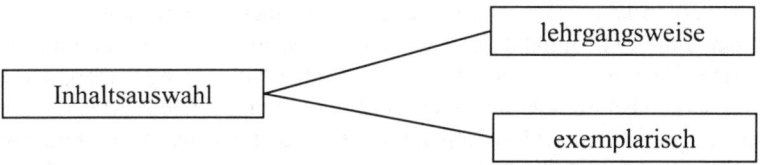

Übersicht 29: Lernorganisatorische Aspekte der Inhaltsauswahl, unabhängig von der Frage nach der Ermittlung und Erörterung der Bildungsinhalte

Die exemplarische Inhaltsauswahl von lateinisch exemplum gleich Beispiel, Probe, Vorbild, Modell, stellt einen Gegensatz zur lehrgangsweisen Inhaltsauswahl dar. Beim Exemplarischen (nach Dolch 1963, S. 59 f.) soll das einzelne Beispiel stellvertretend für andere ähnlich gelagerte Inhalte treten. Man beschränkt sich auf das Repräsentative, das besonders Typische. Es wird auf den lückenlosen oder systematischen Aufbau wie bei der lehrgangsweisen Auswahl von Inhalten verzichtet. Stattdessen erfolgt eine Befassung mit einzelnen Schwerpunkten. Diese sollen „Verdichtungen" darstellen, von denen das Vorhergehende verstanden und das Nachfolgende „erhellt" wird. Kurz gesagt, man befasst sich intensiv mit einem, dem sog. „exemplarischen" Inhalt.

Folgt man wieder einem Bild, dann gleicht das exemplarische Vorgehen dem Springen von einer Insel zu einer anderen Insel. Die Inseln stehen für die typisch ausgewählten Inhalte. Das Wasser zwischen den Inseln soll dann nach und nach den von selber größer werdenden Inseln weichen.

Die einmal ausgewählten Inhalte müssen in der unterrichtlichen Planung im Zuge der Lernorganisation aneinander gereiht werden. Die Inhaltsanordnung kann dabei einmal sachlogisch oder lernregelhaft vorgenommen werden (Übersicht 30).

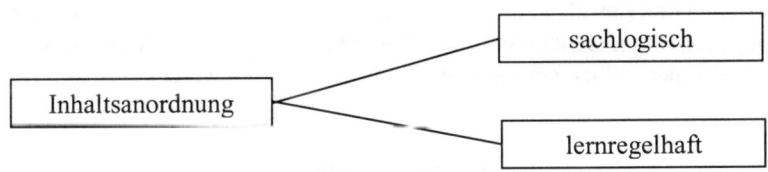

Übersicht 30: Aspekte der Inhaltsanordnung

Naheliegend ist es, die Unterrichtsinhalte der Sachlogik nacheinander zu ordnen. Der Unterrichtsablauf wird der Denk- und Folgerichtigkeit der Inhalte nach bestimmt. Der Aufbau des Atoms z. B. folgt einer bestimmten Inhaltslogik, die dann auch den inhaltlichen Ablauf des Unterrichts über dieses Thema bestimmt. Die Gesetzmäßigkeiten des Magnetismus z. B. müssen u. a. zuerst behandelt werden, bevor die Wirkungsweise einer elektrischen Maschine vermittelt werden kann. Dies wären Beispiele zur fachsystematischen Gliederung der Unterrichtsinhalte. Ebenso kann die sachlogische Anordnung der Unterrichtsinhalte einer handlungssystematischen Gliederung folgen, wie es für den handlungsorientierten Unterricht bestimmend ist (siehe Kap. C.4).

Im Gegensatz zur sachlogischen Inhaltsanordnung kann die lernregelhafte Anordnung der Inhalte stehen, von der sich eine Lehrkraft leiten lassen kann. Z. B. kann es angeraten sein, der Lernregel „Vom Bekannten zum Unbekannten" zu folgen und im o. g. Beispiel in einer elektrotechnischen Klasse erst die elektrische Maschine in ihren Bauteilen im Überblick vorzustellen, um dann u. a. zum Wirkungsprinzip des Magnetismus vorzustoßen. Weitere pädagogische Lernregeln für die Inhaltsanordnung sind z. B., von gegenseitigen Überschneidungen einmal abgesehen: Vom Nahen zum Entfernten, vom Leichten zum Schweren, vom Einfachen zum Zusammengesetzten, von Fakten zu Problemen, vom Konkreten zum Allgemeinen.

Lernregeln zur Anordnung von Unterrichtsinhalten lassen sich auch aus der pädagogischen Psychologie ableiten. Würde man etwa der früheren Theorie von Gagné (1973) folgen, müssen Inhalte so angeordnet werden, dass auf eine Differenzierungsbildung eine Begriffsbildung erfolgt. Erst wenn Begriffe erlernt worden sind, können diese zu Regeln verknüpft werden. Ein Problemlösen tritt ein, wenn zwei oder mehrere Regeln miteinander verknüpft werden (für ein Unterrichtsbeispiel aus der Zeit des lernzielorientierten Unterrichts und dem Ansatz von Gagné folgend siehe Schelten 1980).

Inhaltsanordnungen nach Lernregeln der pädagogischen Psychologie gelten immer nur so weit, wieweit auch die entsprechende zu Grunde gelegte pädagogisch-psychologische Lerntheorie reicht. Diese Theorien haben alle nur eingeschränkte Reichweiten mit Eignungen für bestimmte Inhaltsbereiche. So dürfte es derzeit keine einheitlichen und alles überzeugende Lernregeln für die Inhaltsanordnung aus der pädagogischen Psychologie geben (vgl. zur Lernpsychologie Edelmann 2000)

Neben den Entscheidungen aus didaktischer Sicht sind für die Lernorganisation insbesondere methodische Überlegungen anzustellen. Hierauf soll im Folgenden nach einer Zusammenfassung eingegangen werden.

Zusammenfassung

Die Lernorganisation fasst im System Unterricht die Elemente Didaktik, Methodik, Sozialformen, Artikulation und Medien zusammen.

Es ist hier aus Darstellungsgründen die Didaktik im engeren Sinne angesprochen, die sich allein mit der Ermittlung und Erörterung der Bildungsinhalte befasst (WAS und WOZU). In den vorangegangenen Kapiteln C.1, C.2 und C.4 sind didaktische Fragen bereits ausführlich erörtert worden.

Inhaltsauswahl und Inhaltsanordnung greifen u. a. stark in die Lernorganisation ein. Die Inhaltsauswahl kann lehrgangsweise oder exemplarisch vorgenommen werden. Die Inhaltsanordnung kann sich nach sachlogischen oder lernregelhaften Gesichtspunkten ausrichten.

Wichtige Begriffe und Konzepte

Lernorganisation

Didaktik im engeren Sinne

Inhaltsauswahl (lehrgangsweise, exemplarisch)

Inhaltsanordnung (sachlogisch, lernregelhaft)

Studienliteratur (Auswahlliteratur)

Glöckel, H.: Vom Unterricht: Lehrbuch der Allgemeinen Didaktik, 4. durchgesehene u. erg. Aufl., Bad Heilbrunn / Obb.: Klinkhardt 2003
    Kap. 4: Der Lehrgang
Klafki, W.: Neue Studien zur Bildungstheorie und Didaktik: Beiträge zur kritisch-konstruktiven Didaktik, 5. Aufl., Weinheim: Beltz 1996
    Dritte Studie: Exemplarisches Lehren und Lernen
Schelten, A.: Motorisches Lernen in der Berufsausbildung, Frankfurt a. M.: Lang 1983
    Kap. IV. A.: Erfassung des Elementarlehrgangs Metall
    Kap. IV. B.: Durchführung eines Elementarlehrgangs Metall in der Ausbildungspraxis
Wagenschein, M.: Verstehen lehren: Genetisch-Sokratisch-Exemplarisch, 2. Aufl., Weinheim: Beltz 1999
    Kap. 1: Zum Begriff des Exemplarischen Lehrens

C.5.2.2 Methodik

Die Methodik (vgl. Übersicht 28) zielt auf das WIE und WOMIT ab (vgl. C.1). Eine Unterrichtsmethode bezeichnet allgemein das Vorgehen nach einem bestimmten Wege bei der Gewinnung eines Lernerfolges in einem Unterrichtsgebiet. Es gibt verschiedene Aspekte, nach denen Unterrichtsmethoden eingeteilt werden können. Ohne Anspruch auf Vollständigkeit seien im Folgenden einige genannt.

(1) Ein Aspekt richtet sich nach der Funktion der Methode im Vermittlungs- und Aneignungsprozess. So gibt es z. B. Methoden der Einführung, der Festigung, der Übung und der Lernkontrolle. Auf diesen Aspekt wird im weiteren Verlauf nicht näher eingegangen. (2) Ein anderer Aspekt bezieht sich auf den Grad der Lehrer-Schüler-Beteiligung in einem Unterricht. So wäre lehrerzentriert der Lehrervortrag, Lehrer-Schüler beteiligt das Unterrichtsgespräch oder schülerzentriert das Schülergespräch zu nennen. Auf diese Methoden nach dem Grad der pädagogischen Führung bzw. des Grades der Selbsttätigkeit durch die Lernenden, die auch als Aktionsformen bezeichnet werden, wird noch gesondert eingegangen werden. (3) Ein weiterer Aspekt bezieht sich auf das Vorangehen bei der Erkenntnisgewinnung. So kann erkenntnistheoretisch-sachlogisch z. B. nach deduktiven und induktiven Unterrichtsmethoden unterschieden werden.

Die Aspekte (1) nach der Funktion der Methode im Vermittlungs- und Aneignungsprozess sowie (2) nach dem Grad der Lehrer-Schüler-Beteiligung betreffen eher eine formale, äußere Seite der Unterrichtsmethode. Der Aspekt (3) des Vorgehens bei der Erkenntnisgewinnung bezieht sich eher auf eine inhaltliche, innere Seite der Unterrichtsmethode. Auf letztere soll im Folgenden zuerst näher eingegangen werden.

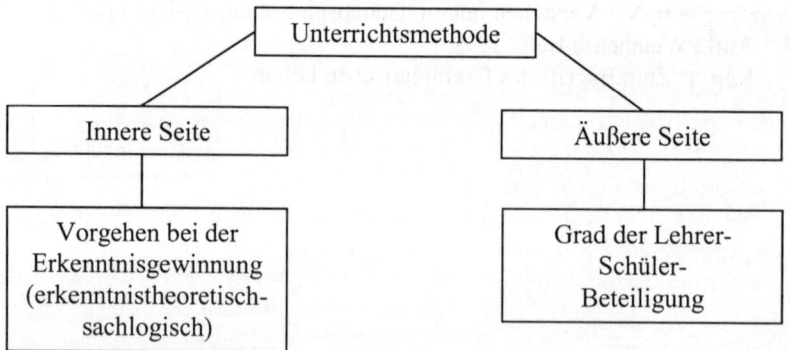

Übersicht 31: Unterrichtsmethoden nach innerer und äußerer Seite

Die Betrachtung der Unterrichtsmethoden nach einer inneren Seite bezieht sich hier auf die Unterrichtsmethodik der DDR-Berufspädagogik. Hier soll von DDR gesprochen werden, da die im Folgenden angesprochene Unterrichtsmethodik in die Zeit der DDR fällt. In diese Unterrichtsmethodik wird ein punktueller kurzer Einblick gegeben. Daran lässt sich sehr anschaulich die Bestimmung einer Unterrichtsmethode nach dem Vorgehen bei der Erkenntnisgewinnung verdeutlichen. Die folgenden Ausführungen gehen auf Rose, Thomas (1986) zurück, die eine Unterrichtsmethodik für den berufstheoretischen Unterricht in der Elektrotechnik vorgelegt haben. Ebenso sind in der DDR-Berufspädagogik ohne Anspruch auf Vollständigkeit Unterrichtsmethodiken für den berufstheoretischen Unterricht im Maschinenwesen (Bührdel, Reibetanz, Tölle 1988), im Bauwesen (Glatzel, Bloy 1988) in der Textiltechnik (Proske 1984), in der Tierproduktion (Röhlig 1982), in der Technischen Chemie (Storz, Wirsing 1987), in der Lebensmitteltechnologie (Worm, Müller, Schramm 1988) sowie für den ökonomischen Fachunterricht (Schink, Squarra 1982) entwickelt worden. Vergleichbares ist im Westen nicht vorangebracht worden. Bernard, Ebert und Schröder (1994), Bloy (1994) haben Fortführungen der Unterrichtsmethodiken entwickelt.

Unterrichtsmethoden nach dem Vorgehen bei der Erkenntnisgewinnung

Bei den Unterrichtsmethoden nach dem Vorgehen bei der Erkenntnisgewinnung können erkenntnistheoretisch-sachlogisch z. B. deduktive von induktiven Unterrichtsmethoden unterschieden werden. Nach Rose, Thomas (1986, S. 25) gilt: „Die deduktiven Unterrichtsmethoden sind Methoden zur Führung des Erkenntnisprozesses, mittels derer die Erkenntnisse aus wahren Aussagen durch Anwenden deduktiver Schlussregeln gewonnen werden."
Ein Beispiel für eine deduktive Unterrichtsmethode gibt Übersicht 32 wieder. Die linke Spalte zeigt die methodischen Schritte: Analyse eines Problems – Aufstellen von Prämissen – Verknüpfen der Prämissen – Bildung des Schlusssatzes – Experimentell-anschauliche Bestätigung. In der rechten Spalte ist ein Unterrichtsbeispiel wiedergegeben, das diesen Schritten folgt. Damit ist ein gängiges Vorgehen in einem berufstheoretischen Unterricht beschrieben: Aus bekannten Gesetzmäßigkeiten wird mathematisch eine neue abgeleitet. Das gewonnene Gesetz wird in einem Experiment nachträglich anschaulich bestätigt und bekräftigt.
Bei der induktiven Methode werden wahrscheinlich wahre Folgerungen aus Ausgangsgrößen in Schlusssätzen gewonnen. Die Ausgangsgrößen sind Phänomene, Einzelerkenntnisse. Das Besondere bei der induktiven Methode ist, dass in der Regel mehrere Phänomene bzw. Einzelerkenntnisse hypothetisch verallgemeinert werden. Ein Beispiel gibt Übersicht 33 wieder. Die methodischen Schritte sind: Analyse mehrerer, ähnlicher Sachverhalte – Herausstellung gleicher oder ähnlicher Merkmale – Formulierung der Erkenntnis nach Wirkung und Ursache –Verallgemeinerung der Erkenntnis. Damit liegt

Methodische Schritte	Beispiel
1. Analysieren eines Problems/einer Aufgabe und Bestimmen des Ziels der Problem-/Aufgabenlösung	*Aufgabe*: Ermitteln einer Formel für die Berechnung einer Parallelschaltung von Widerständen. Dazu Schaltplan für n parallele Widerstände entwickeln, Angaben der Größen $U, I, I_1 \ldots I_n, R_1 \ldots R_n$
2. Aufstellen von Prämissen, von denen mindestens eine sachbezogen sein muß	$U = U_1 = U_2 = \ldots = U_n$ (1) $I = I_1 + I_2 + \ldots + I_n$ (2) $I = \dfrac{U}{R} \ldots I_n = \dfrac{U_n}{R_n}$ (3)
3. Schrittweises Verknüpfen der Prämissen in Richtung auf die Problem-/Aufgabenlösung; ggf. Heranziehen weiterer Prämissen, auch aus anderen Gebieten, z. B. aus der Mathematik	1. Verknüpfen von (2) und (3): $\dfrac{U}{R} = \dfrac{U_1}{R_1} + \dfrac{U_2}{R_2} + \cdots + \dfrac{U_n}{R_n}$ (4) 2. Verknüpfen von (1) und (4): $\dfrac{U}{R} = \dfrac{U}{R_1} + \dfrac{U}{R_2} + \cdots + \dfrac{U}{R_n}$
4. Formulieren des letzten Schlußsatzes (Konklusion), Vergleich mit dem gestellten Ziel	Division von (5) durch U: $\dfrac{1}{R} = \dfrac{1}{R_1} + \dfrac{1}{R_2} + \cdots + \dfrac{1}{R_n}$ (6)
5. Experimentell-anschauliches Bekräftigen des des abstrakten Ergebnisses	Versuch mit 3 definierten Widerständen; Messung von U und I. Berechnung von R aus den Versuchsdaten und Vergleich mit dem Berechnungsergebnis aus (6)

Übersicht 32: Deduktive Unterrichtsmethode (Rose, Thomas 1986, S. 26).

Methodische Schritte	Beispiel
1. Analysieren mehrerer Sachverhalte, von denen angenommen wird, daß ihnen eine gemeinsame Gesetzmäßigkeit o. ä. zugrunde liegt	*Unterrichtsversuch zur Induktion:* 1. Bewegung eines Stabmagneten in einer Spule, Spannungsmessung 2. Stromänderung in einer Erregerspule, Spannungsmessung in einer Induktionsspule 3. Änderung des magnetischen Widerstandes eines permanentmagnetischen Eisenkreises, Spannungsmessung in einer Induktionsspule *Ergebnis*: Bei allen Versuchen entstehen Induktionsspannungen
2. Herausstellen von gleichen oder ähnlichen Merkmalen bei allen Sachverhalten. Zwischen den Merkmalen eines Sachverhalts bestehen wesentliche (z. B. kausale) Zusammenhänge	1. Δx (Lageänderung) $\rightarrow U_i$ 2. $\Delta I \rightarrow U_i$ 3. $\Delta R_m \rightarrow U_i$
3. Formulieren der Erkenntnis, daß bei allen untersuchten Sachverhalten jeweils das eine Merkmal wegen des anderen existiert	Bei allen Versuchen wird die Induktionsspannung U_i durch Änderung eines Zustandes bewirkt
4. Übertragen der Erkenntnis auf alle Sachverhalte vom gleichen Typ unter gleichen Bedingungen, d. h. Verallgemeinern der Beziehungen zwischen den Merkmalen durch Induktionsschluß	Allen Änderungen (Δx, ΔI, ΔR_m) ist gemeinsam, daß sie zur Änderung von Φ führen; die Änderung von Φ führt zur Induktion der Spannung U_i
5. Gegebenenfalls Aufgliedern des 4. Schrittes, wenn Mehrstufigkeit nötig ist	

Übersicht 33: Induktive Unterrichtsmethode (Rose, Thomas 1986, S. 27) am Beispiel: allgemeines Induktionsgesetz

ein typisches Vorgehen im berufstheoretischen Unterricht vor. Mehrere Einzelphänomene, die in der Regel auch experimentell – zumindest qualitativ – anschaulich bestätigt werden, werden zu einer Verallgemeinerung geführt.

Neben den deduktiven und induktiven Unterrichtsmethoden gibt es noch regressiv reduktive und progressiv reduktive Unterrichtsmethoden. Diese sollen hier nicht mehr dargestellt werden.

Deduktive Unterrichtsmethoden haben den Vorteil, dass sie besonders deutlich den Zusammenhang zwischen Ausgangsaussagen und gewonnener Erkenntnis herausstellen. Aufgrund des abstrakten Vorgehens wird das Lern- und Leistungsvermögen der Schüler jedoch sehr gefordert. Bei den induktiven Methoden dürfte es oftmals leichter sein zu folgen, weil hier eine Veranschaulichung während der Ableitung einer Gesetzmäßigkeit erfolgt. Mit anderen Worten: Induktive Methoden sind weniger anspruchsvoll als deduktive, weil sie von mehreren wahrnehmbaren Erscheinungen ausgehen.

Die erkenntnistheoretisch-sachlogisch bestimmten Unterrichtsmethoden haben zu typischen Unterrichtsabläufen geführt, die inhaltlich nach Unterrichtsthemen erstellt worden sind. Damit liegen analytisch sehr durchdachte Hilfestellungen für eine Lehrkraft an beruflichen Schulen vor. Sie geben konkrete Handlungsanleitungen für den Unterricht.

Von ihrem Standort her dürften die Unterrichtsmethodiken der DDR-Berufspädagogik (vgl. die Literaturangaben zu Beginn dieses Kapitels) mehr dem wissenschaftsorientierten Unterricht mit starker kognitiver Betonung zuzurechnen sein. Es wird eine mehr allein stofforientierte Didaktik vertreten, welche die Lehrer- und Schülerkomponente ausblendet. Gerade eine Berücksichtigung der Schüler mit ihren unterschiedlichen Vorkenntnissen, Lernfähigkeiten und Lernbereitschaften erfolgt weniger.

Grundlegend erkennbar ist allerdings, wie bei einer Betrachtung der Unterrichtsmethoden nach dem Vorgehen bei der Erkenntnisgewinnung deutlich wird, dass der Unterrichtsinhalt die Methode des Unterrichts bestimmt.

Unterrichtsmethoden nach dem Grad der Lehrer-Schüler-Beteiligung

Übersicht 34 gibt Unterrichtsmethoden nach dem Grad der Lehrer-Schüler-Beteiligung wieder. Es handelt sich hierbei um eine geläufige Einteilung und Bezeichnung von Unterrichtsmethoden, die von einer Dreiteilung ausgeht. Es gibt eine Lehrer betonte Methode, eine Lehrer-Schüler beteiligte und verschiedene Schüler betonte Methoden. In Übersicht 34 sind die herkömmlichen Begriffe nach Dolch (1963) vorangestellt. Diese verdeutlichen anschaulich, worum es bei den nachgestellten Ausprägungsformen geht. Dabei sind allein ausgewählte aufgeführt.

In einem Lehrer betonten Unterricht, man sagt auch in einem Lehrer zentrierten Unterricht, geht der Lehrer „darbietend-gebend" oder moderner ausgedrückt „darstellend-erläuternd" vor. Der Schüler ist „aufnehmend-empfangend" bzw. rezeptiv. Eine heute übliche Sammelbezeichnung für dieses monologische Vorgehen ist der *Lehrervortrag*. Der Lehrer kann dabei mündlich etwas darstellen oder auch etwas mit Erklärungen vorzeigen.

Der Lehrer ist beim Vortrag Übermittler eines Sachverhalts: Er muss dazu Lehrinhalte in bezug auf die Lernenden auswählen (1). Die Lehrinhalte müssen auf das Lernvermögen der Lernenden hin umgeformt („didaktisch reduziert") werden (2). Der ungeformte Inhalt muss schließlich den Adressaten verständlich dargestellt werden (3).

Für die Darstellung eines Lehrinhaltes ist das Konzept der Verständlichkeit in der Wissensvermittlung von Langer, Schulz von Thun (2002) eine gute Hilfe. Dieses pragmatische Konzept entstand in Untersuchungen zur verständlichen Gestaltung von Lehr- und Informationstexten (vgl. auch Schelten 1995, S. 105 f.).

In einem mehr Lehrer / Schüler beteiligten Unterricht geht der Lehrer (vgl. Übersicht 34) „fragend-erörternd" vor. Der Lernende ist „findend-mitbeteiligt". Gleichbedeutende Begriffe auf Seite des Lehrers sind für dieses Vorgehen (nicht in Übersicht 38 aufgeführt): „Fragend- entwickelnd" „Herausholend-erörternd", „Dialogisch" oder auch „Sokratisch". Der griechische Philosoph Sokrates (469–399 v. Chr.) führte durch geschickt gestellte Fragen seine Gesprächspartner durch eigene Einsicht zur Erkenntnis (vgl. Müllges 1986). Geläufige Bezeichnungen sind heute das Lehrgespräch oder wie in Übersicht 34 genannt, das *Unterrichtsgespräch*.

Beim Unterrichtsgespräch finden sich Lehrer und Schüler in Informationsbeiträgen, Fehlerfeststellungen und -verbesserungen, Fragen und Antworten zusammen. Der Schüler arbeitet an der Gewinnung inhaltlicher Ergebnisse mit: Kernpunkte eines Lehrstoffes werden unter der lenkenden Einwirkung des Lehrers durch die Schüler und mit den Schülern erarbeitet (vgl. auch Schelten 1995, S. 106 ff.).

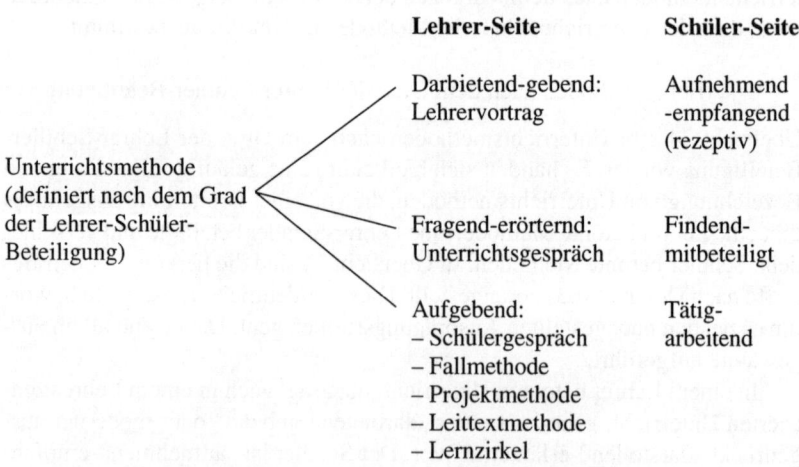

Übersicht 34: Unterrichtsmethoden nach dem Grad der Lehrer-Schüler-Beteiligung

Bei einem Schüler-betonten Unterricht, man sagt auch Schüler-zentrierten Unterricht, geht der Lehrer „aufgebend" oder „anreizend-aufgebend" vor, die Schüler sind „tätig-arbeitend" (Übersicht 34). Die Aktivität des Lehrers tritt zurück und die der Schüler rückt in den Vordergrund. Geläufige Formen und Bezeichnungen sind hier ausgewählt z. B. das *Schülergespräch*, die *Fallmethode*, die *Projektmethode*, die *Leittextmethode*, der *Lernzirkel*.

Das *Schülergespräch* ist eine Fortführung bzw. Hochform des Unterrichtsgesprächs. Die Schüler erarbeiten nicht mehr unter der lenkenden Einwirkung des Lehrers den Lehrstoff (Unterrichtsgespräch), sondern sie erarbeiten – der Idealform nach – den Lehrstoff untereinander sprechend selbst. Im Zusammenhang mit dem Schülergespräch wird auch vom „Impulsunterricht" gesprochen: Der Lehrer setzt Impulse. Dies können Schlüsselfragen oder provokante Thesen sein. Die Schüler greifen diese Impulse auf und führen untereinander ein selbstorganisiertes erarbeitendes Schülergespräch. Das Gespräch ist zeitlich längerfristig, indem es z. B. mehrere Minuten umfasst.

Bei der *Fallmethode* muss eine komplexe Aufgabenstellung, der Fall, welcher der Berufspraxis entnommen oder erdacht ist, gelöst werden. Der Fall, „aus der Praxis für die Praxis", muss eine Verbindung zwischen erlerntem Wissen und der praktischen Anwendung dieses Wissens herstellen. Das Problem des Falles muss erkannt und formuliert werden. Danach setzen Lösungsvermutungen und Entwicklung von Lösungsmöglichkeiten ein. Die Verwirklichung der Lösung kann, muss aber nicht mehr unbedingt, Gegenstand der Fallmethode sein.

Ein Fall kann z. B. ein Geschäftsvorgang bei einer Reklamation, vorgelegt in schriftlicher Form, darstellen. Eine Transportstrecke, bei der Zylinder nach Material und Größe sortiert werden, kann einer realen Anlage – didaktisch reduziert – simulativ als Fall für eine Steuerungsaufgabe nachgestellt sein (vgl. zur Fallmethode auch Schelten 1995, S. 103). Ein weiteres Beispiel wäre z. B. die Analyse von Backfehlern bei Gebäcken nach deren Ursache und Entwicklung von Möglichkeiten und Verfahren zu deren Vermeidung.

Bei *der Projektmethode* geht es darum, dass ein praktisches und lebensechtes Vorhaben in Zielsetzung, Planung, Ausführung und Beurteilung zu weiten Teilen von den Lernenden selbst getragen wird. Der Lernende wird ganzheitlich angesprochen, indem der kognitive, affektive und psychomotorische Lernbereich einbezogen sind. Der Lernprozess ist zeitlich langfristig. Die Schüler organisieren ihren Lernprozess selbst und gehen in Arbeitsgemeinschaften vor. Der Lehrer wird zum Unterstützer des Lernprozesses seiner Schüler.

Zu einem Projekt zählt in der Regel die berufsechte Verwirklichung der gedachten Lösung. Damit ist die Projektmethode lebensechter als die Fallmethode, bei der die berufsechte Verwirklichung einer Lösung nicht hinzugezählt werden muss. Bei der Fallmethode reichen eine simulierte, wie auch bereits eine gedachte Lösung aus. Das o. g. Fallbeispiel zur Steuerungstechnik wird von einem Fall zum Projekt, wenn eine Transportstrecke mit Sortieraufgaben in einem Betrieb im Rahmen einer Lernortkooperation aufgesucht, in der Berufsschule an einer simulierten Anlage die Steuerung zusammen mit Schülern erstellt und anschließend an der realen Anlage im Betrieb installiert wird. Ob dies für den berufsschulischen Unterricht realistisch ist, sei dahingestellt. Es geht hier nur darum, den Unterschied zwischen Fallmethode und Projektmethode herauszustellen. Aus Sicht des Verfassers dürfte die Fallmethode für den schulischen Unterricht die größere Bedeutung haben (vgl. zur Projektmethode u. a. Schelten 1995, S. 104 f.).

Die *Leittextmethode* ist in den 80er Jahren in der betrieblichen Bildung entstanden. Im Zuge einer projektorientierten Berufsausbildung in den Ausbildungswerkstätten großer Betriebe ging es darum, eine flexible Lernorganisation zu finden, die das herkömmliche Lernen im Gleichschritt aufhebt, wie sie traditionell an die Lehrgangsausbildung gekoppelt ist. Im Zuge eines handlungsorientierten Unterrichts hat ein leittextorientiertes Vorgehen auch in beruflichen Schulen spätestens seit den 90er Jahren Beachtung gefunden. Hier wird die Leittextmethode in einer auf schulisches Lernen angepassten Form zur Anleitung von selbstgesteuerten Lernprozessen eingesetzt.

Die Leittextmethode steuert anhand schriftlicher Unterlagen das Selbstlernen. Der Lernende wird systematisch zum Durchdenken der zu bewältigenden Arbeitstätigkeit angeleitet. Der Pädagoge, in der Rolle eines Beraters und Unterstützers, gibt ergänzende fachliche und ggf. organisatorische und methodische Hilfestellungen.

Übersicht 35 gibt das Phasen- oder Artikulationsschema der Leittextmethode wieder, wie es in der betrieblichen Bildung entstanden ist. Im Lernprozess lassen sich sechs Phasen erkennen. Das Durchlaufen der einzelnen Phasen wird mit bestimmten methodischen Hilfen sichergestellt. Die sechs Phasen beschreiben eine vollständige Handlung, wie sie auch einem handlungsorientierten Unterricht zugrunde liegen können. Die Phase Information steht dabei für Wahrnehmen, Planung und Entscheidung für Denken, Ausführung für Tun und Kontrolle sowie Bewertung für Rückkopplung.

Der handlungsorientierte Unterricht in beruflichen Schulen hat Impulse aus der im Betrieb entstandenen Leittextmethode erhalten. So kann ein handlungsorientierter Unterricht durch Leittexte weitgehend strukturiert sein, die den Lernenden als Leitfaden zur Unterrichtssteuerung dienen. Neben auf Papier gedruckten Angaben können Informationen auch audiovisuell oder multimedial angeboten werden. Leittexte in der beruflichen Schule folgen häufig wie die im Betrieb eingesetzten Leittexte dem in Übersicht 35 vorgestellten Ablauf. Dabei kann in einem handlungsorientierten Unterrichtsvorhaben der Ablaufzyklus aus Übersicht 35 einmal durchlaufen werden. Denkbar ist aber auch, dass sich diese Schritte einer vollständigen Handlung in einzelnen Aufgabenteilen innerhalb eines Leittextes mehrere Male zyklisch wiederholen.

Phasen- oder Artikulationsschema	Methodische Hilfen
1. Information „Was soll getan werden?	1. Leitfragen, Leitsätze
2. Planung „Wie geht man vor?"	2. Leitfragen, Arbeitsplan
3. Entscheidung „Festlegen von Fertigungsweg und Betriebsmittel"	3. Fachgespräch mit dem Ausbilder
4. Ausführung „Erstellen eines Fertigungsprodukts oder Entwickeln einer Dienstleistung"	4. Rat des Ausbilders bei Bedarf
5. Kontrolle „Ist der Auftrag fachgerecht gefertigt?"	5. Kontrollbogen
6. Bewertung „Was muss beim nächsten Mal besser gemacht werden?"	6. Fachgespräch mit dem Ausbilder

Übersicht 35: Ablauf einer Leittextmethode in der betrieblichen Bildung (vgl. Schelten 1995, S. 180)

Ein leittextgesteuerter Unterricht bedarf der kontinuierlichen Unterstützung durch die Lehrkraft. Die Lernenden können nicht sich selbst überlassen bleiben, um nicht überfordert oder orientierungslos zu werden. Gerade bei einem primär durch schriftliche Unterlagen gesteuerten Lernvorgehen kommt der systematischen und wiederholt dosierten Unterstützung durch die Lehrkraft eine sehr wichtige Rolle zu. Der Lehrer muss dafür Sorge tragen, dass über eine Befähigung zur Handlungsausführung hinaus insbesondere der theoretische Hintergrund und Begründungszusammenhänge verstanden werden. Detaillierter zur Leittextmethode wie auch mit Beispielen siehe Schelten (1995, 2000). Übersicht 36 zeigt Lehramtsstudenten bei einer Leittextarbeit am Lehrstuhl für Pädagogik der Technischen Universität München. Durchgearbeitet wird ein Leittext der Werner – von – Siemens – Schule, Staatliche Berufsschule Cham über eine Motorradalarmanlage für Kfz – Mechatroniker in der Grundstufe. Die Lehramtsstudenten schlupfen dabei in die Rolle des Schülers. Die Lehrkraft unterstützt den Lernvorgang. Die Aufnahme entstand im Rahmen eines Seminars „Ausgewählte Aspekte der Pädagogik – Leittexte in Theorie und Praxis".

Übersicht 36: Lehramtsstudenten bei der Bearbeitung eines Leittextes am Lehrstuhl für Pädagogik der Technischen Universität München, Erläuterungen im Text (Aufnahme A. Riedl)

Die Methode des *Lernzirkels* hat ihren Ursprung in der Reformpädagogik.
Anfänge einer Konzeption gehen auf Helen Parkhurst und ihr 1920 veröffent-
liches Konzept des Dalton Plans zurück (siehe näher u. a. Parkhurst 1924,
Potthoff 1995).

Ein weiterer wesentlicher Meilenstein in der Entwicklung des Lernzirkels war schließlich mit dem Cicuittraining (circuit = Kreislauf, Umlauf) im
Sportunterricht erreicht. Kennzeichnend für das, von den beiden Engländern
Morgan und Adamson in den 50er Jahren des letzten Jahrhunderts entwickelte Trainingssystem, ist der Aufbau von Übungsstationen, an denen innerhalb
einer bestimmten Zeitspanne eine Übung durchgeführt wird. Dieses Prinzip
des Stationen- oder Übungswechsels nach vereinbarten Regeln setzt sich ab
Mitte der 80er Jahre des letzten Jahrhunderts langsam in allen Fächern durch.

In der gängigen Literatur gibt es für die Methode des Lernzirkels unterschiedliche Bezeichnungen (vgl. Jürgens 2000). Im Folgenden wird der Begriff des Lernzirkels beibehalten.

Im Zuge der Gesamtkonzeption eines ‚offenen Unterrichts' ist der Lernzirkel exemplarisch. Schüler erarbeiten sich den, in kleinere Abschnitte auf-
geteilten Unterrichtsstoff, selbsttätig. Sie durchlaufen verschiedene, mit didaktisch aufbereitetem Material versehene Stationen, die überwiegend – aber
nicht immer zwingend – im Klassenzimmer aufgebaut sind. Die Aufgaben-

stellung erfolgt in der Regel anhand schriftlicher Arbeitsanweisungen an den jeweiligen Stationen. Bei der Bearbeitung letzterer haben die Schüler gemäß ihres individuell unterschiedlichen Fähigkeits- und Fertigkeitsniveaus die Möglichkeit neben sog. ‚Pflichtstationen‘ auch Wahl- oder Pufferstationen zu bearbeiten, was einer inneren Differenzierung entgegen kommt. Die Gestaltung der einzelnen Stationen kann inhaltlich, methodisch und organisatorisch flexibel erfolgen, beachtet werden sollte eine – lernpsychologisch sinnvolle – multisensorische Aufmachung.

Durch diese schülerzentrierte Methode, bei der sich der Schüler den Stoff selbsttätig erarbeitet, tritt die Lehrkraft in den Hintergrund. Sie fungiert während des Unterrichts – soweit nötig – als Unterstützer des Lernprozesses. Ihre Aufgabe besteht im Vorfeld des Unterrichts darin, den Lernzirkel didaktisch so aufzubereiten, dass ein eigenständiges Arbeiten der Schüler weitgehend möglich ist.

Ein Unterricht mit Hilfe des Lernzirkels lässt sich in verschiedene Phasen einteilen. Übersicht 37 gibt diese in Anlehnung an Jürgens (2000) wieder. Für eine detailliertere Darstellung der Methode des Lernzirkels, siehe u.a. van der Gieth (1999), Krieger (2000), Jürgens (2000).

CHARAKTERISTISCHE UNTERRICHTSPHASEN	INHALTE
Anfangs- und Problematisierungsphase	Anbahnung einer Auseinandersetzung mit der Thematik; Aktivieren der Lernmotivation
Vorbereitungs- und Erkundungsphase	Kennenlernen der einzelnen Stationen und verschiedenen Aufgabenstellungen (Stationenrundgang); Erläuterungen zu den Stationen durch die Lehrkraft
Arbeitsphase	Beginn der Arbeit nach freier Wahl der Sozialform; unterschiedlicher Grad der Schülerselbststeuerung durch variable Gestaltung der Lernunterlagen und des Aufgabenarrangements; erledigte Aufgaben werden auf dem sog. ‚Laufzettel‘ vermerkt
Schlussphase	Reflexion und Rückkopplung über das Gelernte und den Lernzirkel auf Lehrer- und Schülerseite (z. B. mittels Kreisgespräch)

Übersicht 37: Charakteristische Unterrichtsphasen eines Lernzirkels (nach Jürgens 2000, S. 150ff)

In dem Zusammenhang mit den Unterrichtsmethoden sei abschließend auf Folgendes hingewiesen. Von Unterweisungsmethoden sind Lehrgriffe zu unterscheiden. Sie können modern auch als Mikromethoden bezeichnet werden. Lehrgriffe oder Mirkomethoden sind didaktische Einzelmaßnahmen, die bei einer Unterrichtsmethode Verwendung finden. Solche sind z. B. (in willkürlicher Anordnung): Frage, Impuls, Moderation, Visualisierung, Arbeitsanweisung, Erklärung, Blitzlicht, Brainstorming, Metaplan, Mind Mapping. Mikromethoden lassen sich losgelöst von der Unterrichtsmethode, in die sie eingebunden sind, für sich alleine betrachten und untersuchen.

Nach diesen Ausführungen zur Methodik, bei der Methoden nach einer inneren und äußeren Seite angesprochen worden sind, geht es nach einer Zusammenfassung darum, im Zuge der Darstellungen zur Lernorganisation (vgl. Übersicht 28) auf die Sozialformen des Unterrichts begrifflich einzugehen.

Zusammenfassung

Eine Unterrichtsmethode bezeichnet allgemein das Vorgehen nach einem bestimmten Weg bei der Gewinnung eines Lernerfolges in einem Unterrichtsgebiet. Auf einer inhaltlichen, inneren Seite stehen Unterrichtsmethoden nach dem Vorgehen bei der Erkenntnisgewinnung. Auf einer formalen, äußeren Seite befinden sich Methoden nach dem Grad der Lehrer-Schüler-Beteiligung.

Unterrichtsmethoden nach dem Vorgehen bei der Erkenntnisgewinnung lassen sich durch die Unterrichtsmethodik der DDR-Berufspädagogik veranschaulichen. Hier werden erkenntnistheoretisch-sachlogisch u. a. deduktive von induktiven Unterrichtsmethoden unterschieden. Hinter der Ermittlung von Unterrichtsmethoden nach erkenntnistheoretisch-sachlogischem Vorgehen steht die Auffassung, dass der Unterrichtsinhalt vornehmlich die Unterrichtsmethode bestimmt.

Nach dem Grad der Lehrer-Schüler-Beteiligung gibt es eine Lehrer-betonte Methode, eine Lehrer-Schüler beteiligte und verschiedene Schüler betonte Methoden. Zur Lehrer-betonten Methode zählt der Lehrervortrag. Der Lehrer geht darstellend-erläuternd vor. Zur Lehrer-Schüler beteiligten Vorgehensweise rechnet das Unterrichtsgespräch. Der Lehrer verhält sich fragenderörternd. Bei Schüler betontem Unterricht wird z. B. nach Schülergespräch, Fallmethode, Projektmethode, Leittextmethode oder Lernzirkel verfahren. Der Lehrer geht aufgebend vor.

Wichtige Begriffe und Konzepte

Unterrichtsmethode
- Innere Seite (Vorgehen bei der Erkenntnisgewinnung: erkenntnistheoretisch-sachlogisch): deduktiv, induktiv
- Äußere Seite (Grad der Lehrer-Schüler-Beteiligung): Lehrervortrag, Unterrichtsgespräch, Schülergespräch, Fallmethode, Projektmethode, Leittextmethode, Lernzirkel
Lehrgriffe bzw. Mirkomethoden

Studienliteratur (Auswahlliteratur)

Bonz, B.: Methoden der Berufsbildung: Ein Lehrbuch, Stuttgart: Hirzel 1999
  Kap. 3: Traditionelle Unterrichtsformen
  Kap. 4: Handlungsorientierung als methodischer Aspekt
Jürgens, E.: Die ‚neue' Reformpädagogik und die Bewegung offener Unterricht – Theorie, Praxis und Forschungslage, 5. Aufl., Sankt Augustin: Academia Verlag 2000
Kap: Stationenlernen – Öffnung des Unterrichts durch Zirkeltraining
Meyer, H.: Unterrichtsmethoden, Bd. 1, 7. Nachdruck 1999, Frankfurt a. M.: Scriptor 1999
  1. Lektion: Was sind Unterrichtsmethoden
  2. Lektion: Ziele, Inhalte und Methoden
  3. Lektion: Ebenen methodischen Handelns
Pahl, J.-P.: Bausteine beruflichen Lernens im Bereich Technik: Teil 2: Methodische Konzeptionen für den Lernbereich Technik, 2. Aufl., Alsbach / Bergstraße: Leuchtturmverlag 2002
  Kap. 5, 6, 7: Ausbildungs- und Unterrichtsverfahren im Lernbereich Technik mit vorwiegend fachlich-inhaltlicher, fachlich-prozessualer, allgemeiner Zielsetzung
Peterßen, W. H.: Kleines Methoden-Lexikon, 2. Aufl., München: Oldenbourg-Schulbuchverlag 2001
Schelten, A.: Grundlagen der Arbeitspädagogik, 3. Aufl., Stuttgart: Steiner 1995
  Kap. C.1: Begriff und Methoden der Unterweisung
Terhart, E.: Lehr-Lern-Methoden: Eine Einführung in Probleme der methodischen Organisation von Lehren und Lernen, 3. erg. Aufl., Weinheim und München: Juventa 2000
  Kap. 3: Die Erforschung von Lehrmethoden

C.5.2.3 Sozialformen und Artikulation

Sozialformen

Sozialformen des Unterrichts sind Organisationsformen, die sich durch unterschiedliche Möglichkeiten der Lehrer-Schüler-Interaktion definieren. Mit anderen Worten, die Sozialformen des Unterrichts bestimmen die organisatorische Seite der Interaktionsmöglichkeiten im Unterricht. Übersicht 38 gibt verschiedene Sozialformen wieder.

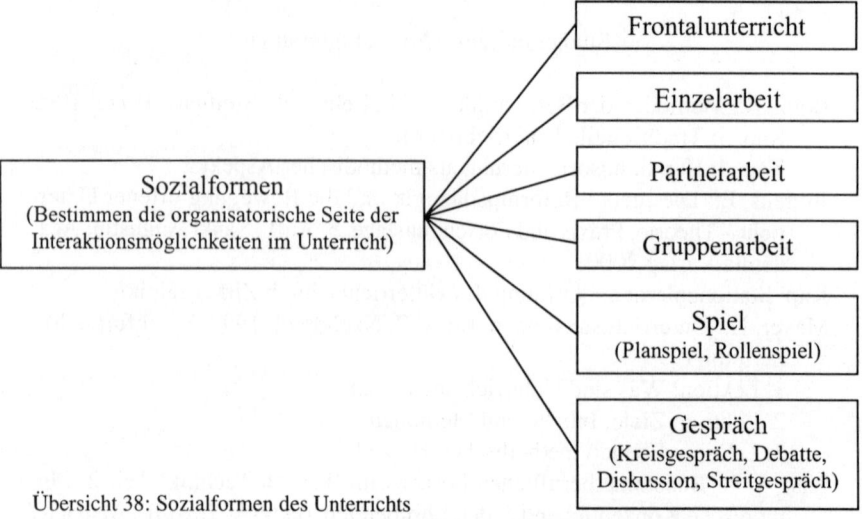

Übersicht 38: Sozialformen des Unterrichts

Beim *Frontalunterricht* sitzen die Schüler in der Regel in Bankreihen paarweise hintereinander an Tischen. Der Lehrer steht vor der Klasse. Damit sind Interaktionsmöglichkeiten vom Lehrer zum einzelnen Schüler möglich. Der Lehrer hat die Schüler „alle im Blick". Interaktionsmöglichkeiten der Schüler untereinander, etwa um ein unterrichtsbezogenes Schülergespräch zu führen, sind erschwert.

Die Sozialform Frontalunterricht begünstigt von der Organisation der Interaktionsmöglichkeiten her die darbietend-gebende bzw. darstellend-erläuternde Unterrichtsmethode Lehrervortrag sowie die beteiligende Methode Unterrichtsgespräch (vgl. Übersicht 34). Der Frontalunterricht erschwert dagegen die mehr aufgebenden Methoden wie Schülergespräch, Fallmethode, Projektmethode, Leittextmethode, Lernzirkel (vgl. Übersicht 34). Bei diesen Methoden wird stark arbeitsgemeinschaftlich vorgegangen. Eine frontalunterrichtliche Sitzanordnung behindert dies.

Vielfach wird im pädagogischen Alltag der Frontalunterricht mit einer Unterrichtsmethode gleichgesetzt. („Frontalunterricht ist eine Unterrichtsmethode"). Mit dieser Vereinfachung ist gemeint, dass ein Unterricht in der Sozialform Frontalunterricht nach den Methoden des Lehrervortrags und des Unterrichtsgesprächs stattfindet. Besonders betont ist dabei der Lehrervortrag. Stillarbeitsphasen des Unterrichts können in der Sozialform *Einzelarbeit* durchgeführt werden. Der Schüler arbeitet für sich allein. Eine Interaktion mit dem Lehrer oder mit anderen Schülern findet nicht statt. Zum Beispiel kann ein vom Lehrer ausgeteiltes Arbeitsblatt bearbeitet oder ein Protokoll zu einem zuvor durchgeführten Demonstrationsversuch geschrieben werden. Ist die Aufgabenstellung für die Einzelarbeit für den Schüler mehr rezeptiv, dann ist die an der Sozialform Einzelarbeit beteiligte Unterrichtsmethode mehr darbietend. Wird bei der Aufgabenstellung mehr problemlösendes Denken gefordert, dann ist die Unterrichtsmethode mehr aufgebend (vgl. Übersicht 34).

Statt Einzelarbeit kann in einem Unterricht auch die Sozialform *Partnerarbeit* gefordert sein. Statt allein für sich löst der Schüler gemeinsam mit einem anderen Schüler, in der Regel seinem Tischnachbarn eine Aufgabenstellung. Die Partnerarbeit ist eine Vorstufe bzw. Vorübung zur Gruppenarbeit.

Bei der Sozialform *Gruppenarbeit* oder dem Gruppenunterricht lernen nicht nur zwei Schüler an einer Sache gemeinsam, sondern in der Regel mehr als zwei, z. B. vier. Der Klassenverband ist in Gruppen aufgelöst. Die Schüler haben zueinander Blickkontakt. Die Sitzanordnung an den zueinander gerückten Tischen ermöglicht die Interaktion der Schüler untereinander. Erhalten alle Gruppen den gleichen Arbeitsauftrag, liegt arbeitsgleiche Gruppenarbeit vor. Sind die Arbeitsaufträge für die jeweilige Gruppe unterschiedlich, handelt es sich um arbeitsteilige Gruppenarbeit, bearbeiten die Schüler innerhalb einer Gruppe unterschiedliche Thematiken, wird von gemischt arbeitsteiliger Gruppenarbeit gesprochen.

Die Sozialform Gruppenarbeit begünstigt die aufgebenden Unterrichtsmethoden wie Schülergespräch, Fallmethode, Projektmethode, Leittextmethode, Lernzirkel. Bei diesen Methoden geht es darum, arbeitsgemeinschaftlich zu lernen. Dazu schafft die Gruppenarbeit die Organisationsform der Interaktion. Die Sozialform Gruppenarbeit erschwert dagegen die Unterrichtsmethoden Lehrervortrag und Unterrichtsgespräch. Theoretisch ist aber auch diese Kombination möglich.

Im pädagogischen Alltag wird die Gruppenarbeit oder der Gruppenunterricht manchmal mit einer Unterrichtsmethode gleichgesetzt („Gruppenarbeit ist eine Unterrichtsmethode"). Diese Vereinfachung sollte in der Regel die Sozialform Gruppenarbeit mit der aufgebenden Unterrichtsmethode Schülergespräch, Fallmethode, Projektmethode, Leittextmethode, Lernzirkel verbinden (vgl. Übersicht 34).

Es sei darauf hingewiesen, dass bei einem Unterricht, der in der Sozialform Gruppenarbeit abläuft, immer geprüft werden muss, welche Unterrichtsmethode sich gerade damit verbindet. Erfordern die Arbeitsaufträge, denen in den Gruppen nachgegangen wird, mehr ein rezeptives Lernverhalten, dann liegt eine mehr darbietende Unterrichtsmethode vor. Dies kann besonders bei der Bearbeitung von Arbeitsblättern in Gruppen auftreten, wenn die Arbeitsblätter sehr geführt gehalten sind, indem z. B. allein Lücken in vorgegebenen Texten ausgefüllt werden müssen.

Für die Gruppenarbeit gibt es eine Reihe von Ausprägungen, welche besonders die Interaktion in einer Gruppe und mit anderen Gruppen sicherstellt. Solche sind z. B. Gruppenpuzzle, Gruppenrallye, Gruppenturnier, Kugellager, Aquarium. Auf diese Formen wird hier nicht weiter eingegangen, siehe hierzu u. a. Peterßen (2001).

Bei den Spielformen wird hier, vgl. Übersicht 37, das Planspiel und das Rollenspiel als Sozialform des Unterrichts angesprochen. Beim *Planspiel* geht es um eine Nachahmung von Ernstsituationen. Es wird eine wirkliche Situation zugrunde gelegt, die in einem Modell nachgebildet (simuliert) wird. In einem Unternehmensplanspiel z. B. ist der Betrieb das Modell. Die Schüler übernehmen dabei die verschiedenen Funktionen des Betriebes, sei es Einkauf, Verkauf, Materialwirtschaft, Buchhaltung. Aufgabe des Planspieles ist es dann, dass die Schüler die wechselseitige Abhängigkeit der einzelnen Funktionen des Betriebes bei durchgespielten Geschäftsvorgängen erkennen. Zugleich sollen die Wirkung einzelner Entscheidungen und vorhandene Interessengegensätze auf das Gesamtsystem deutlich werden. Auch in einem Politikunterricht ist das Planspiel besonders geeignet. Hier werden politische Entscheidungsprozesse simuliert. Z. B. kann die aktuelle Problematik der Sozialstaatlichkeit in der Bundesrepublik Deutschland als Ausgangssituation dienen.

Das Planspiel dient weniger dem Vermitteln von Sachkenntnissen. Diese werden in einem starken Ausmaß vorausgesetzt. Sachkenntnisse müssen dagegen im Planspiel angewendet werden. Das Planspiel dient ferner dazu, in komplexen Situationen Entscheidungskraft zu bilden. Dies erfordert methodisches Arbeiten, ganzheitliches, vorausschauendes und schlüssiges Denken. Das Planspiel begünstigt sehr die Fallmethode (vgl. Übersicht 34): Ein der Arbeitspraxis entnommener oder gedachter Fall wird über eine Spielform in den schulischen Unterricht hineingezogen.

Beim *Rollenspiel* geht es um die Übernahme der Rolle einer bestimmten Person in einer festumschriebenen Situation. Die Situation ist nicht wirklich und damit noch nicht mit dem Risiko des Ernstfalles belastet. Der Rollenträger sieht, wie er auf seine Mitspieler wirkt. Er erfährt die Reaktion auf sein Verhalten. Zwei Arten von Rollenspielen sind (1) das Übungsrollenspiel und (2) das Motivationsrollenspiel.

(1) Übungsrollenspiele lassen sich etwa in der Fachverkäuferausbildung einsetzen. Schüler werden in einem Verkaufsraum aufgefordert, Verkäufer und Käufer bei simulierten Verkaufsgesprächen darzustellen. An solchen Rollenspielen kann das fachgerechte Verkaufen geübt werden.

Übungsrollenspiele werden auch gern in Lehrer – Kommunikationstrainings-seminaren eingesetzt. Eine Konfliktsituation, z. B. stetes morgendliches Zuspätkommen eines Schülers, wird geschildert. Ein Teilnehmer übernimmt den Lehrerpart, ein Teilnehmer den Schülerpart. Beide werden aufgefordert, vor den Zuhörern des Seminars die Konfliktsituation durchzuspielen. In der Regel wird das Rollenspiel auf Videoband für eine anschließende Analyse aufgezeichnet. Die Rollenspieler können ferner anhand der Videoaufzeichnung selbst beobachten, wie sie sich verhalten haben.

(2) Motivationsrollenspiele stehen zumeist am Anfang einer Unterrichtsstrecke, um eine Bedürfnisspanne zum Lerngegenstand herzustellen. Z. B. sollen in einem sozialkundlichen Unterricht die Rechtsvorschriften der Erbschaft behandelt werden. Dazu kann der Fall einer Erbauseinandersetzung mit in den Unterricht gebracht werden: Die Schüler sehen ein Video/DVD oder hören einfach ein zehnminütiges Hörspiel einer Familienauseinandersetzung nach der Testamentseröffnung. Das Hörspiel endet an einem bestimmten Punkt, ohne dass eine Lösung herbeigeführt wurde, und die Schüler werden aufgefordert, die Familienauseinandersetzung weiterzuspielen. Dies bedeutet, dass z. B. vier Schüler die entsprechenden Parts, wie sie in dem Hörspiel vorkommen, übernehmen und einige Minuten lang vor ihren Mitschülern den Fall weiterspielen. Es wird dabei nicht zu einer Lösung kommen. Die Schüler dürften aber soweit motiviert sein, dass sie selbst versuchen wollen, den Fall zu lösen. Es setzt nun nach dem Motivationsrollenspiel der herkömmliche Unterricht ein. In einer Phase der Erarbeitung wird die schriftliche Darstellung des Falles ausgeteilt, Informationstexte mit den Rechtsparagraphen zur Erbschaft werden zur Verfügung gestellt, die Schüler versuchen in Partnerarbeit den Fall zu lösen.

Das Rollenspiel begünstigt die Fallmethode, wie aus den oben angeführten Beispielen deutlich geworden sein dürfte. Dem Rollenspiel liegt in der Regel die Simulation zugrunde. Letztere kann auch ein Kennzeichen der Fallmethode sein.

Zu den Sozialformen des Unterrichts können nun ferner noch die verschiedenen Gesprächsformen gerechnet werden (Übersicht 38).

Das *Kreisgespräch* bezeichnet eine lockere Gesprächsform am runden Tisch. Statt an einem runden Tisch können die Schüler auch in einem Kreis zueinander sitzen. Man spricht dann auch vom „Stuhlkreis". So hat jeder Schüler die Möglichkeit Blickkontakt zu den anderen Schülern aufzunehmen. Das Kreisgespräch ist das am geringsten gesteuerte Gespräch in Bezug auf die Erbringung eines Ergebnisses. Erfahrungen oder Meinungen sollen in einem Kreisgespräch ausgetauscht werden. Z. B. lassen sich Erfahrungen im Anschluss an eine Betriebsexkursion austauschen oder Meinungen zu einer neu in der Klasse eingeführten Methode einholen.

Eine stärker geführte Form des Gesprächs ist die Diskussion. Letztere ist ein wechselseitiges Gespräch zwischen mehreren Schülern mit dem Ziel der Erarbeitung eines Lernstoffes. Es sind mehrere Arten der Diskussion zu unterscheiden: Informationsdiskussion, Entwicklungsdiskussion, Forumsdiskussion, Podiumsdiskussion.

Bei der *Informationsdiskussion* geht es um die Durcharbeit eines Stoffes, z. B. im Anschluss an einen Betriebsbesuch anhand von Informationsmaterial des Betriebes. Die *Entwicklungsdiskussion* dient der eigenen Meinungsbildung, indem z. B. bei politischen Themen wie Arbeitszeitverkürzung, Regelungen der flexiblen Arbeitszeit oder Schutz und Förderung von Ehe und Familie ein Für und Wider ausführlich beleuchtet wird.

Forumsdiskussion heißt, dass Fachleute ein Thema vor den Schülern in einer Diskussion entfalten. Die Schüler haben die Möglichkeit, die Fachleute zu befragen. Dies heißt, dass auch die Interaktion von den Zuhörern zu den Fachleuten zugelassen ist. Bei der *Podiumsdiskussion* entfällt letzteres. Mit anderen Worten, die Fachleute setzen sich vor einem Auditorium allein mit einer Thematik auseinander. Die Podiumsdiskussion ist eher eine Gesprächsform bei großen Kongressen, bei denen die Zuhörerschaft so groß ist, dass keine Interaktion mehr zwischen den Experten auf dem Podium zu den Zuhörern stattfinden kann. Im berufsschulischen Unterricht wird eher die Forumsdiskussion anzutreffen sein. So kann zum Beispiel im Rahmen einer Projektwoche zur Verkehrssicherheit und Verkehrssicherheitserziehung eine Forumsdiskussion zu dieser Thematik durchgeführt werden: Fachleute entfalten in einer Diskussion untereinander das Thema. Die Schüler haben danach die Möglichkeit, mit den Fachleuten zu diskutieren. Ein anderes Beispiel für eine Forumsdiskussion wäre, dass zum Thema Jugendarbeitsschutz ein Vertreter vom Gewerbeaufsichtsamt, der Vertrauenslehrer und der Beratungslehrer der Schule sowie Ausbildungsberater der zuständigen Stelle zusammen diskutieren. Die Schüler haben die Möglichkeit, aus ihren persönlichen Erfahrungen dazu Stellung zu nehmen.

Beim *Streitgespräch* (vgl. Übersicht 38), auch Disputation genannt, geht es um einen „Wortkampf" von Standpunkten. Das Streitgespräch ist ein Pro-Contra-Gespräch. Zwei oder auch mehrere Schüler übernehmen von vornherein einen bestimmten Part. Sie bereiten sich für diesen Part vor, in dem sie ihre Argumente sammeln und mögliche Gegenargumente der anderen Seite zusammen mit ihrer Erwiderung gedanklich vorwegnehmen. Im Streitgespräch sind sie gehalten, ihren Part durchzuhalten. Sie übernehmen damit eine Rolle in einer simulierten Konkurrenzsituation. Eine Verwandtschaft zum Rollenspiel wird deutlich. Für ein Streitgespräch würde sich z. B. das Thema „Duales System der Berufsausbildung" eignen, indem eine Seite der Schüler das Pro und die andere das Contra übernimmt.

Die *Debatte* (vgl. Übersicht 38) ist nun ein stärker geregeltes Streitgespräch. Sie ist aus dem parlamentarischen Bereich bekannt. Die Redezeit der Debattenredner ist begrenzt. Die Abfolge der Redner ist festgelegt. Der Debattenredner vertritt die Auffassung seiner Gruppe bzw. Partei. Er muss sich der Auffassung seiner Gruppe anschließen. Mit anderen Worten: Die Auffassung der Gruppe muss nicht in allen Punkten auch die persönliche Meinung des Debattenredners sein.

Aufgabe der Debatte ist es, die verschiedenen Argumentationen bzw. grundsätzlichen Standpunkte herauszuarbeiten. Am Ende der Debatte steht die Annahme oder Ablehnung eines Antrages.

Die Gesprächsformen wie Kreisgespräch, Diskussion, Streitgespräch, Debatte begünstigen mehr die aufgebenden bzw. schülerzentrierten Unterrichtsmethoden (Übersicht 34). Diese Formen des Gesprächs fördern die tätigarbeitende, aktive Behandlung eines Unterrichtsstoffes durch die Schüler.

Zu den Unterrichtsmethoden und Sozialformen gibt es eine Vielzahl von Lehrbüchern. Hier sei allein auf die Darstellungen von Meyer (2000, Bd. 2: Praxisband), Bonz (1999) oder Peterßen (2001) verwiesen.

In einem modernen beruflichen Unterricht geht es darum, auch selbstorganisierte Lernprozesse zur Anbahnung von Berufskompetenz zu fördern. Dies bedeutet, dass die mehr aufgebenden Methoden (Schülergespräch, Fallmethode, Projektmethode, Leittextmethode, Lernzirkel) zusammen mit den Sozialformen von Partnerarbeit bis zu den verschiedenen Gesprächsformen (vgl. Übersicht 38) neben den traditionellen Methoden und Sozialformen Beachtung finden.

Im Zuge der Überlegungen zur Lernorganisation (vgl. Übersicht 28) sind bisher die Begriffe „Didaktik", „Methodik" und „Sozialformen" umrissen worden. Es schließt sich der Begriff „Artikulation" an.

Artikulation

Artikulation des Unterrichts heißt vom Wort her Gliederung des Unterrichts. Man versteht darunter die Stufung des Unterrichts nach Lernphasen, d. h. nach vorgestellten Ablaufschritten im Lernprozess. Gleichlautende Begriffe für die Unterrichtsartikulation wären Bezeichnungen wie Phasengang des Unterrichts oder Formalstufen des Unterrichts.

Eine Unterrichtsartikulation wäre das Vorgehen nach den folgenden Phasen: Anknüpfung, Erarbeitung, Zusammenfassung, Anwendung. Dies bedeutet: Zu Beginn einer Unterrichtsstunde wird an das in der Stunde zuvor Erlernte angeknüpft. Der neue Lernstoff wird erarbeitet. Es erfolgt eine Zusammenfassung des Erarbeiteten. Daraufhin wird das neu Erlernte, z. B. eine neue Erkenntnis, angewendet.

Eine andere Stufung des Unterrichts wäre z. B.: Motivation, Information, Verarbeitung, Kontrolle. Dies heißt: Am Anfang der Unterrichtsstunde steht ein die Schüler motivierender Unterrichtseinstieg. Es folgt die Phase der Informationsdarbietung. Die neue Information muss verarbeitet werden, indem der Lernende eine eigene Strukturierung der Information und eine Verknüpfung zu bereits Gelerntem vornimmt. Es schließt sich die Phase der Lernkontrolle an.

In der Geschichte der Pädagogik sind eine Vielzahl von Unterrichtsartikulationen, man sagt auch Artikulationsschemata, entstanden. Übersicht 38 gibt einige ausgewählte wieder. In die Lehrerbildung hat seit den sechziger

Jahren des 20. Jahrhunderts besonders das von Heinrich Roth (1963, S. 208 bis 227) entwickelte Schema Eingang gefunden (vgl. Übersicht 39): (1) Stufe der Motivation, (2) Stufe der Schwierigkeit, (3) Stufe der Lösung, (4) Stufe des Tuns und Ausführens, (5) Stufe des Behaltens und Einübens, (6) Stufe des Bereitstellens, der Übertragung und der Integration des Gelernten. Ein neueres Artikulationsschema ist das der Leittextmethode (vgl. Kap. C.5.2.2) oder das des Cognitive Apprenticeship Ansatzes aus der konstruktivistischen Lernauffassung (vgl. Straka, Macke 2002).

Dörpfeld	1. Anschauen 2. Denken 3. Anwenden
Rein	1. Vorbereitung 2. Darbietung 3. Verknüpfung 4. Zusammenfassung 5. Anwendung
Goettler	1. Vorbereitung 2. Darbietung 3. Erklärung 4. Anwendung
Roth	1. Motivation 2. Schwierigkeit 3. Lösungsvermutung 4. Tun und Ausführen 5. Behalten und Einüben 6. Bereitstellen, Übertragen und Integrieren des Gelernten
Leittextmethode	1. Information 2. Planung 3. Entscheidung 4. Ausführung 5. Kontrolle 6. Bewertung
Cognitive Apprenticeship Ansatz	1. Modelling (Modellhaftes Vorführen) 2. Coaching (Anleiten) 3. Scaffolding, Fading (Strukturiertes Unterstützen, allmähliche Rücknahme) 4. Articulation (Artikulation) 5. Reflection (Reflektion) 6. Exploration (Erkundung)

Übersicht 39: Ausgewählte Artikulationsschemata nach Dolch (1963, S. 97), Meyer (1999), Straka, Macke (2002)

Ein Artikulationsschema von Unterricht darf nur mit gebotener Vorsicht eingesetzt werden. Es gibt verschiedene Einwände, von denen nur einige genannt seien: (1) Ein einheitliches Schema für jede Unterrichtsstunde bzw. Unterrichtseinheit liegt nicht vor. (2) Ein Schema kann sich in einer Unterrichtsstunde bzw. Unterrichtseinheit wiederholen. (3) Es gibt ganze Unterrichtsstunden im schulischen Unterricht, die allein in einer Phase anzusiedeln sind. So kann z. B. über mehrere Stunden hinweg allein eine Übung erfolgen. (4) Artikulationsschemata können dazu führen, dass ein Lernen im Unterricht zu starr entlang des jeweiligen Schemata erfolgt.

Ein Artikulationsschema kann für unterrichtliches Planen immer nur Leitgedanke sein. Angepasst auf die besondere Unterrichtssituation und Unterrichtsthematik wird ein Lehrer immer selbst die Artikulation seiner Unterrichtsstunden vornehmen, ohne dass er sich in eine vorgegebene hineinzwängen lässt (siehe zur Unterrichtsartikulation näher Meyer (1999), Glöckel (2003).

Im Zuge der Lernorganisation (vgl. Übersicht 28) soll im Folgenden nach einer Zusammenfassung auf die weiterhin noch zu berücksichtigende Größe „Medien" eingegangen werden.

Zur Lernorganisation zählen noch Entscheidungen zu Medien. Hierauf wird im Folgenden nach einer Zusammenfassung eingegangen.

Zusammenfassung

Sozialformen des Unterrichts sind Organisationsformen, die sich durch unterschiedliche Möglichkeiten der Lehrer-Schüler-Interaktion definieren. Zu den Sozialformen rechnen der Frontalunterricht, die Einzelarbeit, die Partnerarbeit, die Gruppenarbeit mit spezifischen Ausformungen, die Spielformen wie Planspiel und Rollenspiel sowie die Gesprächsformen wie Kreisgespräch, Diskussion, Streitgespräch und Debatte.

Unter Artikulation des Unterrichts versteht man die Stufung des Unterrichts nach Lernphasen, d. h. nach vorgestellten Ablaufschritten im Lernprozess. Gegen ein Artikulationsschema von Unterricht lassen sich verschiedene Einwände erheben. Ein Artikulationsschema kann für unterrichtliches Planen immer nur offener Leitgedanke sein.

Wichtige Begriffe und Konzepte

Sozialformen des Unterrichts:
- Frontalunterricht
- Einzelarbeit
- Partnerarbeit
- Gruppenarbeit
- Spiel: Planspiel, Rollenspiel (Übungs-, Motivationsrollenspiel)
- Gespräch: Kreisgespräch, Diskussion (Informations-, Entwicklungs-, Forums-, Podiumsdiskussion), Streitgespräch, Debatte

Artikulation des Unterrichts

Einwände gegen ein Artikulationsschema

Beispiele für Artikulationsschemata (Übersicht 38)

Studienliteratur (Auswahlliteratur)

Bonz, B.: Methoden der Berufsbildung: Ein Lehrbuch, Stuttgart: Hirzel 1999
    Kap. 2: Systematik der Methodik
    Kap. 3: Traditionelle Unterrichtsformen
Gehlert, B., Pohlmann, H.: Praxis der Unterrichtsvorbereitung, 2. Aufl., Köln: Stam Verlag 2001
Meyer, H.: Unterrichtsmethoden, Band 1: Theorieband, 7. Nachdruck, Frankfurt a. M.: Scriptor 1999
    3. Lektion: Ebenen methodischen Handelns
    4. Lektion: Stufen- und Phasenschemata des Unterrichts
Meyer, H.: Unterrichtsmethoden, Bd. 2: Praxisband, 11. Aufl., Frankfurt a. M.: Scriptor 2000
    10. Lektion: Frontalunterricht
    11. Lektion: Gruppenunterricht
    12. Lektion: Handlungsmuster des Unterrichts
    13. Lektion: Spielen im Unterricht
Terhart, E.: Lehr-Lern-Methoden: Eine Einführung in Probleme der methodischen Organisation von Lehren und Lernen, 3. erg. Aufl., Weinheim und München: Juventa 2000
    Kap. 3.3: Die Praxis des Methodengebrauchs von Lehrern: Realitäten

C.5.2.4 Medien

Im Folgenden wird zuerst traditionell das Thema Medien im Unterricht betrachtet. Es schließen sich dann Ausführungen zu den modernen Ausprägungen von Medien an: Multimedia, Telekommunikatives Lernen (e-Learning: electronic-Learning).

Einteilung von Medien

Medien sind Vermittlungshilfen oder Mittler im Lernprozess. Sie sollen das Lernen erleichtern und intensivieren sowie die Lernmotivation verstärken. Der Funktion im Vermittlungsprozess nach sind Demonstrationsmittel, Arbeitsmittel und Motivationsmittel zu unterscheiden (Übersicht 40).

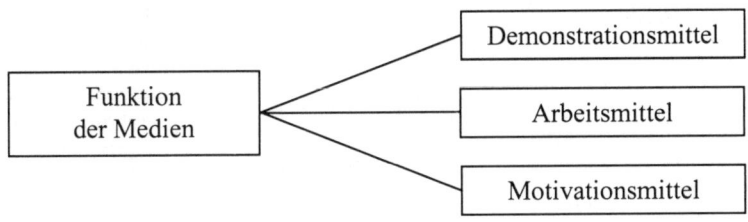

Übersicht 40: Einteilung von Medien nach ihrer Funktion im Vermittlungsprozess

Medium als Demonstrationsmittel heißt, dass mit dem Medium die Anschauung herbeigeführt werden soll. Beispielsweise werden Arbeitswerkzeuge und Arbeitsgegenstände aus dem beruflichen Alltag im Berufsschulunterricht gezeigt. Berufliche Schulen verfügen über Geräte und Maschinen, an denen theoretisch erklärte Wirkprinzipien verdeutlicht werden können.

Medien als Arbeitsmittel sind wesentliche Träger des Lernens. Dazu zählen z. B. die gedruckten Medien im Unterricht wie Lernprogramm, Arbeitsbuch, Lehrbuch, Aufgabenbuch, Sachbuch und Nachschlagewerk. Zu nennen sind hier ferner die apparativen Arbeitsmittel wie das Versuchsgerät im experimentellen Unterricht (Stativ, Kraftmesser usw.). Einfache Arbeitsmittel stellen z. B. das Arbeitsblatt, die Tafel, die Flipchart, die Moderatorentafel (Pinwand) und der Overheadprojektor dar.

Ein Medium kann auch Motivationsmittel sein, indem ein Interesse am Lerngegenstand erreicht werden soll. In der Regel ergibt sich hier eine Überschneidung mit einer der vorher genannten Funktionen. Z. B. kann zum Unterrichtseinstieg über das Thema „Gefahren im Straßenverkehr" ein entsprechendes Video gezeigt werden, um eine Betroffenheit für das Thema zu erreichen (Film als Motivationsmittel). Zugleich wird der Film auch ein Arbeitsmittel sein, indem erste Informationen zur Thematik gegeben werden.

Medien lassen sich neben ihrer Funktion im Vermittlungsprozess auch danach einteilen, welchen Sinn sie ansprechen (Übersicht 41). So gibt es visuelle Medien, z. B. Standbilder, Landkarten. Ein auditives Medium ist das Hörspiel oder die Geräuschprobe eines Motors mit einem bestimmten Defekt. Ein audio-visuelles Medium ist der Fernsehfilm, die Videoaufnahme oder eine Lernsoftware (siehe unten).

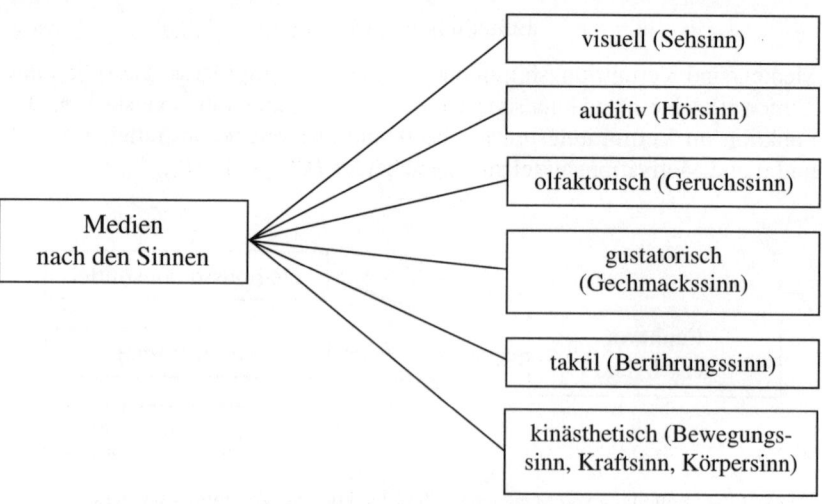

Übersicht 41: Einteilung der Medien nach Ansprache der Sinne

Olfaktorische Medien können Geruchsproben von Essenzen sein, die in den Unterricht gebracht werden. Gustatorische Medien können Geschmacksproben von Lebensmitteln darstellen, die in einem nahrungsgewerblichen Unterricht verwendet werden. Taktile Medien sind z. B. Stoffproben, die etwa in Auszubildendenklassen des Berufsfeldes Textiltechnik und Bekleidung verwendet werden können. Kinästhetische Medien sind, abgesehen von z. B. Sportgeräten, bewegungsführende Hilfen, wie sie beim Erlernen von Fertigkeiten in der Berufsausbildung eingesetzt werden können. In Zeiten der Psychotechnik im ersten Drittel des 20. Jahrhunderts wurde davon besonders Gebrauch gemacht. Eine Feilwiege ist z. B. ein Apparat, der einem Lernenden über einen Zeiger anzeigt, inwieweit eine Feile im Vorhub gerade über das Werkstück geführt wird.

Objektivierung von Lehrfunktionen

Ein Medium objektiviert nun Lehrfunktionen (vgl. Schelten 1978). Wird z. B. ein Lehrbuch in einem Unterricht eingesetzt, können damit bestimmte Lehrfunktionen von einer unmittelbar lehrenden Person abgelöst werden. Lerninhalte, Lernimpulse und Lernkontrollmöglichkeiten lassen sich auf einen ob-

jekthaften Mittler (Medium) im Lehrprozess speichern, also „objektivieren".
Man kann von der Lehrobjektivierung sprechen. Das Lehrbuch z. B. „objektiviert" Lehrfunktionen. Hier ist außer dem Speichern von Lehrfunktionen noch
ein zweiter Aspekt gemeint, der auf die Bedeutung des Wortes Objektivie-
rung im Sinne von „objektiv" abstellt. Wenn Lerninhalte überregional vorpla-
nend erarbeitet und „objektiviert" werden, dann setzt das eine Ablösung von
allzu persönlich bedingten Situationen und Schulmeinungen voraus. Die Lern-
zielfestlegung, die Inhaltsauswahl und die Vermittlungsstruktur sind entsub-
jektiviert.

Lehrobjektivierung bedeutet also
– die speichernde und
– die entsubjektivierte Übertragung von Lerninhalten, Lernimpulsen, Lernsteuerungen und Lernkontrollmöglichkeiten auf ein gegenständliches Medium mit dem Ziel der Ablösung bestimmter Lehrfunktionen von einer unmittelbar lehrenden Person.

An verschiedenen gedruckten Medien im Unterricht soll im Folgenden der
Begriff der Lehrobjektivierung verdeutlicht werden. Herangezogen werden
Lernprogramm, Arbeitsbuch, Lehrbuch, Aufgabenbuch, Sachbuch/Nachschla-
gewerk.

Lernprogramm

Das Lernprogramm in Buchform ist veraltet. Es wird dennoch dargestellt, da
bei Lernsoftware (siehe unten) die Idee eines programmierten Lernens in ab-
gewandelter Form wieder auflebt.

Das Lernprogramm verwirklicht in einem hohen Maße eine Ablösung des
Lehrers. Der Begriff Lernprogramm bedarf einer Erläuterung: Bei einem Lernprogramm wird der Lerninhalt in Schritte unterteilt. Jeder Lernschritt besteht
aus vier Stufen. Dem Lernenden wird innerhalb eines Lernschrittes zuerst eine
Information dargeboten, welche einen Sachverhalt aus dem zu vermittelnden
Lehrstoff enthält. Im darauffolgenden operativen Teil wird er aufgefordert,
die angebotene Information zu verarbeiten, z. B. auf eine Frage eine Antwort
zu geben oder eine Aufgabe zu lösen. In der Lösungsstufe wird die Möglichkeit der Fixierung der in der operativen Stufe geforderten Lösung eingeräumt.
Die letzte Stufe schafft die Kontrolle mit der selbst angegebenen Lösung. Dies
ist in einem Buchprogramm in der Regel im Lernschritt auf der folgenden
Seite vorgesehen. Verzweigte Lernprogramme geben dem Lernenden die
Möglichkeit, Lernstrecken zu überspringen. Davon macht der Lernende Gebrauch, wenn er feststellt, dass bestimmte Vorkenntnisse vorhanden sind. Auf
der anderen Seite kann dem Lernenden auch vorgeschrieben werden, Lernstrecken zu wiederholen, wenn bei der Bearbeitung einzelner Lernschritte Lern-
lücken aufgetreten sind.

Das Lernprogramm objektiviert nun Lehrfunktionen, u. a.: (1) Auswahl und Darbietung eines Lerninhaltes, (2) systematische Aufbereitung des Lerninhaltes bei Anordnung in kleinen Schritten, (3) Selbstkontrollmöglichkeit des Lernfortschrittes, (4) bei verzweigten Programmen die Lernsteuerung.

Das Lernprogramm löst die Lehrperson keinesfalls vollständig ab. Zu einem programmierten Unterricht gehört neben der programmgesteuerten Individualphase mittels Lernprogramm auch die Sozialphase, in welcher der Lernende durch Klassen- oder Gruppengespräch Bestätigung und Bewährung des Erlernten in der Gemeinschaft erfährt.

Arbeitsbuch

Das Arbeitsbuch ist auf den Arbeits- und Lernprozess des Lernenden hin konzipiert. Es soll Eigentätigkeit und Selbstbildung ermöglichen. Ein Arbeitsbuch stellt ein weniger konsequent durchgeführtes Lernprogramm dar. Das Arbeitsbuch nimmt ähnliche Lehrfunktionen wie das Lernprogramm wahr.

Lehrbuch

Das Lehrbuch ist die bekannteste und einfachste Form der Lehrobjektivierung. Beim Lehrbuch wie beim Lernprogramm und beim Arbeitsbuch brauchen Inhalte nicht mehr durch ad hoc unterrichtende Lehrer vermittelt werden, sondern sind in einem objekthaften Medium (dem Buch) gespeichert und jederzeit abrufbereit.

Ein Lehrbuch ist die in Buchform gebrachte schriftliche Darstellung des Wissens eines Fachgebietes in
– systematischer,
– geschlossener Form und
– im Hinblick auf Lernende.

Es gibt Lehrbücher, die mehr an den Erfordernissen der Sache, und Lehrbücher, die mehr an den Möglichkeiten der Lernenden orientiert sind. Die mehr an der Sache orientierten Lehrbücher sind immer noch Lehrbücher, solange das didaktisch-methodische Grundmotiv (Hinblick auf Lernende) erhalten bleibt. Bei den Lehrbüchern, die mehr an den Möglichkeiten der Lernenden orientiert sind, ist der Übergang zum Schulbuch fließend. So kann unter einem Schulbuch ein für schulische Zwecke adaptiertes und von Schülern zu benutzendes Lehrbuch verstanden werden. Auf das Schulbuch soll hier nicht weiter eingegangen werden. Schulbücher in höheren und beruflichen Schulen werden zu Lehrbüchern oder Fachbüchern.

Von den Forderungen an ein Lehrbuch sind zu nennen:
• Wissenschaftliche Zuverlässigkeit,
• Vollständigkeit bei gleichzeitiger Beschränkung des Stoffes auf das Wesentliche,
• Einprägsame und übersichtliche Gliederung,

- Methodischer Aufbau und didaktische Klarheit sowie
- Einbau von Lernkontrollen

Sachbuch, Nachschlagewerk

Das Sachbuch oder Nachschlagewerk mag die Kriterien eines Lehrbuches hinsichtlich systematischer und geschlossener Form aufweisen; es ist jedoch nicht auf Lernende hin konzipiert. Das didaktische und methodische Grundmotiv fehlt. Eine Ablösung der Lehrperson leistet das Sachbuch oder Nachschlagewerk nur insoweit, als dass es didaktisch und methodisch nicht aufbereitetes Informationsmittel für das Unterrichtsgeschehen darstellt.

Medien nach dem Grad der Wirklichkeitserfahrung

Auch heute noch hat der Erfahrungskegel von Dale (1969) Bedeutung (Übersicht 42). Medien bzw. methodische Vorgehensweisen sind hier qualitativ aufgrund von Untersuchungen nach der abnehmenden Wirklichkeitserfahrung geordnet. An der Spitze des Kegels stehen Medien, welche die geringste Wirklichkeitserfahrung gestatten. Am Fuße des Kegels sind jene Maßnahmen angeführt, welche die größte Wirklichkeitserfahrung leisten. Die Reihenfolge mag in einzelnen Feinabstufungen nicht immer ganz überzeugen. Ist das Unterrichts- und Schulfernsehen, in Bezug auf die Wirklichkeitserfahrung, lernwirksamer als der Film? Oder vermittelt nicht doch der Film eine größere Wirklichkeitserfahrung als das Unterrichts- und Schulfernsehen? – Über das Ganze gesehen gilt jedoch: Verbale und visuelle Symbole haben als symbolische Erfahrungen die geringere Wirklichkeitserfahrung. Größere Wirkung haben die ikonischen, d. h. bildhaften Erfahrungen von Tonaufnahmen, Standbilder (auch Karten), Filme, Fernsehen und Ausstellungen bis hin zu den Exkursionen. Die größte Wirklichkeitserfahrung zeigen die direkten Erfahrungen von Experimenten / Demonstrationen und Simulation / Rollenspiel / Schauspiel bis hin zur unmittelbaren, direkten zielgerichteten Erfahrung.

Betrachtet man den Erfahrungskegel von Dale wird deutlich, dass damit der herkömmliche Unterricht auf den Kopf gestellt ist. Dieser Unterricht verwendet ständig symbolische Erfahrungen, setzt gelegentlich ikonische ein und arbeitet selten mit direkten Erfahrungen. Für einen auf Wirklichkeitserfahrung setzenden Lernprozess müsste aber gelten: Es müssen eine Vielzahl direkter Erfahrungen gemacht werden, bevor ikonische (bildhafte) und symbolische Erfahrungen gefordert werden.

Reformpädagogische Bestrebungen setzen immer daran an, den herkömmlichen Unterricht wieder vom Kopf auf die Füße zu stellen, um bei dem o. g. Bild zu bleiben. Dies bedeutet, verstärkt die direkten Erfahrungen in den Unterricht mit einzubeziehen. Mit anderen Worten, Experimente, Demonstrationen, Simulation, dramatisierte Erfahrungen und vor allem unmittelbare, direkte zielgerichtete Erfahrungen zuzulassen. Ebenso versuchen die aufgebenden oder schülerzentrierten Unterrichtsmethoden (vgl. Übersicht 34), die direkten Erfahrungen in den Unterricht einzubeziehen, indem man sich etwa der Fallmethode oder der Projektmethode bedient. Lehrerzentrierter Unterricht dagegen sollte bestrebt sein, die symbolische Erfahrung, zumindest punktuell, mit starker bildhafter Erfahrung zu unterbrechen.

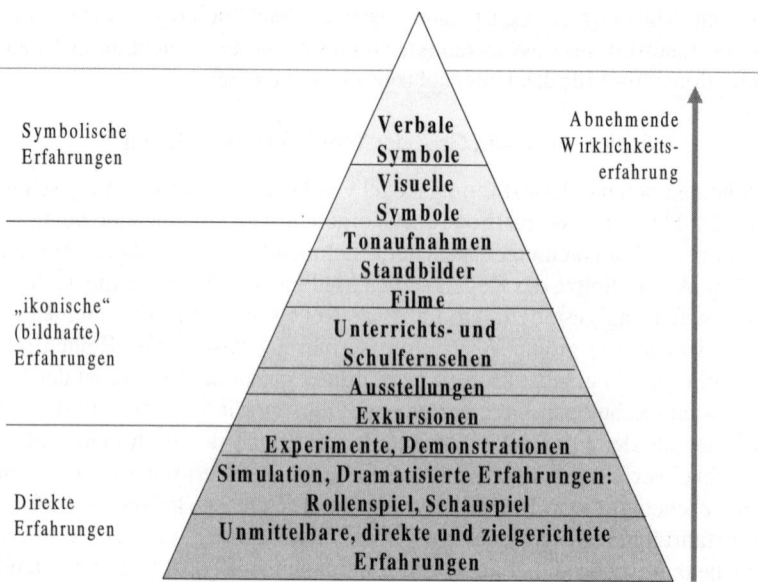

Übersicht 42: Einteilung der Medien nach dem Grad der Wirklichkeitserfahrung: Erfahrungskegel von Dale nach Kunert (1977, S. 88), Faber (1987, S. 21).

Multimedia

Bei Multimedia (Übersicht 43) kann ein Personalcomputer eine steuernde Zentralstelle übernehmen: Text, Ton, Stand- und Bewegtbild, virtuelle Realitäten, Simulationen, dynamische Visualisierungen, Animationen, Einbindung in ein Datennetz (z. B. in das Internet) lassen sich in einer Medienstation in Form des Personalcomputers verbinden. Mit dieser (1) Präsentationskomponente verbindet sich der Begriff Multimedia meist zuerst. Durch die Darstellung von Informationen in unterschiedlichsten Symbolformen kann auch die Anschaulichkeit eines Lerninhaltes gefördert werden.

Multimedia wird durch eine (2) Ablaufsteuerungskomponente gekennzeichnet. Der Lernende bestimmt selbst seine Bearbeitung im Umgang mit einem Multimediapaket. Dies kann sich auf das Lernziel, das Lerntempo, den Lernweg, den Schwierigkeitsgrad oder die Lernkontrolle beziehen.

Multimedia wird ferner durch eine (3) Interaktionskomponente bestimmt. Der Lernende kann in bestimmten vorgegebenen Grenzen mit dem Lernmedium in Austausch treten. Der Lernende kann z. B. Fragen stellen und erhält über die Software Antworten. Rückmeldungen zu vorgenommenen Eingaben werden angeboten. In Simulationen lassen sich die Auswirkungen von Entscheidungen überprüfen. Interaktionen sind dabei nur soweit möglich, wie diese von den Programmautoren des Multimediapaketes vorgesehen und damit vorweggenommen sind.

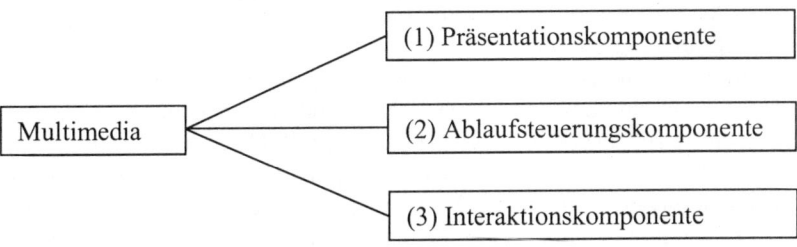

Übersicht 43: Komponenten von Multimedia

Formen multimedialer Software (Übersicht 44) für den Unterricht sind Tutorials, Hypermedia, Übungsprogramme, Simulationen. Darüber hinaus ist eine Informationssoftware zu nennen. Eine Sonderstellung, für die berufliche Bildung allerdings von geringerer Bedeutung, dürfte das Edutainment einnehmen.

Tutorials präsentieren neue Informationen, stellen dazu Aufgaben, überprüfen die entsprechenden Antworten und korrigieren bzw. kommentieren diese. Beispiele hierfür sind das COM3LAB (Leybold) oder das Fluid STUDIO (Festo).

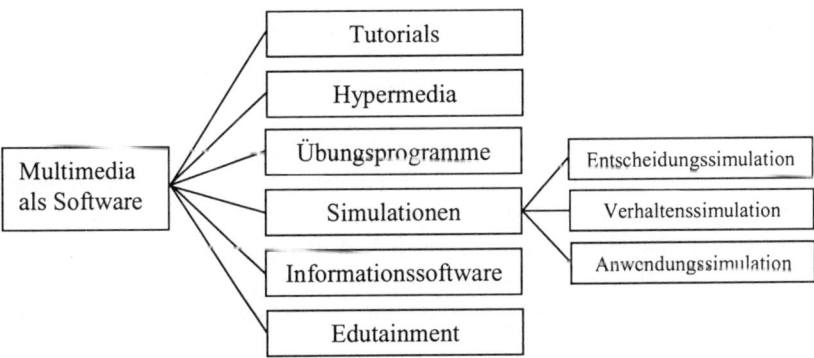

Übersicht 44: Formen multimedialer Software

Bei Hypermedia wird eine vernetzte Textstruktur mit (dynamischen) Medien verknüpft. Hypermediaprogramme können Nachschlagewerke, bzw. Beratungsinstrumente sein. Anwendungen können z. B. bei Enzyklopädien oder Wörterbüchern (vertont mit der richtigen Aussprache eines Wortes und visueller Darstellung) liegen.

Übungsprogramme, auch „Drill-and-Practice" genannt, ermöglichen ein Festigen und Überprüfen von Wissen. Der Lernende wählt Aufgaben aus und bearbeitet diese. Das Programm analysiert die Lösungen und gibt dem Lernenden eine Rückmeldung. Zu nennen wären hier beispielsweise sogenannte Vokabeltrainer wie aber auch ein Programm zur Vorbereitung auf die theoretische Führerscheinprüfung.

Simulationen lassen sich nach drei Arten unterscheiden (Euler 1992). Entscheidungssimulationen lassen sich besonders dort einsetzen, wo reale Experimente zu teuer oder zu gefährlich sind (z. B. Flugsimulator), Vorgänge zu langsam oder zu schnell ablaufen (Ökolopoly, Unternehmensplanspiele in Computersimulation), oder wo Dimensionen zu groß oder zu klein sind. Bei den Verhaltenssimulationen werden realitätsnahe Problemsituationen im sozialkommunikativen Bereich multimedial, besonders mit Videoeinspielungen, nachgestellt. Problematisch können hier die geringen Handlungsalternativen sein, die solche Programme (z. B. im Bewerbertraining) bieten. Die Anwendungssimulation verfolgt das Ziel, die Bedienung technologischer Systeme nachzustellen und einzuüben. Eingaben erfolgen unter „Echtbedingungen". Jedoch lassen sich in der Simulation Unterbrechungen vornehmen oder die Zerstörung des Systems verhindern, indem Fehlbedienungen durch den Lernenden korrigiert werden können. Ein Beispiel wäre hier die CNC-Simulation bei rechnergeführten Werkzeugmaschinen.

Die Informationssoftware ist nicht als Lernmedium konzipiert. Sie kann aber im Unterricht als Werkzeug von den Lernenden verwendet werden. Beispiele hierzu wären Datenbanken, Nachschlagewerke, Normblätter auf CD.

Beim Edutainment, der Wortverbindung aus education und entertainment, werden Lerninhalte in Form eines Spiels mit aufwendiger graphischer Aufmachung vermittelt. Edutainment Software besitzt besonders Unterhaltungswert und kann die Motivation sehr fördern. Angesprochen dürften hier eher Kinder oder Jugendliche sein und weniger Erwachsene in der beruflichen Bildung.

Für einen multimedialen Unterricht ist entscheidend, von welchem Konzept von Unterricht ausgegangen wird. Für einen konstruktivistischen bzw. handlungsorientierten Unterricht ergeben sich folgende Anforderungen an Multimedia: Die eingesetzte multimediale Software muss eine lernerorientierte Lernumgebung schaffen, aktives, problembezogenes und kreatives Lernen ermöglichen, offene Lernangebote vermitteln und zu einem selbst gesteuerten Lernen hinführen.

Aus dem programmierten Lernen, das in den 60er Jahren zumeist in Buchform aufkam, ist bekannt und dies gilt auch für das multimediale Lernen: Zum multimedialen Lernen gehört eine
– Individualphase und eine
– Sozialphase.
Zur Individualphase zählt das interaktive Lernen mit Multimedia.

Zur Sozialphase, die auf die Individualphase folgt, gehört die Aussprache über das Gelernte mit dem Lehrer allein bzw. in der Gruppe der Mitlernenden. In der Sozialphase wird der Lernende direkt unterrichtet. Hier werden ihm in schneller Abfolge Antworten auf Fragen gegeben. Der Lehrer geht auf inhaltliche Unklarheiten ein. Er berät mit einzelnen Lernenden den weiteren Verlauf ihrer Lernarbeit. Er verspricht eine Unterstützung an bestimmten Punkten in der sich anschließenden nächsten Individualphase. In der Sozialphase erfährt der Lernende eine persönliche Bestätigung: Erfolge werden durch den Lehrer bekräftigt. Bei Misserfolgen wird er durch ihn ermutigt. Mit den Gruppenmitgliedern werden Lernerfahrungen ausgetauscht. Solidarität wie auch Wettbewerb sind bestimmende Momente des Gruppenerlebens beim Lernen. Nicht zuletzt lassen sich auch Lernfrustrationen aus der Individualphase an der Person des Lehrers ableiten. Mit anderen Worten, die Betonung liegt auf den von einem Pädagogen gestalteten Unterricht, der multimedial unterstützt, aber nicht multimedial ersetzt, durchgeführt werden kann.

Telekommunikatives Lernen: e-Learning

Mit telekommunikativem Lernen wird eine Lernform bezeichnet, bei welcher der Informationsfluss und / oder die Kommunikation mit Hilfe telekommunikativer Techniken (z. B. E-Mail, Internet, Videokonferenz, Chat) erfolgt. Mit Hilfe dieser Techniken kann eine räumliche und / oder zeitliche Distanz zwischen dem Lehrenden und den Lernenden überbrückt werden. Übersicht 45 zeigt mögliche Formen eines telekommunikativen Lernens. Dabei handelt es sich um eine idealtypische Einteilung. In der Praxis treten häufig Überschneidungen mit anderen Formen auf. Der kommunikative Anteil nimmt bei den angeführten Formen zu, d. h. bei einem Teleangebot bzw. einer Teleinformation findet keine Kommunikation zwischen einem Tutor und den Lernenden bzw. unter den Lernenden statt. Teleteaching hingegen ist durch eine umfangreiche Kommunikation gekennzeichnet. Eine Sonderform eines telekommunikativen Lernens stellt das Teleressourcing dar (siehe näher unten).

Für ein telekommunikatives Lernen lässt sich auch der Begriff des e-Learning (electronic-Learning) verwenden. In einer weiter gefassten Definition steht der Begriff e-Learning für alle Formen eines durch einen Computer unterstützten Lernens mit entsprechenden Programmen, d. h. Multimedia und dem Datenaustausch über entsprechende Datennetze.

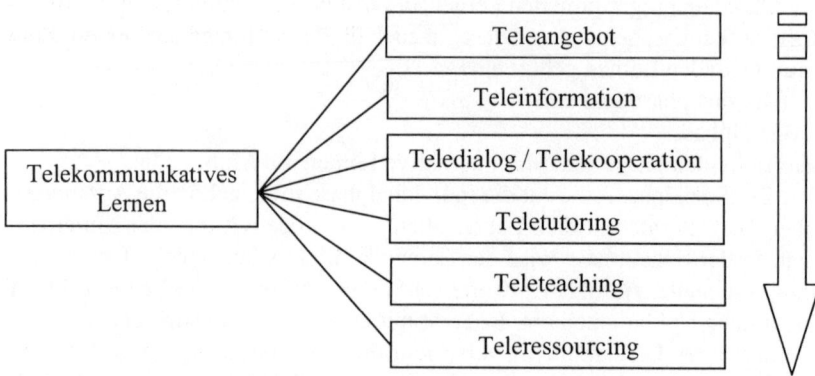

Übersicht 45: Formen telekommunikativen Lernens; der Pfeil symbolisiert den zunehmenden Kommunikationsanteil (idealtypisch, nach Euler 1998, erweitert)

Bei Teleangeboten (Übersicht 45) werden Informationen, sei es durch Lehrende oder Lernende, für einen größeren Kreis von Interessenten im Internet oder beispielsweise in einem schulinternen Intranet bereit gestellt. Dies können beispielsweise die Gestaltung einer Homepage, das Vorstellen eines Projektes, die Freigabe von Arbeitsunterlagen oder Linksammlungen mit Informationen sein. Die Inhalte werden für mögliches Lernen angeboten, ohne dass hier ein Lernen von einer Person vorgenommen werden muss. Das Erstellen eines Teleangebotes kann mehrere Gründe haben. So kann neben einer Zusammenfassung von Informationen die Präsentationsfähigkeit und Medienkompetenz der Lernenden Ziel sein. Für das Erstellen entsprechender Angebote ist jedoch ein hoher Zeitaufwand zu berücksichtigen. Voraussetzung ist zudem ein großes technisches Know-how bei Lehrenden und Lernenden.

Von einem aktiveren telekommunikativen Lernen kann schon deutlicher gesprochen werden, wenn Schüler die Informationen, die sie für den Unterricht benötigen, eigenständig im Internet recherchieren. Da das Word Wide Web in diesem Falle weitestgehend als Informationsmedium und nicht als Kommunikationsmedium dient, kann man diese Form treffend als Teleinformation bezeichnen. Gründe für eine Informationsbeschaffung über das Internet liegen in der aktiven Rolle des Schülers und in der Aktualität der Informationen. Zudem wird der Umgang mit dem Internet geübt. Nachteile, die hierfür angeführt werden können, liegen wiederum in dem hohen zeitlichen und technischen Aufwand sowie in einer ungefilterten Darbietung einer Fülle von Informationen, die meist nicht immer unbedingt pädagogisch wertvoll sind, sondern zur Verwendung, beispielsweise im Unterricht, entsprechend für die Schüler aufbereitet werden müssen (z.B. gerade für einen Sozialkundeunterricht an beruflichen Schulen).

Bei Teledialog / Telekooperation nutzen zwei oder mehrere Schüler bzw. auch zwei oder mehrere Schülergruppen die Telekommunikationsnetze. Sie tauschen sich dabei über gemeinsame Themen aus (z. B. Dialog mit Firmen) oder arbeiten gemeinsam an einem Vorhaben (Kooperation, z. B. Projekte mit Partnerschulen). Die Kommunikation findet in der Regel asynchron statt, d. h. eine zeitliche Verzögerung zwischen Anfrage und Antwort tritt auf. Zudem muss mit Kommunikationsbarrieren gerechnet werden.

Teletutoring stellt eine Weiterentwicklung des klassischen Fernunterrichts dar. Die Lernenden arbeiten selbständig mit bereitgestellten Materialien und Übungsaufgaben. Bei Bedarf greifen sie auf die Hilfe eines personalen Tutors via Telekommunikation zurück. Alternativ zum Tutor können auch andere Lernende befragt werden. Das Lernen geschieht in der Regel selbstgesteuert und findet unabhängig von Ort und Zeit statt. Mögliche Nachteile eines Teletutorings sind ein hoher Aufwand für die Erstellung und Betreuung entsprechender Angebote, die Zeitverzögerung und ein geringer persönlicher Bezug zu einem Tutor oder weiterer Lernenden. Deshalb wird ein Teletutoring häufig durch Präsenzphasen flankiert und ergänzt.

Beim Teleteaching wird der Unterricht über telekommunikative Techniken durchgeführt. Im Gegensatz zu den bisher angeführten Formen wird das Vorgehen vorrangig durch eine Lehrkraft gesteuert. Diese ist jedoch nicht physisch anwesend. Sie kommuniziert über Telekommunikationsnetze vorwiegend synchron mit den Lernenden, d. h. Rückfragen der Lernenden sind möglich. Der technische Aufwand für eine gute Übertragungsqualität ist jedoch enorm hoch.

Unter Teleressourcing ist zu verstehen, dass die für ein telekommunikatives Lernen benötigten technischen Komponenten auch anderen Nutzern zur Verfügung gestellt werden können. Beispiele finden sich vorwiegend in technischen Bereichen (Fernsteuerung von Robotern über das Internet, Ferndiagnosesysteme, CPU-Time-Sharing, Verteilung und Nutzung von Rechenzeitkontingenten an Großrechenanlagen, Webcams, Bibliothek-Recherchesysteme etc.). Der verstärkte Einsatz dieser Anwendungsform ist vor allem in Bereichen denkbar und wünschenswert, in denen die materielle Ausstattung mehrerer Bildungsinstitutionen zu kostspielig oder nicht realisierbar ist. In solchen Fällen wird bisher auf Simulationen zurückgegriffen, die aber unter Umständen nur einen eingeschränkten Realitätsbezug haben. Dieser Mangel kann durch real existierende, aber entfernte Schulungsobjekte ausgeglichen werden. Die Realisierung solcher Projekte birgt die Möglichkeit, nicht nur lokales Wissen sondern auch materielle Ausstattung über die Grenzen von Bildungsinstitutionen hinweg verfügbar zu machen.

Für das telekommunikative Lernen gelten gleiche didaktische Überlegungen, wie sie für Multimedia angeführt werden. (1) Telekommunikativer Unterricht kann, wie ein Multimedia-Unterricht, nur als Ergänzung, nicht jedoch als Ersatz eines ‚herkömmlichen‘ Unterrichts eingesetzt werden. (2) Auch bei einem telekommunikativen Unterricht ist entscheidend, von welchem Konzept von Unterricht (z. B. konstruktivistisch bzw. handlungsorientiert oder herkömmlich instruktionsorientiert) ausgegangen wird. (3) Beim telekommunikativen Lernen muss jedoch viel stärker noch als beim multimedialen Lernen die Sozialphase des Lernens betont werden. Dies bedarf neben telekommunikativen Elementen besonders eines Präsenzunterrichts. (4) Präsenzphasen sind auch für das Prüfungswesen erforderlich, da virtuelle Tests bezüglich der Testpersonen nicht kontrolliert werden können.

Zu Multimedia und Telekommunikation im beruflichen Unterricht sind am Lehrstuhl für Pädagogik der Technischen Universität München umfangreiche empirische und theoretische Untersuchungen im technisch-gewerblichen Unterricht durchgeführt worden. Auf diese Wirkungsuntersuchungen wird an dieser Stelle nicht weiter eingegangen. Verwiesen sei lediglich auf die Quellen: Euler, Schelten, Zöller (2001), Tenberg (2001), Vögele (2003), Adler (2003).

Mit diesen Ausführungen zum Medienbegriff soll nach einer Zusammenfassung thematisch der Komplex Lernorganisation (vgl. Übersicht 28, Kap. C.5.2) abgeschlossen werden.Es schließen sich im nächsten Kapitel Erörterungen zur Lernkontrolle an.

Zusammenfassung

Medien sind Vermittlungshilfen (Mittler) im Lernprozess. Sie sollen das Lernen erleichtern und intensivieren sowie die Lernmotivation verstärken. Der Funktion im Vermittlungsprozess nach sind Demonstrationsmittel, Arbeitsmittel und Motivationsmittel zu unterscheiden.

Medien lassen sich neben ihrer Funktion im Vermittlungsprozess auch danach einteilen, welchen Sinn sie ansprechen. So gibt es visuelle, auditive, olfaktorische, gustatorische, taktile und kinästhetische Medien.

Ein Medium objektiviert Lehrfunktionen. Lehrobjektivierung bedeutet die speichernde und entsubjektivierte Übertragung von Lerninhalten, Lernimpulsen, Lernsteuerungen und Lernkontrollmöglichkeiten auf ein gegenständliches Medium mit dem Ziel der Ablösung bestimmter Lehrfunktionen von einer unmittelbar lehrenden Person.

Dem Erfahrungskegel von Dale nach lassen sich Medien nach dem Grad der Wirklichkeitserfahrung ordnen. Direkte Erfahrungen vermitteln die größte Wirkung, danach folgen bildhafte und symbolische Erfahrungen.

Multimedia kennzeichnet sich über eine Präsentations-, Ablaufsteuerungs- und Interaktionskomponente. Formen multimedialer Software bilden Tutorials, Hypermedia, Übungsprogramme, Simulation, Informationssoftware und Edutainment. Zu multimedialem wie auch telekommunikativem Lernen gehören eine Individual- und eine Sozialphase.

Formen telekommunikativen Lernens sind Teleangebot, Teleinformation, Teledialog / Telekooperation, Teletutoring, Teleteaching und Teleressourcing. Neben den telekommunikativen Elementen bedarf ein solches Lernen besonders auch des Präsenzunterrichts.

Wichtige Begriffe und Konzepte

Demonstrationsmittel

Arbeitsmittel

Motivationsmittel

Visuelle, auditive, olfaktorische, gustatorische, taktile, kinästhetische Medien

Lehrobjektivierung

Gedruckte Medien: Lernprogramm, Arbeitsbuch, Lehrbuch, Sachbuch, Nachschlagewerk

Erfahrungskegel von Dale

Multimedia: Komponenten, Formen

Telekommunikatives Lernen: Formen

e-Learning

Individual- und Sozialphase

Studienliteratur (Auswahlliteratur)

Bonz, B.: Methoden der Berufsbildung: Ein Lehrbuch, Stuttgart: Hirzel 1999
    Kap. 5: Medien und Computereinsatz

Euler, D.: Computer und Multimedia in der Berufsbildung, in Bonz, B. (Hrsg.):
    Didaktik der beruflichen Bildung, Baltmannsweiler: Schneider-Verlag
    Hohengehren 2001, S. 152 – 168

Michelsen, U.: Kompetenz durch Multimedia – Mythos oder Chance? in: lernen u. lehren 18(2003)69, S. 4 – 8

Sacher, W.: Schulische Medienarbeit, in: Apel, H. J., Sacher, W. (Hrsg.):

Studienbuch Schulpädagogik, Bad Heilbrunn / Obb.: Kinkhardt 2002, S. 384 – 397

Tenberg, R.: Multimedia und Telekommunikation im beruflichen Unterricht:
    Theoretische Analyse und empirische Untersuchungen im gewerblich-
    technischen Unterricht, Frankfurt a. M.: Lang 2001 (Beiträge zur Arbeits-,
    Berufs- und Wirtschaftspädagogik, Bd. 21, hrsg. von Andreas Schelten)
    Kap. 9: Zusammenführung von Theorie und empirischen Ergebnissen

Themenheft E-Learning der Zeitschrift berufsbildung 57 (2003) 80

C.5.3 Lernkontrolle

Im System Unterricht (vgl. Übersicht 21, Kap. C.5) folgt auf der senkrechten Achse nach Lernziel (1) und Lernorganisation (2) das Element Lernkontrolle (3). Bevor auf einzelne Formen der Lernkontrolle eingegangen wird, soll ein wichtiger Grundsatz für die unterrichtliche Planung und Durchführung angesprochen werden:

Zusammenhang zwischen Lernkontrolle und Lernziel

Zwischen Lernkontrolle und Lernziel besteht ein Zusammenhang. Dies heißt, dass nur das geprüft werden kann und darf, was auch gelehrt worden ist. Ein Lernziel besteht aus den beiden Teilen Inhalt und Verhalten (vgl. die Ausführungen zu den Lernzielen in Kap. C.5.1, Übersicht 22). In der Lernkontrolle kann nur das inhaltlich geprüft werden, was inhaltlich die Lernziele der betreffenden Unterrichtseinheit vorgeben. Das Gleiche gilt für das Verhalten: Die Lernkontrolle muss in dem Verhaltensbereich und auf den Verhaltensstufen angesiedelt sein, wie es die Lernziele vorgeben.

Der Verhaltensteil eines Lernzieles lässt sich nach Verhaltensstufen einteilen (vgl. Übersicht 24). Im kognitiven Verhaltensbereich können die Stufen Wissen, Verstehen, Anwenden und Problemlösen unterschieden werden. Dies bedeutet z. B.: Werden in einem Unterricht gemäß den Lernzielen Inhalte auf der Stufe des Wissens vermittelt, dann müssen diese Inhalte in der Lernkontrolle auch auf der Stufe des Wissens geprüft werden. Umgekehrt darf nicht auftreten, dass im Unterricht Inhalte auf der Stufe Wissen vermittelt, in der Lernkontrolle die gleichen Inhalte aber plötzlich auf der Stufe der Anwendung abgeprüft werden.

Es kann auch folgende Fehlform vorliegen: In einem Unterricht wird Verstehen, Anwendung und auch Problemlösen betrieben, in der Prüfung wird aber Wissen abgefragt. Der Zusammenhang zwischen Lernziel und Lernkontrolle ist verletzt.

Formen der Lernkontrolle

Bei der Lernkontrolle soll hier zwischen der konventionellen und der nicht konventionellen Form, d. h. dem Test unterschieden werden (Übersicht 46). Beide Formen prüfen das Ergebnis eines Lehrvorganges ab.

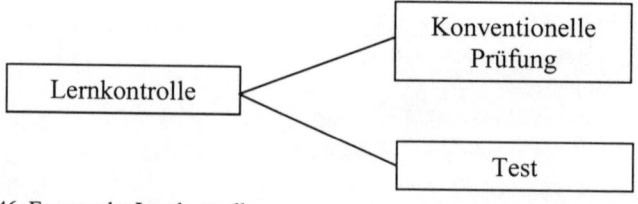

Übersicht 46: Formen der Lernkontrolle

Konventionelle Prüfung

Bei der konventionellen Prüfung kann zwischen der mündlichen, schriftlichen und handlungsorientierten Form unterschieden werden. Die jeweiligen Formen können wiederum verschieden ausgeprägt sein (Übersicht 47).

Die informelle mündliche Prüfung bezieht sich auf das mündliche Abfragen während einer Unterrichtsstunde. Punktuell wird überprüft, ob bestimmte Lernschritte erreicht worden sind. Die formelle mündliche Prüfung ist eine besonders im akademischen Lernbereich bekannte Form der Prüfung. Bei ihr wird ein Kandidat zu einem Themenbereich über eine bestimmte Prüfungszeit hinweg von einem Prüfer befragt. Ein Beisitzer protokolliert das Prüfungsgespräch. Am Ende der Prüfung legen Prüfer und Beisitzer gemeinsam die Prüfungsnote fest. In ähnlicher Form können in höheren beruflichen Schulen wie Fachoberschule und Berufsoberschule formelle mündliche Prüfungen stattfinden. In Ausbildungsabschlussprüfungen nach modernen Ausbildungsordnungen ist der Charakter der formellen mündlichen Prüfungen anzutreffen, wenn ein Auszubildender z. B. eine betriebliche Projektarbeit präsentiert und dazu ein Fachgespräch mit der Prüfungskommission stattfindet (siehe unten handlungsorientierte Prüfung).

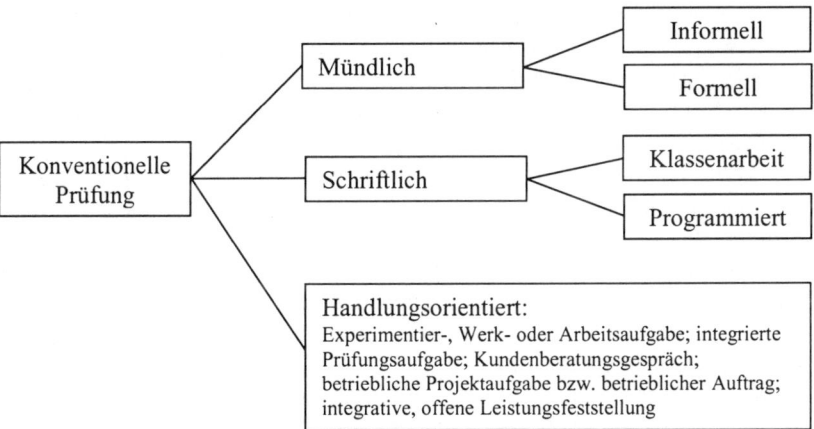

Übersicht 47: Formen der konventionellen Prüfung

Bei der schriftlichen Lernkontrolle ist als erste die herkömmliche Klassenarbeit bzw. Schulaufgabe zu nennen. In einer Klassenarbeit können Aufgaben gestellt werden, die es rechnerisch zu lösen gilt. Es können zu einem Thema offene Fragen gestellt werden, die in Form eines Kurzaufsatzes beantwortet werden. Es kann auch nur ein Thema vorgegeben werden, das in Form des Aufsatzes bearbeitet wird. Bei Klassenarbeiten kann die Objektivität der Beurteilung gering sein. Dies gilt insbesondere dann, wenn der Beurteilung keine differenziert ausgearbeiteten Auswertungsrichtlinien zugrunde gelegt werden.

Größere Objektivität in der Auswertung und Beurteilung verspricht die programmierte Form der schriftlichen Prüfung. Programmiert prüfen heißt, dass bestimmte Formen von Aufgaben vorgegeben werden, die in der Regel allein eine gebundene Aufgabenbeantwortung zulassen. Solche Aufgaben sind Mehrfachwahlaufgaben (auch „multiple-choice" Aufgaben genannt), Richtig-Falsch-Aufgaben, Zuordnungsaufgaben, Umordnungsaufgaben und Ergänzungsaufgaben, siehe zu diesen Aufgaben mit Beispielen und Konstruktionshinweisen u. a. Schelten (1997).

Der Vorteil der programmierten Prüfung liegt in der Objektivität der Auswertung und Beurteilung. Ein Nachteil der programmierten Form der Prüfung ist in der Art des Denkens zu sehen, das dieses Prüfen erfordert. Beim Prüfen in programmierter Form kann eher ein reproduktives und weniger ein produktives Denken verlangt sein. Dies mag an einem vereinfachten Beispiel überzeichnet veranschaulicht werden.

In einer Englischprüfung kann man einen Schüler folgenden Satz übersetzen lassen: „Entschuldigen Sie bitte, wie komme ich zur Oxford Street?" Hierbei muss der Schüler produktiv denken. In einer Mehrfachwahlaufgabe werden dem Schüler vier Antwortalternativen auf Englisch zu der o. g. Frage vorgegeben. Er muss die eine richtige Alternative heraussuchen. Dies ist allein ein reproduktives Denken. Würde sich der gleiche Schüler in London befinden und müsste nach der Oxford Street fragen, müsste er die Frage selbständig formulieren, anstatt nur eine richtige aus vier Alternativfragen auszuwählen.

Verknüpft mit dem reproduktiven Denken, zu dem die programmierte Prüfung führen kann, besteht ein weiterer Nachteil darin, dass diese Form der Prüfung eher dazu verführt, Inhalte auf der Wissensebene abzufragen. Mehrfachwahlaufgaben für Wissensaufgaben zu konstruieren ist verhältnismäßig einfach. Es erfordert dagegen einen hohen Entwicklungsaufwand Mehrfachwahlaufgaben z. B. so zu konstruieren, dass Verstehen, Anwenden oder gar Problemlösen abgeprüft wird.

Eine höhere Qualität können programmierte Aufgaben erhalten, wenn sie in einen thematischen Zusammenhang gestellt werden. So können sie etwa der Abarbeitung einer vollständigen beruflichen Handlung folgen. Dabei lassen sich programmierte Aufgaben mit offen zu bearbeitenden Fragen und Problemstellungen koppeln.

Neben mündlichen und schriftlichen Prüfungen gibt es bei der konventionellen Lernkontrolle noch die handlungsorientierte Prüfung. Hierbei kann es sich zum einen um eine Experimentier-, Werk- oder Arbeitsaufgabe handeln, die benotet wird. So wird im berufspraktischen Teil einer Ausbildungsabschlussprüfung etwa ein Gesellenstück oder ein Prüfungsstück angefertigt bzw. eine Arbeitsprobe durchgeführt. Die Bewertung kann ergebnisorientiert und / oder prozessorientiert durchgeführt werden. Ergebnisorientiert heißt, dass nur das Endprodukt bewertet wird. Prozessorientiert bedeutet, dass der Weg zu dem Ergebnis beurteilt wird.

In Ausbildungsabschlussprüfungen nach modernen Ausbildungsordnungen geht es darum, Berufskompetenzen bei der Bewältigung einer komplexen Arbeitsaufgabe nachzuweisen. So werden bei der integrativen Prüfungsaufgabe praktische und theoretische Prüfungsteile mit einander verzahnt. Bei Dienstleistungsberufen wie Bankkaufleuten und Versicherungskaufleuten kann im Rahmen einer mündlichen Prüfung nach vorheriger Falleinarbeitung ein Beratungsgespräch mit einem Kunden durchgeführt werden. Das Gespräch lässt sich als Rollenspiel mit einem Mitglied der Prüfungskommission durchführen. Bei der betrieblichen Projektaufgabe, wie bei den IT-Berufen, wird ein zeitlich umfangreiches Arbeitsvorhaben von mehreren Tagen im Betrieb durchgeführt, dieses dokumentiert und später in der Prüfung präsentiert. Es schließt sich ein Fachgespräch mit den Prüfern an. Die arbeitsmethodische Qualifikation des Prüflings steht im Vordergrund. In ähnlicher Form ist der betriebliche Auftrag zu sehen, bei dem ein realer Kundenauftrag gelöst und realisiert wird. Dies wird dokumentiert und hierüber ein Fachgespräch geführt.

Für den handlungsorientierten Unterricht gilt im Zuge der Lernkontrolle, eine integrative, offene Leistungsfeststellung vorzunehmen (vgl. Kap. C.4). Eine problemhaltige Situation ist für die Lernkontrolle vorzusehen, bei der alternative Lösungswege mit begründeten Entscheidungen gefunden werden können. Aufgabenstellungen sollen Aspekte aus unterschiedlichen beruflichen Anforderungsbereichen erfassen und verbinden (z. B. theoretische, praktische, rechnerische, zeichnerische). Die Lernkontrollen sollen zu offenen, sozialen Interaktionen führen, bei denen die Lehrkraft ihre Benotung plausibel begründet und die Schüler ihre Leistung selbst einschätzen lernen.

Neben der konventionellen Prüfung ist bei der Lernkontrolle der Test zu setzen (vgl. Übersicht 46). Tests sind Lernkontrollen, die nach testtheoretischen und teststatistischen Kriterien abgesichert sind. Zu diesen Kriterien zählen die Validität, Reliabilität und Objektivität. Man bezeichnet diese Begriffe auch als die Gütekriterien eines Testes (Übersicht 48).

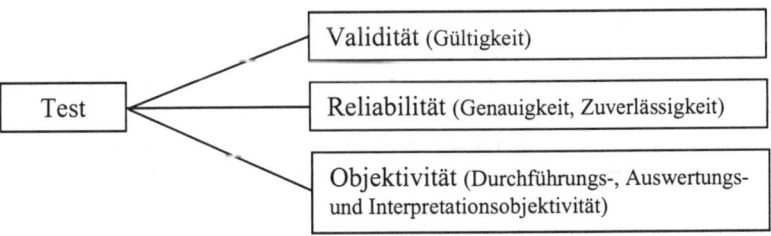

Übersicht 48: Gütekriterien eines Testes

Im Folgenden sollen die Gütekriterien kurz umrissen werden (s. näher u. a. Schelten 1997). Dem Wort *Validität* liegt der lateinische Ursprung validus = stark, wirksam, einflussreich, gesund zugrunde. Aus Englisch valid und validity (gültig, zwingend bzw. Gültigkeit, Stichhaltigkeit) wurde im Deutschen valide und Validität. *Ein Test ist valide, wenn er tatsächlich das misst, was er zu messen vorgibt.* Wenn z. B. in einem mathematischen Test Textaufgaben so formuliert sind, dass sie hohe Anforderungen an das Leseverständnis stellen, wird nicht nur die Fähigkeit im angewandten Rechnen, sondern auch das Leseverständnis geprüft. Der Test misst neben dem, was er eigentlich messen soll, noch etwas anderes und ist somit nicht valide.

Bei Schulleistungstests ist die Inhaltsvalidität der relevante Typ der Validitätsbestimmung. Bei diesen Tests ist zu prüfen, ob der Test auch das misst, was gelehrt wurde:

– Gibt der Test die Lernziele des Unterrichts wieder? Die Lernziele müssen nach ihrem Inhalt und ihrem zugrundeliegenden Verhalten in den Testaufgaben Entsprechungen finden. Wenn in den Lernzielen dem Verhalten nach z. B. mehr Wissen angestrebt wird, dann müssen die Testaufgaben auch Wissen abfragen. Wenn Anwendungslernziele Gegenstand des Unterrichts waren, dann muss der Test auch Anwendungsaufgaben enthalten.

– Besteht ein Gleichgewicht zwischen den Schwerpunkten in der Lernzielvorgabe und den Schwerpunkten im Test? Wenn z. B. bestimmte Lernziele ausführlich im Unterricht verfolgt wurden, müssen im Test auch diese Lernziele mit mehr Aufgaben abgedeckt werden.

– Setzt der Test Fähigkeiten voraus, die mit dem, was geprüft werden soll, in keinem Zusammenhang stehen? Es müssen z. B. Leseverständlichkeit des Testes und der Wortschatz, auf den er abstellt, für die Testbearbeiter angemessen sein.

Aus englisch reliable und reliability = genau, zuverlässig, bzw. Genauigkeit, Zuverlässigkeit wurde im Deutschen reliabel und *Reliabilität. Ein Test ist reliabel, wenn er das, was er misst, genau misst.* Bei der Reliabilität geht es um die Genauigkeit, die Zuverlässigkeit, die Treffsicherheit eines Testes, unabhängig davon, ob der Test das misst, was er messen soll. Schießt ein Gewehr „Punkt", d. h. sind alle Einschläge auf einer Zielscheibe dicht um irgendeinen Punkt zentriert, ist das Gewehr reliabel. (Liegen diese Einschläge auch in der Mitte der Zielscheibe auf der 10, ist das Gewehr valide). Insbesondere bei einer Testwiederholung mit gleichen Probanden muss ein Test zu gleichen Ergebnissen kommen, um reliabel zu sein. Damit ist noch nicht gesagt, ob der Test auch zu validen (gültigen, wahren) Ergebnissen führt, d. h. ob das, was er reliabel (genau) misst, auch das ist, was er zu messen vorgibt.

Die Reliabilität ist eine notwendige, aber nicht eine hinreichende Bedingung für die Validität eines Testes. Mit anderen Worten Wenn die Reliabilität erfüllt ist, muss damit nicht notwendigerweise die Validität gegeben sein.

Die Objektivität (Vorurteilslosigkeit) eines Testes bezieht sich darauf, zu welchem Grad die Ergebnisse eines Testes unabhängig vom Untersucher sind. Ein Schulleistungstest muss unabhängig von der Person des Lehrers sein, die ihn als Testleiter durchführt, die ihn auswertet und die die Leistungen interpretiert. Man spricht demzufolge von der Durchführungs-, Auswertungs- und Interpretationsobjektivität.

Die *Durchführungsobjektivität* ist gegeben, wenn die äußeren Bedingungen der Testsituation für alle Schüler gleich sind und die Anweisungen des Testautors im Detail schriftlich so festgehalten sind, dass eine unterschiedliche Auslegung der Durchführungsanweisungen nicht mehr möglich ist. Bei Schulleistungstests muss z. B. festgelegt werden, welche Bearbeitungszeit gegeben wird, welche Hilfsmittel die Schüler benutzen können (z. B. Taschenrechner bei einem Mathematiktest), welche Hilfen der Lehrer geben kann.

Die *Auswertungsobjektivität* ist gegeben, wenn das Auswertungsergebnis bei einem Schulleistungstest unabhängig davon ist, welcher Lehrer den Test auswertet. Dazu ist es notwendig, dass vom Testautor genau festgelegt ist, was als richtig oder als falsch zu bewerten ist.

Die *Interpretationsobjektivität* liegt vor, wenn zwei Beurteiler unabhängig voneinander aus dem gleichen Auswertungsergebnis den gleichen Schluss ziehen. Bei Schulleistungstests heißt dies, dass vom Testautor ein Notenschlüssel vorgegeben wird mittels dem erreichte Punktzahlen in Noten umgesetzt werden.

Tests, welche die genannten Gütekriterien Validität, Reliabilität und Objektivitat erfüllen, sind danach zu unterscheiden, ob sie normorientiert oder kriteriumsorientiert angelegt sind (Übersicht 49). Bei den normorientierten Verfahren ist zwischen den formellen und informellen Tests zu differenzieren.

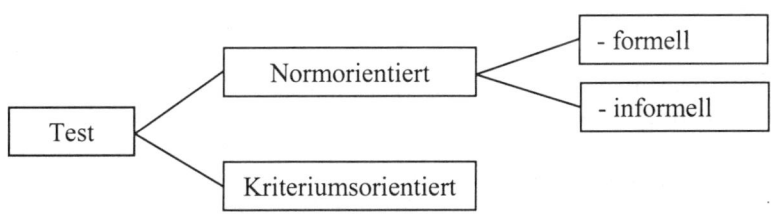

Übersicht 49: Arten von Tests

Bei einem *normorientierten* Test erfolgt ein Vergleich mit einer Personengruppe. Die Leistung eines Schülers wird mit der Leistung einer größeren Gruppe von Schülern, d. h. der Norm, verglichen. Diese größere Gruppe kann die Schulklasse des Schülers darstellen. Es kann aber auch eine mehr repräsentative Gruppe von Schülern sein, z. B. mehrere vergleichbare Schulklassen, die sich dem gleichen Test unterzogen haben.

Normorientierte Tests werden so konstruiert, dass die Ergebnisse einer Normalverteilung folgen: Wenige Schüler erreichen eine hohe Leistung, viele eine mittlere und wieder wenige eine schwache. Die Normalverteilung erlaubt die Berechnung des arithmetischen Mittels (x, Durchschnittswert) und die der Standardabweichung (s, Maß für die Streuung von Testwerten). Auf beiden Werten gründet die Berechnung von Reliabilitäts- und Validitätsgrößen (vgl. u. a. Schelten 1997).

Formelle normorientierte Tests (vgl. Übersicht 49) stellen die bei Testverlagen erwerbbaren Schulleitungstests dar. Diese sind nach den o. g. Gütekriterien eines Tests sorgfältig entwickelt worden. Insbesondere sind sie an einer repräsentativen großen Stichprobe von Schülern getestet worden. Sie stellen eine umfangreiche Vergleichsgruppe (Norm) zur Verfügung, an der die Leistungen der Schüler einer Klasse verglichen werden können.

Informelle normorientierte Tests (vgl. Übersicht 49) sind vom Lehrer selbstentwickelte Tests, die den Gütekriterien eines Testes folgen. Hier werden die gleichen Entwicklungsschritte wie bei den formellen Tests vollzogen. Jedoch wird vereinfachter vorgegangen. Die Gruppe (Norm), an welcher der Test entwickelt wird, ist ferner vergleichsweise klein: Für informelle Tests werden allein eine Schulklasse oder mehrere Schulklassen (etwa 2 bis 5) herangezogen. Für die Entwicklung informeller Tests vgl. u. a. Schelten (1997), Sacher (2001), Ingenkamp (1997).

Kriteriumsorientierte Tests (vgl. Übersicht 49) prüfen allein, ob die Lernziele erreicht bzw. nicht erreicht sind. Es kommt nicht darauf an festzustellen, wie gut oder wie schlecht ein Schüler im Vergleich zu einer größeren Personengruppe seine Leistung erreicht (normorientierter Test). Es geht nur darum festzustellen: Erreicht der Schüler im Vergleich auf einen Bezugspunkt die Leistung. Der Bezugspunkt ist das Kriterium. In der Regel besteht das Kriterium in: Lernziel erreicht / nicht erreicht. Bei kriteriumsorientierten Tests greift nicht mehr die Normalverteilung. Die teststatistischen und testtheoretischen Verfahren sind hier komplizierter als bei den normorientierten Tests. Eine breitere Durchsetzung kriteriumsorientierter Tests dürfte bisher noch nicht stattgefunden haben. Unter den Lehrbüchern zu den kriteriumsorientierten Tests sei u. a. auf Klauer (1987), zur pädagogischen Diagnostik allgemein u. a. auf Ingenkamp (1997) und Sacher (2001) verwiesen.

In der schulpädagogischen Praxis kann der Einsatz programmierter Aufgaben als ein „Test" bezeichnet werden. In der hier getroffenen Terminologie wäre dies aber allein eine konventionelle Form der schriftlichen Prüfung und kein Test (vgl. Übersicht 47 und 48). Programmierte Aufgaben werden erst dann zu Tests, wenn sie nach testtheoretischen und teststatistischen Kriterien (vgl. u. a. Schelten 1997) zu beispielsweise informellen oder formellen normorientierten Tests entwickelt werden (vgl. Übersicht 49). Auch andere Formen konventioneller Prüfung wie Klassenarbeit oder Werkaufgabe sind keine „Tests" solange sie nicht nach eigentlichen den Tests zugrundeliegenden Verfahren entwickelt und abgesichert sind.

In der pädagogischen Leistungsmessung dürfte ein erheblicher Bruch zwischen der pädagogischen Praxis und der pädagogischen Wissenschaft bestehen. Die alltägliche schulische Leistungsmessung nimmt nur wenig von den wissenschaftlichen Erkenntnissen der Leistungsmessung auf. Die Gründe sind sicher vielfältig. Ein Grund mag darin liegen, dass der Lehrer im Unterricht in der Schule im Tagesgeschäft steht. In schneller Folge müssen Lernkontrollen von heute auf morgen durchgeführt werden. Die Entwicklung von Tests ist aufwendig und erfordert testtheoretische und teststatistische Kenntnisse. Die wissenschaftliche pädagogische Leistungsmessung hat es nicht immer verstanden, ihre Erkenntnisse und Verfahrensweisen für die pädagogische Praxis aufbereitet darzustellen. Daneben – und wohl tiefer liegend – kann man beim deutschen Intellektuellen eine „Test-Aversion" feststellen, wie Ingenkamp in einer Streitschrift zutreffend herausgestellt hat (1989). So besteht z. B. bei deutschen Intellektuellen nach Ingenkamp die Auffassung, dass der Mensch durch Tests falsch vermessen wird; eher eine „intuitive Wesensschau" erfasse die Individualität. Eine „intuitive Wesensschau" gründet aber auf subjektive Wahrnehmung, die Wissen und Können nicht valide erfassen kann. Eine „Testabwehr" in Deutschland mag im Zuge internationaler Schulleistungsvergleiche (Stichwort PISA Programme for International Student Assessment) und einer zunehmenden Output Qualitätssicherung von Schulen über Tests heute und in Zukunft abnehmen.

Nach diesen überblicksmäßigen Ausführungen zur Lernkontrolle geht es nach einer Zusammenfassung darum, im System Unterricht die Bedingungen zu betrachten unter denen unterrichtliches Planen und Handeln steht (vgl. Übersicht 21 zu Beginn des Kap. C.5). Diese Bedingungen sind zum einen die Lehrvoraussetzungen der Lehrkraft (C.5.4) und zum anderen die Lernvoraussetzungen des Schülers (C.5.5).

Zusammenfassung

Zwischen Lernkontrolle und Lernziel besteht ein Zusammenhang: In der Lernkontrolle darf inhaltlich nur das geprüft werden, was inhaltlich die Lernziele vorgeben. Zugleich muss die Lernkontrolle auf dem Verhalten angesiedelt sein, wie es die Lernziele vorgeben.

Formen der Lernkontrolle sind die konventionelle Prüfung und der Test. Bei der konventionellen Prüfung kann zwischen der mündlichen, schriftlichen und handlungsorientierten Form unterschieden werden. Die mündliche Prüfung kann informell bzw. formell durchgeführt werden. Bei der schriftlichen Prüfung sind die Klassenarbeit und die programmierte Prüfung zu sehen. Bei der programmierten Prüfung werden bestimmte Formen von Aufgaben vorgegeben, die in der Regel allein eine gebundene Aufgabenbeantwortung zulassen. Im Zuge einer modernen beruflichen Bildung gewinnen handlungsorientierte Formen der Lernkontrolle an Bedeutung.

Tests sind Lernkontrollen, die nach testtheoretischen und teststatistischen Kriterien abgesichert sind. Zu diesen Kriterien zählen die Validität (Gültigkeit), Reliabilität (Genauigkeit) und Objektivität (Vorurteilslosigkeit). Ein Test ist valide, wenn er tatsächlich das misst, was er zu messen vorgibt. Ein Test ist reliabel, wenn er das, was er misst, genau misst. Die Objektivität eines Testes bezieht sich darauf, zu welchem Grad die Ergebnisse eines Testes unabhängig vom Untersucher sind.

Tests sind danach zu unterscheiden, ob sie normorientiert oder kriterums-orientiert angelegt sind. Bei einem normorientierten Test erfolgt ein Vergleich mit einer Personengruppe. Dabei ist zwischen einem formellen und informellen normorientierten Test zu unterscheiden. Kriteriumsorientierte Tests prüfen allein, ob die Schüler im Vergleich auf einen Bezugspunkt (Lernziel erreicht bzw. nicht erreicht) eine Leistung erbringen.

Wichtige Begriffe und Konzepte

Zusammenhang zwischen Lernkontrolle und Lernziel

Konventionelle Prüfung
– mündlich (informell, formell)
– schriftlich (Klassenarbeit, programmiert)
– handlungsorientiert: Experimentier-, Werk- oder Arbeitsaufgabe; integrierte Prüfungsaufgabe; Kundenberatungsgespräch; betriebliche Projektaufgabe bzw. betrieblicher Auftrag; integrative, offene Leistungsfeststellung

Test

Gütekriterien eines Tests
– Validität (Gültigkeit)
– Reliabilität (Genauigkeit)
– Objektivität (Durchführungs-, Auswertungs und Interpretationsobjektivität)

Normorientierte Tests (formell, informell)

Kriteriumsorientierte Tests

Studienliteratur (Auswahlliteratur)

Ebbinghaus, M., Schmidt, J. U.: Prüfungsmethoden und Aufgabenarten, Bielefeld: W. Bertelsmann 1999

Riedl, A.: Didaktik I – Grundlagen: Unterlagen zum Seminar, Lehrstuhl für Pädagogik, Technische Universität München 2003, www.paed.ws.tum.de

Sacher, W.: Leistungen entwickeln, überprüfen und beurteilen: Grundlagen, Hilfen und Denkanstöße für alle Schularten, 3. Aufl., Bad Heilbrunn / Obb.: Klinkhardt 2001

Kap. 1: Vom Sinn des Forderns, Überprüfens und Beurteilens von Schulleistungen

Kap. 7: Besondere Formen und Probleme des Prüfens und Beurteilens

Schelten, A.: Testbeurteilung und Testerstellung: Grundlagen der Teststatistik und Testtheorie für Pädagogen und Ausbilder in der Praxis, 2. Aufl., Stuttgart: Steiner 1997

Teil B (Validität, Reliabilität, Objektivität, Aufgabenanalyse, Testaufgaben und ihre Konstruktion, Notengebung)

C.5.4 Lehrvoraussetzungen einer Lehrkraft

Die Lehrvoraussetzungen einer Lehrkraft bestehen im Anschluss an Bunk (1982, S. 162 ff., modifiziert) in einem (a) fachlichen Wissen, einem (b) didaktischen Können, einem (c) partnerschaftlichen Verhalten sowie in einem (d) erzieherischen Engagement. Im Folgenden sind diese Lehrvoraussetzungen in einer erweiterten und modernisierten Form auf Kompetenzen einer Lehrkraft an beruflichen Schulen umgesetzt.

Die Kompetenzen von Lehrerinnen und Lehrern an beruflichen Schulen umschreiben ihr Vermögen bzw. ihre Zuständigkeiten, die sie zur Bewältigung ihrer Berufsarbeit einbringen. Ihre Berufskompetenz lässt sich in die in Übersicht 50 dargestellten Kompetenzen einteilen.

Bevor auf diese Kompetenzen eingegangen wird, soll allgemein herausgestellt werden, dass die zielgerechte Planung, Organisation, Gestaltung und Reflexion von langfristig angelegten Lehr-Lernprozessen die Kernkompetenz von Lehrkräften bestimmt (vgl. Terhart 2000, S. 48). Dies bedeutet, dass gesellschaftlich-kulturell bedingte Probleme mit einer Lösungserwartung nicht auf Lehrkräfte und auf die Institution Schule abgeladen werden können. Die Kernkompetenz von Lehrkräften ist die Organisation von Lernprozessen. Diese Kernkompetenz kann nicht in Richtung sozialer oder therapeutischer Aufgaben verlagert werden, um Defizite zu beheben, die anderenorts im Umfeld der Lernenden verursacht werden (vgl. Terhart 2000, S. 14, 51).

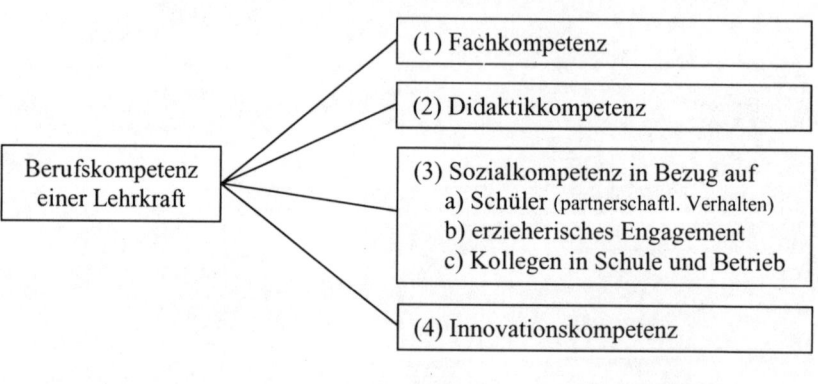

Übersicht 50: Kompetenzen einer Lehrkraft an beruflichen Schulen

Zu (1) Fachkompetenz: Die Fachkompetenz besteht zum einen in einer Inhaltsbeherrschung des Unterrichtsfaches auf wissenschaftlicher Ebene. Lehrerinnen und Lehrer an beruflichen Schulen verfügen über die wissenschaftlichen Erkenntnisse und Methoden, die hinter ihrem Fach stehen. Dies zeichnet ihre theoretische Sicherheit aus. Zum anderen kennen sie das Fach auf der Ebene ihrer Schüler. Hier drückt sich das Schulfachwissen der Lehrkraft aus, z. B. das schulmathematische Wissen, wenn sie im Fach Mathematik unterrichtet. Für die Lehrkräfte an beruflichen Schulen tritt besonders hinzu, dass sie ihr Unterrichtsfach, z. B. Bautechnik, anwendungsbezogen vermitteln können: Sie wissen an jeder Stelle ihres Faches um den Erklärungswert für das berufliche Handeln ihrer Schüler. Hier zeigt sich ihre berufspraktische Sicherheit.

Zu (2) Didaktikkompetenz: Die didaktische Kompetenz steht für die Fähigkeit, Lehrinhalte in Bezug auf die Lernenden auszuwählen, sowie auf das Lernvermögen der Lernenden hin umzuformen. Zugleich bedeutet es, nachdrücklich lehren zu können, und zwar in der Form, wie es bei der Begriffsbestimmung von Unterricht angesprochen wurde (vgl. Kap. C.1). Über diese mehr instrumentale Fähigkeit des Unterrichtens hinaus erfordert die didaktische Kompetenz die Kunst, immer wieder die Kluft zwischen Lernwelt und Lebenswelt zu überbrücken. Mit anderen Worten, es gilt den Unterricht in den Lebenszusammenhang hineinzustellen, in dem Lernanlässe auftreten. Für beruflichen Unterricht heißt dies besonders, durch Herstellung des Anwendungsbezuges der vermittelten berufstheoretischen Inhalte einen Lebens- sprich Arbeitszusammenhang herzustellen (vgl. Kap. C.1).

Eine Didaktikkompetenz setzt für unterrichtliches Planen auf das Herstellen einer didaktischen Strukturierung: Ziel-, Inhalts-, Methoden-, Medien- , Lernerfolgskontroll- und Lernbedingungsentscheidungen (Lernvoraussetzungen der Schüler) müssen für eine Unterrichtsstunde und für eine Unterrichtseinheit in einen widerspruchsfreien Zusammenhang gebracht werden. Erst das stete Einüben des Herstellens widerspruchsfreier Zusammenhänge unterrichtlicher Planungsentscheidungen, gerade auch in schriftlicher Form, macht es der ausgebildeten Lehrkraft später möglich, routiniert in didaktischen Strukturierungen denken zu können. Zugleich muss eine angehende Lehrkraft erkennen und stetig erfahren, dass Lehren und Lernen im Unterricht didaktische Kleinarbeit ist. Ein Mosaik ist gesetzmäßig aus vielen, farblich unterschiedlich gestalteten Mosaiksteinen zusammengesetzt. Ähnlich muss das Mosaik Unterrichtseinheiten, Lernfeld oder Jahrgangsunterricht aus vielen Unterrichtsstunden gestaltet sein, in denen jeweils Lernstrecken präzise aneinandergereiht werden. Erst die Summe aller Mosaiksteine ergibt das Mosaik. Ebenso ergibt erst die Summe aller Unterrichtsstunden eine Unterrichtseinheit, ein Lernfeld oder einen Jahrgangsunterricht. Dabei ist das Ganze mehr als die Summe seiner Teile.

Zu (3a) Sozialkompetenz in Bezug auf Schüler: Fachkompetenz und Didaktikkompetenz beschreiben allein nicht hinreichend eine Lehrerkompetenz. Um unterrichten zu können, muss zwingend eine Sozialkompetenz hinzutreten. Mit anderen Worten, die Beziehungsebene muss hinzukommen. Nur in einer Atmosphäre des Vertrauens zwischen Schüler und Lehrkraft lässt sich wirksam lernen.

Die Sozialkompetenz einer Lehrkraft drückt sich zuerst einmal in ihrem Verhalten gegenüber den Schülern aus. Es kann mit partnerschaftlichem Verhalten umschrieben werden und zeigt sich in einer (a_1) Wertschätzung gegenüber den Lernenden, in einem (a_2) reversiblen sowie in einem (a_3) entschiedenen Verhalten gegenüber den Lernenden (Übersicht 51).

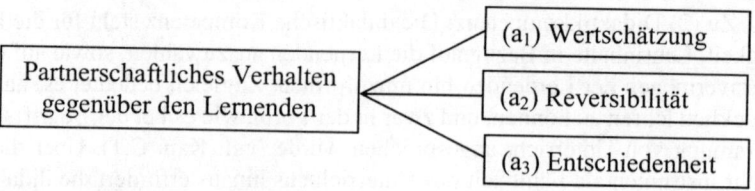

Übersicht 51: Kennzeichen des partnerschaftlichen Verhaltens der Lehrkraft: Voraussetzung für menschenwürdigen Unterricht

Zu (a_1): Wertschätzung der Lehrkraft gegenüber den Lernenden lässt sich mit einem Merkmalskatalog (Übersicht 52) umschreiben. Mit Eigenschaftswörtern wie „beachtend – nicht verachtend" enthält der Katalog einfache Verhaltensweisen. Obgleich es selbstverständliche Verhaltensweisen sind, machen aber gerade auch diese wirksamen wie menschenwürdigen Unterricht aus.

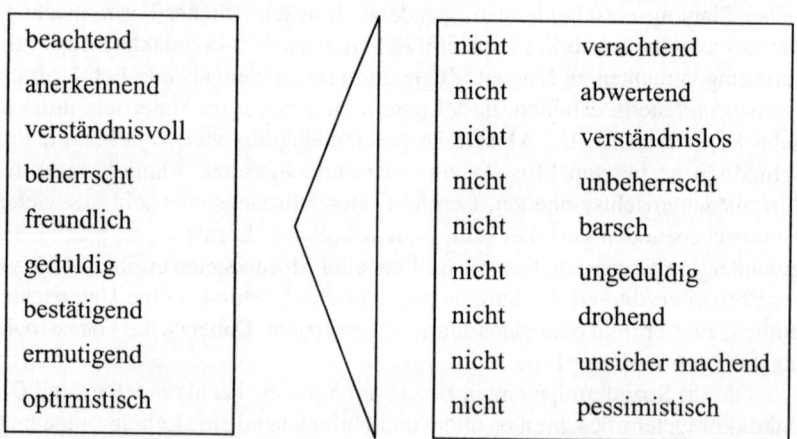

Übersicht 52: Merkmalskatalog für wertschätzendes Verhalten der Lehrkraft gegenüber den Lernenden

Zu (a$_2$): Reversibles Verhalten meint hier, dass die Lehrkraft in Wortwahl, Tonfall und Gestik ihre Schüler so ansprechen muss, wie diese sie auch ansprechen können.

Zu (a$_3$): Partnerschaftliches Verhalten der Lehrkraft gegenüber den Schülern sollte nicht mit weichem Verhalten verwechselt werden. Zum partnerschaftlichen Verhalten zählt auch Entschiedenheit. Entschiedenheit heißt hier, gegenüber den Lernenden kein schwankendes Verhalten einzunehmen. Die Lehrkraft vertritt konsequent Vorstellungen und Ziele gegenüber den Schülern. Wenn von der Lehrkraft Aufgaben gestellt und Leistungen eingefordert werden, können diese nicht in das Belieben der Schüler gestellt werden. Die Lehrkraft setzt Grenzen. Zugleich meint Entschiedenheit, dass die Lehrkraft Autorität besitzt. Im Sinne von lateinisch „auctor" – Gewährsmann, Bürge, der für die Richtigkeit einer Sache Einstehende, der Vertreter Unmündiger – heißt Autorität sein gegenüber den Schülern: ‚Ich stehe für Dich ein, ich verbürge mich für Dich. Auf das, was ich tue und sage ist Verlass.' In diesem Sinne wirkt Autorität ohne Macht, ohne Befehl, sondern betont durch Ansehen und Achtung.

Kann eine Lehrkraft ein partnerschaftliches Verhalten zu den Schülern nicht entwickeln, können sich bei den Schülern Lernwiderstände aufbauen, die ein erfolgreiches Lernen verhindern.

Unabhängig von den Kompetenzen der Lehrkraft gilt: Soweit Vorgesetzte in der Arbeitswelt Mitarbeiter führen und damit auch in eine Menschenführung eintreten, beschreibt das hier gekennzeichnete partnerschaftliche Verhalten von Lehrkräften auch ein anzustrebendes Vorgesetztenverhalten.

Zu (3b) Sozialkompetenz in Bezug auf erzieherisches Engagement: Zur zwingenden Sozialkompetenz im Umgang mit Schülern sollte eine Sozialkompetenz in Bezug auf ein erzieherisches Engagement hinzutreten. Unter erzieherischem Engagement wird eine Bereitschaft und Fähigkeit der Lehrkraft verstanden, in das Entwicklungsgeschehen eines Schülers mit fördernder, helfender, verantwortlicher Absicht einzugreifen, besonders bei Problemfällen und in Grenzsituationen: Solche Fälle und Situationen können z. B. vorliegen, wenn eine Lehrkraft an beruflichen Schulen beobachtet, dass einer seiner Schüler in seelische oder einfach in finanzielle und rechtliche Schwierigkeiten geraten ist, die er nicht mehr alleine bewältigen kann. Übersicht 53 beschreibt einen Merkmalskatalog, der wesentlich die Voraussetzungen für ein erzieherisches Engagement bestimmt. Auch dieser Katalog gibt selbstverständliche Eigenschaften wieder, ohne die aber ein erzieherisches Engagement gar nicht erst einsetzen kann.

Zeit haben	nicht	alles in Eile
zuhören	nicht	sich verschließen
für jemanden da sein	nicht	sich abkapseln
interessiert sein	nicht	gleichgültig sein
sich bewusst zuwenden	nicht	distanziert abkehren

Übersicht 53: Voraussetzungen zur Einlösung eines erzieherischen Engagements

Zu (3c): Sozialkompetenz in Bezug auf Kollegen in Schule und Betrieb: Bei der Sozialkompetenz in Bezug auf Kollegen in Schule und Betrieb ist eine Zuständigkeit angesprochen, wie sie in jeder modernen Berufsarbeit gefordert wird. Es geht hier allgemein um eine Befähigung, in Arbeitsgemeinschaften gruppenorientiertes Verhalten zu zeigen. Die moderne Berufsarbeit einer Lehrkraft an beruflichen Schulen setzt zunehmend auf Teamarbeit. Ein handlungsorientierter Unterricht z. B. kann streckenweise den gemeinschaftlichen Unterricht von zwei Lehrkräften vorsehen. Allein schon die Entwicklung eines solchen Unterrichts gelingt eher in einer Arbeitsgruppe von Lehrkräften, bei der verschiedene Fachkompetenzen zusammengehen. Qualitätsentwicklung von Schule erfordert zentral eine berufsbezogene Kooperation im Kollegium. Die Weiterentwicklung des dualen Systems der Berufsausbildung zu einem dual-kooperativen erfordert Abstimmungen mit betrieblichen Ausbildern nach einem gemeinschaftlichen Ausbildungskonzept. Auch hier ist die Sozialkompetenz der Lehrkraft an beruflichen Schulen gefordert.

Zu (4) Innovationskompetenz: Zur Fach-, Didaktik- und Sozialkompetenz tritt die Innovationskompetenz hinzu. Der schnelle Wandel der Arbeitswelt in technisch-ökonomischer und arbeitsorganisatorischer Sicht mit einem damit verbundenen raschen Wandel des Wissens erfordert von einer Lehrkraft an beruflichen Schulen stetig die Entwicklung neuer Bildungsinhalte und Bildungsformen sowie die Bestimmung neuer Bildungsziele. So können z. B. bestehende Ausbildungsordnungen wiederholt überarbeitet werden. Neue Ausbildungsberufe entstehen in schneller Folge. Dies erfordert von einer Lehrkraft an beruflichen Schulen eine ständige Erneuerung ihres Unterrichts.

Unabhängig von den zu erwerbenden Kompetenzen einer Lehrkraft an beruflichen Schulen im Rahmen ihrer Ausbildung wie Berufsausübung muss eine für alle Lehrkräfte gleiche Grundvoraussetzung mitgebracht werden. Diese besteht in einer menschenzugewandten Grundeinstellung, d. h. in einer Zuwendungsfähigkeit wie auch in einem Einflussnehmenwollen. Dietrich (1998, S. 283) führt in diesem Zusammenhang aus: „Wer dagegen kontaktscheu und stark in sich gekehrt ist, oder wer ein Machtmensch ist, dirigistische Züge hat und mit anderen Menschen autoritativ umgeht oder wer von einer tiefsitzenden Lebensangst niedergedrückt wird oder pessimistisch eingestellt ist, oder wer stark erregbar und reizbar ist und leicht in ‚Wut gerät' – der wird sich im Lehrerberuf schwer tun."

Die menschenzugewandte Grundeinstellung kann als ein Eignungsmerkmal für den Lehrerberuf angesehen werden und stellt eine dispositionelle Voraussetzung für diesen Beruf dar. Erst auf einer menschenzugewandten Grundeinstellung lassen sich die Kompetenzen einer Lehrkraft an beruflichen Schulen erlernen.

Ungeklärt ist, ob es über die Grundvoraussetzung ‚menschenzugewandte Grundeinstellung' hinaus als weiteres Eignungsmerkmal eine sogenannte ‚Lehrgabe' gibt, die für diesen Beruf mitgebracht werden muss. Dies wird hier bezweifelt und davon ausgegangen, dass die Kompetenzen einer Lehrkraft auf der Basis einer menschenzugewandten Grundeinstellung erlernbar sind und besonders auch erlernt werden müssen. Ausgeschlossen werden soll allerdings nicht, dass es ein individuelles Bündel von Fähigkeiten geben mag, welche den Erwerb der Kompetenzen einer Lehrkraft erleichtern wie auch zu unterschiedlichen Ausprägungen beitragen (vgl. zu dieser Diskussion auch Weinert, Helmke 1996). Entscheidend für die Entfaltung ihrer Kompetenzen dürfte wohl eher das Berufsengagement der Lehrerinnen und Lehrer sein.

Bei der Kompetenz einer Lehrkraft sind neben impliziten gerade explizite Wissensanteile besonders deutlich kategorisierbar, verbalisierbar und auch person- und situationsunabhängig festlegbar. Dies zeigt sich insbesondere innerhalb der Fach- und Didaktikkompetenz. Bei der Sozialkompetenz dürften neben den expliziten besonders hohe implizite Wissensanteile vorhanden sein. Sobald Verstöße gegen eine Sozialkompetenz einer Lehrkraft auftreten, dürften diese weniger deutlich, schwer kategorisierbar, verbalisierbar, person- und situationsunabhängig festlegbar sein. Eine Lehrereignung liegt gerade auch in einer impliziten sozialen Befähigung. Sie drückt sich in einer oben angesprochenen menschenzugewandten Grundeinstellung aus, mit der darauf gründenden Fähigkeit, eine Beziehung zu Lernenden aufbauen zu können.

Abschließend sei mit Terhart (2000, S. 55 f.) betont: „Lehrkräfte müssen in Sekundenbruchteilen Lösungen für ein ständig im Fluss befindliches soziales, motivationales und kognitives Geschehen generieren, das in Gruppen von Schülern mit unterschiedlichen Voraussetzungen eine je eigene Dynamik gewinnt." Zur Bewältigung dieser Anforderung ist ein differenziertes Handlungswissen erforderlich, das sich aufbauend auf ein wissenschaftliches Studium erst über ein Erfahrungslernen in der Arbeitstätigkeit bildet. So heißt es entsprechend – und Erfahrungswerte bestätigend – im Handbook of research on teaching: „The overwhelming evidence of a decade of research on teacher knowledge is that knowledge of teaching is acquired and developed by the personal experience of teaching (Munby, Russell, Martin 2001, p. 897). Der Erwerb von Berufskompetenzen einer Lehrkraft ist ein Prozess, der weit über ein Studium und ein Referendariat hinausgeht.

Zusammenfassung

Lehrvoraussetzungen eines Lehrers können in Berufskompetenzen einer Lehrkraft umgesetzt werden. Diese bestehen für eine Lehrkraft an beruflichen Schulen in einer Fach-, Didaktik-, Sozial- und Innovationskompetenz. Die Sozialkompetenz hat Bezugsrichtungen auf partnerschaftliches Verhalten gegenüber Schülern (Wertschätzung, Reversibilität, Entschiedenheit), erzieherisches Engagement, Teamarbeit mit Kollegen in Schule und Betrieb.

Die Kernkompetenz von Lehrkräften ist die Organisation von Lernprozessen. Diese Kernkompetenz kann nicht in Richtung sozialer oder therapeutischer Aufgaben verlagert werden.

Die Entfaltung der Berufskompetenzen einer Lehrkraft erfordert eine Grundvoraussetzung, die in einer menschenzugewandten Grundeinstellung zu sehen ist. Letztere kann als ein Eignungsmerkmal für den Lehrerberuf angesehen werden. Das differenzierte Handlungswissen einer Lehrkraft bildet sich erst über ein mehrjähriges Erfahrungslernen in der Arbeitstätigkeit aus.

Wichtige Begriffe und Konzepte

Kernkompetenz einer Lehrkraft

Kompetenzen einer Lehrkraft an beruflichen Schulen: Fach-, Didaktik-, Sozial- und Innovationskompetenz

Grundvoraussetzung: Menschenzugewandte Grundeinstellung

Zeitlich langfristiger Prozess des Erwerbs von Kompetenzen einer Lehrkraft

Studienliteratur (Auswahlliteratur)

Czerwenka, K.: Forum 12: Die Professionalität des Lehrers – Anspruch und Wirklichkeit, in: Bayerisches Staatsministerium für Unterricht, Kultus, Wissenschaft und Kunst (Hrsg.): Wissen und Werte für die Welt von morgen: Dokumentation zum Bildungskongress des Bayerischen Staatsministeriums für Unterricht, Kultus, Wissenschaft und Kunst, 29./30. April 1998 in der Ludwig-Maximilians-Universität München, Donauwörth: Auer 1998, S. 317 – 334

Dietrich, Th.: Zeit- und Grundfragen der Pädagogik: Eine Einführung in pädagogisches Denken, 8. erw. u. überarb. Aufl., Bad Heilbrunn / Obb.: Klinkhardt 1998

Thema 12: Kann man den Lehrerberuf erlernen, oder muss man zum Lehrer geboren sein? – Vom Erwerb erzieherischer und didaktischer Fähigkeiten – ein Problem aus den Bereichen der „Psychologie des Lehrers" und der Lehrerausbildung

Rheinberg, F., Bromme, R.: Lehrende in Schulen, in: Krapp, A., Weidenmann, B. (Hrsg.): Pädagogische Psychologie: Ein Lehrbuch, 4. vollständig überarb. Aufl., Weinheim: Beltz Psychologie Verlags Union 2001, S. 295 – 332

Tausch, R., Tausch, A.-M.: Erziehungspsychologie: Begegnung von Person zu Person, 11. korrigierte Aufl., Göttingen: Hogrefe 1998

Kap.: Überblick über förderliche Dimensionen (Haltungen, Verhaltensformen von Erwachsenen)

Kap.: Achtung – Wärme – Rücksichtnahme: Eine förderliche Haltung

Kap.: Einfühlendes Verstehen – ein förderliches Verhalten

Kap.: Echtheit – Aufrichtigkeit

Kap.: Fördernde nicht-dirigierende Einzeltätigkeiten

Terhart, E. (Hrsg.): Perspektiven der Lehrerbildung in Deutschland: Abschlussbericht der von der Kultusministerkonferenz eingesetzten Kommission, Weinheim und Basel: Beltz Verlag 2000

Kap. 2: Grundannahmen: Leitbild für den Lehrerberuf

C.5.5 Lernvoraussetzungen der Schüler

Bei der Planung von Unterricht geht es immer auch darum, die Lernbedingungen der Schüler, die unterrichtet werden sollen, zu beschreiben und zu analysieren. Aus den Lernbedingungen lassen sich Konsequenzen ziehen für die Lernziel-, Didaktik-, Methodik-, Sozialform-, Artikulations-, Medien- und Lernkontrollentscheidungen.

Zur Ermittlung der Lernvoraussetzungen (vgl. Übersicht 54) der Schüler zählt (a) die Frage nach den notwendigen Vorkenntnissen, die vorhanden sein müssen, um einen Unterricht durchführen zu können. Daneben ist (b) zu prüfen, welches methodische Eingestelltsein die Schüler mitbringen. Ferner ist (c) nach der Lernbereitschaft sowie nach der (d) Lern- und Denkfähigkeit der Schüler zu fragen.

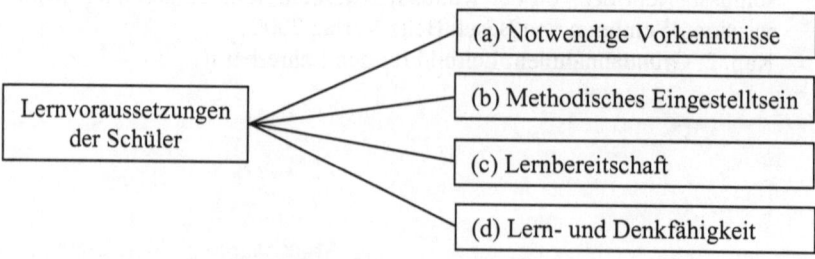

Übersicht 54: Lernvoraussetzungen der Schüler

Zu (a): Ein Unterrichtsthema setzt in der Regel Vorkenntnisse voraus, ohne die das betreffende Thema nicht behandelt werden kann. Es muss geprüft werden, ob diese Vorkenntnisse bei den zu unterrichtenden Schülern vorhanden sind. Trifft dies nur zum Teil zu, müssen die entsprechend fehlenden Vorkenntnisse erst vermittelt werden, bevor mit dem geplanten Unterrichtsthema begonnen werden kann. Z. B. erfordert das Thema Spannungsumsetzer (Transformator) aus der Elektrotechnik die Kenntnis der elektrischen Größen im Wechselstromkreis. Oder für das Thema Stoffwechselvorgänge im menschlichen Körper aus der Ernährungslehre benötigt der Schüler Kenntnisse über Nähr-, Wirk- und Reglerstoffe. Die Vorkenntnisse müssen im Allgemeinen ein gleiches Niveau bei den Schülern aufweisen. Trifft dies nicht zu, sind entweder kompensatorische oder unterrichtsdifferenzierende Maßnahmen erforderlich. Bei ersterem geht es darum, die Vorkenntnisse auszugleichen. Bei letzterem erfolgt ein in bezug auf leistungsschwächere bzw. leistungsstärkere Schüler hin unterschiedlicher Unterricht.

Zu (b): Im Zuge der Frage nach dem methodischen Eingestelltsein ist zu prüfen, inwieweit die Schüler auf die Unterrichtsmethoden, die geplant sind, bereits vorbereitet sind. Die Schüler müssen schrittweise auf neue Methoden, Medien und Sozialformen eingestellt werden.

Wenn z. B. mehr schülerbeteiligte, bzw. aufgebende Methoden wie Lernzirkel, Fallmethode oder Projektmethode eingesetzt werden sollen, dann erfordert dies von den Schülern ein tätig-arbeitendes Verhalten zusammen mit der Sozialform Stillarbeit und / oder Gruppenarbeit. Sind aber die Schüler bisher mehr die Methoden des Lehrervortrags und des gelegentlichen Unterrichtsgesprächs gewohnt, liegt ihnen mehr das rezeptive Verhalten zusammen mit der Sozialform Frontalunterricht näher. Sie sind nicht auf Lernzirkel, Fallmethode oder Projektmethode methodisch eingestellt. Es kann nicht von heute auf morgen mit einer dieser Methoden begonnen werden; methodische Vorübungen müssen vorgenommen werden. So können im herkömmlichen Unterricht nach Lehrervortrag und Unterrichtsgespräch verstärkt Stillarbeitsphasen eingebaut werden, in denen vorrangig Arbeitsaufträge in einem selbstorganisierten Lernen erledigt werden. Diese Stillarbeitsphasen werden dann auf Partnerarbeit und schließlich auf Gruppenarbeit ausgedehnt. Es würde sich nunmehr erst eine Lernzirkelarbeit oder die Fallmethode anbieten, bei der eine komplexe Aufgabenstellung in Form der arbeitsgleichen oder arbeitsteiligen Arbeitsgemeinschaft bewältigt wird. Erst nach dem methodischen Eingestelltsein auf die Fallmethode setzt die Projektmethode ein.

Bei den schülerbeteiligten, aufgebenden Unterrichtsmethoden steht die Selbstorganisation des Lernprozesses im Vordergrund. Dies setzt Lernmethoden bei den Schülern voraus, wie u. a. Lesemethoden, Markieren und Unterstreichen, Texte exzerpieren, Brainstorming, Mind Map, vgl. hierzu u. a. das Methodentraining von Klippert (2002). Solche Mikromethoden des Lernens sind insbesondere auch in einem handlungsorientierten Unterricht Voraussetzung. Es kann erforderlich sein, vorab eines solchen Unterrichts diese Mikromethoden zu üben (z.B. in Form eines geblockten Methodenseminars zu Schuljahresbeginn), wenn die zu unterrichtenden Schüler hier Defizite haben.

Zu (c): Im Rahmen einer Unterrichtsplanung ist festzustellen, welche Lernbereitschaft bei den Schülern besteht. Mit anderen Worten: Es gilt zu ermitteln, welche Lernmotivation bei den Schülern besteht. Unter Lernmotivation ist ein Beweggrund bzw. eine Bedürfnisspanne zum Lernen zu verstehen. Diese Spanne kann von innen oder von außen kommen. Liegt eine Motivation von innen vor, spricht man von der intrinsischen Motivation. Besteht eine Motivation von außen, ist sie extrinsisch.

Intrinsische Motivation liegt vor, wenn zum Unterrichtsthema Neugierde bei den Lernenden besteht: Ein sachinhaltliches Interesse am Thema kann vorliegen. Wenn technische Geräte im Unterricht eingesetzt werden, kann eine Freude am Handeln entstehen. Intrinsische Motivation entsteht, wenn im Unterricht Aufgaben gestellt werden, die einen Aufforderungscharakter zur Lösung haben (z. B. die Bearbeitung einer realen Reklamation aus einem Betrieb im kaufmännischen Unterricht, oder die Erstellung eines Ernährungsplanes für adipöse Patienten einer Kurklinik). Wenn Schüler ein Unterrichtsthema, ein Problem im Unterricht oder eine Lernsituation in sich als spannend oder herausfordernd empfinden und in der Bewältigung oder Lösung der Aufgabe Befriedigung finden können, dann sind sie intrinsisch motiviert. Die extrinsische Motivation ist nicht sachbezogen. Hier rührt eine Bedürfnisspanne zum Lernen daraus, dass bestimmte Noten erzielt werden müssen, um wiederum bestimmte Berechtigungen an einer Schule zu erwerben. Die berühmte Frage der Lernenden: „Kommt das auch in der Prüfung?" steht auf der Seite der extrinsischen Motivation. Sie liegt zugleich vor, wenn Schüler lernen, um Sanktionen zu vermeiden. Extrinsische Motivation besteht allerdings auch, wenn Schüler lernen, um durch den Lehrer oder durch Mitschüler bestätigt bzw. bekräftigt zu werden. Bekräftigung kann z. B. durch Anerkennung erfolgen.

Im Unterricht kann sich ein Übergang von der extrinsischen zur intrinsischen Motivation vollziehen. Aufgrund eines Prüfungsdruckes (extrinsisch) beginnt sich der Lernende mit Bildungsinhalten zu beschäftigen. Mit zunehmender Befassung mit den Inhalten entsteht dann ein Interesse (intrinsisch) an der Sache. Im Idealfall kann dies – streckenweise – zu einem sog. „flow – Erleben,, führen.

Motivierung im Unterricht setzt auf die Schaffung von Bedürfnisspannen zum Lernen bei Schülern. Die Vorschläge, die in diesem Zusammenhang zu machen sind, zielen auf das ab, was u. a. auch guten Unterricht ausmacht:

– Die Schüler werden über ein Problem mit einem Unterrichtsinhalt konfrontiert. Dadurch kann die Aufmerksamkeit geweckt werden.
– Das Anforderungsniveau des durchgeführten Unterrichts muss dem Anspruchsniveau der Schüler entsprechen.
– Ganzheitliches Lernen fördert die Lernmotivation. Wird etwa allein der kognitive Lernbereich und weniger zusammen damit der affektive und psychomotorische Lernbereich angesprochen, vereinseitigt sich der Unterricht.
– Handlungsorientierter Unterricht fördert die Lernmotivation, siehe hierzu Kap. C.4.3.
– Die Leistungsbeurteilung richtet sich verstärkt nach dem individuellen Lernfortschritt eines Schülers aus. Beurteilungen im Vergleich zu den Leistungen des gesamten Klassenverbandes (normorientierte Beurteilungen) sollten eingeschränkt werden. Im handlungsorientierten Unterricht wirken integrierte, offene Leistungsfeststellungen motivierend, siehe hierzu Kap. C.5.3 und C.4.2.

Übersicht 55 gibt einen Positiv- und Negativkatalog der Lernmotivation wieder. Der Negativkatalog zeigt, dass gerade auch ein abwertendes Verhalten der Lehrkraft gegenüber den Lernenden den Aufbau einer Lernmotivation behindert. Bereits bei den Lehrvoraussetzungen der Lehrkraft ist angesprochen worden, dass ein partnerschaftliches Verhalten des Lehrers gegenüber den Lernenden zu fordern ist. Die im Negativkatalog genannten Punkte verdeutlichen besonders was unter einem nicht partnerschaftlichen Verhalten einer Lehrkraft zu verstehen ist.

Positivkatalog der Lernmotivation

Grundsatz: Gestalte den Lernprozess so, dass er interessant wird und Freude macht!

1. Erzeuge beim Lernenden eine innere Spannung, zum Beispiel durch Neugier, Staunen, Zweifel, Stutzen, Verblüffen!
2. Setze Ziele und stelle Aufgaben, die dem Lernenden lohnend und bewältigbar erscheinen!
3. Halte auch mit den Zwängen nicht hinter dem Berg, zum Beispiel durch Termine, Qualitäts- und Quantitätsanforderungen! Fördern durch Fordern.
4. Stelle Unterweisung und Unterricht in einen größeren Arbeitszusammenhang!
5. Ermutige den Lernenden gerade bei den ersten Schritten!
6. Erweitere den eigenverantwortlichen Handlungsspielraum des Lernenden, soweit dies nur möglich ist.
7. Gewähre dem Tätigkeitsdrang des Lernenden Raum und enge ihn durch erdrückendes Lehren nicht ein!
8. Gib die Lernziele deutlich bekannt, damit der Lernende ihr Erreichen selbst überprüfen kann.
9. Ermögliche das selbstständige Lernen, damit der Lernende auch später selbstständig arbeiten kann.
10. Lass aus Fehlern und Irrtümern Erkenntnisse ziehen und kritisiere in positiver Absicht!
11. Lass Lernerfolge zu einem Erfolgserlebnis werden.
12. Übersieh grundsätzlich keine Lernhandlung und auch nicht den kleinsten Lernerfolg. Selbstverständlich ist nichts!
13. Nimm dem Lernenden die Furcht, etwas falsch zu machen, gib ihm das Bewusstsein, das Gelernte richtig zu tun!
14. Schaffe eine Atmosphäre des Vertrauens. In Angst gedeiht nichts!

Negativkatalog der Lernmotivation

Grundsatz: Mache dem Lernenden das Lernen zur Qual!

1. Der Lehrende weiß stets alles besser. Ihn kann ohnehin niemand erreichen.
2. Nimm jeden Lernerfolg als Selbstverständlichkeit hin und beachte ihn nicht besonders!
3. Entmutige den Lernenden durch herabsetzende Äußerungen!
4. Errege Furcht und drohe ständig mit Folgen, wenn einmal ein Lernversagen aufgetreten ist!
5. Bei einmal nicht ausreichenden Lernleistungen stelle den Lernenden durch unangemessene Vergleiche mit anderen bloß!
6. Verweigere dem Lernenden von vornherein jede Hilfe nach dem Motto: Er soll es ja allein können!
7. Berücksichtige auf keinen Fall persönliche Züge des Lernenden, sondern schere alle über einen Kamm!
8. Gehe auf keinen Fall auf Anregungen des Lernenden ein: Woher soll der das schon wissen?
9. Sei forsch und tue überlegen, das macht den anderen klein!
10. Verlange Lernleistungen, die zuvor als Ziel nicht gesetzt waren!
11. Mache aus der Lernerfolgskontrolle ein Geheimnis nach dem Motto: Wen geht es schon etwas an?

Übersicht 55: Positiv- und Negativkatalog der Lernmotivation (REFA 1991, S. 221, 222).

Zu (d): Ein Schüler muss zum Lernen bereit wie aber auch zum Lernen und Denken fähig sein. Für eine Unterrichtsplanung muss geprüft werden, welche Lern- und Denkfähigkeiten die Schüler mitbringen und welche Fähigkeiten in Bezug auf das zu behandelnde Thema erforderlich sind. Mittels didaktischer Reduktion (einfache Darstellung fachlicher Aussagen bei gleichzeitiger Erhaltung ihrer Zulässigkeit) kann das Unterrichtsthema vom Lern- und Denkniveau her mit dem Niveau der Schüler in Einklang gebracht werden. Dabei wird das Anspruchsniveau so zu halten sein, dass sich noch eine Lern- und Denkanforderung ergibt, welche die Lern- und Denkfähigkeit der Schüler weiterentwickelt.

Die Frage nach dem Lern- und Denkvermögen der Schüler bezieht sich insbesondere auf ihr Abstraktionsvermögen. Für eine Unterrichtsplanung müssen hierüber Annahmen getroffen werden. Die Annahmen gründen auf der Kenntnis der Schüler aus dem vorhergehenden Unterricht. Aus den Annahmen muss gefolgert werden, welches Unterrichtstempo z. B. angeschlagen werden kann, oder wie stark anschaulich und bildhaft z. B. vorgegangen werden muss.

Mit den Erörterungen zu den Lernvoraussetzungen der Schüler sind nach einer Zusammenfassung die Ausführungen zum System Unterricht abgeschlossen. Es bleibt wie eingangs herausgestellt zu betonen: Die einzelnen Elemente des Systems Unterricht (vgl. Übersicht 21 zu Anfang des Kap. C.5) stehen zueinander in einer wechselseitigen Beziehung. Entscheidungen zu einem Element haben Einfluss auf andere Elemente. Die Veränderung letzterer wirkt auf das ursprünglich veränderte Element zurück.

Zusammenfassung

Zur Ermittlung der Lernvoraussetzungen der Schüler zählt die Frage nach den Vorkenntnissen, die vorhanden sein müssen, um einen Unterricht durchführen zu können. Daneben ist zu prüfen, welches methodisches Eingestelltsein die Schüler mitbringen. Ferner ist nach der Lernbereitschaft sowie nach der Lern- und Denkfähigkeit der Schüler zu fragen.

Die Vorkenntnisse müssen im Allgemeinen ein gleiches Niveau bei den Schülern aufweisen. Trifft dies nicht zu, sind entweder kompensatorische oder unterrichtsdifferenzierende Maßnahmen erforderlich. Die Schüler müssen auf geplante Methoden vorbereitet sein und schrittweise auf neue Methoden, Medien und Sozialformen eingestellt werden. Unter Lernbereitschaft bzw. Lernmotivation ist ein Beweggrund bzw. eine Bedürfnisspanne zum Lernen zu verstehen. Diese Spanne kann von innen (intrinsische Motivation) oder von außen (extrinsische Motivation) kommen. Wenn Schüler ein Unterrichtsthema, ein Problem im Unterricht oder eine Lernsituation in sich als spannend oder herausfordernd empfinden und in der Bewältigung oder Lösung der Aufgabe Befriedigung finden können, dann sind sie intrinsisch motiviert.

Wenn Schüler lernen, um Noten zu verbessern, Sanktionen zu vermeiden oder bekräftigt zu werden, liegt extrinsische Motivation vor. Es muss geprüft werden, welche Lern- und Denkfähigkeiten die Schüler mitbringen und welche Fähigkeiten in bezug auf ein zu behandelndes Unterrichtsthema erforderlich sind. Mittels didaktischer Reduktion kann ein Thema vom Lern- und Denkniveau her mit dem Niveau der Schüler in Einklang gebracht werden.

Wichtige Begriffe und Konzepte

Lernvoraussetzungen der Schüler
– Notwendige Vorkenntnisse
– Methodisches Eingestelltsein
– Lernbereitschaft (intrinsisch, extrinsisch)
– Lern- und Denkfähigkeit

Vorschläge zur Motivierung im Unterricht

Positiv- und Negativkatalog der Lernmotivation

Studienliteratur (Auswahlliteratur)

Meyer, H.: Leitfaden zur Unterrichtsvorbereitung, 12. Aufl., Frankfurt a. M.: Cornelsen Verlag Scriptor 1999
      Zehnte Lektion: Was ist eine Bedingungsanalyse?
Wild, E., Hofer, M., Pekrun, R.: Psychologie des Lernens, in: Krapp, A., Weidenmann, B. (Hrsg.): Pädagogische Psychologie: Ein Lehrbuch, 4. vollst. überarb. Aufl., Weinheim: Beltz Psychologie Verlags Union 2001, S. 207 – 270

LITERATURVERZEICHNIS

Achtenhagen, F., Grubb, W. N.: Vocational and Occupational Education: Pedagogical Complexity, Institutional Diversity, in: V. Richardson (Ed.): Handbook of research on teaching, 4th edition, Washington: American Educational Research Association, p. 604 – 639

Acksteiner, F., Schelten, A.: Kooperativer und schüleraktiver Experimentalunterricht: Zwei Unterrichtsbeispiele aus dem Berufsfeld Elektrotechnik, in: Die berufsbildende Schule 50 (1998) 3, 4, S. 93 – 95, 121 – 123

Adler, M.: Telekommunikatives Lernen in der beruflichen Bildung, Verlaufsuntersuchung eines Online – Kurses über ein Computer – Betriebssystem, Dissertation, Lehrstuhl für Pädagogik, TU München, 2003, veröffentlicht unter: http://www.tumb1.biblio.tu-muenchen.de/publ/diss/

Alberta Education: Planing and Research: Vocational Education in West Germany, Edmonton 1981 (manuscript printing)

Arnold, R. Schüßler, I.: Entwicklung des Kompetenzbegriffs und seine Bedeutung für die Berufsbildung und für die Berufsbildungsforschung, in: Franke, G. (Hrsg.): Komplexität und Kompetenz: Ausgewählte Fragen der Kompetenzforschung, Bielefeld: W. Bertelsmann 2001, S. 52 – 74

Arnold, R.: Berufsbildung, in: R. Arnold, S. Nolda, E. Nuissl (Hrsg.): Wörterbuch Erwachsenenpädagogik, Bad Heilbrunn/Obb.: Klinkhardt 2002, S. 42 – 45

Arnold, R.: Berufsbildung: Annäherungen an eine evolutionäre Berufspädagogik, Baltmannsweiler: Schneider-Verlag Hohengehren 1994

Arnold, R.: Weiterbildung: Ermöglichungsdidaktische Grundlagen, München: Vahlen 1996

Atteslander, P.: Methoden der empirischen Sozialforschung, 5.völlig neu bearb. u. erw. Aufl., Berlin: de Gruyter 1985 (Sammlung Göschen 2100) (9. neubearb. u. erw. Aufl. 2000)

Bader, R., Schäfer, B.: Lernfelder gestalten. Vom komplexen Handlungsfeld zur didaktisch strukturierten Lernsituation. in: Die berufsbildende Schule 50 (1998) 7 – 8, S. 229 – 234

Bader, R.: Handlungsorientierung in der Berufsbildung: Variantenreiche Ausprägungen, in: Die berufsbildende Schule 54 (2002) 3, S. 71 – 73

Bayerisches Staatsministerium für Unterricht und Kultus (Hrsg.): Lehrplanrichtlinien für die Berufsschule: Fachklasse Bauzeichner/Bauzeichnerin, Jahrgangsstufe 10 – 12, München: Hintermaier 2002

Bayrische Lehrpläne des Staatsinstituts für Schulpädagogik und Bildungsforschung siehe unter www.isb.bayern.de, Rubrik berufliche Schulen

Beicht, U., Walden, G.: Wirtschaftliche Durchführung der Berufsbildung – Untersuchungsergebnisse zu den Ausbildungskosten der Betriebe, in: Berufsbildung in Wissenschaft und Praxis 31 (2002) 6, S. 38 – 43

Bellmann, L.: Datenlage und Interpretation der Weiterbildung in Deutschland, Bielefeld: W. Bertelsmann 2003 (Schriftenreihe der Expertenkommission Finanzierung Lebenslangen Lernens, Bd. 2)

Bernard, F., Ebert, D., Schröder, B.: Unterricht Metalltechnik: Fachdidaktische Handlungsanleitungen, Hamburg: Handwerk und Technik 1994

Biersak, W., Parmentier, K.: Was passiert nach der Berufsausbildung? Verbleib von Fachkräften nach der Ausbildung – Tätigkeitsschwerpunkte, Kenntnisse und Anforderungen am Arbeitsplatz, in: IAB Materialien (2001) 1, S. 7 – 13

Bloom, B., u. a.: Taxonomie von Lernzielen im kognitiven Bereich, 3. Aufl., Weinheim: Beltz 1973

Bloy, W.: Fachdidaktik Bau-, Holz- und Gestaltungstechnik: Berufliche Anforderungen und Unterricht, Hamburg: Handwerk und Technik 1994

Bonz, B.: Methoden der Berufsbildung: Ein Lehrbuch, Stuttgart: Hirzel 1999

Borretty, R., Fink, R., Holzapfel, H., Klein, U.: PETRA projekt- und transferorientierte Ausbildung: Grundlagen, Beispiele, Planungs- und Arbeitsunterlagen, Berlin, München: Siemens AG 1988

Bortz, J., Döring, N.: Forschungsmethoden und Evaluation für Human- und Sozialwissenschaftler, 3.Aufl., Berlin: Springer 2002

Brezinka, W.: Grundbegriffe der Erziehungswissenschaft: Analyse, Kritik, Vorschläge, 4. verb. Aufl., München: E. Reinhardt 1981 (Uni-Taschenbücher, 332) (5. verb. Aufl. 1990)

Bührdel, Ch., H. Reibetanz, H. Tölle: Unterrichtsmethodik Maschinenwesen: Berufstheoretischer Unterricht, Berlin: VEB Verlag Technik 1988

Bundesministerium für Bildung und Forschung (Hrsg.): Berufsbildungsbericht 2002, Bonn 2002 (und fortlaufende jährliche Aktualisierungen)

Bundesministerium für Bildung und Forschung (Hrsg.): Berufsbildungsbericht 2003, Bonn 2003 (und fortlaufende jährliche Aktualisierungen)

Bunk, G. P.: Erziehung und Industriearbeit. Modelle betrieblichen Lernens und Arbeitens Erwachsener, Weinheim: Beltz 1972

Bunk, G. P.: Einführung in die Arbeits-, Berufs- und Wirtschaftspädagogik, Heidelberg: Quelle und Meyer 1982 (Uni-Taschenbücher, 1172)

Bunk, G. P.: Arbeitspädagogik, in: Pädagogische Rundschau 42 (1988), S. 3 – 22

Bunk, G. P., unter Mitarbeit von P. Born, E. Rothgängel, W. Weis: Organisationsformen beruflicher Anfangsausbildung im Vergleich: Berufsfeldbreite Grundbildung und monoberufliche Teilzeitausbildung in Rheinland-Pfalz , Mainz: v. Hase und Koehler 1989 (Kultusministerium Rheinland-Pfalz, Schulversuche und Bildungsforschung, Berichte und Materialien)

Bunk, G. P.: Kompetenzvermittlung in der beruflichen Aus- und Weiterbildung in Deutschland, in: Europäische Zeitschrift Berufsbildung (1994) 1, S. 9 – 15

Czerwenka, K.: Forum 12: Die Professionalität des Lehrers – Anspruch und Wirklichkeit, in: Bayerisches Staatsministerium für Unterricht, Kultus, Wissenschaft und Kunst (Hrsg.): Wissen und Werte für die Welt von morgen: Dokumentation zum Bildungskongress des Bayerischen Staatsministeriums für Unterricht, Kultus, Wissenschaft und Kunst, 29./30. April 1998 in der Ludwig-Maximilians-Universität München, Donauwörth: Auer 1998, S. 317 – 334

Dale, E.: Audiovisual Methods in Teaching, 3rd Edition., New York 1969

Danner, H.: Methoden geisteswissenschaftlicher Pädagogik: Einführung in Hermeneutik, Phänomenologie und Dialektik, 2. überarb. erg. Aufl., München: E. Reinhardt 1989 (UTB, 947) (4. überarb. Aufl. 1998)

Dauenhauer, E.: Berufsbildungspolitik, 4. Aufl., Münchweiler: Walthari 1997

Dauenhauer, E.: Berufspolitik: Aufklärung und Gestaltung in der nachmodernen Berufswelt, 7. Aufl., Münchweiler: Walthari 2002

Dedering, H.: Pädagogik der Arbeitswelt: Weinheim: Deutscher Studienverlag 1998

Dehnbostel, P.: Grundbildung zwischen Schule und Beruf: Zur Bildungstheorie von historischen, beruflichen und gymnasialen Grundbildungskonzepten, Stuttgart: Steiner 1988

Demmel, W.: 25 Jahre Ausbildung für das Lehramt an beruflichen Schulen an der TUM, in: TUM – Mitteilungen 2/3 – 89/90, S. 24 – 26

Demmel, W. G., Schelten, A.: Wege und Ziele der ersten Phase der gewerblich-technischen Lehrerbildung an beruflichen Schulen in Bayern, in: Schmeer, E. (Hrsg.): Berufliche

Fachrichtungen und Lehrerbildung für berufliche Schulen, Bochum: Brockmeyer 1998, S. 17 – 44

Deutscher Bildungsrat - Empfehlungen der Bildungskommission: Strukturplan für das Bildungswesen, 4. Aufl., Stuttgart: Klett 1972

Dietrich, Th.: Zeit- und Grundfragen der Pädagogik: Eine Einführung in pädagogisches Denken, 8. erw. u. überarb. Aufl., Bad Heilbrunn /Obb.: Klinkhardt 1998

Dolch, J.: Grundbegriffe der pädagogischen Fachsprache, 4. verb. Aufl., München: Ehrenwirth 1963

Döring, K. W.: Ritter-Mamczek: Die Praxis der Weiterbildung, 2. völlig überarb. Aufl. 1998

Dörschel, A.: Arbeitspädagogik, Berlin: Schmidt 1972 (Ausbildung und Fortbildung, Bd.7)

Dostal, W.: Der Berufsbegriff in der Berufsforschung des IAB (Institut für Arbeitsmarkt- und Berufsforschung der Bundesanstalt für Arbeit), in: G. Kleinhenz (Hrsg.): IAB-Kompendium Arbeitsmarkt- und Berufsforschung, Nürnberg: Bundesanstalt für Arbeit 2002 (Beiträge zur Arbeitsmarkt- und Berufsforschung, Bd. 250), S. 463 – 474

Dubs, R.: Berufsbildung der Zukunft, in: Verband der Lehrer an beruflichen Schulen in Bayern VBB-aktuell 37 (1988)3, S. 1 – 14

Dubs, R.: Entwicklung von Schlüsselqualifikationen in der Berufsschule, in: Arnold, R., Lipsmeier, A., (Hrsg.): Handbuch der Berufsbildung, Opladen: Leske und Budrich 1995, S. 171 – 182

Dubs, R.: Konstruktivismus: Einige Überlegungen aus der Sicht der Unterrichtsgestaltung, in: Zeitschrift für Pädagogik 41 (1995) 6, S. 889 – 903

Ebbinghaus, M., Schmidt, J. U.: Prüfungsmethoden und Aufgabenarten, Bielefeld: W. Bertelsmann 1999

Edding, F.: Der Ausbau der Weiterbildung verlangt eine Ordnung durch den Bund, in: Berufsbildung in Wissenschaft und Praxis 17 (1988)3, S. 96 – 98

Edelmann, W.: Lernpsychologie, 6. vollständig überarb. Aufl., Weinheim: Beltz 2000

Euler, D.: Didaktik des computerunterstützten Lernens: Praktische Gestaltung und theoretische Grundlagen, Nürnberg: 1992

Euler, D.: Zweifelhafte Antworten auf verzweifelte Fragen? – Möglichkeiten und Grenzen der Evaluation multimedialer und telekommunikativer Lehr-Lernarrangements, in: Schulz, M., Stange, B., Tielker, W., Weiß, R., Zimmer, G. U. (Hrsg.): Wege zur Ganzheit – Profilbildung einer Pädagogik für das 21. Jahrhundert, Weinheim: Beltz Deutscher Studienverlag 1998, S. 244 – 258

Euler, D.: Kooperation der Lernorte in der Berufsbildung: Expertise für die Bund-Länder-Kommission für Bildungsplanung und Forschungsförderung im Auftrag des Bundesministeriums für Bildung und Forschung, Nürnberg 1999

Euler, D., Schelten, A., Zöller, A. (Hrsg.): Abschlussbericht zum Modellversuch „Multimedia und Telekommunikation für berufliche Schulen" (MUT), Staatsinstitut für Schulpädagogik und Bildungsforschung, Abteilung Berufliche Schulen, Arbeitsbericht Nr. 316, München: Hintermaier 2001

Euler, D.: Computer und Multimedia in der Berufsbildung, in Bonz, B. (Hrsg.): Didaktik der beruflichen Bildung, Baltmannsweiler: Schncider-Verlag Hohengehren 2001, S. 152 – 168

Faber, G.: Simulatoren – Simulation in der CNC – Berufsausbildung, in: Die berufsbildende Schule 39 (1987)1, S. 19 35

Faulstich, P.: Strategien der betrieblichen Weiterbildung: Kompetenz und Organisation, München: Vahlen 1998

Flitner, A.: Für das Leben – Oder für die Schule?: Pädagogische und politische Essays, Weinheim: Beltz 1987

Gagné, R. M.: Die Bedingungen des menschlichen Lernens, 3. Aufl., Hannover: Schroedel 1973

Gaudig, H.: Freie geistige Schularbeit in Theorie und Praxis, Breslau 1922

Gehlert, B., Pohlmann, H.: Praxis der Unterrichtsvorbereitung, 2. Aufl., Köln: Stam 2001

Gewerkschaft Erziehung und Wissenschaft (GEW): Perspektiven für die Weiterentwicklung des Berufsbildungssystems in Deutschland. Positionspapier der GEW, Beschluss des GEW-Hauptvorstandes vom 25.03.2000

Glatzel, N., W. Bloy: Unterrichtsmethodik Bauwesen: Berufstheoretischer Unterricht, Berlin: VEB Verlag für Bauwesen 1988

Gliederung der Deutschen Gesellschaft für Erziehungswissenschaft in Sektionen / Kommissionen (Disziplinen) siehe unter www.dgfe.de

Glöckel, H.: Vom Unterricht: Lehrbuch der Allgemeinen Didaktik, 4. durchgesehene u. erg. Aufl., Bad Heilbrunn / Obb.: Klinkhardt 2003

Glöggler, K.: Handlungsorientierter Unterricht im Berufsfeld Elektronik: Untersuchung einer Konzeption in der Berufsschule und Ermittlung der Veränderung expliziten Handlungswissens, Frankfurt a. M.: Lang 1997 (Beiträge zur Arbeits-, Berufs- und Wirtschaftspädagogik, Bd. 16, hrsg. von G. P. Bunk und A. Schelten)

Greinert, W.-D.: Das duale System der Berufsausbildung in der Bundesrepublik Deutschland: Struktur und Reform, 2. verb. Aufl., Stuttgart: Holland und Josenhans 1995 a.

Greinert, W.-D.: Regelungsmuster der beruflichen Bildung: Tradition – Markt – Bürokratie, in: Berufsbildung in Wissenschaft und Praxis 24 (1995 b) 5, S. 31 – 35

Grüner, G.: Technik der Unterweisung: Ein Leitfaden für Ausbilder in der Industrie, Handel und Handwerk, 2. veränd. Aufl., Bielefeld: Bertelsmann 1973

Grüner, G. W. Georg: Grundfragen der Berufsbildung: Ein Leitfaden für Ausbilder in Industrie, Handel und Handwerk, 3. Aufl., Bielefeld: Bertelsmann 1977 (Berufspädagogik für Ausbilder, Bd. 4) (4. Aufl. 1980)

Grüner, G.: Die Berufsschule im ausgehenden 20. Jahrhundert. Ein Beitrag zur Berufsbildungspolitik, Bielefeld: Bertelsmann 1984

Grüner G.: Die Isolation der Hochschul – Berufspädagogik, in: Die berufsbildende Schule 39 (1987) 7/8, S. 423 – 424

Gudjons, H.: Pädagogisches Grundwissen: Überblick – Kompendium – Studienbuch, 7. völlig neu bearb. u. aktualisierte Aufl., Bad Heilbrunn / Obb.: Klinkhardt 2001

Hallitzky, M., Seibert, N.: Theorie des Unterrichts: Von bildungstheoretischen zu systemtheoretisch-konstruktivistischen Ansätzen in der Didaktik, in Apel, H. J., Sacher, W. (Hrsg.): Studienbuch Schulpädagogik, Bad Heilbrunn / Obb.: Klinkhardt 2002, S. 133 – 180

Hamilton, S.: Apprenticeship for Adulthood: Preparing Youth for the Future, New York, NY: Free Press 1990

Hartmann, W., Jacobs, P., Preuße, M.: Kompaktwissen AEVO, Köln: Stam 2001

Hentig, H. v.: Bildung, 4. Aufl., Weinheim und Basel: Beltz 2002

Hergert, K. H.: Darf die Fortbildung dem Betrieb überlassen bleiben? in: Technische Innovation und berufliche Bildung (TIBB), (1988)3, S. 103 – 105

Hergert, K. H.: Duales System in der beruflichen Weiterbildung: Chance zur Beseitigung qualitativer und quantitativer Engpässe, in: Gestaltung der Zukunft durch Berufsbildung: 40 Jahre „Die berufsbildende Schule", Sonderheft der Zeitschrift: Die berufsbildende Schule, Wolfenbüttel: Heckner 1989, S. 44 – 49

http://www.cedefop.gr

http://www.europa.eu.int/comm/eurostat/

http://www.eurydice.org

Huisinga, R., Lisop, I.: Wirtschaftspädagogik: Ein interdisziplinär orientiertes Lehrbuch, München, Vahlen 1999

Ingenkamp, Kh.: Lehrbuch der pädagogischen Diagnostik, Weinheim: Beltz 1985 (4. Aufl. 1997)

Ingenkamp, Kh.: Die Test – Aversion des deutschen Intellektuellen: Eine Streitschrift, Weinheim: Beltz Test GmbH 1989

Ingenkamp, Kh.: Lehrbuch der pädagogischen Diagnostik,4. Aufl., Weinheim: Beltz 1997

ISB Staatsinstitut für Schulpädagogik und Bildungsforschung (Hrsg.): Verbesserung der Kooperation zwischen Berufsschulen und Ausbildungsbetrieben im dualen System der Berufsausbildung (kobas), Abschlussbericht zum Modellversuch, Arbeitsbericht Nr. 312, München 2001

Jank, W., Meyer, H.: Didaktische Modelle, 5. völlig überarb. Aufl., Berlin: Cornelsen Skriptor 2002

Jürgens, E.: Die ‚neue‘ Reformpädagogik und die Bewegung offener Unterricht – Theorie, Praxis und Forschungslage, 5. Aufl., Sankt Augustin: Academia Verlag 2000, S. 139 – 161

Kant, I.: Über Pädagogik, hrsg. v. H. Holstein, 5. Aufl., Bochum: Kamp 1984 (Kamps pädagogische Taschenbücher, Bd. 5).

Kauder, P., Fischer, W.: Immanuel Kant über Pädagogik – Sieben Studien, Baltmannsweiler: Schneider – Verlag Hohengehren 1999

Kerschensteiner, G.: Begriff der Arbeitsschule, 17. unveränd. Aufl., hrsg. V. J. Dolch, München, Stuttgart: Oldenbourg, Teubner 1969

Kerschensteiner, G.: Produktive Arbeit und ihr Erziehungswert, in: A. Reble (Hrsg.): Die Arbeitsschule: Texte zur Arbeitsschulbewegung, 4. verbesserte Auflage, Bad Heilbrunn / Obb.: Klinkhardt 1979, S. 41 – 53 (Vortrag von 1906)

Klafki, W.: Neue Studien zur Bildungstheorie und Didaktik. Beiträge zur kritisch – konstruktiven Didaktik, 5. unveränd. Aufl., Weinheim: Beltz 1996

Klauer, K. J.: Kriteriumsorientierte Tests: Lehrbuch der Theorie und Praxis lernzielorientierten Messens, Göttingen: Hogrefe 1987

Klein, U.: Was wird von der beruflichen Bildung erwartet? Die Auswirkungen technologischer und wirtschaftlicher Veränderungen auf die Kompetenzentwicklung der Mitarbeiter, in: berufsbildung 48 (1994) 28, S. 8 – 11

Klippert, H.: Methodentraining: Übungsbausteine für den Unterricht, 13. Aufl., Weinheim und Basel: Beltz 2002

Kloas, P.-W.: Modularisierung unter Beibehaltung des Berufskonzeptes, in: S. Davids (Hrsg.): Modul für Modul zum Berufsabschluß: Berufsbegleitende Nachqualifizierung zwischen Flexibilisierung und Qualitätssicherung, Bielefeld: Bertelsmann 1998, S. 199 – 220

Krathwohl, D. R., u. a.: Taxonomie von Lernzielen im affektiven Bereich, Weinheim: Beltz 1975

Krieger, C. G.: Schritt für Schritt zur Freiarbeit. Praktische Anregungen zur Organisation und Arrangement von Lernzirkel, Projektarbeit und Freiarbeit für Einsteiger; 1. Aufl., Baltmannsweiler: Schneider Verlag Hohengehren 2000

Kron, F. W.: Grundwissen Pädagogik, 2. verb. Aufl., München: E. Reinhardt 1989 (6. überarb. Aufl. 2001)

Kunert, K.: Lernorganisation: Planung – Integration – Öffnung des Unterrichts: Ein Arbeitsbuch, München: Kösel 1977

Lamnek, S.: Qualitative Sozialforschung, Band 1 und Band 2, München: Beltz Psychologie-Verlagsunion 1988 und 1989 (3. korrigierte Aufl. 1995)

Langer, J.: Schulz von Thun, F., Schulz, R.: Sich verständlich ausdrücken, 7. überarb. u. erw. Aufl., München: Reinhardt 2002

Lauterbach, U.: Quantitativer, qualitativer und funktionaler Vergleich, in: U. Lauterbach (Hrsg.): Internationales Handbuch der Berufsbildung, Baden-Baden: Nomos 1995, VGL 34 – 102 (Loseblattsammlung, aktuell 2000 und fortlaufend)

Lehberger, J., Lorf, M., Pyzalla, G.: Werkzeuge für die Unterrichtsplanung 1 – Metalltechnik –, Dortmund: Pult Lehr-, Lernsysteme 2001

Lennartz, D.: Neue Strukturmodelle für berufliches Aus- und Weiterbilden, in: Berufsbildung in Wissenschaft und Praxis, 26 (1997) 6, S. 13 – 19

Lennartz, D.: Dynamisierung des Strukturwandels – Konsequenzen für die Berufsausbildung, in: Die berufsbildende Schule, 50 (1998) 1, S. 11 – 19

Litt, Th.: Führen oder Wachsenlassen: Eine Erörterung des pädagogischen Grundproblems, 2. verb. Aufl. Leipzig: B. G. Teubner 1929

Mayring, P.: Einführung in die qualitative Sozialforschung, 5.Aufl., Weinheim: Beltz Psychologie-Verlagsunion 1996

Mayring, P.: Qualitative Inhaltsanalyse. Grundlagen und Techniken, 8. Aufl., Weinheim: Beltz Psychologie-Verlagsunion 2002

Mertens, D.: Schlüsselqualifikationen: Thesen zur Schulung für eine moderne Gesellschaft, in: Mitteilungen aus der Arbeitsmarkt- und Berufsforschung 7 (1974) 1, S. 36 – 43

Meyer, H.: Leitfaden zur Unterrichtsvorbereitung, 12. Aufl., Frankfurt a. M.: Cornelsen Verlag Scriptor 1999 a

Meyer, H.: Unterrichtsmethoden, Band 1, 7. Nachdruck 1999 b, Band 2, 11. Auflage, 2000 c, Frankfurt a. M.: Cornelsen Verlag Scriptor

Michelsen, U.: Kompetenz durch Multimedia – Mythos oder Chance? in: lernen u. lehren 18 (2003) 69, S. 4 – 8

Müller, Kh.: Die neuen Ausbildungsberufe der Informations- und Telekommunikationstechnik (IT-Berufe), Köln: Deutscher Instituts-Verlag 1997

Müllges, U., hrsg. V. J. J. Justin: Quellen zur historischen Didaktik und Methodik, Mannheim: Wissenschaftsverlag Bibliographisches Institut 1986

Munby, H., Russel, T., Martin, A. K.: Teachers knowledge and how it develops, in: Richardson, V. (Ed.): Handbook of research on teaching, 4th edition, Washington: American educational research association 2001, p. 877 – 904

Münch, J.: Das Berufsbildungssystem in der Bundesrepublik Deutschland, 1. Aufl., Luxemburg: Amt für amtliche Veröffentlichungen der Europäischen Gemeinschaften 1994

Münch, J.: Berufsbildungspolitik, in: Arnold, R., Lipsmeier, A. (Hrsg.): Handbuch der Berufsbildung, Opladen: Leske+Budrich 1995, S. 398 – 408

Münck, D.: Berufsausbildung in der EU zwischen Dualität und „Monalität" – eine Alternative ohne Alternativen?, in: berufsbildung 51 (1997) 45, S. 5 – 8

Nickolaus, R.: Empirische Befunde zur Didaktik der Berufsbildung, in: Bonz, B. (Hrsg.): Didaktik der beruflichen Bildung, Baltmannsweiler: Schneider – Verlag Hohengehren 2001, S.239 – 252

Pahl, J.-P.: Berufsschulen des gewerblich-technischen Bereiches aus didaktisch-methodischer Perspektive: Historische Entwicklungslinien und zukunftsfähige Ansätze als Beitrag zu einer Theorie eines Lernortes, in: J.-P. Pahl (Hrsg.): Perspektiven gewerblich-technischer Berufsschulen: Visionen, Ansprüche und Möglichkeiten, Neusäß: Kieser Verlag 2001, S. 81 – 135

Pahl, J.-P.: Bausteine beruflichen Lernens im Bereich Technik: Teil 2: Methodische Konzeptionen für den Lernbereich Technik, 2. Aufl., Alsbach / Bergstraße: Leuchtturmverlag 2002

Parkhurst, H.: Education on the Dalton Plan, 4th edition, London: G. Bell and sons 1924

Pätzold, G.: Lernorte und Lernortkooperation im Dualen System der Berufsbildung, in: H. Schanz (Hrsg.): Berufs- und wirtschaftspädagogische Grundprobleme, Baltmannsweiler: Schneider – Verlag Hohengehren 2001, S. 195 – 214

Paulik, H. (Hrsg.): Der Ausbilder im Unternehmen: Berufsbild, Prüfungsvorbereitung, pädagogisches Grundwissen, 11. überarb. Aufl., Landsberg am Lech: Moderne Industrie 1988 (12. überarb. Aufl. 1991)

Petersen, P.: Der kleine Jena-Plan, 52. Aufl., Weinheim: Beltz 1972 (62. neu durchgesehene Aufl. 2001)

Petersen, P.: Führungslehre des Unterrichts: Konzepte und Erfahrungen, Neuausgabe nach der 10. Aufl., Weinheim und Basel: Beltz 1984 (1. Aufl. 1937)

Peterßen, W. H.: Kleines Methoden-Lexikon, 2. Aufl., München: Oldenbourg – Schulbuchverlag 2001

Peterßen, W. H.: Lehrbuch Allgemeine Didaktik, 6. völlig veränd., aktualisierte u. stark erw. Aufl., München: Oldenbourg 2001

Potthoff, W.: Grundlage und Praxis der Freiarbeit, 5. erw. Aufl., Freiburg: Reformpädagogischer Verlag Jörg Potthoff: 1995

Proske, H.: Unterrichtsmethodik Textiltechnik: Berufstheoretischer Unterricht Technologie, Leipzig: VEB Fachbuchverlag 1984

Pütz, H.: Krise der Krisenpropheten, in: Berufsbildung in Wissenschaft und Praxis, 30 (2001)1, S. 3 – 4

Raddatz, R.: Berufsbildung im 20. Jahrhundert: eine Zeittafel, Bielefeld: Bertelsmann 2000

Rebmann, K., Tenfelde, W., Uhe, E.: Berufs- und Wirtschaftspädagogik: Eine Einführung in Strukturbegriffe, 2. überarb. Aufl., Wiesbaden: Gabler 2003

REFA Verband für Arbeitsstudien und Betriebsorganisation e. V.(Hrsg.): Methodenlehre der Betriebsorganisation: Arbeitspädagogik, 3. Aufl., München: Hanser 1991 (Autor: G. P. Bunk)

Reinmann-Rothmeier, G., Mandl, H.: Unterrichten und Lernumgebungen gestalten, in: Krapp, A., Weidenmann, B. (Hrsg.): Pädagogische Psychologie. Ein Lehrbuch, 4. vollst. überarb. Aufl., Weinheim: Beltz 2001

Rheinberg, F., Bromme, R.: Lehrende in Schulen, in: Krapp, A., Weidenmann, B. (Hrsg.): Pädagogische Psychologie: Ein Lehrbuch, 4. vollst. überarb. Aufl., Weinheim: Beltz Psychologie Verlags Union 2001, S. 295 – 332

Riedel, J.: Grundfragen der Arbeitserziehung, 2. Aufl., Stuttgart: Wirtschaft und Verkehr, Forkel u. Co. 1940

Riedel, J.: Arbeiten und Lernen, Braunschweig: Westermann 1962

Riedel, J.: Einführung in die Arbeitspädagogik, Braunschweig: Westermann, 1967

Riedl, A.: Verlaufsuntersuchung eines handlungsorientierten Elektropneumatikunterrichts und Analyse einer Handlungsaufgabe, Frankfurt a. M.: Lang 1998 (Beiträge zur Arbeits-, Berufs- und Wirtschaftspädagogik, Bd. 17, hrsg. von A. Schelten)

Riedl, A., Schelten, A.: Handlungsorientiertes Lernen: Aktuelle Entwicklungen aus der Lehr- und Lernforschung und deren Anwendung im Unterricht: Unterlagen für die Teilnehmer der Fortbildung für Lehrerinnen und Lehrer an beruflichen Schulen, Lehrstuhl für Pädagogik, Technische Universität München, 2003 siehe unter: www.lrz-muenchen.de/~riedlpublikationen/pdf/lfhuriedlschelten2001.pdf

Riedl, A.: Didaktik I – Grundlagen, Didaktik II – Berufliche Bildung: Unterlagen zum Seminar, Lehrstuhl für Pädagogik, TU München 2003 (und fortlaufende Jahrgänge), siehe unter www.paed.ws.tum.de

Röhlig, E.: Unterrichtsmethodik Tierproduktion: Berufstheoretischer Unterricht, Berlin: VEB Deutscher Landwirtschaftsverlag 1982

Rose, H., W. Thomas: Unterrichtsmethodik Elektrotechnik: Berufstheoretischer Unterricht, 2. stark bearb. Aufl., Berlin: VEB Verlag Technik 1986

Roth, E. Sozialwissenschaftliche Methoden, Lehr und Handbuch für Forschung und Praxis, München: Oldenburg 1987 (4. durchgesehene Aufl. 1999)

Roth, H.: Pädagogische Psychologie des Lehrens und Lernens, 7. überarb. Aufl., Hannover: Schroedel 1963

Sacher, W.: Leistungen entwickeln, überprüfen und beurteilen: Grundlagen, Hilfen und Denkanstöße für alle Schularten, 3. Aufl., Bad Heilbrunn / Obb.: Klinkhardt 2001

Sacher, W.: Schulische Medienarbeit, in: Apel, H. J., Sacher, W. (Hrsg.): Studienbuch Schulpädagogik, Bad Heilbrunn / Obb.: Klinkhardt 2002, S. 384 – 397

Sauter, E.: Ansätze für eine Neuorientierung der beruflichen Weiterbildung, in: Berufsbildung in Wissenschaft und Praxis 18(1989)3, S. 3 – 8

Scheibner, O.: Arbeitsschule in Idee und Gestaltung, 5. Aufl., Heidelberg: Quelle u. Meyer 1962

Schelten A.,: Lernstile im Unterricht: Contentanalytische Erfassung des kognitiven Niveaus unterrichtlicher Interaktion, Dissertation, Gießen 1976

Schelten A., Lernstile im Unterricht. Contentanalytische Erfassung des kognitiven Niveaus unterrichtlicher Interaktion, in: K. J. Klauer, H.-J. Kornadt (Hrsg.): Jahrbuch für empirische Erziehungswissenschaft 1977, Düsseldorf: Schwann 1977, S. 211 – 254

Schelten, A.: Medienverbund und Lehrbuch in der Schule, in: Die berufsbildende Schule 30 (1978) 10. S. 586 – 592

Schelten, A.: Die Lernhierarchie als Grundlage rationaler Unterrichtsplanung, in: Die berufsbildende Schule 32 (1980) 4, S. 238 – 244

Schelten, A.: Motorisches Lernen in der Berufsausbildung, Frankfurt a. M.: Lang 1983

Schelten, A.: Unterricht und Unterweisung, in: Zeitschrift für Berufs- und Wirtschaftspädagogik 79 (1983) 2, S. 83 – 91

Schelten, A.: Grundlagen der Arbeitspädagogik, 3. neu bearb. und erw. Aufl., Stuttgart: Steiner 1995

Schelten, A.: Aspekte des Bildungsauftrages der Berufsschule: Ein Beitrag zu einer modernen Theorie der Berufsschule, in: Pädagogische Rundschau 51 (1997) 5, S. 601 – 615

Schelten, A.: Testbeurteilung und Testerstellung: Grundlagen der Teststatistik und Testtheorie für Pädagogen und Ausbilder in der Praxis, 2. Aufl., Stuttgart: Steiner 1997

Schelten, A.: Forum 9: Schlüsselqualifikationen / Vorbereitung auf die Arbeitswelt / Lebenslanges Lernen, in: Bayerisches Staatsministerium für Unterricht, Kultus, Wissenschaft und Kunst (Hrsg.): Wissen und Werte für die Welt von morgen: Dokumentation zum Bildungskongress des Bayerischen Staatsministeriums für Unterricht, Kultus, Wissenschaft und Kunst, 29./30. April 1998 in der Ludwig-Maximilians-Universität, München 1998, S. 283 – 293

Schelten, A.: Begriffe und Konzepte der berufspädagogischen Fachsprache: Eine Auswahl, Stuttgart: Steiner 2000

Schelten, A., Zedler, R.: Aktuelle Tendenzen der dualen Berufsausbildung, in: Berufsbildung in Wissenschaft und Praxis, 30 (2001) 4, S. 46 – 49

Schelten, A.: Über den Nutzen der Handlungsregulationstheorie für die Berufs- und Arbeitspädagogik, in: Pädagogische Rundschau 56 (2002) 6, S. 621 – 630

Scheunpflug, A.: Biologische Grundlagen des Lernens, Berlin: Cornelsen Scriptor 2001

Schink, A., D. Sqarra: Methodik des ökonomischen Fachunterrichts: Beruftheoretischer Fachunterricht, Berlin: Verl. Die Wirtschaft 1982

Schröder, H.: Didaktisches Wörterbuch: Wörterbuch der Fachbegriffe von „Abbilddidaktik" bis „Zugpferd-Effekt", 3. erw. und aktualisierte Aufl., München: Oldenbourg 2001

Seibert, N., Serve, H. J.: Prinzipien guten Unterrichts, 5. Aufl., München: Pims 2002

Sekretariat der Ständigen Konferenz der Kultusminister der Länder in der Bundesrepublik Deutschland (KMK): Handreichungen für die Erarbeitung von Rahmenlehrplänen der Kultusministerkonferenz für den berufsbezogenen Unterricht in der Berufsschule und ihre Abstimmung mit Ausbildungsordnungen des Bundes für anerkannte Ausbildungsberufe, Bonn 1996 (in überarbeiteter Fassung 2000)

Sektion Berufs- und Wirtschaftspädagogik (BWP) der Deutschen Gesellschaft für Erziehungswissenschaft (DGfE) siehe unter www.dgfe.de

Sloane, P. F. E., Twardy, M., Buschfeld, D.: Einführung in die Wirtschaftspädagogik, Paderborn: Schöningh 1998

Sloane, P. F. E.: Berufsbildung als Allgemeinbildung in einer Wissensgesellschaft. Zur Auflösung des Gegensatzes von Berufsbildung und Allgemeinbildung in einer wissensstrukturierten Gesellschaft, in: Ch. Metzger, H. Seitz, F. Eberle (Hrsg.): Impulse für die Wirtschaftspädagogik, Zürich: Verlag des Schweizerischen Kaufmännischen Verbandes 2000, S. 37 – 51

Stentzel, M.: Lernschwierigkeiten von Erwachsenen in der beruflichen Weiterbildung, Frankfurt a. M.: Lang 1986

Storz, P., G. Wirsing: Unterrichtsmethodik Technischer Chemie: Berufstheoretischer Unterricht, Leipzig: VEB Deutscher Verlag für Grundstoffindustrie 1987

Straka, G. A., Macke, G.: Lern-Lehr-Theoretische Didaktik, 2. Aufl. Münster: Waxmann 2003

Stratmann, K., Schlösser, M.: Das Duale System der Berufsausbildung: Eine historische Analyse seiner Reformdebatten, Frankfurt a. M.: Gesellschaft zur Förderung arbeitsorientierter Forschung und Bildung 1990.

Tausch, R., Tausch, A.-M.: Erziehungspsychologie: Begegnung von Person zu Person, 11. korrigierte Aufl., Göttingen: Hogrefe 1998

Tenberg, R.: Schülerurteile und Verlaufsuntersuchung über einen handlungsorientierten Metalltechnikunterricht, Frankfurt a. M.: Lang 1997 (Beiträge zur Arbeits-, Berufs- und Wirtschaftspädagogik, Bd. 15, hrsg. von G. P. Bunk und A. Schelten)

Tenberg, R.: Multimedia und Telekommunikation im beruflichen Unterricht: Theoretische Analyse und empirische Untersuchungen im gewerblich-technischen Unterricht, Frankfurt a. M.: Lang 2001 (Beiträge zur Arbeits-, Berufs- und Wirtschaftspädagogik, Bd. 21, hrsg. von Andreas Schelten)

Tenorth, H.-E.: Geschichte der Erziehung: Einführung in die Grundzüge ihrer neuzeitlichen Entwicklung, 3. völlig überarb. u.erw. Aufl., München: Juventa 2000.

Terhart, E.: Lehr-Lern-Methoden: Eine Einführung in Probleme der methodischen Organisation von Lehren und Lernen, 3. erg. Aufl., Weinheim und München: Juventa 2000

Terhart, E. (Hrsg.): Perspektiven der Lehrerbildung in Deutschland: Abschlussbericht der von der Kultusministerkonferenz eingesetzten Kommission, Weinheim und Basel: Beltz 2000

Themenheft E-Learning der Zeitschrift berufsbildung 57 (2003) 80

Treml, A. K.: Einführung in die Allgemeine Pädagogik, Stuttgart: Kohlhammer 1987 (Urban – Taschenbücher, Bd.389)

Treml, A. K.: Allgemeine Pädagogik: Grundlagen, Handlungsfelder und Perspektiven der Erziehung, Stuttgart: Kohlhammer 2000

Van der Gieth, H.-J.: Lernzirkel. Die neue Form des Unterrichts, 1. Aufl., Kempen: Buch Verlag Kempen 1999

Vögele, M.: Computerunterstütztes Lernen in der beruflichen Bildung – Analyse von individuellen Lernwegen beim Einsatz einer Unterrichtssoftware und Darstellung eines Unterrichts in den Ausbildungsberufen der Informations- und Telekommunikationstechnik, Frankfurt a. M.: Lang 2003 (Beiträge zur Arbeits-, Berufs- und Wirtschaftspädagogik, Bd. 22, hrsg. Von Andreas Schelten)

Wagenschein, M.: Verstehen lehren: Genetisch-Sokratisch-Exemplarisch, 2. Aufl., Weinheim: Beltz 1999

Walden, G., Herget, H.: Nutzen der betrieblichen Ausbildung für Betriebe – erste Ergebnisse einer empirischen Erhebung, in: Berufsbildung in Wissenschaft und Praxis, 31 (2002) 6, S. 32 – 37

Wandrey, U.: Lehrzeitgeschichten, Reinbeck: Rowohlt 1975 (rororo 1862)

Weinert, F. E.: Helmke, A.: Der gute Lehrer: Person, Funktion oder Fiktion? in: Zeitschrift für Pädagogik, 34. Beiheft: Die Institutionalisierung von Lehrern und Lernen, Weinheim und Basel: Beltz 1996, S. 223 – 233

Wild, E., Hofer, M., Pekrun, R.: Psychologie des Lernens, in: Krapp, A., Weidenmann, B.

(Hrsg.): Pädagogische Psychologie: Ein Lehrbuch, 4. vollst. überarb. Aufl., Weinheim: Beltz Psychologie Verlags Union 2001, S. 207 – 270

Willmann, O.: Didaktik als Bildungslehre nach ihren Beziehungen zur Sozialforschung und zur Geschichte der Bildung, 4. verb. Aufl., Braunschweig 1909

Willmann, O.: Unterricht und Lehren in: E. M. Roloff (Hrsg.): Lexikon der Pädagogik, Freiburg 1917, Sp. 362 – 366

Worm, R., Müller, U., Schramm, B.: Unterrichtsmethodik Lebensmitteltechnologie: Leipzig: VEB Fachbuchverlag 1988

www.isb.bayern.de/bes.lehrplan/bs/lp_elektro.html

www.isb.bayern.de/bes.lehrplan/bs/lp_hw.html

Zedler, R.: Berufsbildung in Zahlen, in: Cramer, G. (Hrsg.): Jahrbuch Ausbildungspraxis 2003, Köln: Deutscher Wirtschaftsdienst 2003, S. 331 – 339

Zehetmair, H.: Europa 1993 – Wettbewerb der Berufsbildungssysteme, in: Die berufsbildende Schule 42 (1990) 12, S. 730 – 740

Zintl, M.: Das Berufspädagogische Institut in München (BPI), in: L. Heimerer, J. Selzam (Hrsg.): Berufliche Bildung im Wandel: Beiträge zur Geschichte des beruflichen Schulwesens in Bayern von 1945 bis 1982, Bad Homburg von der Höhe: Gehlen 1983, S. 585 – 596

SACHREGISTER